O AVESSO DO NIILISMO
CARTOGRAFIAS DO ESGOTAMENTO

O AVESSO DO NIILISMO
CARTOGRAFIAS DO ESGOTAMENTO
© Peter Pál Pelbart
© n-1 edições, 2013

Embora adote a maioria dos usos editoriais do âmbito brasileiro, a n-1 edições não segue necessariamente as convenções das instituições normativas, pois considera a edição um trabalho de criação que deve interagir com a pluralidade de linguagens e a especificidade de cada obra publicada.

COORDENAÇÃO EDITORIAL Peter Pál Pelbart
    e Ricardo Muniz Fernandes
ASSISTENTE EDITORIAL Isabela Sanches
PREPARAÇÃO Ana Godoy
REVISÃO Fernando da Silva, Humberto Amaral
PROJETO GRÁFICO Érico Peretta
IMAGEM 2ª E 3ª CAPA Pedro França

A reprodução parcial sem fins lucrativos deste livro, para uso privado ou coletivo, está autorizada, desde que citada a fonte. Se for necessária a reprodução na íntegra, solicita-se entrar em contato com os editores.

2ª edição, 1ª reimpressão, 2021

Dados Internacionais de Catalogação na Publicação (CIP)
(Câmara Brasileira do Livro, SP, Brasil)

O avesso do niilismo : cartografias do esgotamento /
Peter Pál Pelbart ; 2ª edição, 2016. --
São Paulo : n-1 edições, 2013
ISBN 978-85-66943-25-2

1. Niilismo (Filosofia) I. Título

13-105463965   CDD-149.8

Índices para catálogo sistemático:
1. Niilismo : Filosofia 149.8

n-1 edições
São Paulo | Julho de 2021
n-1edicoes.org

PETER PÁL PELBART

O AVESSO DO NIILISMO
CARTOGRAFIAS DO ESGOTAMENTO

n-1
edições

13   INTRODUÇÃO

I – ESTADOS DE ESGOTAMENTO
25   Vida besta, vida nua, uma vida [AGAMBEN]
39   Esgotamento e criação [TOSQUELLES-BECKETT-DELEUZE]
53   A catástrofe da liberação [SIMONDON]
71   O inconsciente desterritorializado [GUATTARI]

II – PERSPECTIVAS SOBRE O NIILISMO
101   Travessias do niilismo [NIETZSCHE]
125   O bacilo da vingança [DELEUZE]
135   Capitalismo e niilismo [LYOTARD-LAZZARATO-PRECIADO]
149   Impotência do mundo [JACOBI-HEIDEGGER-SLOTERDIJK]
177   A potência de negação [DOSTOIÉVSKI]
197   O arqueiro zen [AXELOS]

III – POLÍTICAS DE DESSUBJETIVAÇÃO
209   A hipótese de Jó [NEGRI]
223   Brasil maior ou menor? [KANT-DELEUZE]
231   Experiência e abandono de si [FOUCAULT]
250   Subjetivação e dessubjetivação [AGAMBEN-FOUCAULT]

IV – MODOS DE EXISTÊNCIA
265   The Splendour of the Seas [UEINZZ-RIERA]
299   Linhas erráticas [DELIGNY]
335   O ato de criação [RANCIÈRE-AGAMBEN-ZOURABICHVILI]
347   Acreditar no mundo [JAMES-LAPOUJADE]
371   Da polinização em filosofia [DELEUZE]

APÊNDICE
391   Por uma arte de instaurar modos de existência

421   REFERÊNCIAS DOS TEXTOS
445   SOBRE O AUTOR

"A escritura não tem outro objetivo: o verbo..."
                                Gilles Deleuze

INTRODUÇÃO

Pode surpreender que um problema tão "europeu" como o niilismo, para não dizer "russo", ocupe-nos hoje nos "trópicos", se é que tal geofilosofia preserva ainda algum sentido em um contexto planetarizado. Que interesse pode haver em se debruçar sobre um tema tão brumoso ou depressivo — não terá sido apenas um modismo do século xix, já revolvido? É doloroso reconhecê-lo: o que Nietzsche chamou de "o mais sinistro dos hóspedes" continua entre nós, mais do que nunca, embora travestido em formas inauditas, e por vezes irreconhecíveis, que a cada dia pedem novas descrições, complementações, precisões. Daí o adendo quase redundante que nos atrevemos a agregar aqui, a título de explicitação, ao designarmos o niilismo contemporâneo como *biopolítico* — é nossa maneira de "atualizá-lo". De fato, durante os últimos anos, essas duas linhas de pesquisa que nos interessaram — a biopolítica e o niilismo — não pararam de atrair-se, entrelaçar-se, percutir e remeter uma à outra reciprocamente. Era preciso, pois, investigar mais profundamente essa associação.

A urgência da tarefa deve-se à pusilanimidade crescente em que convivem um *alargamento indefinido dos modos de rebaixamento e monitoramento biopolítico da vida* e uma imensa dificuldade em extrair desse contexto a *variabilidade das perspectivas, dos modos de existência e de resistência* que ele poderia suscitar. Há um estrangulamento biopolítico que pede brechas, por minúsculas que sejam, para reativar nossa imaginação política, teórica, afetiva, corporal, territorial, existencial. Algumas delas foram tratadas em livros anteriores, como *A vertigem por um fio*, ou ainda *Vida Capital*, mas o tempo mostrou que reclamavam uma ampliação conceitual e novos desvios.

É óbvio que, hoje, mecanismos precisos de controle da existência deram à interpretação feita por Nietzsche, sobre o niilismo, uma concretude suplementar: por exemplo, a negação da vida operada como "produção" de vida, a negação da saúde brandida como "produção" de saúde, para ficar em exemplos restritos — como se a mudança da lógica repressiva para a produtiva incrustada no exercício do poder, do modo como Foucault o mostrou, tivesse se escancarado. Mas esse processo tem seu avesso. Se no seu sentido rigoroso niilismo se refere ao declínio histórico-filosófico de uma matriz metafísica de negação da vida, Nietzsche postula que os mesmos sintomas podem remeter a "energias vitais que estão crescendo e quebrando uma casca". Quais são tais energias vitais em nosso contexto? E como mapeá-las sem tangenciar a dimensão biopolítica? Paralelamente, a destruição ativa dos valores vigentes e, sobretudo, do modo de produção de tais valores, hoje, não pode fazer a economia da análise biopolítica.

Pois a biopolítica, como Foucault a definiu, é gestão e controle da vida das populações, compatível com o que Deleuze chamou "sociedade de controle", tendo por limite inferior o rebaixamento biologizante da existência (vida nua). No seu avesso, a expansividade multitudinária (afetiva, subjetiva, coletiva) afirma-se como biopotência em direções diversas, a serem mapeadas. Para ficar na terminologia nietzschiana, assistimos assim à dissolução de certas formações de domínio em favor de outras — por exemplo, a prevalência crescente do trabalho imaterial, em substituição ao modelo fordista, conduz a novas modalidades de produção de valor, a uma recomposição de classe e a novas linhas de conflitualidade.

Tanto o niilismo quanto a biopolítica obedecem, desse modo, a uma lógica da fita de Moebius, dada a reversibilidade que lhes é intrínseca — sob certas condições, revelam o seu avesso. Como se, nos dois casos, fosse preciso ir até o limite de um processo para virá-lo do avesso. Ou melhor dizendo, como se só assim revelassem a força do avesso que desde o início ali estava, virtualmente, "fazendo pressão". Se a lógica de ambos se assemelha a esse ponto, não será apenas por uma homologia estrutural. É também porque a biopolítica não deixa de ser uma concreção sócio-histórica, psico-política, afetivo-subjetiva do próprio niilismo, entendido como uma escalada de negação da vida, que no entanto traz embutido, na sua contraface, o elemento afirmativo.

Era preciso, no entanto, sustentar os pontos onde as duas fitas de Moebius, por assim dizer, se cruzam e comunicam. Isso implicava assumir o caráter equívoco e não determinístico em ambos os casos, sem deixar-se engolfar nem pelas cores sombrias e sinistras que certa interpretação do niilismo ou do biopoder favorecem, nem, ao contrário, pelo tom esfuziante que algumas leituras da biopolítica instigam. Tal tensão apenas expressa o fato de que se está diante de um campo de forças complexo, múltiplo, atravessado por embates concretos em várias escalas, com todas as reversibilidades aí envolvidas.

Contudo, deve-se reconhecer os perigos de toda abordagem que suponha uma totalização dada de início, em que se imagina um sistema fechado do qual caberia como que "sair", com toda a impotência e paralisia que essa matriz suscita, ou, em contrapartida, a ansiada "superação" que postergaria para um além do tempo a grande "virada". Como o notou com justeza David Lapoujade, em Deleuze e Guattari um sistema nunca é fechado, ele foge por todas as suas pontas, por isso tenta conter, "repelir, submeter essa heterogeneidade que o mina do interior". Nesse sentido, "não se trata de ultrapassar ou de reverter seja lá o que for, mas de *revirar* [...] percorrer a outra face [...], o fora".[1] É esse, talvez, o sentido último do "avesso" que percorre este livro. Tarefa difícil, em que parece perder-se aquilo mesmo que se está em vias de mostrar.

Foi preciso recorrer a figuras extremas, tais como *esgotamento, desastre, catástrofe*, e mesmo *caosmose*, capazes de revelar os pontos de a-fundamento onde aparecem, paradoxalmente e ao mesmo tempo, os contramovimentos (*ao* niilismo e *do* niilismo, *à* biopolítica e *da* biopolítica). Impossível, pois, falar do niilismo hoje sem mergulhar nesse caldo complexo e composto, no qual emerge, sem qualquer psicologismo, uma dimensão corpórea, matérica, afetiva, estética, psíquica, psicopolítica, micropolítica, biopolítica que, através de certos desarranjos ou colapsos, revela os componentes heteróclitos que apontam para novos agenciamentos a partir de um outro "Sim!". São nesses pontos de inflexão que se insinuam, de maneira às vezes imperceptível, os contragolpes que

---

1. David Lapoujade, "Deleuze: política e informação" in *Cadernos de subjetividade*, nº 10. São Paulo: Núcleo de Estudos e Pesquisas da Subjetividade do Programa de Estudos Pós-Graduados em Psicologia Clínica da PUC-SP, 2010.

se ensejam, mas também, de maneira espetacular, explosões multitudinárias que denunciam os modos de produção de sentido e valor que caducaram. Para formulá-lo de maneira mais precisa, diríamos que não se trata de produzir um amálgama entre niilismo e biopolítica, porém de experimentar a dimensão biopolítica do niilismo, a dimensão niilista da biopolítica e o avesso de ambos. Só assim pode aparecer o que se esgotou e aquilo que se insinua a partir de uma força do fora.

Para um panorama mais amplo sobre a problemática do niilismo, foi preciso, por vezes, recorrer a autores pouco citados no circuito filosófico, já que nos proporcionam uma perspectiva menos codificada a respeito. Blanchot, por exemplo, parece sugerir que todas as palavras dessa constelação filosófica ou literária já estão condenadas de antemão, incapazes de dizer o que está aí em causa — seja niilismo, nada, ser, destruição, ou mesmo criação.[2] Em nosso afã de descrever esse fenômeno de civilização, essa mudança atmosférica, acrescenta ele, faltam-nos as palavras justas, precisamente porque o que está em jogo é uma movência que arrasta consigo as dicotomias ainda fáceis demais, tais como Ser e Nada. Pois o niilismo nos ameaça não onde ele parece fazê-lo de maneira mais manifesta, mas justamente ali onde parece "assegurar-nos". O nazismo, por exemplo, jamais se pretendeu destrutivo, tendo sempre atribuído a destruição aos outros, judeus, artistas, decadentes, marxistas, ateus, num "niilismo" a ser superado precisamente pelas figuras extraídas caricatamente de Nietzsche, como o super-homem e a vontade de potência. Em outras palavras, o nazismo sempre propôs valores positivos. Talvez não haja destruição que não se dê assim, acrescenta Blanchot, salvo casos raros como na Rússia do século XIX, à qual dedicamos um capítulo. Portanto, para tratar do niilismo a última coisa útil é falar do nada: "Há ainda muita positividade no nada. A enormidade dessa palavra, como a enormidade da palavra ser os fizeram, um e outro, desmoronarem sob suas ruínas (ruínas ainda por demais vantajosas). Eis aí termos que é melhor evitar."[3]

---

2. Maurice Blanchot, *L'entretien infini*. Paris: Gallimard, 1969, p. 394 e ss. [Ed. bras.: *A conversa infinita 2: a experiência limite*, trad. de João Moura Jr. São Paulo: Escuta, 2007].
3. De fato, deve-se distinguir a reflexão sobre o nada do niilismo como problema de civilização. Ocorre reduzir-se este último a uma questão ontológica, metafísica ou mesmo lógica. Cf. Franco Volpi, *O niilismo*. São Paulo: Loyola, 1999.

Como fazer, então, para abordar o tema, recusando a sua substantivação ou reificação, assumindo sua esquiva infinita? Não há resposta, mas táticas locais. Um dos desafios, em todo o caso, consistiu em recusar a cada passo uma leitura "niilística" do niilismo — com o que nos distanciamos de várias abordagens disponíveis, embora consagradas, que remeteriam à "história do Ser" ou a uma dialética antropocêntrica calcada nas noções de alienação, reapropriação, autenticidade. Tanto a solução aurática quanto a humanista "resolve" o que nos escapa, tendo-nos sido preferível a linha do escape — mesmo quando isto não "resolve" nada. Ao reconhecer a modéstia do empreendimento filosófico de Deleuze diante da pergunta militante, "mas afinal, então, o que você propõe?", Lapoujade responde que essa pergunta volta porque ainda não se fez o luto "da filosofia como aparelho de Estado".[4]

Os autores que mais nos ajudaram, portanto, mesmo quando mal tematizam o assunto, foram aqueles que sustentam um "tônus", uma *allure*, para não dizer uma "velocidade de salto", uma "crueldade" até: Nietzsche, James, Deleuze, Guattari, Simondon, Foucault, Blanchot às vezes. Mas também Lapoujade, Zourabichvili, Tosquelles, Riera, Preciado. Muitos outros foram convocados, entre eles Negri, Agamben, Rancière, eventualmente Žižek ou Baudrillard, Jünger, mesmo Heidegger, de modo que os textos que se lerá são também uma conversação ziguezagueante com um leque de posições, forças, gestos e ímpetos muito distintos que atravessam nosso presente, inclusive quando operam de modo polêmico ou conservador.

Se os livros consultados que tratam mais diretamente do niilismo nos pareceram insuficientes, justificando assim a presente empreitada, é porque, com exceção dos bons estudos focados no niilismo em Nietzsche, nacionais ou estrangeiros, os demais, ao pensarem o contexto contemporâneo à luz da perspectiva nietzschiana, em geral foram escritos sob a sombra da Floresta Negra, em todo o caso na proximidade de Heidegger.[5] Por vezes, ao mesclarem juízos peremptórios sobre a do-

---

4. D. Lapoujade, "Deleuze: política e informação", op. cit.
5. Basta percorrer os estudos e coletâneas recentes para confirmar tal tendência. Cf.: Pier Paolo Ottonello, *Structure et formes du nihilisme européen*. Bordeaux: Bière, 1987; Denise Souche-Dagues, *Nihilismes*. Paris: PUF, 1996; Jean-François Mattéi (org.), *Nietzsche et le temps des nihilismes*. Paris: PUF, 2005; Rossano Pecoraro, *Niilismo e (pós)modernidade*. São Paulo: Loyola, 2005; ou R. Pecoraro e Jaqueline Engelmann

minação planetária da técnica a diagnósticos não menos lapidares extraídos de Guy Debord (sobre a sociedade de espetáculo), ou da Escola de Frankfurt, (por exemplo sobre a indústria cultural), ou de Agamben (sobre o estado de exceção), adotam uma atitude de demonização do contemporâneo, não raro apoiados em uma indignação "politicamente correta" e em um humanismo duvidoso, para não dizer regressivo. Tal conjunto, com todas as análises penetrantes ou sedutoras que possam aportar — e algumas delas foram aqui retomadas —, impede de pensar a questão *a partir* do nosso presente, de suas múltiplas energias e sua molecularidade enxameante, bem como de um contexto material e imaterial específico, maquínico e semiótico, que demanda ferramentas de abordagem inauditas. Particularmente importante foi a exploração de certos processos paradoxais que atravessam esse contexto em pares, tais como subjetivação/dessubjetivação, individuação/desindividuação, cuidado de si/desapego de si, desmedida da dor/desmedida do poder, esgotamento/criação, obra/desobramento — vida nua/uma vida.

Não pudemos esconder nossa suspeita em relação às leituras excessivamente totalizadoras, seja no arco histórico que remonta à antiguidade, seja no alcance extensivo que abrange todo o espaço planetário, resultando às vezes em uma tonalidade de aversão *a priori* pela complexidade contemporânea — que já é, diga-se de passagem, parte do sintoma a ser pensado. Como o diz Deleuze numa referência à análise de Kostas Axelos, que tentou conjugar Heidegger, Marx e Heráclito para pensar a era "planetária": justamente quando tudo parece nivelado, quando a terra se tornou lisa, e todas as potências se deixam determinar pelo código da técnica, enfim, é nesse estado aparentemente unidimensional que o niilismo tem o mais bizarro dos efeitos, o "de restituir as forças elementares a elas mesmas no jogo bruto de todas as suas dimensões, de *liberar esse nihil impensado em uma contrapotência que é a do jogo multidimensional*. Do mais infeliz dos homens, não se dirá que ele é alienado ou trabalha para as potências, mas que ele é sacudido

---

(orgs.), *Filosofia contemporânea: niilismo, política, estética*. São Paulo: Loyola, 2008; Georges Leyenberger e Jean-Jacques Forté (orgs.), *Traversées du nihilisme*. Paris: Osiris, 1993-4; Remedios Ávila, Juan Antonio Estrada e Encarnacion Ruiz (orgs.), *Itinerarios del nihilismo*. Madri: Arenas, 2009; etc. Viés semelhante pode ser encontrado em outros textos referidos ao longo deste livro.

pelas forças".⁶ É essa irreverência diante do tom grave, solene e lapidar que permite relançar o jogo ("isso joga, sem jogadores"), evitando as capturas niilísticas — em suma, livrando o pensamento do niilismo do risco de se tornar o niilismo do pensamento. Essa capacidade de virar do avesso, de sacudir o consenso empoeirado, de encontrar as contrapotências, os contragolpes, os novos estratagemas, e também as novas desordens que a suposta ordem totalizada encobria, preside certas escolhas presentes neste livro, já que por si só instaura um outro combate. Algumas vezes, mais do que a distinção entre o verdadeiro e o falso, importa uma outra, entre o pesado e o leve, o profundo e o aéreo. Ao se referir a uma música de Charles Koechlin, por exemplo, que renuncia às afirmações clássicas e aos arroubos românticos, Deleuze nota a que ponto ela se torna particularmente apta a dizer "certa desordem, certo desequilíbrio, certa indiferença mesmo", e, além disso, uma "alegria estranha que seria quase felicidade".⁷

Não é outra a direção que adota um belo livro publicado recentemente por Georges Didi-Huberman, inquieto com a predominância de um tom apocalíptico que impede precisamente de dar a ver aquilo que sobrevive, num estranho paradoxo no qual o discurso de denúncia, por mais lúcido e "luminoso" que seja, ajuda a ofuscar justamente as existências que sobrevivem ou se reinventam, com sua discreta luminosidade. O autor sustenta com razão que "uma coisa é designar a máquina totalitária, outra coisa é lhe atribuir tão rapidamente uma vitória definitiva e sem partilha. Assujeitou-se o mundo, assim, totalmente como o sonharam — o projetam, o programam e querem no-lo impor — nossos atuais 'conselheiros pérfidos'? Postulá-lo é, justamente, dar crédito ao que sua máquina quer nos fazer crer. É ver somente a noite escura ou a ofuscante luz dos projetores. É agir como vencidos: é estarmos convencidos de que a máquina cumpre seu trabalho sem resto nem resistência. É não ver mais nada. É, portanto, não ver o espaço — seja ele intersticial, intermitente, nômade, situado no improvável — das

---

6. Gilles Deleuze, "Falha e fogos locais", trad. bras. de Hélio Rebello Cardoso Júnior in D. Lapoujade (org.), *A ilha deserta e outros textos*, coord. de trad. Luiz B. L. Orlandi. São Paulo: Iluminuras, 2006, p. 208. Cf. capítulo "O arqueiro zen".

7. Ibid., p. 205.

aberturas, dos possíveis, dos lampejos, dos *apesar de tudo*".[8] Ou ainda, retomando sua bela imagem, ele acrescenta: "Para conhecer os vaga-lumes, é preciso observá-los no presente de sua sobrevivência: é preciso vê-los dançar vivos no meio da noite, ainda que essa noite seja varrida por alguns ferozes projetores. [...] Assim como existe uma literatura menor — como bem o mostraram Gilles Deleuze e Félix Guattari a respeito de Kafka —, haveria uma *luz menor* possuindo os mesmos aspectos filosóficos."[9] Tudo indica que há mesmo um problema de "luz" no pensamento. Como não ofuscar a *luz menor* com o "holofote" da razão? Bergson dizia que a luz está no mundo, não no espírito que contempla. É possível que um regime de luminosidade obscena e pornográfica, tal como se desenha atualmente, tenha efeitos inéditos de ofuscamento das "bioluminescências" — niilismo branco! Daí nossa menção mais detida a experimentos micropolíticos que dão disso um contratestemunho contundente, tais como os capítulos sobre as linhas erráticas em Deligny, ou sobre a viagem transatlântica em "The Splendour of the Seas" ou no apêndice, em que são abordados modos de existência "menores" e, para falar como Souriau, sua "instauração".

Já podemos relançar a pergunta que não quer calar. Afinal, do que é que estamos tão esgotados? É preciso imaginar uma cartografia do esgotamento que fosse uma espécie de sintomatologia molecular. Ora, seguindo a trilha de Deleuze, não deveríamos repensar o esgotamento, hoje, segundo categorias beckettianas? Talvez isso nos permitisse encarar com menos sobressalto os estados de suspensão, de falência, de bruma musiliana, de deriva subjetiva ou até mesmo de dissipação, seja individual ou coletiva, de gênero ou de nosografia, e vislumbrar neles estratagemas vitais, indissociáveis das forças de que são expressão.

De minha parte, para quem todos esses autores, pensamentos, ventos e eventos constituem fontes de inspiração incessantes, fica a impressão de que eles são também o indício, mesmo fugidio, de um deslocamento em curso. De quem? Do quê? Em qual direção? Não sabemos. É uma cartografia coletiva, inacabada, movente, dos avessos do niilismo

---

8. Georges Didi-Huberman, *Sobrevivência dos vaga-lumes*, trad. bras. de Vera Casa Nova e Márcia Arbex. Belo Horizonte: UFMG, 2011, p. 42.
9. Ibid., p. 52.

biopolítico — o esgotamento obedece aí a uma lógica similar ao do niilismo e à da biopolítica, pois lhes é correlato — a da fita de Moebius que indicávamos acima: apenas quando vai ao seu limite advém um avesso e a vidência de um fora. A expressão "cartografias do esgotamento" deve ser entendida também no genitivo: o esgotamento ele mesmo é o cartógrafo, por assim dizer, indicando pontos de estrangulamento através dos quais se liberam outras energias, visões, noções. Não se trata, portanto, de saber "quem fala", nem "de qual lugar se fala", talvez nem mesmo "do que" se fala, mas, como o sugeriu Guattari, "o que fala através de nós". Só assim, e numa polinização filosófica que o último capítulo deste livro evoca, um outro enxameamento parece pensável.

ESTADOS DE ESGOTAMENTO

VIDA BESTA, VIDA NUA, UMA VIDA

Giorgio Agamben debruçou-se sobre aqueles que, no campo de concentração, recebiam a designação de "muçulmano".[1] O "muçulmano" era o cadáver ambulante, uma reunião de funções físicas nos seus últimos sobressaltos.[2] Era o morto-vivo, o homem-múmia, o homem-concha. Encurvado sobre si mesmo, esse ser bestificado e sem vontade tinha o olhar opaco, a expressão indiferente, a pele cinza pálida, fina e dura como papel, começando a descascar, a respiração lenta, a fala muito baixa, feita a um grande custo. O "muçulmano" era o detido que havia desistido, indiferente a tudo que o rodeava, exausto demais para compreender aquilo que o esperava em breve, a morte. Essa vida não humana já estava excessivamente esvaziada para que pudesse sequer sofrer.[3] Por que *muçulmano*, já que se tratava sobretudo de judeus? Porque entregava sua vida ao destino, conforme a imagem simplória, preconceituosa e certamente injusta de um suposto fatalismo islâmico: o *muslim* seria aquele que se submete sem reserva à vontade divina. Em todo o caso, quando a vida é reduzida ao contorno de uma mera silhueta, como diziam os nazistas ao se referirem aos prisioneiros, chamando-os de *Figuren* — figuras, manequins —, aparece a perversão de um poder que não elimina o corpo, mas o mantém numa zona intermediária entre a vida e a morte, entre o humano e o inumano: o sobrevivente. O biopoder contemporâneo, conclui Agamben, reduz a vida à sobrevida biológica, *produz sobreviventes*. De Guantánamo à Africa, ou à Cracolândia, isso se confirma a cada dia.

1. Giorgio Agamben, *Ce qui reste d'Auschwitz*. Paris: Payot & Rivages, 1999 [Ed. bras.: O que resta de Auschwitz, trad. de Selvino Assmann. São Paulo: Boitempo, 2008].
2. Jean Améry, *Par-delà le crime et le châtiment*. Arles: Actes Sud, 1995.
3. Primo Levi, *É isto um homem?*, trad. bras. de Luigi Del Re. Rio de Janeiro: Rocco, 1988.

Ora, quando cunhou o termo biopoder, Foucault tentava discriminá-lo do regime que o havia precedido, denominado soberania. O regime de soberania consistia em fazer morrer e deixar viver. Cabia ao soberano a prerrogativa de matar, de maneira espetacular, os que ameaçassem seu poderio, e deixar viver os demais. Já no contexto biopolítico, surge uma nova preocupação. Não cabe ao poder fazer morrer, mas sobretudo fazer viver, isto é, cuidar da população, da espécie, dos processos biológicos, otimizar a vida. Gerir a vida, mais do que exigir a morte. Assim, se antes o poder consistia em um mecanismo de subtração ou extorsão, seja da riqueza, do trabalho, do corpo, do sangue, culminando com o privilégio de suprimir a própria vida,[4] o biopoder passa agora a funcionar na base da incitação, do reforço e da vigilância, visando a otimizar as forças vitais que ele submete. Ao invés de fazer morrer e deixar viver, trata-se de fazer viver e deixar morrer. O poder investe a vida, não mais a morte — daí o desinvestimento da morte, que passa a ser anônima, insignificante. Claro que o nazismo consiste em um cruzamento extremo entre a soberania e o biopoder, ao fazer viver (a raça ariana) e fazer morrer (as raças ditas inferiores), um em nome do outro.

O biopoder contemporâneo, contudo, segundo a singular interpretação de Agamben, já não se incumbe de fazer viver, nem de fazer morrer, mas de *fazer sobreviver*. Ele cria *sobreviventes*. E produz a *sobrevida*. No contínuo biológico, ele busca isolar um último substrato de *sobrevida*. Como diz o autor: "Nem a vida, nem a morte, mas a produção de uma sobrevida modulável e virtualmente infinita que constitui a tarefa decisiva do biopoder em nosso tempo. Trata-se, no homem, de separar cada vez a vida orgânica da vida animal, o não humano do humano, o muçulmano da testemunha, a vida vegetativa, prolongada pelas técnicas de reanimação, da vida consciente, até um ponto limite que, como as fronteiras geopolíticas, permanece essencialmente móvel, recua segundo o progresso das tecnologias científicas ou políticas. A ambição suprema do biopoder é realizar no corpo humano a separação absoluta do vivente e do falante, de *zoé* e *bios*, do não homem e do homem: a sobrevida."[5]

---

4. Michel Foucault, *Histoire de la sexualité 1*. Paris: Gallimard, 1976, p. 179 [Ed. bras.: *História da sexualidade 1*, trad. de Maria T. da C. Albuquerque e J. A. Guilhon Albuquerque. Rio de Janeiro: Graal, 1988].
5. G. Agamben, *Ce qui reste d'Auschwitz*, op. cit, p. 205 [pp. 155-156].

Fiquemos, pois, por ora, nesse postulado inusitado que Agamben encontra no biopoder contemporâneo: fazer sobreviver, produzir um estado de sobrevida biológica, reduzir o homem a essa dimensão residual, não humana, vida vegetativa, que o "muçulmano", por um lado, e o neomorto das salas de terapia intensiva, por outro, encarnam. A sobrevida é a vida humana reduzida ao seu mínimo biológico, à sua nudez última, à vida sem forma, ao mero fato da vida, à vida nua. Mas engana-se quem vê vida nua apenas na figura extrema do "muçulmano", sem perceber o mais assustador: que de certa maneira *somos todos "muçulmanos"*. Até Bruno Bettelheim, sobrevivente de Dachau, quando descreve o comandante do campo, qualifica-o como uma espécie de "muçulmano", "bem alimentado e bem vestido". Ou seja, o carrasco é ele também, igualmente, um cadáver vivo, habitando essa zona intermediária entre o humano e o inumano, máquina biológica desprovida de sensibilidade e excitabilidade nervosa. A condição de sobrevivente é um efeito generalizado do biopoder contemporâneo; ele não se restringe aos regimes totalitários e inclui plenamente a democracia ocidental, a sociedade de consumo, o hedonismo de massa, a medicalização da existência, em suma, a abordagem biológica da vida numa escala ampliada.

O corpo
Tomemos, a título de exemplo, o superinvestimento do corpo que caracteriza nossa atualidade. Desde algumas décadas, o foco do sujeito deslocou-se da intimidade psíquica para o próprio corpo. Hoje, o eu é o corpo. A subjetividade foi reduzida ao corpo, à sua aparência, à sua imagem, à sua performance, à sua saúde, à sua longevidade. O predomínio da dimensão corporal na constituição identitária permite falar em uma "bioidentidade". É verdade que já não estamos diante de um corpo docilizado pelas instituições disciplinares, como há cem anos, o corpo estriado pela máquina panóptica, o corpo da fábrica, o corpo do exército, o corpo da escola. Agora cada um se submete voluntariamente a uma ascese, seguindo um preceito científico e estético. É o que Francisco Ortega, nos passos de Foucault, chamou de bioascese.[6] Por

---

6. Francisco Ortega, "Da ascese à bioascese" in Margareth Rago, Alfredo Veiga Neto, Luiz B. L. Orlandi (orgs.), *Imagens de Foucault e Deleuze*. Rio de Janeiro: DP&A, 2002.

um lado, trata-se de adequar o corpo às normas científicas da saúde, longevidade, equilíbrio, por outro, trata-se de adequar o corpo às normas da cultura do espetáculo, conforme o modelo das celebridades. A obsessão pela perfectibilidade física, com as infinitas possibilidades de transformação anunciadas pelas próteses genéticas, químicas, eletrônicas ou mecânicas, essa compulsão do eu para causar o desejo do outro por si mediante a idealização da imagem corporal, mesmo às custas do bem-estar com as mutilações que o comprometem, substituem finalmente a satisfação erótica que prometem pela mortificação autoimposta.[7] O fato é que abraçamos voluntariamente a tirania da corporeidade perfeita em nome de um gozo sensorial cuja imediaticidade torna ainda mais surpreendente o seu custo em sofrimento. A bioascese é um cuidado de si, mas à diferença dos antigos, cujo cuidado de si visava à bela vida, o que Foucault chamou de estética da existência, o nosso cuidado visa ao próprio corpo, à *sua* saúde, beleza, boa forma, felicidade científica e estética, ou ao que Deleuze designaria por "a gorda saúde dominante". Não hesitamos em chamá-lo, mesmo nas condições moduláveis da coerção contemporânea, de um corpo fascista — diante do modelo inalcançável, boa parcela da população é jogada em uma condição de inferioridade sub-humana. Que ademais o corpo tenha-se tornado também um pacote de informações, um reservatório genético, um dividual estatístico, com o qual somos lançados ao domínio da biossociabilidade ("faço parte do grupo dos hipertensos, dos soropositivos" etc.), isso só vem fortalecer os riscos da eugenia. Estamos às voltas, em todo o caso, com o registro da vida biologizada...[8] Reduzidos ao mero corpo, do corpo excitável ao corpo manipulável, do corpo espetáculo ao corpo automodulável — é o domínio da vida nua. Continuamos no domínio da sobrevida, da produção maciça de "sobreviventes" no sentido amplo do termo.

---

7. Jurandir Freire Costa, *O vestígio e a aura: corpo e consumismo na moral do espetáculo*. Rio de Janeiro: Garamond, 2004.
8. Paula Sibilia, *O homem pós-orgânico*. Rio de Janeiro: Relume-Dumará, 2002. Ver também os textos de Paul B. Preciado, que serão evocados mais detidamente no capítulo "Capitalismo e niilismo".

Sobrevivencialismo

Em sua análise do 11 de setembro, Slavoj Žižek contestou o adjetivo "covarde" imputado aos terroristas que perpetraram o atentado contra as torres gêmeas. Afinal, eles não tiveram medo da morte, contrariamente aos ocidentais que não só prezam a vida, conforme se alega, mas que querem preservá-la a todo custo, prolongá-la ao máximo. Somos escravos da sobrevivência, até em um sentido hegeliano. A pergunta de Žižek é a de São Paulo: "Quem está realmente vivo hoje? [...] E se somente estivermos realmente vivos se nos comprometermos com uma intensidade excessiva que nos coloca além da 'vida nua'? E se, ao nos concentrarmos na simples sobrevivência, mesmo quando é qualificada como 'uma boa vida', o que realmente perdemos na vida for a própria vida? [...] E se o terrorista suicida palestino a ponto de explodir a si mesmo e aos outros estiver, num sentido enfático, 'mais vivo' [...]?"[9] Não vale mais um histérico verdadeiramente vivo no questionamento permanente da própria existência que um obsessivo que evita acima de tudo que algo aconteça, que escolhe a morte em vida? É a crítica cáustica ao que o filósofo esloveno chama de postura sobrevivencialista pós-metafísica dos Últimos Homens, e o espetáculo anêmico da vida se arrastando como uma sombra de si mesma, nesse contexto biopolítico em que se almeja uma existência asséptica, indolor, prolongada ao máximo, na qual até os prazeres são controlados e artificializados: café sem cafeína, cerveja sem álcool, sexo sem sexo, guerra sem baixas, política sem política — a realidade virtualizada. Para o autor, morte e vida designam não fatos objetivos, mas posições existenciais subjetivas, e, nesse sentido, ele brinca com a ideia provocativa de que haveria mais vida do lado daqueles que, de maneira frontal, numa explosão de gozo, reintroduziram a dimensão de absoluta negatividade em nossa vida diária com o 11 de setembro do que nos Últimos Homens, todos nós, que arrastam sua sombra de vida como mortos-vivos, zumbis pós-modernos. Assim, ele chama atenção para a paisagem de desolação, contra a qual vem inscrever-se um tal ato, e sobretudo para o desafio de repensar, hoje, o próprio estatuto do ato, do acontecimento; em suma, da gestualidade

---

9. Slavoj Žižek, *Bem-vindo ao deserto do real*, trad. bras. de Paulo C. Castanheira. São Paulo: Boitempo, 2003, p. 108.

política num momento em que a vitalidade parece ter migrado para o lado daqueles que, numa volúpia de morte, souberam desafiar nosso sobrevivencialismo exangue. Seja como for, poderíamos dizer que na pós-política espetacularizada, e com o respectivo sequestro da vitalidade social, estamos todos reduzidos ao sobrevivencialismo biológico, à mercê da gestão biopolítica, cultuando formas de vida de baixa intensidade, submetidos à morna hipnose, mesmo quando a anestesia sensorial é travestida de hiperexcitação. É a existência de ciberzumbis, pastando mansamente entre serviços e mercadorias. Como dizia Gilles Châtelet, *Viver e pensar como porcos*. Poderíamos chamar de *vida besta* tal rebaixamento global da existência, essa depreciação da vida, sua redução à vida nua, à sobrevida, estágio último do niilismo contemporâneo.

À vida sem forma do homem comum, nas condições do niilismo, a revista *Tiqqun* deu o nome de Bloom.[10] Bloom é a figura que representa a morte do sujeito e de seu mundo, onde tudo flutua na indiferença sem qualidades, em que ninguém mais se reconhece na trivialidade do mundo de mercadorias infinitamente intercambiáveis e substituíveis. Pouco importam os conteúdos de vida que se alternam e que cada um visita em seu turismo existencial, o Bloom é já incapaz de alegria assim como de sofrimento, analfabeto das emoções das quais recolhe ecos difratados. O Bloom, "que vive na maioria de nós, é aquele que destrói laboriosamente suas possibilidades de vida na mobilização infinita de uma atividade que ele sabe entretanto ser incapaz de jamais produzir uma 'ação' digna desse nome. O Bloom é colocado como a figura emblemática desse 'empreendedor de si mesmo' que cultua e dispende assiduamente um 'capital humano' *com o qual ele não sabe o que fazer*".[11] O que está em jogo é uma forma de vida depauperada, uma "economia dos afetos sobre a qual repousa toda a economia dos bens de consumo".[12]

Quando a vida é reduzida à vida besta em escala planetária, quando o niilismo se dá a ver de maneira tão gritante em nossa própria lassidão

---

10. Ver: Tiqqun, *Théorie du Bloom*. Paris: La Fabrique, 2000; e a revista *Tiqqun*, 2001.
11. Yves Citton, "Une réaction symptomatique" in *Multitudes*, nº 35. Paris: Assoc. Multitudes, janeiro de 2009. Trata-se de um breve artigo sobre o grupo Tiqqun, cujos membros foram detidos, em 2008, sob a acusação de terrorismo contra a rede ferroviária e qualificados como "anarco-autonomistas", antes de serem soltos, porém em estado de liberdade vigiada.
12. Ibid.

nesse estado hipnótico consumista do Bloom ou do *Homo Otarius*, cabe perguntar o que poderia ainda sacudir-nos de tal estado de letargia e se a catástrofe não estaria aí instalada cotidianamente (o niilismo, "o mais sinistro dos hóspedes", segundo Nietzsche), ao invés de ser ela apenas a irrupção súbita de um ato espetacular.

O corpo que não aguenta mais
O que poderia ainda sacudir-nos de tal estado de letargia, lassidão, esgotamento? Há uma belíssima definição beckettiana sobre o corpo, dada por David Lapoujade. "Somos como personagens de Beckett, para os quais já é difícil andar de bicicleta, depois, difícil de andar, depois, difícil de simplesmente se arrastar, e depois ainda, de permanecer sentado [...]. Mesmo nas situações cada vez mais elementares, que exigem cada vez menos esforço, o corpo não aguenta mais. Tudo se passa como se ele não pudesse mais agir, não pudesse mais responder [...] o corpo é aquele que não aguenta mais",[13] até por definição. Mas, pergunta o autor, o que é que o corpo não aguenta mais? Ele não aguenta mais tudo aquilo que o coage, por fora e por dentro. Por exemplo, o adestramento civilizatório que por milênios abateu-se sobre ele, como Nietzsche o mostrou exemplarmente em *Para a genealogia da moral*, ou Norbert Elias, ao descrever de que modo o que chamamos de civilização é resultado de um progressivo silenciamento do corpo, de seus ruídos, impulsos, movimentos...[14] Mas também, a docilização que lhe foi imposta pelas disciplinas, nas fábricas, nas escolas, no exército, nas prisões, nos hospitais, pela máquina panóptica... Tendo em vista o que se mencionou acima, deveríamos acrescentar: o que o corpo não aguenta mais é a mutilação biopolítica, a intervenção biotecnológica, a modulação estética, a digitalização bioinformática, o entorpecimento. Em suma, e num sentido muito amplo, o que o corpo não aguenta mais é a mortificação sobrevivencialista, seja no estado de exceção, seja na banalidade cotidiana. O "muçulmano", o "ciberzumbi", o "corpo-espetáculo", "a gorda saúde", "Bloom", por extremas que pareçam suas diferenças, ressoam no efeito anestésico e

---

13. David Lapoujade, "O corpo que não aguenta mais" in Daniel Lins (org.), *Nietzsche e Deleuze — Que pode o corpo*. Rio de Janeiro: Relume-Dumará, 2002, pp. 82 e ss.
14. Norbert Elias, *O processo civilizador*, trad. bras. de Ruy Jungmann. Rio de Janeiro: Jorge Zahar, 1994.

narcótico, configurando a impermeabilidade de um "corpo blindado"[15] em condições de niilismo terminal.

Diante disso, seria preciso retomar o corpo naquilo que lhe é mais próprio, sua dor no encontro com a exterioridade, sua condição de corpo afetado pelas forças do mundo e capaz de ser afetado por elas: sua afectibilidade. Como o observa Barbara Stiegler em seu notável estudo sobre Nietzsche e a biologia, para o filósofo, todo sujeito vivo é primeiramente um sujeito afetado, um corpo que sofre de suas afecções, de seus encontros, da alteridade que o atinge, da multidão de estímulos e excitações que lhe cabe selecionar, evitar, escolher, acolher...[16] Nessa linha, também Deleuze insiste: um corpo não cessa de ser submetido aos encontros, com a luz, o oxigênio, os alimentos, os sons e as palavras cortantes — um corpo é primeiramente encontro com outros corpos, poder de ser afetado. Mas não por tudo e nem de qualquer maneira, como quem deglute e vomita tudo, com seu estômago fenomenal, na pura indiferença de quem nada abala. Como então preservar a capacidade de ser afetado senão através de uma permeabilidade, uma passividade, até mesmo uma fraqueza? E como ter a força de estar à altura de sua fraqueza, ao invés de permanecer na fraqueza de cultivar apenas a força?

Gombrowicz referia-se a um inacabamento próprio à vida, ali onde ela *se encontra em estado mais embrionário*, onde a forma ainda não "pegou" inteiramente,[17] e a atração irresistível que exerce esse estado de Imaturidade, no qual está preservada a liberdade de "seres ainda por nascer"... Porém, será possível dar espaço a tais "seres ainda por nascer" em um corpo excessivamente musculoso, em meio a uma atlética autossuficiência, demasiadamente excitada, plugada, obscena, perfectível? Talvez por isso tantos personagens literários, de Bartleby ao artista da fome, em Kafka, precisem de sua imobilidade, esvaziamento, palidez, no limite do corpo morto, para dar passagem a outras forças que um corpo excessivamente "blindado" não permitiria. Mas será preciso produzir um corpo morto para que outras forças atravessem o corpo? José Gil observou o processo através do qual, na dança contemporânea, o

---

15. Juliano Garcia Pessanha, *Certeza do Agora*. São Paulo: Ateliê Editorial, 2002.
16. Barbara Stiegler, *Nietzsche et la biologie*. Paris: PUF, 2001, p. 38.
17. Witold Gombrowicz, *Contre les poètes*, trad. fr. de Allan Kosko. Paris: Complexe, 1988, p. 129.

corpo se assume como um feixe de forças e desinveste os seus órgãos, desembaraçando-se dos "modelos sensório-motores interiorizados", como o diz Cunningham. Um corpo "que pode ser desertado, esvaziado, roubado da sua alma", para então poder "ser atravessado pelos fluxos mais exuberantes da vida". É aí, diz Gil, que esse corpo, que já é um corpo-sem-órgãos, constitui ao seu redor um domínio intensivo, uma nuvem virtual, uma espécie de atmosfera afetiva, com sua densidade, textura, viscosidade próprias, como se o corpo exalasse e liberasse forças inconscientes que circulam à flor da pele, projetando em torno de si uma espécie de "sombra branca".[18] Talvez reencontremos entre algumas das personagens posturas "extraviadas", inumanas, disformes, rodeadas de sua "sombra branca", ou imersas numa "zona de opacidade ofensiva". O corpo aparece aí como sinônimo de uma certa impotência, mas é dessa impotência que ele extrai uma potência superior, nem que seja à custa do próprio corpo. *Uma vida.*

Vida nua, uma vida
Já podemos perceber a que ponto parecem vizinhas a tematização do limite entre o humano e o inumano feita por Deleuze para abordar o que ele chamou de *uma vida*, e aquela em Agamben, para abordar o que ele chamou de *vida nua*. Talvez caiba formular aqui a questão crucial. Como diferenciar a decomposição e a desfiguração do corpo, necessárias para que as forças que o atravessam inventem novas conexões e liberem novas potências — tendência que caracterizou parte de nossa cultura das últimas décadas, nas suas experimentações diversas, das danças às drogas e à própria literatura — como, pois, diferenciar isso da decomposição e desfiguração que a produção do sobrevivente, ou a manipulação biotecnológica, suscita e estimula? Como diferenciar a perplexidade de Espinosa com o fato de que não sabemos ainda o que pode o corpo, do desafio dos poderes e da tecnociência, que precisamente vão pesquisando o que se pode com o corpo? Como descolar-se da obsessão de pesquisar "o que se pode fazer *com* o corpo" (questão biopolítica: que intervenções, manipulações, aperfeiçoamentos, eugenias...), e afinar "o

---

18. José Gil, *Movimento total: o corpo e a dança*. Lisboa: Relógio d'Água, 2001, p. 153 [Ed. bras.: *Movimento total: o corpo e a dança*, trad. de Miguel Serras Pereira. São Paulo: Iluminuras, 2005, p. 124].

que pode o corpo" (questão vitalista, espinosista)? Potências da vida que precisam de um corpo-sem-órgãos para se experimentarem, por um lado, poder sobre a vida que precisa de um corpo pós-orgânico para anexá-lo à axiomática capitalística, por outro.

Mas talvez para que um apareça é preciso que o outro seja combatido, ou ao menos deslocado. Por exemplo, para que aquilo que Deleuze chamou de *uma vida* possa aparecer na sua imanência e afirmatividade é preciso que ela se tenha despojado de tudo aquilo que pretendeu representá-la ou contê-la. Toda a tematização do corpo-sem-órgãos é uma variação em torno desse tema biopolítico por excelência, a vida desfazendo-se do que a aprisiona, do organismo, dos órgãos, da inscrição dos poderes diversos sobre o corpo, ou mesmo de sua redução à vida nua, vida-morta, vida-múmia, vida-concha. Mas se a vida deve livrar-se de todas essas amarras sociais, históricas, políticas, não será para reencontrar algo de sua animalidade desnudada, despossuída? Será a invocação de uma vida nua, de uma *zoé* como diziam os antigos, contra uma forma de vida qualificada, contra *bios*? Ninguém o viu melhor do que Artaud. Como o diz Kuniichi Uno: "Mas ele [Artaud] nunca perdeu o sentido intenso da vida e do corpo como gênese, ou autogênese, como força intensa, impermeável, móvel sem limites que não se deixaria determinar nem mesmo pelos termos como *bios* ou *zoé*. A vida é para Artaud indeterminável, em todos os sentidos, enquanto a sociedade é feita pela infâmia, o tráfico, o comércio que não cessa de sitiar a vida e sobretudo a vida do corpo."[19] Bastaria meditar a frase enigmática de Artaud: "Sou um genital inato, se olharmos de perto, isso significa que nunca me realizei. / Há imbecis que se creem seres, seres por inatismo. / Eu sou aquele que, para ser, precisa chicotear seu inatismo."[20] E Uno comenta que um genital inato é alguém que tenta nascer por si mesmo, fazer um segundo nascimento a fim de excluir seu inatismo. Pois ser inato é não ter nascido. Pensemos em Jung concluindo a exposição de um caso clínico: "Afinal de contas, a paciente nunca tinha nascido." E Beckett transporta essa frase para o contexto de sua obra. Ali, um eu que não

---

19. Uno Kuniichi, "As pantufas de Artaud segundo Hijikata" in Christine Greiner e Claudia Amorim (orgs.), *Leituras da morte*. São Paulo: Annablume, 2007, p. 49.
20. Antonin Artaud, *Oeuvres complètes*, t. I. Paris: Minuit, 1991, p. 7.

nasceu escreve sobre aquele outro que, sim, nasceu. Essa recusa do nascimento biológico não é a recusa proveniente de um ser que não quer viver, mas daquele que exige nascer de novo, sempre, o tempo todo. O genital inato é a história de um corpo que coloca em questão seu corpo nascido, com as suas funções e todos os órgãos, representantes das ordens, instituições, tecnologias visíveis ou invisíveis que pretendem gerir o corpo. Um corpo que, a partir ou em favor de um corpo sem órgãos, desafia esse complexo sócio-político que Artaud chamou de juízo de Deus, e que nós chamaríamos de um biopoder...

Essa recusa do nascimento em favor de um autonascimento não equivale ao desejo de dominar seu próprio começo, mas de recriar um corpo que tenha o poder de começar, diz Uno. A vida é este corpo, insiste ele, desde que se descubra o corpo em sua força de gênese, e desde que ele se libere daquilo que pesa sobre ele como determinação — guerra à biopolítica! Talvez esse seja um dos poucos pontos em que concordamos com Badiou, quando afirma que, para Deleuze, o nome do ser é a vida, mas a vida não é tomada como um dom ou um tesouro, nem como sobrevida, antes como um neutro que rejeita toda categoria. Diz ele: "Toda vida é nua. Toda vida é desnudamento, abandono das vestimentas, dos códigos e dos órgãos; não que nos dirigimos para um buraco negro niilista. Mas, ao contrário, para se sustentar no ponto em que se intercambiam atualização e virtualização; para um ser criador."[21] Mas será que Badiou tem razão em designar essa vida como nua? Em todo o caso, essa vida desnudada a que se refere ele não pode ser, como já Uno o havia notado, simples *zoé*, a vida como fato, o fato animal da vida, ou a vida reduzida a esse estado de nudez biológica anexada à ordem jurídica pelo estado de exceção, ou destinada à manipulação tecnocientífica pelo movimento niilista do capital. *Uma vida*, tal como Deleuze a concebe, é a vida como virtualidade, diferença, invenção de formas, potência impessoal, beatitude. *Vida nua*, contrariamente, do modo como Agamben a teorizou, é a vida reduzida ao seu estado de mera atualidade, indiferença, disformidade, impotência, banalidade biológica — para não falar na *vida besta*, exacerbação e disseminação entrópica da vida nua, no seu limite niilista. Se elas são tão contrapostas, mas ao mesmo tempo tão sobrepostas, é

---

21. Alain Badiou, "De la Vie comme nom de l'Être" in *Rue Descartes*, nº 20. Paris: PUF, 1998, p. 32.

porque no contexto biopolítico é a própria vida que está em jogo, sendo ela o campo de batalha. Contudo, como dizia Foucault, é no ponto em que o poder incide com força maior, a vida, que doravante se ancora a resistência, mas, justamente, como que mudando de sinal. Em outras palavras, às vezes é no extremo da *vida nua* que se descobre *uma vida*, assim como é no extremo da manipulação e decomposição do corpo que ele pode descobrir-se como virtualidade, imanência, pura potência, beatitude. Mesmo na existência espectral do Bloom, de algum modo se insinua uma estratégia de resistência: ele é o homem sem qualidades, sem particularidades, sem substancialidade do mundo, onde já nem o biopoder "pega".

Se os que melhor diagnosticaram a vida bestificada, de Nietzsche a Artaud, até aos jovens experimentadores de hoje, têm condições de retomar o corpo como afectibilidade, fluxo, vibração, intensidade, e até mesmo como um poder de começar, não será porque neles ela atingiu um ponto intolerável? Não estamos nós todos nesse ponto de sufocamento, que justamente por isso nos impele em uma outra direção? Talvez haja algo na extorsão da vida que deve vir a termo para que esta vida possa aparecer diferentemente — algo deve ser esgotado, como o pressentiu Deleuze em *O esgotado*.[22]

---

22. Gilles Deleuze, "L'épuisé" in S. Beckett, *Quad*. Paris: Minuit, 1992, p. 103 [Ed. bras.: "O esgotado", trad. de Ovídio de Abreu e Roberto Machado in R. Machado (org.), *Sobre o teatro*. Rio de Janeiro: Jorge Zahar, 2010].

ESGOTAMENTO E CRIAÇÃO

Patosofia é o nome dado pelo neurologista alemão Viktor von Weizsäcker a sua clínica geral, que ele chamava igualmente de antropologia médica.[1] Por que patosofia? Trata-se de um saber sobre o sofrimento. *Pathos* remete, contudo, menos a uma passividade dolorosa do que ao que é "experimentado". Como para os gregos, uma questão do tipo "o que te acontece" coloca o acento sobre a dimensão ativa do que nos advém. O ser pático, finalmente, é o ser passível de experimentar dor ou prazer. Em termos filosóficos, o que importa é um poder de ser afetado, de mudar de estado, de transir. Ora, a que vem tal esclarecimento no campo médico senão para falar da doença como de um acontecimento, mais do que de um *déficit*, de um advento que muda nosso estado? Se a doença é uma forma de vida, a um só tempo ativa e passiva, ela pressupõe todo um pensamento do vivente retomado como *pático*, para além ou aquém de qualquer nosografia objetivante. Nessa perspectiva, viver equivale a "sofrer", "experimentar", com todas as modulações singulares aí implicadas e discriminadas no "pentagrama pático" do autor: querer, poder, ousar, dever (moralmente) e dever (por coerção). Mas há um ponto na vida individual ou coletiva em que toda essa dimensão pática se acentua e se eleva a uma potência exclusiva: é o momento da crise.[2] É nele que nada mais parece possível. É nele, também, ao mesmo tempo, que se cruzam as transformações em curso. E é nele, finalmente,

---

1. Viktor von Weizsäcker, *Pathosophie*, trad. fr. de Joris de Bisschop, Michèle Gennart, Marx Ledoux, Bob Maebe, Christophe Mugnier e Anne-Marie Norgeu. Grenoble: Millon, 2011.
2. Jacques Schotte, *Une pensée du clinique. L'oeuvre de Viktor von Weizsäcker*. Louvain: Université Catholique de Louvain, Faculté de Psychologie et des Sciences de l'Éducation, 1985. Notas de curso redigidas por Ph. Lekeuche e revistas pelo autor.

que todas as possibilidades se abrem, mesmo se a atualidade parece ao doente completamente bloqueada. A crise revela as forças que estavam em jogo, ou melhor, ela as redistribui, respondendo à questão: será que as coisas irão no sentido da vida ou da morte? A crise é uma espécie de decisão, não o resultado de uma série, mas antes o começo, uma origem, que cria um espaço e um tempo próprios, sem obedecer às coordenadas de um mundo dito objetivo ou ôntico. Daí a oposição cara a von Weizsäcker, entre pático e ôntico, que obrigaria o olhar médico objetivo a deslocar-se em direção ao domínio subjetivo, centrado na mutação da experiência e nas possibilidades que ela abre. Se a crise ocupa tal lugar privilegiado, é porque ela consiste num meio de colocar em xeque globalmente a própria vida a partir de uma ruptura da continuidade ou da identidade do sujeito. A doença aparece, desse modo, como um trabalho de reconstrução, uma nova relação com a vida. A abordagem pática deve ter essa dimensão flutuante e flexível, desprovida de julgamento de valor ou de normatividade. Como o diz Flaubert: "cada vez que nós julgamos, o fundo não é atingido." A própria definição de subjetividade enunciada pelo autor obedece a esse princípio: a subjetividade é concebida como "relação com o fundo". A doença é o momento no qual esse fundo faz irrupção. Ou, para dizê-lo de outro modo: nos momentos críticos se vai ao fundo, se atinge o fundo, vai-se a pique, por assim dizer, perece-se. Quando as cadeias causais se interrompem e a continuidade entre o mundo e o eu se quebra, o fundo faz irrupção, e aquele que sofre parece afundar-se. François Tosquelles, psiquiatra catalão que percebeu similaridades entre os campos de concentração e os hospitais psiquiátricos onde trabalhou durante a guerra, e que foi um dos inovadores e pioneiros da abordagem institucional em meio psiquiátrico, escreveu um livro sugestivo a propósito, que se poderia traduzir como *O vivido do fim do mundo na loucura*. Agida e sofrida, essa experiência da catástrofe nos doentes é vivida como abalo existencial, com seu cortejo de imagens perturbadoras: terremoto, fim do mundo, morte, ressurreição em uma vida espiritual. Mas há uma tarefa que se impõe sempre, apesar da destruição em curso: a da criação. "Na parafrenia e nos delírios de estrutura paranoica, o doente consegue com frequência edificar esse mundo novo, ele se torna como Parayapati de que fala Jung, o ovo engendrado de si mesmo, o ovo do mundo no qual ele mesmo se choca"...[3] Há, portanto, em cada doente, para além dos processos de dissolução da personalidade, um esforço, uma "necessidade vital", um impulso para chegar a uma "nova forma de vida unitária".[4] A genialidade de Freud já abria uma direção paralela: "Vemos com frequência surgir no estágio agudo da paranoia ideias semelhantes de catástrofes universais [...]. O doente retira todo o investimento libidinal das pessoas de seu entorno e do mundo exterior em geral, onde até então ele estava; por isso, tudo se lhe tornou indiferente e como que sem relação com ele mesmo; é porque é preciso explicar o universo por meio de uma racionalização secundária como sendo 'milagrosa', 'concluída apressadamente' etc. O fim do mundo é a projeção dessa catástrofe interna, pois o universo subjetivo do doente terminou depois que ele lhe retirou seu amor... O paranoico reconstrói o universo por meio de seu trabalho delirante. *O que nós tomamos como produção mórbida, a formação do delírio, é em realidade a tentativa de cura, a reconstrução.*"[5] Poderíamos discutir se loucura é clausura e desinvestimento do mundo — outros autores diriam o contrário —, mas não se pode negar a coextensividade entre, por um lado, o sentimento de fim de mundo e, por outro, o esforço de reconstrução; em outros termos, catástrofe e criação. O delírio ele mesmo como tentativa de cura antes do que sintoma mórbido a ser suprimido.

Contudo, Tosquelles parece ampliar o quadro da intuição freudiana. A experiência vivida do fim do mundo não é considerada exclusiva do esquizofrênico, e essa matriz catástrofe/criação responde a uma função mais ampla, ainda que no louco se revele dramaticamente. O autor cita Goldstein, para quem o abalo ou mesmo o aniquilamento de si e do mundo pode representar um momento crucial na evolução mesma do organismo. A reação catastrófica, que no homem se manifesta como angústia, não seria o fim, porém condição para um novo começo.[6] "Não

---

3. François Tosquelles, *Le vécu de la fin du monde dans la folie*. Toulouse: Éd. de L'Arefppi, 1986, p. 75.
4. Ibid., p. 81.
5. Sigmund Freud, "Remarques psychanalytiques sur l'autobiographie d'un cas de paranoïa (Le Président Schreber)" in *Cinq essais de psychanalyse*. Paris: PUF, 1973 [Ed. bras.: "Observações psicanalíticas sobre um caso de paranoia relatado em autobiografia ('o caso Schreber')", trad. de Paulo César de Souza in *Sigmund Freud: Obras Completas*, v. 10. São Paulo: Cia. das Letras, 2010].
6. F. Tosquelles, op. cit., p. 106.

se pode pois conceber a Erlebnis do fim do mundo como uma *imagem* refletindo os *fenômenos supostamente reais* de um psiquismo em vias de se destruir. Ao contrário: esse acontecimento vivido é a manifestação pura e simples da continuidade e mesmo do acréscimo dos esforços humanos."[7] Donde a conclusão de Tosquelles, nada habitual em se tratando de um psiquiatra: "A loucura é uma criação, não uma passividade. Num plano clínico, a catástrofe existencial, que encontra sua mais justa expressão no fantasma do fim do mundo, implica o dever de salvar a existência, de afirmar sua originalidade, ou então de nascer de novo."

Esgotamento

Talvez um termo que revele de maneira aguda, embora enigmática, a passagem hesitante e não necessária entre catástrofe e criação, bem como a reversibilidade entre o "Nada é possível" e o "Tudo é possível" nesse contexto, seja *esgotamento*. Seria preciso lembrar a diferença assinalada por Deleuze entre o cansaço e o esgotamento. O cansaço faz parte da dialética do trabalho e da produção: descansa-se para se retomar a atividade. O cansaço advém quando realizamos os possíveis que nos habitavam, escolhendo, obedecendo a certos objetivos mais do que a outros, realizando certos projetos, seguindo preferências claras. Ora, inteiramente outro é o esgotamento. Sigamos a pista de Deleuze. O esgotado é aquele que, tendo esgotado seu objeto, se esgota ele mesmo, de modo que essa dissolução do sujeito corresponde à abolição do mundo. Se o cansado tem sua ação comprometida temporariamente, prestes a retomá-la, o esgotado, em contrapartida, é pura inação, testemunho. Sua postura típica não é a do homem deitado, mas do insone sentado, cabeça entre as mãos, a testemunha amnésica (*Nacht und Träume*, o sublime filme para a televisão).[8] Através da gestualidade beckettiana, primeiro é a língua que desaparece ("Beckett suportou cada vez menos as palavras")[9] — afinal, a linguagem é o domínio do possível. Ela indica alvos, preferências, escolhas: ou isso ou aquilo, ou assim ou assado, ou agora

---

7. Ibid., p. 107 e ss. para as próximas citações.
8. Samuel Beckett, *Nacht und Träume*. Peça televisiva realizada na Alemanha em 1982.
9. Gilles Deleuze, "L'épuisé" in S. Beckett, *Quad*. Paris: Minuit, 1992, p. 103 [Ed. bras.: "O esgotado", trad. de Ovídio de Abreu e Roberto Machado in R. Machado (org.), *Sobre o teatro*. Rio de Janeiro: Jorge Zahar, 2010].

ou depois, ou sair ou entrar. É preciso esvaziar essa mola do sentido. O esgotado pode até combinar ou recombinar as variáveis, percorrê-las exaustivamente, e os termos disjuntos até podem subsistir, mas já não servem para nada. A permutabilidade total, mesmo quando obedece a um extremo rigor, vai de par com a evacuação do interesse — é "para nada" e é a morte do eu.

Em Beckett, trata-se de esgotar as palavras, de espicaçá-las em átomos, de esvaziá-las por inteiro. Depois, cabe remeter-se às vozes que as enunciam, às ondas ou fluxos que distribuem os "corpúsculos linguísticos". A seguir, aos Outros que as emitem e que evocam mundos possíveis. Em seguida, ao espaço que encarnava potencialidades, como em *Quad*.[10] Só quando todas essas esferas foram exaustivamente percorridas, portanto "concluídas" ou "efetuadas" [*accomplies*], isto é, esvaziadas no limite do silêncio e do vazio, chega-se ao ponto no qual se descobre que "não há mais possível nem história, há muito tempo", que fazíamos parte de uma língua estrangeira e morta. O esgotado é aquele que teve a força de "produzir o vazio ou fazer buracos, afrouxar o torniquete das palavras, secar a ressudação das vozes para se desprender da memória e da razão". Apenas então pode surgir a "pequena imagem alógica, amnésica, quase afásica, ora se sustentando no vazio, ora estremecendo no aberto".[11] Portanto, quando já nada resta, advém a "imagem pura, intensidade que afasta as palavras, dissolve as histórias e lembranças, armazena uma fantástica energia potencial que ela detona ao dissipar--se". E Deleuze acrescenta: "O que conta na imagem não é o pobre conteúdo, porém a louca energia captada prestes a explodir, que faz com que as imagens nunca durem por muito tempo. Elas se confundem com a detonação, a combustão, a dissipação de sua energia condensada [...]. A imagem [...] capta todo o possível para fazê-lo explodir." A obra de Beckett seria, então, uma "exploração das intensidades puras", ali onde é preciso fazer buracos na linguagem, já que as palavras carecem dessa "pontuação de deiscência", desse "desligamento" que vem de uma "onda de fundo própria à arte".[12]

---

10. S. Beckett, *Quad* [*Quadrat 1+2*]. Peça televisiva realizada na Alemanha em 1981.
11. G. Deleuze, "L'épuisé", op. cit., p. 72.
12. Ibid., p. 105.

Imagens

É um tema que Deleuze já havia tratado em *Crítica e clínica*. A literatura, ao "rachar" as palavras, libera Visões e Audições que são um *fora* da linguagem e que, no entanto, unicamente através dela podem emergir — o *mar* de Melville, o *deserto* de Lawrence... Em *O esgotado*, Deleuze distingue em Beckett uma Língua I (a dos nomes), II (a das vozes) e III (a das imagens). Esta última não diz respeito nem a coisas, nem a palavras, nem a vozes, mas a limites imanentes, hiatos, buracos, rasgões através dos quais a imagem pura acede ao "indefinido como ao estado celeste". Uma imagem, pois, deslocada das palavras, vozes, histórias, lembranças, espaço, que rompe "a combinação de palavras e o fluxo de vozes" e "força as palavras a tornar-se imagem, movimento, canção, poema". Assim, a imagem desafia esta linguagem que nos aprisiona e sufoca, linguagem repleta de cálculos, lembranças, histórias, significações, intenções, hábitos. As palavras por si só, dadas suas aderências, não conseguem esse "desligamento", a menos que justamente elas sejam empurradas e reviradas, mostrando seu fora, como na encarniçada luta beckettiana contra "o velho estilo" que, com a ajuda de Beethoven, Schubert, Rembrandt ou Van Velde, faz surgir o *visível em si*, ou o *audível em si*, tangenciando o invisível e o inaudível.[13] Há em Deleuze, e isso em toda sua "estética", um desafio em atingir essa "extrema determinação do indefinido como intensidade pura". Isso, no entanto, não significa abrir mão das palavras, já que se trata, precisamente, de empurrá-las para seu fora, numa transmutação deslocalizada.

Num outro contexto, ao falar sobre a redundância entre as palavras de ordem e as imagens transmitidas nos circuitos de informação, David Lapoujade lembra que não é o caso de opor-se às palavras de ordem, seja pelo silêncio, o grito ou a música, mas de "percorrer a outra face da palavra de ordem, o fora que é o seu material não linguístico, mas que não cessa de trabalhar a própria palavra de ordem e, por extensão, toda a linguagem [...]. Essa outra face constitui o aspecto intensivo da linguagem, o aspecto pelo qual a linguagem é sem cessar trabalhada por variações contínuas, quase musicais, cromáticas que não tendem ao silêncio, a música ou ao grito, mas que são tensores".[14] Daí o desafio de desatar a relação

---

13. Ibid., p. 103.
14. David Lapoujade, "Deleuze: política e informação" in *Cadernos de subjetividade*, nº 10. São Paulo:

de correspondência recíproca entre a linguagem e o visível, disjuntar ver e falar, como sugeria Blanchot ("ver não é falar"). Não sair da linguagem, pois "a linguagem é sem exterioridade", e não há fora para a linguagem, mas percorrer o fora *da* linguagem, numa operação que consiste em revirá-la. Insistamos, não "reverter" — o que implicaria supor um sistema fechado que se pudesse derrubar, mas "revirá-lo" por toda parte. O pano de fundo político para tal diferenciação se encontra naquilo que se entende por agenciamento. Todo agenciamento tende a conter seu fora, e essa exterioridade "irredutível" renasce incessantemente e faz parte do próprio sistema: "trata-se, sobretudo, de marcar aquilo que, de dentro, dá testemunho dessa exterioridade; trata-se de estabelecer um diagnóstico, um levantamento das forças que dão testemunho desse fora."[15]

Recusa e intensidade
Já podemos ampliar o espectro destas notas. O esgotamento pode ser entendido no sentido primeiro que o texto de Deleuze comporta: o esgotamento dos possíveis, no qual o esgotado esgotou-se a si enquanto reservatório de possíveis e esgotou os possíveis da linguagem, bem como as potencialidades do espaço e a própria possibilidade da ação. Aparentemente esse esgotado é uma figura passiva, mas não podemos deixar de acompanhar o alcance da operação de Beckett, que ressoa com os personagens valorizados ao longo dos textos de Deleuze sobre literatura, Bartleby ou Billy Budd, de Melville, o Idiota, de Dostoiévski,[16] o artista da fome, de Kafka etc. Neles todos uma obstinação outra se manifesta, junto à sua inexprimível recusa do mundo e de sua dialética: uma afirmatividade vital incontornável, um "espinosismo obstinado" cujo alcance político resta esclarecer, numa chave bem diferente daquela proposta por Theodor Adorno, por exemplo, no seu belo comentário sobre *Fim de partida*.[17] Nele, Adorno desfazia o falso parentesco de Beckett

---

Núcleo de Estudos e Pesquisas da Subjetividade do Programa de Estudos Pós-Graduados em Psicologia Clínica da PUC-SP, 2010, p. 165.
15. Ibid., p. 166.
16. Philippe Mengue apoiou-se nessa figura para escrever *Faire l'idiot: la politique de Deleuze*. Paris: Germina, 2013.
17. Theodor W. Adorno, "Intento de entender *Fim de partida*" in *Notas sobre Literatura: Obra completa*, v. 11, trad. esp. de Alfredo Muñoz. Madri: Akal, 2003.

com o existencialismo, mal-entendido frequente no fim dos anos 1950. Como o diz ele, em Beckett, o absurdo não preserva o indivíduo, sua identidade, a liberdade, o sentido, de modo que "a situação perde seus componentes ontológico-existenciais". Assim, a dissociação da unidade da consciência não revela a "condição humana" na sua essência supostamente universal, mas dá a ver, ao contrário, sua historicidade, a qual o pós-guerra reduziu à obstinada sobrevivência do corpo biológico. "Os *dramatis personae* parecem estar sonhando com sua própria morte, em um 'refúgio' no qual 'é hora que isto acabe'. O fim do mundo é dado como certo, como se fosse evidente [...]. As figuras de Beckett se conduzem tão primitivamente como corresponderia às circunstâncias posteriores à catástrofe, e esta as mutilou de tal forma que não podem reagir de outra maneira: moscas que estremecem depois de terem sido esmagadas pelo mata-moscas."[18] Adorno vê em Beckett um "realista" cujo universo, reduzido ao "mesquinho e inútil", é a cópia e o negativo do mundo administrado.

Certamente é outra a leitura que faz Deleuze ao considerar a dimensão impessoal, insone, fantasmática, intensiva dos personagens ou da escrita beckettiana, sem qualquer juízo. O "eu dissolvido" não é vítima de nada, mas percorre nosso tempo como um operador que o desarticula esquizofrenicamente. Vejam-se as inúmeras referências jubilatórias a essa operação de dissolução em *O anti-Édipo*, através das sínteses disjuntivas: "O esquizofrênico está morto *ou* vivo, não ao mesmo tempo, mas cada um dos dois ao termo de uma distância que ele sobrevoa, deslizando. Ele é filho ou pai, não um e outro, mas um na extremidade do outro como as duas extremidades de um bastão num espaço indecomponível. Este é o sentido das disjunções em que Beckett inscreve seus personagens e os acontecimentos que lhes sobrevêm [...]. É trans--vivomorto, trans-paifilho. [...] Não se fecha sobre os contraditórios; ao contrário, ele se abre e, como um saco cheio de esporos, solta-os como a outras tantas singularidades que ele mantinha indevidamente encerradas [...]. Molloy e Moran já não designam pessoas, mas singularidades vindas de todas as partes, agentes de produção evanescentes. É a disjunção livre; as posições diferenciais subsistem e até adquirem um valor

---

18. T. W. Adorno, *Teoria estética*. São Paulo: Martins Fontes, 1988, p. 44.

livre, mas estão todas ocupadas por um sujeito sem rosto e trans-posicional."[19] Ou, mais radicalmente, tais singularidades anseiam penetrar o "marulho cósmico e espiritual" como um átomo singular.[20] Não há lamento algum a respeito da condição de um tal sujeito despedaçado, mas um júbilo raro, como se por ele se abrisse uma outra aventura. Em *O esgotado*, Deleuze refere-se à "fantástica dissolução do eu". A marca de Blanchot é inegável: "O que Blanchot disse de Musil se aplica perfeitamente a Beckett: a mais elevada exatidão e a mais extrema dissolução: a troca indefinida das formulações matemáticas e a busca do informe ou do informulado."[21] "Estes são os sentidos do esgotamento, e os dois são necessários para abolir o real. Muitos autores são polidos demais, e se contentam em proclamar a obra integral e a morte do eu. Mas se permanece no abstrato enquanto não se mostra 'como é', como se faz um 'inventário', incluindo os erros, e como o eu se decompõe, incluindo o mau cheiro e a agonia."[22] Provavelmente é Joyce quem é visado nessa avaliação reticente ("polido demais"), e o contraste entre Joyce e Beckett talvez encontre equivalente no par Carroll e Artaud, tal como aparece em *Lógica do sentido* ("Por todo Carroll não daríamos uma página de Antonin Artaud"). Em todo caso, não se trata mais, em *O esgotado*, do contraste entre a superfície e a profundidade, ou do jogo de sentido e do corpo vital, por um lado, e do infrassentido, por outro, mas de algo que Blanchot teria visto com acuidade no trajeto de Beckett: cada vez mais a narrativa dá lugar à luta, as figuras a restos, de modo que a fala "neutra" deixa vir à tona o impessoal, o incessante, o interminável, o sem nome, o Inominável, uma "fala vazia e que mal ou bem recobre um Eu poroso e agonizante", daquele que está condenado "a esgotar o infinito".[23] Na mesma chave blanchotiana, Deleuze retoma o estatuto singular da noite para seguir Beckett: ela não consiste no intervalo entre dois dias, mera interrupção entre duas jornadas. Daí exigir um estado outro que

---

19. G. Deleuze e Félix Guattari, *O anti-Édipo*, trad. bras. de Luiz B. L. Orlandi. São Paulo: Ed. 34, 2010, pp. 106-107.
20. G. Deleuze, *Crítica e clínica*, trad. bras. de Peter P. Pelbart. São Paulo: Ed. 34, 1997, p. 35.
21. Maurice Blanchot, *Le livre à venir*. Paris: Gallimard, 1959, p. 211 [Ed. bras.: *O livro por vir*, trad. de Leyla Perrone-Moisés. São Paulo: WMF Martins Fontes, 2013].
22. G. Deleuze, "L'épuisé", op. cit., p. 72.
23. M. Blanchot, *Le livre à venir*, op. cit., p. 313.

não a vigília (do dia) nem o sono (que a encobre). Apenas a insônia está à sua altura: eis o que Blanchot reivindica, um sonho de insônia, "que é uma questão de esgotamento", acrescenta Deleuze.[24] Pois é na insônia, na dissolução, no informe, através do sujeito poroso, ali onde a superfície das palavras se abre para seu fora, sacudindo-a dos seus sentidos, que se atinge a "determinação do indefinido".

Acordes políticos

Vale acrescentar a interpretação de François Zourabichvili, que trouxe à superfície a dimensão política desse texto. *O esgotado*, lembra ele, foi escrito pouco depois da queda do Muro de Berlim.[25] Em certo sentido, com o Muro desmoronou um modo de pensar o possível no domínio político. Foi varrido o possível *dado de antemão*, idealmente — as utopias, as ideologias, projetos de outro mundo. Sabe-se o quanto a esquerda o deplorou, o quanto a direita se regozijou, a que ponto um certo pós-moderno surfou sobre o ceticismo tornado virtude. No entanto, não há em Deleuze sequer uma ponta de piedade ou lamentação ao descrever o personagem do esgotado. Como se o esgotamento do possível (dado de antemão) fosse a condição para alcançar outra modalidade de possível (o ainda não dado) — em outros termos, não a realização eventual de um possível previamente dado, mas a criação *necessária* de um possível sob um fundo de impossibilidade. O possível deixa de ficar confinado ao domínio da imaginação, ou do sonho, ou da idealidade, tornando-se coextensivo à realidade na sua produtividade própria. O possível se alarga em direção a um campo — o campo de possíveis. Como *abrir* um campo de possíveis? Não serão os momentos de insurreição ou de revolução precisamente aqueles que deixam entrever a fulguração de um campo de possíveis? Inverte-se assim a relação entre o acontecimento e o possível. Não é mais o possível que dá lugar ao acontecimento, mas o acontecimento que cria um possível — assim como a crise não era o *resultado* de um processo, mas o acontecimento *a partir do qual* um processo podia desencadear-se. "O acontecimento cria uma nova existência,

---

24. G. Deleuze, "L'épuisé", op. cit., p. 105.
25. François Zourabichvili, "Deleuze e o possível (sobre o involuntarismo na política)" in Éric Alliez (org.), *Gilles Deleuze: uma vida filosófica*, trad. bras. de Maria Cristina Franco Ferraz. São Paulo: Ed. 34, 2000.

produz uma nova subjetividade (novas relações com o corpo, o tempo, a sexualidade, o meio, a cultura, o trabalho...)."[26] Tais momentos, sejam individuais ou coletivos (como Maio de 68), correspondem a uma mutação subjetiva e coletiva em que aquilo que antes era cotidiano se torna intolerável, e o inimaginável se torna pensável, desejável, visível. É quando surge a figura do vidente, à qual Deleuze retorna sobretudo em seus livros sobre cinema, e que Zourabichvili valoriza. O vidente enxerga em uma situação determinada algo que a excede, que o transborda, e que nada tem a ver com uma fantasia. A vidência tem por objeto a própria realidade em uma dimensão que extrapola seu contorno empírico para nela apreender suas virtualidades, inteiramente reais porém ainda não desdobradas. O que o vidente vê, como no caso do insone de Beckett, é a imagem pura, seu fulgor e apagamento, sua ascensão e queda, a consumação. Ele enxerga a intensidade, a potência, a virtualidade. Não é o futuro, nem o sonho, nem o ideal, nem o projeto perfeito, porém as forças em vias de redesenharem o real.

O texto de Deleuze seria atravessado por essa alternativa: realizar um possível dado de antemão, ou efetuar um possível ainda não dado, isto é, atualizar um virtual, afirmar uma nova sensibilidade. Aquele que realiza um possível poderia igualmente não realizá-lo — com o que ele permaneceria num estado de mera possibilidade. Mas há em Deleuze a postulação de uma necessidade. O que nos entedia ou paralisa, lembra Zourabichvili, é justamente que hoje tudo é possível, no sentido em que as alternativas estão dadas, disponíveis diante de nós como numa múltipla escolha, mas também no sentido em que tudo parece confinado ao estado de possibilidade. Com isso, o "Tudo é possível" equivale ao "Nada é possível". O autor insiste: sempre que giramos em torno da mera possibilidade, estamos no domínio da pseudo-experiência, desviando-nos da efetividade e da necessidade.[27] Portanto, trata-se de arrastar o possível para o domínio da efetuação em todos os lugares em que emerge.[28] A conclusão é clara: é esgotando o possível que o criamos. É preciso chegar

---

26. G. Deleuze e F. Guattari, "Mai 68 n'a pas eu lieu" in D. Lapoujade (org.), *Deux régimes de fous*. Paris: Minuit, 1968. [Ed. bras.: *Dois regimes de loucos*, trad. de Guilherme Ivo. São Paulo: Ed. 34, 2016].
27. Há aqui, portanto, uma distância abissal em relação ao pensamento de Agamben, não por isso menos rico, em torno da "potência do não" — com implicações políticas a serem definidas.
28. F. Zourabichvili, op. cit., p. 354.

a "respirar sem oxigênio", em proveito de uma "energia mais elementar e de um ar rarefeito (o Céu-Necessidade)"[29] — eis a perversão de Deleuze.

Desatar os liames

Já podemos retomar a questão a partir de um ponto de vista ampliado. O esgotamento não é um mero cansaço, nem uma renúncia do corpo e da mente, porém, mais radicalmente, é fruto de uma descrença, é operação de desgarramento, consiste num descolamento — em relação às alternativas que nos rodeiam, às possibilidades que nos são apresentadas, aos possíveis que ainda subsistem, aos clichês que mediam e amortecem nossa relação com o mundo e o tornam tolerável porém irreal e, por isso mesmo, intolerável e já não digno de crédito.

O esgotamento desata aquilo que nos "liga" ao mundo, que nos "prende" a ele e aos outros, que nos "agarra" às suas palavras e imagens, que nos "conforta" no interior da ilusão de inteireza (do eu, do nós, do sentido, da liberdade, do futuro) da qual já desacreditamos há tempos, mesmo quando continuamos a ele apegados. Há nessa atitude de descolamento certa crueldade, sem dúvida, da qual os textos de Beckett não estão de modo algum desprovidos, mas essa crueldade carrega uma piedade outra.[30] Apenas através de uma tal desaderência, despregamento, esvaziamento, bem como da impossibilidade que assim se instaura, e que Deleuze chamaria de rarefação (assim como ele reivindicava vacúolos de silêncio para que se pudesse, afinal, ter algo a dizer), advém a necessidade de outra coisa que, ainda pomposamente demais, chamamos de "criação de possível". Não deveríamos abandonar essa fórmula aos publicitários, mas tampouco sobrecarregá-la de uma incumbência demasiadamente imperativa ou voluntariosa, repleta de "vontade". Talvez caiba preservar, de Beckett, a dimensão trêmula que em meio a mais calculada precisão, nos seus poemas visuais, aponta para o "estado indefinido" a que são alçados os seres, e cujo correlato, mesmo nos contextos mais concretos, é a indefinição dos devires, ali onde eles atingem seu

---

29. G. Deleuze, *Lógica do sentido*, trad. bras. de Luiz Salinas Fortes. São Paulo: Perspectiva, 1974, p. 329.
30. É como o deus guerreiro Indra: "Testemunha de uma outra justiça, às vezes de uma crueldade incompreensível, mas por vezes também de uma piedade desconhecida (visto que desata os liames...)". G. Deleuze e F. Guattari, "Tratado de nomadologia: a máquina de guerra", trad. bras. de Peter Pál Pelbart in *Mil platôs*, v. 5. São Paulo: Ed. 34, 1997, p. 13.

efeito de desterritorialização. Se Zourabichivili teve razão em detectar os "acordes políticos" do texto *O esgotado*, é porque Deleuze ele mesmo jamais deixou de extrair tais acordes dos autores que analisou, de Melville a Kafka, de Lawrence a Ghérasim Luca. Seja na clínica, na arte ou na política, há um circuito que vai do extenuamento do possível ao impossível, e dele à criação do possível, sem qualquer linearidade, circularidade ou determinismo. Trata-se de um jogo complexo e reversível entre o "Nada é possível" e o "Tudo é possível".

A CATÁSTROFE DA LIBERAÇÃO

Como se sabe, o princípio ontogenético que atravessa a obra de Gilbert Simondon reza que não se pode tomar o indivíduo como dado. Daí o recuo metodológico: do indivíduo à individuação, e dela ao campo que a engendra. É onde se atinge uma matéria indeterminada, o ser pré-individual, rico em energia mas pobre em estrutura, povoado de potenciais, tensões, feixes de relações quânticas, limiares de intensidade. Nem estável nem instável, mas metaestável, esse campo de singularidades pré-individuais é o Ilimitado (*apeiron*), para falar como Anaximandro.[1] É a partir dele, em todo o caso, que se dão as individuações física, biológica, psíquica e coletiva.

Diante de uma teorização tão densa e abrangente, nosso intuito aqui é muito modesto — focar a função da angústia e da solidão ali onde individuação e desindividuação parecem encavalar-se. Em outras palavras, na transição que o psiquismo vive entre o pré-individual de onde emerge e o transindividual para o qual se abre.

A solidão de Zaratustra

Zaratustra é mencionado por Simondon como um exemplo da passagem do individual ao transidividual através da prova da solidão. Conta Nietzsche que o equilibrista cai da corda e morre diante do povo, que logo o abandona. A multidão só respeitava o funâmbulo na sua função social e artística. Mas Zaratustra sente-se irmão do funâmbulo justamente quando este deserta sua função — e carrega nas costas seu cadáver, para

---

1. Gilbert Simondon, *L'individuation psychique et collective à la lumière des notions de Forme, Information, Potentiel et Métastabilité*. Paris: Aubier, 1989, p. 80.

dar-lhe sepultura. Escreve Simondon: "é com a solidão, nessa presença de Zaratustra a um amigo morto, abandonado pela multidão, que começa a prova da transindividualidade."[2] Como explicar que isso se dê justamente a partir de um cadáver? Eis um acontecimento que ilumina Zaratustra, a fraternidade absoluta e profunda para com o funâmbulo morto, e portanto desindividuado, isto é, descolado de sua função social, de seu papel. É tal desindividuação que lhe soa como uma revelação — abertura ao transindividual. Zaratustra pode isolar-se em sua caverna e, do fundo de seu isolamento, sentir o apelo do transindividual, para depois retornar de sua montanha e descer ao povo a fim de reencontrar discípulos e amigos. O isolamento de Zaratustra, como o isolamento ao qual de resto Simondon atribui a maior importância, não é o reforço do eu, a reiteração da individualidade, o ilhamento em relação ao mundo, porém todo o contrário: é o estado através do qual o indivíduo se põe em questão para deixar ressoar o transindividual que já ali está. Deleuze diria: a solidão povoada. O isolamento é uma prova, mais: é uma passagem. A relação interindividual é incapaz de produzir o mesmo efeito, pois nela há uma "pré-valorização do eu tomado como personagem através da representação funcional que outrem dele se faz",[3] de modo que essa relação evita a acuidade de uma colocação em xeque de si por si. E é disso que se trata: como desfazer a completude suposta da individualidade.

Para Simondon, tal completude é uma falácia. O próprio psiquismo pressupõe, para constituir-se, que o ser vivo não se concretize completamente. É preciso que ele conserve uma dualidade interna, por exemplo, entre percepção e ação, ou entre afetividade e emoção — é preciso que haja problema, que ele problematize a si mesmo, que ele carregue consigo o *mais-que-ser* que o desborda. Daí essa postulação: "o sujeito é indivíduo e outro do que indivíduo; ele é incompatível consigo mesmo." O ser individuado é ao mesmo tempo "só e não só", Limite e Ilimitado. *Só* enquanto individuado, *não só* pois carrega consigo a carga pré-individual da qual provém e que o constitui.[4] Recordemos que Hegel definiu

---

2. Ibid., p. 155.
3. Ibid., p. 154.
4. Ibid., p. 106.

o sujeito como "o que pode reter em si sua própria contradição", em uma estrutura de relação a si e de reapropriação ideal. Há, nessa distância interior a si mesmo, complementarmente, a ideia de uma presença a si, de uma unidade ideal ao menos pressuposta. Ora, parece ser outra a direção tomada por Simondon, cuja ontogênese não é dialética nem teleológica.

Angústia e individuação
Ora, o que indica a angústia? Por um lado, que o sujeito está "pesado de sua existência como se ele devesse carregar-se a si-Mesmo". Na angústia, o sujeito gostaria de resolver-se a si mesmo sem passar pelo coletivo; "ele gostaria de chegar ao nível de sua unidade por meio de uma resolução de seu ser pré-individual em ser individual, resolução direta, sem mediação, sem espera", mas não consegue. Ele "se dilata dolorosamente perdendo sua interioridade; ele está aqui e ali, destacado do aqui por um alhures universal; ele assume todo o espaço e todo o tempo, torna-se coextensivo ao ser, se espacializa, se temporaliza, torna-se mundo incoordenado".[5] A angústia indica, em última instância, que o ser individuado foi inteiramente invadido pelo pré-individual, sem conseguir, com essa recarga, produzir uma nova individuação, mais ampla, mais vasta. A angústia é "pura ressonância do ser em si mesmo".[6]

No entanto, por outro lado, a angústia também indica a possibilidade, até mesmo a iminência, de uma nova individuação. Ela é sinal de que algo do existente pede para se desmanchar em favor de um novo nascimento. A angústia expressa a passagem de uma individuação a outra, ela é indício de metamorfose, e, portanto, de aniquilamento de certas estruturas e funções já caducas, mesmo que isso represente uma ameaça ao próprio sujeito. Seja como for, morte e nascimento, desmanchamento e reconfiguração, no seio dessa metamorfose, parecem encavalar-se e são indecidíveis. A fenomenologia de tal estado é paradoxal: "O ser individual foge de si, deserta-se. E, no entanto, nessa deserção, há subjacente uma espécie de instinto de ir recompor-se alhures e de outro modo, reincorporando o mundo, a fim de que tudo possa ser vivido."

---

5. Ibid., p. 113.
6. Ibid., p. 112.

Paradoxalmente ele "se afasta da individuação ainda sentida como possível; ele percorre as vias inversas do ser; a angústia é como o percurso inverso da ontogênese; ela destece o que foi tecido, ela vai no avesso de todas as direções. A angústia é renúncia ao ser individuado submerso pelo ser pré-individual, e que aceita atravessar a destruição da individualidade indo em direção a uma outra individuação desconhecida. Ela é partida do ser".[7] Ainda voltaremos a essa fórmula enigmática. Ela significa, em todo caso, que na angústia está em curso uma dissolução, um desmanchamento, uma desindividuação, e, ao mesmo tempo, uma tomada de forma, uma reindividuação, eventualmente em direção ao transindividual.[8]

Para compreender o alcance dessa observação, é preciso lembrar que em Simondon há uma oposição nítida entre o coletivo (transindividual) e a sociedade. "Esse coletivo, realidade transindividual obtida por individuação das realidades pré-individuais associadas a uma pluralidade de viventes, se distingue do social puro; o social puro existe, com efeito, nas sociedades animais [...]. Essa sociedade supõe como condição de existência a heterogeneidade estrutural e funcional dos diferentes indivíduos em sociedade."[9] Inteiramente outro seria o coletivo transindividual, grupo de indivíduos homogêneos: "mesmo se esses indivíduos apresentassem qualquer heterogeneidade, é enquanto têm uma homogeneidade de base que o coletivo os agrupa, e não enquanto são complementares uns em relação aos outros numa unidade funcional superior."

O coletivo não é, pois, social, no qual funções diferentes pré-estabelecidas se compõem, como em uma sociedade de formigas. Mais: o coletivo não é nem interindividual, nem interpessoal, menos ainda intersubjetivo, ou relativo a uma comunicação das consciências. As ciências humanas deveriam estar atentas, sugere Simondon, à instabilidade

---

7. Ibid., p. 114.
8. "A desadaptação no interior de um domínio, a incompatibilidade das configurações no interior de um domínio, a desdiferenciação interior, não devem ser assimiladas a uma degradação: elas são a condição necessária de uma tomada de forma; elas marcam, com efeito, a gênese de uma energia potencial que permitirá a transdução, isto é, o fato de que a forma avançará no interior desse domínio." G. Simondon, ibid., p. 64. Cf. Jacques Roux, "Penser le politique *avec* Simondon" in *Multitudes*, nº 47. Paris: Assoc. Multitudes, 2005, p. 50.
9. G. Simondon, *L'individu et sa génèse physico-biologique*. Paris: PUF, 1964, p. 155.

psicossocial, e os grupos sociais deveriam ser pensados em sua face metaestável, isto é, segundo os momentos em que "eles não podem conservar sua estrutura" e "tornam-se incompatíveis em relação a eles mesmos, [...] se desdiferenciam e se supersaturam".[10] Um comentador sublinha que, para esposar o devir de um estado pré-revolucionário, os grupos devem desadaptar-se, desindividualizar-se. "Poderíamos dizer que uma das condições necessárias para a invenção de uma solução revolucionária suscetível de ampliar e integrar os novos potenciais trazidos por um estado metaestável é precisamente o de desfazer os antigos laços, de afirmar a diferença no coração do social. Se há uma subjetividade 'revolucionária', ela está ligada a essa contraefetuação da metaestabilidade no interior do grupo, que visa a abrir novos potenciais, novos germes, novas estruturações."[11] O que interessa é a disparação num campo metaestável, a invenção de uma nova configuração social *a partir de uma energética*, mais do que de uma estrutura. É a "catástrofe da liberação". Só quando a supersaturação de um campo dissolve contornos determinados, desindividuando-os, desdiferenciando-os, é que outros potenciais e energias, a partir da disparação de escalas, de germes estruturantes, podem fazer emergir novas configurações, para o bem e para o mal, acrescente-se. De modo que a invenção poderia ser pensada, aqui, antes como a invenção *de* um sujeito do que invenção *por* um sujeito já dado,[12] e a coletivização é o processo pelo qual o pré-individual passa no transindividual. Em todo o caso, essa partilha e troca de "partes" de pré-individual só pode ocorrer se forem deixadas para trás as "formas de identidade, congeladas nos papéis, nas funções, num funcionamento social dominante e impondo afetações identitárias. Essa saída se faz pela experiência da passagem solitária do desmoronamento dessas formas",[13] acrescenta Emilia Marty, sublinhando que só o medo e a representação catastrófica desse processo de metamorfose podem interromper esse processo de desindividuação.

---

10. Ibid., pp. 63-64.
11. Alberto Toscano, "La disparation. Politique et sujet chez Simondon" in *Multitudes*, nº 18. Paris: Assoc. Multitudes, 2004, p. 78.
12. Ibid., p. 80.
13. Emilia Marty, "Simondon, un espace à venir" in *Multitudes*, nº 18. Paris: Assoc. Multitudes, 2005, p. 87.

O ser da orla

Num texto intitulado "Celui-autre qu'individu,"[14] Emilia Marty aprofunda a intuição de Simondon, segundo a qual a angústia seria parte do processo de desindividuação e tangencia uma zona obscura que nem a sociologia nem a psicologia, com seus objetos respectivos como a sociedade ou o indivíduo, estariam em condições de reconhecer sem perder seu estatuto científico.

O *ser*, tal como Simondon o entende, é duplo. Por um lado, consiste em uma *reserva* (reserva de ser, ou o ser desprovido de "fase" no sentido físico-químico: parte homogênea com limites definidos e que pode ser separada das demais partes constituintes do sistema heterogêneo); por outro, consiste em uma *operação* (operação de individuação, pela qual o ser se torna *fasado*, com forma, estrutura, coerência). Entre a reserva e a operação, o informe e o formatado, há como que uma barreira, mas também, necessariamente, continuidade, porosidade. De qualquer maneira, a resultante da operação de individuação — o indivíduo "fasado" — não reabsorve a reserva nem a abole, esta permanece e coexiste com ele, inclusive como um excesso ali presente e disponível. Do mesmo modo, o indivíduo resultante da operação não pode ser considerado completo em si mesmo, pois ele também é, por definição, individuação contínua e incessante, individuante. Individuado e individuante. O que ele carrega, pois, não é apenas a "remanência" da "fase" pré-individual pretérita e o presente que ele é, mas também o esboço, a preparação energética, os germes das operações por vir. Esse conjunto de potenciais e de possíveis coexiste no presente, sem que se possa projetar o processo em uma linha evolutiva, constituída por períodos, a saber, o de estados sucessivos de uma evolução temporal. É preciso repensar a própria ideia de tempo. Daí a insistência da autora em que o *ser pré-individual* só pode ser dito pré em um sentido relativo, pois ele é pré em relação ao indivíduo, mas também presente em relação a ele, e também futuro em relação a ele — e não simplesmente um estado originário. O pré-individual é também pós-pré-individual. Assim, o ser é sem fase, com fase, defasado, refasado,

---

14. E. Marty, "Celui-autre-qu'individu" in Jacques Roux (org.), *Gilbert Simondon, une pensée opérative*. Saint-Étienne: Université de Saint-Etienne, 2002, pp. 36-62.

e comporta nele sucessão e coexistência ao mesmo tempo: *devir*. É um ser posto em questão, dividido, reunido, elevado a uma problemática, ser-em-devir, no sentido forte do termo. Ele é mais-que-um, indeterminado, *apeiron*, incoerente, transbordante. É todo esse envoltório de indeterminação que faz com que o indivíduo seja sujeito. O ser individuado, por sua vez, sob esse fundo e essa base, não é o desenvolvimento de formas e estruturas já presentes em estado latente ou embrionário. E, enquanto ser individuante, tampouco escoa no desenrolar pacífico de uma sequência dada, mas procede por saltos quânticos, bruscos, encadeamentos, crises, sem que nenhum deles seja, em relação ao seguinte, uma "causa". Apenas desempenha, em relação a ele, o mesmo papel que desempenha o feixe de indeterminação do ser em relação ao indivíduo. O ser que devém é estrutura e energia ao mesmo tempo, energia que se torna estrutura, estrutura que condensa energia.

Mas a autora tenta diferenciar dois tipos de individuação. Uma horizontal, num certo sentido quase linear, individuação física, psíquica, coletiva, em que pareceria que cada patamar é chamado a responder, num nível superior de integração, a dimensões problemáticas não resolvidas e não solucionáveis no patamar anterior. Nesse sentido, a desindividuação é um momento de uma individuação mais ampla, a "defasagem" é passagem para uma "fasagem" outra, na qual, por exemplo, a operação transforma suavemente uma estrutura em uma outra, ou a desmancha em favor de outra configuração.

Desindividuação
Contudo, não se pode pensar a desindividuação de maneira exclusivamente suave. Se a entendemos rigorosamente, desindividuação é invasão do individual pelo pré-individual, defasagem, desprendimento do indivíduo, e isso não pode dar-se senão como um abalo afetivo, na esteira de um acontecimento, como crise. Como diz a autora, a "crise permite ao indivíduo sair de uma autorrepresentação de si reduzida à individualidade. Ela permite o reconhecimento da parte de natureza pré-individual que excede o indivíduo constituído". Quanto à desindividuação, deveria ser entendida não como mera destruição da etapa anterior, mas "um estado em que a energia disponível não encontra mais forma para existir. Não há destruição do estado anterior, porém supersaturação,

depois, reintegração do estado anterior em uma estrutura mais ampla, um conjunto mais vasto".[15] E a propósito do devir, tal como ela o entende, nessa dimensão de tensão, metaestabilidade, qualquer ideia harmônica é deslocada — daí pode advir o melhor como o pior. Como diz Simondon, é uma "teoria dramática do devir do ser", onde, de um estado de tensão, várias formas podem disputar, e não é sempre a melhor que vinga. Quando pensamos num indivíduo no seio de um coletivo, pode muito bem ocorrer que essa forma coletiva não convenha a esse indivíduo, de modo que ela impede uma individuação, ou extermina certas formas, ou funciona como contraindividuação, podendo até desembocar no suicídio. Em todo o caso, quando esta via de individuação "horizontal", como diz a autora, parece bloqueada e o conduz a um sofrimento repetitivo, uma outra modalidade de individuação pode dar-se, uma "vertical". Ora, essa verticalidade significa, por exemplo, no caso da angústia, o afrontamento com um desconhecido "interno" que se amplifica. Nesse caso, pareceria que a desindividuação suscitada na angústia não leva a uma reindividuação em um outro patamar, mas, ao contrário, a uma perda de unidade, identidade, referências espácio-temporais e cognitivas. É um "cheio demais" que escorre e transborda, ao invés de ser canalizado e dosado para evitar a pulverização do indivíduo. Perdem-se as estruturas e funções, os limites exteriores, há um inflamento do ser, uma dilatação sem limites, como diz Simondon, um caos que se estende, um sentido que se perde. Se no caso de Zaratustra encontrando o funâmbulo ele pode, retirando-se à sua solidão, "reencontrar-se" através de uma ampliação, aqui é justo o contrário. Não se trata apenas de uma descrição feita por Simondon, segundo a autora, porém de um movimento próprio do pensamento do filósofo diante do desconhecido. Como se uma angústia crescente emergisse em suas próprias páginas. Espécie de aflição para nomear, apesar de tudo, antes que a dissolução atinja o pensamento, ou então, nessa escrita, uma espécie de entrega ao que se esboça, e que ele mesmo esquiva: "e se a angústia pudesse suportar-se, ir ao seu termo de renascimento?" Várias reviravoltas se sucedem no texto central sobre a angústia, mencionado anteriormente, como se o autor experimentasse uma hipótese diante da qual ele mesmo recua,

---

15. Ibid., p. 43.

receoso, mas para a qual ele também se lança, destemido. A angústia que vai ao termo de si mesma só é possível em casos raros, e a frase intrigante é a conclusão que já mencionamos: ela é ponto de partida do ser.

Como pensar a angústia em termos não catastrofistas se ela implica um sentimento de catástrofe, já que ela é vivida a partir de um contorno individuado em vias de desfazer-se e, por conseguinte, a partir das categorias da realidade individual? Ademais, se Simondon costuma pensar em termos de resolução de problemas e pensa a individuação do sujeito em termos de problemas a resolver, há aqui uma zona obscura, onde o ilimitado apaga os contornos e pode conduzir ao aniquilamento, não à resolução. Marty enxerga, nessas passagens do texto, aberturas, que o autor mesmo se encarrega de fechar, mas que o leitor poderia explorar e aprofundar, justamente ao entender o trabalho da angústia como trabalho do aberto. Em lugar de sucumbir ao peso do catastrofismo no pensamento da angústia, ver nela a gestação e o nascimento daquilo que a autora chama não de uma nova individuação, mas de *celui-autre-qu'individu*, o-outro-que-não-o-indivíduo. Para ela, a angústia não é mais, como na individuação horizontal, manifestação, porém o próprio processo. A angústia "decompõe imediatamente o que o indivíduo se esforça em recompor. Ela tem uma velocidade, que não se demora mais nos meandros, nos espaços atravessados, que se afunda no impenetrável, no incognoscível. Dito de outro modo, 'a angústia' não se demora mais na individuação".[16]

Daí o esforço de Marty de pensar a angústia não como um estado à espera de um sentido, porém ela mesma como um ato, entre a passividade e a atividade, desse "outro-que-não-o-indivíduo", que foge de ser indivíduo ou sujeito. Como diz Simondon, em outro contexto, "Não há centro do ato, não há limites do ato, e cada ato é centrado, porém infinito".[17] O mesmo poderia aplicar-se a esse domínio, no qual o ato não tem finalidade extrínseca a si, não visa a um fim, escapa como que à vontade ao controle, pois *é ato da realidade pré-individual*. Já não há dentro e fora, forma e matéria, nem mesmo aquela reciprocidade de si a si que poderia "salvar" do desastre externo: o ser torna-se indefinível

---

16. Ibid., p. 47.
17. G. Simondon, *L'individu et sa génèse...*, op. cit., p. 246.

(pelo espaço ou tempo), puro ato. Difícil a angústia sair do plano do sentimento-emoção, deixar de ser vivida como negação, deixar de ser eliminada ou superada. Donde todos os fiascos, como se a doença mental e os acidentes fossem um fracasso da angústia em se assumir como ato. Ora, se se pensa essa angústia como sentimento, como sintoma de disfunção do individuado, é inevitável que se queira curá-la, repará-la. Outra coisa é quando ela pode ser tomada em sua natureza fluida e rebelde à representação, ao projeto, que a privariam de sua natureza pré-individual, invisível, indeterminada. Ato que surge e se inscreve de maneira imprevisível, e que abandona a estrutura em favor da *operação*.

Daí também toda a dificuldade de sua inscrição no domínio representacional. Toda tradução sua em projeto a privaria de sua natureza de ato "pré-individual". Seu caráter irrepresentável, invisível e indeterminado é coextensivo à sua natureza pré-individual. Embora seja desse mundo e só possa ser desse mundo, o é de maneira aberta e fugidia. "O ato não é ato de realidade pré-individual senão se distanciando, abandonando tanto a ação como seus frutos e suas consequências e tudo o que poderia atar-se aí. O ato seguinte não vem logicamente do ato precedente, ele vai surgir e inscrever-se de maneira imprevisível. Só a certeza desarrazoada e impensada do ser o carrega."[18] Por conseguinte, a saída da realidade individual não se dá na direção de outra esfera, porém no próprio mundo, criando e desfazendo liames, atravessando, encontrando, abandonando. Não atar-se ao ato no próprio mundo, porém levar em conta a angústia como ato que desata. A angústia, em todo o caso, no desmanchamento que empreende, não conduz à sopa indiferenciada dos supostos primórdios do ser. Não há nostalgia paradisíaca de um estado original anterior à fase, à individuação, nenhuma saudade da unidade primeva que pela própria teorização simondoniana jamais existiu, pois o ser já é mais-do-que-uno, metaestável, excessivo. Não reencontramos a fantasia romântica da origem, ou do bebê imerso em um oceano de felicidades e de possíveis.

O que entender, assim, da bizarra conclusão de Simondon quando se refere à angústia, de que ela é ponto de partida, começo do ser [*départ*]? O *outro-que-não-o-indivíduo* é um ser da orla, do nascimento, da

---

18. E. Marty, "Celui-autre-qu'individu", op. cit., p. 53.

criação, mas nem por isso um ser desfeito, desmanchado, indiferenciado. A ética que a autora atribui a Simondon, e ao *outro-que-não-o-indivíduo*, é a da aquiescência, do assentimento ao que acontece, mesmo que seja o caótico e até mesmo consciência do que advém. A consciência aqui não tem um sentido reflexivo, próprio da consciência individuada. Trata-se antes de uma afirmação, de reiteração, de afastar todas as interpretações do entorno ou as lógicas que a subtrairiam desse trabalho. Marty chama isso de consciência artística, a fim de que essa angústia possa ir a seu termo, por desconhecido que ele seja. Uma consciência que reabra a passagem, a todo o momento. É verdade que, na realidade social, só se sobrevive fazendo a figuração de um indivíduo. O *este-outro-que-não--o-indivíduo* caracteriza-se também por essa consciência concebida não como um saber, um conteúdo, uma significação, um ato de interpretação, que acompanham o sujeito mesmo quando ele se desloca, auxiliando-o a compensar o desconhecimento e a opacidade que lhe advêm. Talvez o que esteja em xeque é precisamente a dicotomia entre um dentro e um fora, essa insistência em preservar um dentro contraposto ao fora, tão próprios a uma tradição filosófica, de Descartes e Kant até a fenomenologia. O que desaparece nessa elaboração é a consciência se experimentando em contraposição a um objeto ou um mundo, uma exterioridade, os fenômenos, o existente, a consciência como unificadora ou como unidade do eu, como atividade de síntese. Sem a unidade sintética originária da apercepção que liga o diverso da experiência, não haveria o entendimento. É o que aí é varrido, a unificação do eu, do tempo, da memória, das representações, sem que isso implique em uma dispersão pura na inconsciência. Pois justamente a inconsciência, segundo Marty, seria uma interrupção do processo de angústia. Trata-se, ao contrário, de sustentá-lo por uma espécie de atenção, de testemunho. A consciência pré-individual, mesmo privada de vontade de síntese, de ligação, de significação, não é necessariamente passividade, e quando ela retoma sua criação de representações, ela também as abandona, ou as pode abandonar. Como diz a autora, numa terminologia por vezes esfumaçada — que poderia dar margem a uma crítica como a que fez, de maneira mais genérica, Isabelle Stengers a respeito de um uso místico ou espiritualista de Simondon — "Incansavelmente nomear, e passar além, para que permaneça o aberto". Marty insiste em uma consciência que não encobre a angústia com palavras e recusa uma inconsciência que recobriria a intensidade de esquecimento e de distração. A aquiescência não é uma adesão, muito menos adesão a um coletivo construído — coletivo que, para Simondon, só pode ser concebido na medida em que ele se constrói na operação, não na estrutura.

Fiquemos com uma citação excepcional do pintor Bram Van Velde, mencionado como comentário à interpretação de Marty.[19] Diz mais ou menos o seguinte: "Eu não posso decretar que vou fazer obra, sei que não quero decretá-lo, sei que devo morrer para as formas às quais cheguei até o presente, porém não é porque eu sei que devo morrer para essas formas que eu posso decretá-lo, eu devo desesperar de morrer para essas formas para poder eventualmente nascer para uma outra forma." E a autora vê nessa frase algo sintônico com Simondon e sua interpretação da individuação vertical, em que não existe um projeto, não pode haver um projeto, porém um desprendimento de forma, um desprendimento de tudo, inclusive do desprendimento de forma, e desprendimento da ideia de que isso vá acontecer, de que a obra será realizada, de que o processo vá ocorrer, concluir-se, sem que o sujeito soçobre na morte ou na loucura. Não se trata, pois, de positivar um processo assertivamente apostando que ele resultará em um parto — é indecidível.

"Este mundo é meu calabouço"

Já podemos ampliar o espectro destes comentários em uma direção que ganhou conexões inesperadas com os movimentos revolucionários do século XIX, a partir do artigo de Daniel Colson, intitulado "Crise collective et dessaisissement subjectif".[20] Ao elencar três autores ligados à revolução de 1848, Bakunin, Proudhon e Coeurderoy, Colson encontra neles um mesmo sentimento de perda de si, de borramento da individualidade, em suma, de desindividuação em favor de individuações e subjetivações novas e indeterminadas. Convém acompanhar os traços que ele encontra nesses discursos: 1) extraem sua potência e realidade

---

19. Ibid., p. 62.
20. Daniel Colson, "Crise collective et dessaisissement subjectif" in J. Roux (org.), *Gilbert Simondon, une pensée opérative*, op. cit., p. 66 [Ed. bras.: "Crise coletiva e desenraizamento subjetivo" in *Cadernos de Subjetividade*, nº 15. São Paulo: Núcleo de Estudos e Pesquisas da Subjetividade do Programa de Estudos Pós-Graduados em Psicologia Clínica da PUC-SP, 2013].

de um *fora* e numa *alteridade*, seja perturbadora, seja assustadora; 2) borram a dicotomia interior/exterior; 3) abolem os limites da ação e da identidade constitutivos dos que os narram. Os "narradores" de fato demonstram grande surpresa com o que provoca o momento de efervescência, do ponto de vista do contorno subjetivo. Bakunin: "eu aspirava por todos os meus sentidos e por todos os meus poros à embriaguez da atmosfera revolucionária. Era uma festa sem começo nem fim; eu via todo mundo e não via ninguém, pois cada indivíduo se perdia na mesma multidão inumerável e errante; eu falava com todo mundo sem lembrar-me nem das minhas palavras nem das dos outros, pois a atenção estava absorta a cada passo por novos acontecimentos e novos objetos, por novos inesperados [...]. Parecia que o universo inteiro estava virado; o incrível tinha se tornado habitual, o impossível possível, o possível e o habitual, insensatos."[21] Embriaguez, loucura, êxtase, desregramento dos sentidos, perda de tudo o que poderia parecer razoável. Quanto a Proudhon, a partir de sua vida ordenada e obsessiva, eis o relato: "Tudo me parecia assustador, inusitado, paradoxal, nessa contemplação de um futuro que a cada minuto se elevava em meu espírito à altura de uma realidade [...]. Eu não era mais o mesmo homem."[22] E por fim Coeurderoy, que explicita sua visão anarquista do mundo: "Sejam quem forem: Cesares, Jesuítas, Comunistas, Tradicionais ou Falansteristas, não mais aspirem a conduzir-nos. O homem finalmente saiu da escola da Escravidão! [...] A Revolução o conduz para horizontes longínquos e terríveis; ela centuplica a virtualidade de meu ser; ela passa sobre minha cabeça como um sopro de furacão. [...] Este mundo é meu calabouço..."[23]

Como o interpreta Colson, o mundo que me aprisiona é um mundo particular e finito, "este" mundo, diz Coeurderoy, o mundo estreito do colégio, do ateliê e do escritório de trabalho de Proudhon, o mundo dos hospitais e das instituições médicas, o mundo das leis e dos limites que o homem pretende impor ao universo e ao tempo, o mundo das identidades ou ainda das regras da gramática, o mundo das modalidades de pensamento... O que me enclausura é esse exterior que fixa o enquadre

---

21. Ibid., p. 66.
22. Ibid., p. 67.
23. Ibid., p. 66.

de minha existência, que nele me encaixa e aprisiona. Diante desse exterior, haveria um interior contraposto, a força de um para-si que escapasse às determinações, como frequentemente o anarquismo pregou, a partir de uma certa individualidade emancipada? Pelo visto Coeurderoy recusa essa solução, já que o individualismo, por interior que pareça, faz parte e resulta dessas determinações exteriores que cabe recusar. Por conseguinte, sua resposta é mais radical. A recusa não pode depender daquilo que se recusa, espelhando-a. A recusa é apenas a consequência segunda, derivada, é o confronto com obstáculos da ordem existente a partir de uma afirmação e de uma força prévias, intempestivas e fora do esquadro. A recusa "não passa do efeito indireto de um outro fora, capaz de remover esses obstáculos e de sobrepor-se a essa ordem, de impedir a sua resistência provisória de ser outra coisa do que uma simples resistência, de impor a superioridade de sua própria potência".[24] O intérprete não esconde sua proximidade com as perspectivas contemporâneas, que veem a resistência como primeira, não derivada, já que a potência tem primazia ontológica. Como diz ainda Colson, de maneira arguta, a percepção da ordem existente compreendida como "calabouço" não é a causa, mas a consequência de uma afirmação anterior que em seguida a compreende como calabouço. E, à positividade constrangedora de uma ordem finita, Coeurderoy não opõe a negatividade, a recusa e a nadificação dessa ordem, porém a força de afirmação de uma outra positividade. Assim, se a subjetividade do ser em revolta, tal como ele o entende, é estranha às formas e limites externos do mundo existente, isso se deve mais ao fato de que ela é produto imanente e possível de outras forças do fora, forças de uma natureza diferente de onde essa subjetividade retira seu poder. Em termos mais próximos de Deleuze, se é o exterior empírico que "aprisiona", é do exterior, porém de um outro exterior, de um fora mais exterior do que qualquer outro, que provém a força de arrebatamento a esse exterior recusado. Por vezes, tal fora recebe imagens sugestivas, como é o caso dos cossacos e sua pregnância entre os franceses no século XIX. Trata-se, em todo o caso, de um exterior nômade, feroz, bárbaro, que designa seja os que se deslocam, seja o espaço que reinventam, e que Coeurderoy estende aos limites do

---

24. Ibid., p. 70.

indomável e do imprevisível da natureza, "abismo de fogo", "dilúvio", "sopro de furacão", "caos".

Logo, por mais que essa "força do fora" seja uma força de arrebatamento, como o diz Deleuze em seu livro sobre Foucault, como ter certeza que ela não revela ao sujeito um vazio terrífico, pergunta ele? Ora, Colson insiste que em Coeurderoy esse tal fora não é vazio, não pode ser vazio, ele nada tem de niilista (tampouco em Deleuze, diga-se de passagem) ou de destrutivo para a subjetividade daqueles que são capazes de serem levados por ele. "Portador de uma potência própria e infinita, como o espaço onde ele se desdobra, esse fora tem, ao contrário, sob a figura da revolução, o poder de transformar radicalmente os seres e de intensificar a potência de sua subjetividade."[25] Diz Coeurderoy no mesmo parágrafo em que escreve que "o mundo é meu calabouço": "A revolução me conduz a horizontes longínquos e terríveis", mas também "centuplica a virtualidade de meu ser". O "sou um outro homem" significa que, aspirado por esse fora, apesar da angústia e da catástrofe, "sou uma outra subjetividade", uma subjetividade não mais encarcerada por um exterior opressivo, porém uma subjetividade sem exterior, no sentido de uma subjetividade sem prisão. O fora infinito tornou-se um dentro infindo, "um dentro que seria mais profundo que todo mundo interior", diz Deleuze em seu livro sobre Foucault.

É quando podemos retomar Simondon. A angústia não tem um caráter excepcional e não caracteriza uma situação de impasse — ela é condição intersticial, diz Colson, de uma relação e de uma recomposição da ordem das coisas, pois ela é coextensiva aos seres novos que os estados de emoção tornam possíveis. A angústia está aí para colocar em evidência, mesmo que sob o modo desastroso ou catastrófico, as condições interiores e exteriores dessa recomposição. "A uma concepção do determinado e do indeterminado, onde a potência de indeterminação permanece submetida a formas de ser certamente novas ou em vias de nascer, mas já aí e capazes de ordenar aqueles que são tomados nessa indeterminação relativa, a angústia e a euforia afirmam a indeterminação por si mesma."[26] Elas evocam uma emoção sem objeto, na qual o

25. Ibid., p. 71.
26. Ibid., p. 74.

sujeito torna-se um objeto, fundindo-se no mundo, mas para encontrar uma subjetividade outra. A angústia e a euforia como dois polos de uma variação subjetiva desestabilizadora, e que, diferentemente das emoções, com seu modo particular de resolução imediata, propicia a "prova da solidão" da qual nos fala Simondon a propósito de Nietzsche.

Reserva de ser
Já podemos sublinhar um ponto que, para Colson, parece importante na análise da subjetividade anarquista. Ele o formula com duas proposições: 1) o indivíduo é sempre mais e menos do que si mesmo; 2) esse mais do que si mesmo está no fundamento do coletivo ou do social.

Por conseguinte, como já vimos anteriormente, a distinção entre indivíduo e sujeito é clara. O sujeito, a qualidade do sujeito, a subjetividade, não se identifica com os papéis, tipos, funções, enunciados significantes e dispositivos de ação e de enunciação que num ou noutro momento ou situação autorizam alguém a dizer "eu", "tu", "ele". A qualidade do sujeito, a experiência subjetiva depende desse a-mais-do-que-si-mesmo de que o indivíduo é portador, depende da "alteridade indeterminada que cada indivíduo carrega em si mesmo". Simondon chega a dizer não só que o sujeito é mais do que indivíduo, porém que há um "mais-ser do sujeito" que é, ao mesmo tempo, "alguma coisa do sujeito".[27] Segundo Colson, essa distância entre o indivíduo e o sujeito poderia encontrar um paralelo na distância entre o eu e o si tal como aparece em Nietzsche, sendo o eu como que prisioneiro da gramática, das suas funções, ao passo que o si poderia ser concebido, se aceitamos a perspectiva de um Klossowski, como que a extremidade prolongada do Caos, das forças "corporantes".[28]

Para ficarmos numa imagem próxima a Deleuze, sugerida por Colson, o sujeito deixa de ser uma função derivada do enunciado para ser uma *derivada do fora*.[29] Ao abrir-se para o fora estrangeiro e caótico que cada um carrega consigo, e, portanto, às virtualidades e aos potenciais associados a um ser individuado, ele não aceita sua destruição, mas longe

---

27. G. Simondon, *L'individuation psychique et collective...*, op. cit., p. 77.
28. Pierre Klossowski, *Nietzsche et le cercle vicieux*. Paris: Mercure de France, 1969, pp. 57-58 [Ed. bras.: *Nietzsche e o círculo vicioso*, trad. de Hortencia Lencastre. Rio de Janeiro: Pazulin, 2000].
29. Gilles Deleuze, *Foucault*, trad. bras. de Cláudia Sant'Anna Martins. São Paulo: Brasiliense, 1998, pp. 113 e 127, apud D. Colson, "Crise collective et dessaisissement subjectif", op. cit., p. 71.

disso, através dessa crise, afirma as condições de sua subjetividade e a multiplicidade de possíveis subjetivos de que é portadora.

Talvez já possamos, feito esse recorrido por alguns textos de Simondon e de seus comentadores, extrair uma mínima conclusão a respeito da subjetividade aí pressuposta. Se o indivíduo carrega um mais que si mesmo, se o sujeito é por definição o indivíduo mais esse excesso que o rodeia, de virtualidades não efetuadas, de potenciais, de possíveis, a incompletude atribuída a ele não é da ordem privativa, porém, ao contrário, "*reserva de ser* ainda impolarizada, disponível, em espera".[30] A incompletude do homem deveria ser pensada em relação a esse potencial que ele carrega e que pode tornar-se coletivo. Como o enuncia Muriel Combes: "Retomando uma fórmula de Toni Negri a propósito de Leopardi, poderia dizer-se do pensamento de Simondon que ele propõe 'um humanismo depois da morte do homem', um humanismo sem homem, que se edifica sobre as ruínas da antropologia. Um humanismo que, à questão kantiana: 'O que é o homem?' substituiria a questão: 'Quanto de potencial tem um homem para ir mais longe do que ele', ou ainda: 'Que pode um homem na medida em que ele não está só'?"[31]

---

30. G. Simondon, *L'individuation psychique et collective...*, op. cit., p. 193.
31. Muriel Combes, *Simondon. Individu et collectivité*. Paris: PUF, 1999, p. 85.

O INCONSCIENTE DESTERRITORIALIZADO

O interesse de Félix Guattari pela literatura sempre esteve acompanhado de uma atenção especial a James Joyce e Samuel Beckett. O contraste entre os dois escritores, no entanto, não poderia ser maior. Apesar da situação pessoal similar (estrangeiros, irlandeses, desterrados), Beckett faz uma literatura menor, composta de gagueira e subtração, enquanto Joyce tem a pretensão de totalidade, vista com reservas em *Mil platôs*. Uma carta escrita por Beckett ao seu tradutor alemão evidencia esse contraste: "De fato, cada vez mais me é difícil, absurdo mesmo, escrever num inglês oficial. E minha própria língua me aparece mais e mais como um véu que seria preciso rasgar a fim de atingir as coisas escondidas por trás (ou o nada ali escondido). Gramática e estilo. Tenho a impressão de que se tornaram tão caducos quanto um maiô Biedermeier ou a imperturbabilidade de um *gentlemen*. Uma máscara. Esperemos que venha o tempo, Deus seja louvado, em alguns círculos já chegou, em que a linguagem será utilizada da melhor maneira, ali onde ela é maltratada com maior eficácia. Como não podemos suprimi-la de um só golpe, tentemos desacreditá-la. Perfurar nela um buraco atrás do outro até que aquilo que está à espreita por trás dela, seja alguma coisa ou nada, comece a exsudar — não posso imaginar objetivo mais elevado para um escritor hoje."[1] Joyce é evocado em seguida. "A meu ver, toda a última obra de Joyce nada tem a ver com um tal programa. Parece que nele estamos antes em presença de uma apoteose da palavra."[2]

---

1. Samuel Beckett, "La lettre allemande" in Marianne Alphant e Nathalie Léger (orgs.), *Objet Beckett*. Paris: Centre Pompidou/Imec, 2007.
2. Ibid.

Assim, a preferência de um cultor da literatura menor deveria estar do lado de Beckett, evidentemente. Mas quando morreu, Guattari tinha em sua mesa de cabeceira *Ulisses*, de Joyce, em inglês, e não *O inominável*.[3] Marie Depussé dá um estranho depoimento sobre as ambições literárias de Guattari: "Ele não era um verdadeiro escritor e penso que isso o fez sofrer. Ele tinha vontade de criar. Creio que ele foi obcecado demais por Joyce." O primeiro filho de Guattari leva o nome do herói de *Ulisses*, e seu último livro carrega no título a marca da invenção do autor irlandês, Caosmos.

Ora, quis o acaso ou o destino que minha releitura de Guattari se cruzasse com a leitura de Joyce. *Cartographies Schyzoanalytiques* e *Finnegans Wake* — teríamos dificuldade em imaginar duas escritas mais distantes, no gênero, no estilo, no propósito. No entanto, um texto de Beckett, em defesa do *work in progress* de Joyce, permitiu situar-me na distância que separa mas faz ressoarem esses projetos tão divergentes e extravagantes. Diz Beckett, dirigindo-se aos críticos de *Finnegans Wake*. "E se vocês não a compreendem, Senhoras e Senhores, é porque são decadentes demais para recebê-la [...]. Os senhores queixam-se de que esse material não é escrito em inglês. Não está escrito de forma alguma. Nem é para ser lido — ou antes não é sobre alguma coisa; *é a coisa em si* [...]. Quando o sentido é dormir, as palavras adormecem [...]. Quando o sentido é dança, as palavras dançam [...]. A linguagem está bêbada. As próprias palavras estão efervescentes e tortas [...]. O Sr. Joyce dessofisticou a linguagem. E deve-se comentar que nenhuma língua é tão sofisticada quanto o inglês. É mortalmente abstrata. Tomemos a palavra *doubt*. Ela quase não nos dá nenhuma sugestão sensória de hesitação, da necessidade de uma escolha, de irresolução estática. Ao contrário do alemão '*Zweifel*', e em grau não menor o italiano '*dubitare*'. O sr. Joyce reconhece o quanto '*doubt*' é inadequado para expressar um estado de extrema incerteza, e o substitui por '*in twosome twominds*'[...]. Esse texto que os senhores consideram tão obscuro é um extrato quintessencial da linguagem e pintura e gesto, com toda a inevitável claridade

---

3. François Dosse, *Gilles Deleuze et Félix Guattari. Biographie Croisée*. Paris: La Découverte, 2007, p. 585 [Ed. bras.: *Gilles Deleuze e Félix Guattari — Biografia Cruzada*, trad. de Fátima Murad. Porto Alegre: Artmed, 2010].

da antiga inarticulação. Aqui está a selvagem economia dos hieróglifos. Aqui palavras não são contorções polidas da tinta do impressor do século xx. Aqui, elas estão vivas [...]. Essa vitalidade elementar interna e essa corrupção da expressão passam uma agitação furiosa na forma, e estão admiravelmente ajustadas ao aspecto purgatorial da obra. Há aí uma germinação, uma maturação, uma putrefação verbais sem fim [...]. Em que sentido, então, a obra do Sr. Joyce é purgatorial? Pela ausência absoluta do Absoluto. O Inferno é a ausência estática de vida de uma maldade que nada alivia. O Paraíso, a ausência estática de vida de uma imaculação que nada alivia. O purgatório é uma inundação de movimento e de vitalidade."[4]

Seria preciso, pois, deixar ressoar esse texto de Beckett, pendularmente, entre o projeto literário de Joyce e a ambição filosofante de Guattari, na distância abissal que os separa.

Joyce e Lacan

Haveria alguma relação entre a paixão de Guattari por Joyce e sua frequentação de Lacan? No seu seminário xxiii, de 1975-6, Lacan pergunta: "Por que Joyce é tão ilegível?... Talvez porque não evoque em nós qualquer simpatia."[5] Mas em seguida, ao notar que ainda assim o lemos, mesmo se não tentamos compreendê-lo, e que *isso se lê*, ele o atribui ao fato de que nele se sente "presente o gozo daquele que escreveu isso". O essencial é a relação com a língua enquanto gozo, fosse a de um invasor (o Império Britânico na Irlanda). O jogo puro com a língua, o *pun*, o trocadilho, mesmo quando fracassa, prova, segundo Lacan, que Joyce está *desabonado do inconsciente*. Nele, a língua "é a única coisa de seu texto que se pode agarrar", prestes a nos surpreender. "Ali onde o isso fala, isso goza, e isso nada sabe (Es Freud mich to meet Mr. Joyce...)." Mas o Sinthoma do qual Joyce é o portador, diferentemente do sintoma (mensagem dirigida ao outro), é uma prótese que lhe oferece um ego substituto, pelo qual ele "faz seu nome", haja vista o enfraquecimento

---

[4]. S. Beckett, "Dante... Bruno. Vico... Joyce" in S. Beckett et alii. *Our Exagmination Round His Factification For Incamination of Work in Progress*. Paris: Shakespeare & Co., 1929.

[5]. Jacques Lacan, "Le Sinthome" in *Le Séminaire*, Livre xxiii. Paris: Éd. du Seuil, 2005, p. 151 [Ed. bras.: "O Sinthoma" in *O Seminário*, Livro xxiii, trad. de Sergio Laia. Rio de Janeiro: Zahar, 2007].

da metáfora paterna. Vê-se bem a relação com o Nome-do-Pai, e mais, o Sinthoma equivale no fundo, aqui, ao complexo de Édipo. Diferentemente do sintoma, pois, que pode desaparecer ao longo de uma cura, o Sinthoma é o que não pode desaparecer na sua função protética de manter juntas as três esferas, o Real, o Simbólico, o Imaginário. Ele pode revestir o aspecto da arte para certos artistas, das matemáticas para certos matemáticos, de Deus para alguns crentes, o próprio psicanalista para alguns analisandos, o amante para alguns apaixonados. Em suma, ele seria parte da estrutura.

Ora, nada disso está presente, longe disso, em Guattari, mesmo nos seus primeiros textos, em que ele se livra alegremente, e até com certo desprezo, da noção mesma de Nome-do-Pai. E quando Joyce comparece, é num sentido inteiramente outro, no contrafluxo da função estruturante, que manteria "junto" o que quer que seja. Em *Psicanálise e transversalidade*, por exemplo, Joyce é evocado no sentido da maior abertura maquínica: "o inconsciente nada mais é que o real por vir, o campo transfinito de potencialidades ocultas por cadeias significantes abertas, ou que esperam abrir-se e serem articuladas por um agente real de enunciação e efetuação [...]. É o mesmo dizer que os cortes significantes, incluindo os mais 'intimos', e por que não os pretensamente da 'vida privada', poderiam revelar-se como focos decisivos da causalidade histórica. Sabe-se lá se a revolução que nos espera não declinará seus princípios de algo enunciado por Lautréamont, Kafka ou Joyce?"[6] A teorização do sinthoma como função de prótese ou destino psíquico "individual", em Lacan, e a função poético-política num agenciamento coletivo de enunciação insinuada por Guattari não poderiam ser mais contrastantes.

No que concerne ao gozo da escritura, não é certo que Guattari o tenha experimentado da mesma forma, muito embora seus trocadilhos por vezes sejam de uma grande liberdade, entremeados com restos de jargão e endurecimentos que testemunham de um verdadeiro sofrimento. Seria preciso evocar os fragmentos preparatórios para *O anti-Édipo*, organizados por Stéphane Nadeau, sobretudo os de seu *Diário*,

---

6. Félix Guattari, *Psicoanalisis y transversalidade*. Buenos Aires: Siglo XXI, 1976, p. 235 [Ed. bras.: *Psicanálise e transversalidade*, trad. de Adail Ubirajara Sobral e Maria Stela Gonçalves. São Paulo: Ideias e Letras, 2004].

que ele repassava a Deleuze, por intermédio de Fanny Deleuze, que os transcrevia à máquina. "Escrever para não morrer. Para morrer... Deleuze está preocupado porque eu não produzo mais nada... Eu me sinto um pouco em casa zoando dessa maneira... É a primeira vez que eu escrevo aqui Deleuze em vez de Gilles. Finda Fanny. Epifania. Vacúolo de falta. Gilles está preparando um grande artigo... Ele trabalha muito. Realmente não somos da mesma dimensão! Eu sou uma espécie de autodidata inveterado, um *bricoleur*, um personagem *a la* Jules Verne — *Viagem ao centro da terra*. Do meu modo, eu não paro... Mas isso não se vê. Trabalho de um devaneio incessante. Planos atravessando o cometa. Tudo na cabeça, nada nas mangas. Epifania... Continuarei a passar esses textos a Fanny, e, no fim da cadeia, a Gilles. Para ele, sei que eles quase não contam. As ideias, sim. Mas esse traçado, esse fluxo de texto contínuo-descontínuo que garante minha persistência, manifestamente ele não apreende sua função. Ou, se ele a apreende, isso não o interessa. Ele sempre tem *a obra* em vista."[7] E o leitor se vê face a um verdadeiro mal-estar e a um desejo outro. "Prestar contas. Explicar. O que eu queria é bagunçar. Publicar esse diário, por exemplo. Dizer imundícies. Despejar em bruto o fluxo esquizo bobajomaníaco. Lançar desordenadamente a quem quiser ler... Escrever ao rés do real. Mas não só o real dos leitores profissionais do tipo *La Quinzaine Littéraire*. O real próximo e hostil. As pessoas em volta. Jogar merda no ventilador. O que está em jogo ultrapassa a obra, ou antes, não a atinge [...]. Escrever, para Gilles, serve na medida em que se encaixa na finalidade do projeto comum. Mas para mim, o essencial, no fundo, não está aí. A fonte de energia está no que-der-e-vier [*tout-venant*], a zona."[8] Sua reivindicação de um direito ao desregramento encontra uma formulação suplementar, quase kafkaniana: "De minha parte, não alcanço esse outro mundo do trabalho universitário sistemático, secretamente programado para dezenas de anos. Faltam-me coisas demais. Atrasos demais se acumularam [...]. Preciso renunciar a correr atrás da imagem de Gilles e atrás do acabado, da perfeição que ele trouxe à última possibilidade de livro [...]. Ousar ser

---

7. F. Guattari in Stéphane Nadaud (org.) *Écrits pour L'Anti-Œdipe*. Paris: Lignes & Manifestes, 2004, p. 491.
8. Ibid.

idiota. É difícil estando atrelado a Gilles. Ser idiota à minha maneira."[9] Nada disso diminui sequer um milímetro a pertinência de seus textos, mas situa sua relação com o estatuto dessa escritura: "*Há uma finalidade da esquizoanálise*: é a desterritorialização, a esquizoidização do desejo."[10]

Psicose e Caosmose

O desafio teórico maior, presente em parte dos textos de Guattari, consistiu em reconciliar o caos e a complexidade em um mesmo plano de imanência. Como sabemos, ele recusa as visões simplórias e estáticas de *caos*: "aquelas em particular que tentariam ilustrá-lo sob a forma de mistura, de buracos, de cavernas, de poeira, até mesmo de objetos fractais."[11] Ele insiste nos seguintes pontos: 1) o caos "caotiza"; 2) ele é "virtual"; 3) ele é portador de "hipercomplexidade". O caos deve ser concebido como uma "matéria primeira de virtualidade, inesgotável reserva de uma determinabilidade infinita. Isso implica que, ao voltar a ele, sempre será possível reencontrar nele material para complexificar o estado de coisas".[12] Se Freud teve o mérito de indicar o caminho para um tal misto de caos e complexidade, como Guattari mesmo o reconhece, nem por isso a caosmose coincide com o processo primário. O acesso privilegiado à caosmose e à "zona umbilical caótica" não passa pela neurose, pelo sonho ou por sua interpretação, mas prioritariamente pela psicose e por sua apreensão pática. A dimensão caósmica e anterior à discursividade que o psicótico encarna, literalmente pula no pescoço.[13] O que a caracteriza é uma combinação singular de homogênese e heterogênese, de repetição congelada e de desterritorialização incessante, na qual se passa do "sentimento de catástrofe de fim do mundo" ao pressentimento perturbador "de uma redenção iminente de todos os possíveis". "As compleições do real psicótico, em sua emergência clínica, constituem uma via exploratória privilegiada de outros modos de produção ontológicos pelo fato de revelarem aspectos de excesso, experiências-limite

---

9. Ibid., p. 496.
10. Ibid., p. 45.
11. F. Guattari, *Cartographies schizoanalytiques*. Paris: Galilée, 1989, p. 133.
12. Ibid., p. 134.
13. F. Guattari, *Caosmose*, trad. bras. de Ana Lúcia de Oliveira e Lúcia Cláudia Leão. São Paulo: Ed. 34, 1992, p. 99.

desses modos. A psicose habita, assim, não apenas a neurose e a perversão, mas também todas as formas de normalidade. A patologia psicótica se especifica pelo fato de que por *n* razões os vaivéns esperados e as relações polifônicas 'normais' entre os diferentes modos de passagem ao ser da enunciação subjetiva têm sua heterogeneidade comprometida pela repetição, pela insistência exclusiva de uma estase existencial caósmica..."[14] Em todo o caso, a alternância entre vacuidade e complexidade que Guattari qualifica de caósmica desborda a figura do doente, e seus polos se encontram, afinal, por toda parte. "Confrontamo-nos com ela na vida de grupo, nas relações econômicas, no maquinismo, por exemplo, informático, e mesmo no interior de Universos incorporais da arte ou da religião." Ao esquizoanalista caberia, pois, mergulhar na imanência *homogenética* e dali liberar coeficientes *heterogenéticos*, mesmo que esteja fora de qualquer *performance* oral, familialista ou analítica.

Se entendemos bem, é como se houvesse dois tipos de homogênese encobrindo a heterogênese de fundo. A do neurótico, com sua "distração e evitamento" cotidiano da caosmose, e a pático-patológica, em que se perdem cores, sabores, timbres, mas também emerge uma "alterificação desembaraçada das barreiras miméticas do eu". A fórmula de Guattari é dupla: por um lado, como Nietzsche, é "preciso ir rápido, não devemos nos deter aí onde corremos o risco de ser engolidos: na loucura, na dor, na morte, na droga, na extrema paixão".[15] Por outro lado, combater a abordagem "reativa" da caosmose, que secreta um "imaginário de eternidade, em particular através dos *mass media*, que contorna a dimensão essencial de finitude da caosmose: a facticidade do ser aí, sem qualidade, sem passado, sem porvir, em absoluto desamparo e entretanto foco virtual de complexidade sem limite".[16] Por toda parte nos caberia detectar os "congelamentos" caósmicos, que o autor chama de pontos "Z ou Zen da caosmose".

Se a psicose desvela um motor essencial do ser no mundo, Guattari acrescenta uma advertência nuançada que a distancia dos vapores heideggerianos. "Não é então o Ser em geral que irrompe, na experiência

---

14. Ibid., p. 101.
15. Ibid., p. 106.
16. Ibid.

caósmica da psicose, ou na relação pática que se pode manter com ela, mas um acontecimento datado, assinalado",[17] com sua homogênese ontológica, o sentimento da catástrofe, de fim de mundo, a sua textura peculiar, depois da qual nada mais será como antes a não ser o "vaivém desnorteador entre uma complexidade proliferante de sentido e uma total vacuidade, um abandono irremediável da caosmose existencial".[18]

Quando Guattari compara essa petrificação ontológica tão notável na psicose com uma parada na imagem, ele acrescenta em seguida: ela revela sua posição de base ou de "baixo" na polifonia dos componentes caósmicos. Não é, portanto, um grau zero na subjetivação, mas como que seu grau "extremo de intensificação". "É passando por esse 'fio-terra' caótico, essa oscilação perigosa, que outra coisa se torna possível, que bifurcações ontológicas e a emergência de coeficientes de criatividade processual podem emergir."[19] Poderia objetar-se que o congelamento que a patologia atesta é todo o contrário da processualidade que Guattari defende, e o estatuto da esquizofrenia em sua obra carregaria esse paradoxo desde o início. Mas nos termos em que a questão é colocada aqui, fica claro o ponto em que se ancora a abordagem de Guattari. O fato de que o doente psicótico por vezes seja incapaz de um restabelecimento heterogenético não desmente a riqueza de experimentação ontológica com a qual é confrontado, apesar dele. É isso que faz com que a narratividade delirante, enquanto potência discursiva voltada para a cristalização de um Universo de referência ou de uma substância não discursiva, constitua o paradigma da construção e da reconstrução dos mundos míticos, místicos, estéticos, até mesmo científicos. Em contrapartida, a existência de estases caósmicas não é absolutamente privilégio da psicopatologia, e ela estará presente em Pascal assim como em Descartes, na sua "redução esquizocaótica" e sua refundação do mundo a partir do Cogito e da evocação divina.

O fato é que o colapso do sentido, em geral, promove discursividades assignificantes, gerando mutações ontológicas. Mais: a própria subjetividade deve ser pensada a partir desse ponto de mutação. "O mundo só

---

17. Ibid., p. 103.
18. Ibid.
19. Ibid., p. 115.

se constitui com a condição de ser habitado por um ponto umbilical de desconstrução, de destotalização e de desterritorialização, a partir do qual se encarna uma posicionalidade subjetiva... Esse vacúolo de descompressão é ao mesmo tempo núcleo de autopoiese sobre o qual se reafirmam constantemente e se formam, insistem e tomam consistência os Territórios existenciais e os Universos de referência incorporais."[20] É, no fundo, assim, que nasce um mundo, a partir desse fundo sem fundo e sem fundamento. Trata-se de um foco de criacionismo ontológico. "A caosmose não oscila, então, mecanicamente, entre zero e o infinito, entre o ser e o nada, a ordem e a desordem: ela ressurge e germina nos estados de coisas, nos corpos, nos focos autopoiéticos que utiliza a título de suporte de desterritorialização. Trata-se aqui de um infinito de entidades virtuais infinitamente rico de possível, infinitamente enriquecível a partir de processos criadores. As velocidades infinitas estão grávidas de velocidades finitas, de uma conversão do virtual em possível, do reversível em irreversível, do diferido em diferença."[21]

Modulações de existência
Toda a questão é como se dá a "tomada de consistência" de tais focos autopoiéticos, como ocorrem essas "escolhas de finitude", como se dá a inscrição numa "memória de ser", como se gera uma tal ordenação intensiva no que se poderá chamar, ulteriormente, de protossubjetivação ou de subjetivação *tout court*. Essa segunda dobra, de ordenação autopoiética, ativa e criacionista, desprende-se da passividade inerente à primeira dobra caósmica.[22] Assim, apesar dos limites daí advindos, da inscrição, do enquadramento, do ritornelo sensível que gera uma temporalização própria, em suma, malgrado o caráter finito dessa configuração, não fica abolida a recarga processual e a infinitização que esse domínio sensível se encarrega de relançar: "Produzir novos infinitos a partir de um mergulho na finitude sensível, infinitos não apenas carregados de virtualidade, mas também de potencialidades atualizáveis em situação, se demarcando ou contornando os Universais repertoriados pelas artes, pela filosofia,

---

20. Ibid., p. 102.
21. Ibid., p. 142.
22. Ibid., p. 145.

pela psicanálise tradicionais... devires intensivos e processuais, um novo amor pelo desconhecido."[23] Nesse processo, que é de atualização e igualmente de desterritorializaçao intensiva, ocorre o paradoxo do acontecimento, instantâneo e eterno, embora já cristalizado em coordenadas espaciais, causalidades temporais, escalonamentos energéticos. A cláusula existencializante é reiterada inúmeras vezes: "A consistência desses focos de protossubjetivação, portanto, só é assegurada na medida em que eles se encarnem, com mais ou menos intensidade, em nós de finitude, de *grasping* caósmico, que garantam, além disso, sua recarga possível de complexidade processual. Dupla enunciação, então, territorializada finita e incorporal infinita."[24] A finitização protossubjetiva ou mesmo subjetiva, já calcada sobre um componente destacado da velocidade infinita caosmótica e desterritorializada, não abole a infinitização e as desterritorializações que ele enseja, um pouco como na fórmula de Mallarmé, "um lance de dados jamais abolirá o acaso". De fato, Guattari está interessado nas "vozes da autorreferência", isto é, na subjetividade processual autofundadora, que inventa suas próprias coordenadas, autoconsistencial.

Guattari alude, a propósito, ao psiquiatra Viktor Von Weizsäcker e à sua ideia da subjetividade como relação com o fundo — a saber, a de que os seres vivos [*vivants*] têm originariamente comércio com a vida como fundo, segundo diferentes modulações. Como o explica Schotte: "Tão paradoxal quanto possa parecer, os fenômenos vivos não podem ser representados nas formas naturais do espaço e do tempo. Para tomar o exemplo da causalidade, o vivente é sujeito de e ao automovimento, ele se apresenta como *sendo ali sua própria causa*. A objetividade do clínico consiste em substituir o ôntico pelo pático. Ao passo que a física pressupõe que na pesquisa o eu cognoscente está colocado em face do objeto conhecido, a biologia faz a experiência [...] de que o vivente se encontra numa determinação cujo fundo mesmo não poderia tornar-se objeto. O vivente, na sua 'relação com fundo' [*Grundverhältnis*], revela o que é o fundo: a 'zoé' não objetivável [...]. Em momentos críticos, a vida 'vai ao fundo' e dali ressurge fundando-se. A decisão é '*Grundlegung*', testemunho e colocação de fundamentos através desse momento originário da

---

23. Ibid., p. 147.
24. Ibid., p. 69.

'relação ao fundo', ao fundo obscuro e indefinido da vida."[25] Teríamos muito a dizer sobre esse termo, tanto mais tendo em conta a reflexão de Agamben a respeito da diferença entre *zoé* e *bios*, no contexto contemporâneo, e sua crescente sobreposição. Mas nesse âmbito mais restrito, e voltando a Guattari, ousamos deduzir que, descontado o cancro fenomenológico, uma tal formulação poderia ser endossada por Guattari apenas na medida em que esse fundo fosse concebido em uma acepção menos "fundante", mais "e-fondée", diríamos com Deleuze, ali onde a existencialização se apoia na desterritorialização como movimento primeiro, porém não originário.

Como diz Maldiney, o *fundo* é o indeterminável, o *apeiron* de Anaximandro de onde emerge e se abisma toda finitude. É talvez o que Guattari, distante de Heidegger, chamará de Caosmose. A consistência e as inflexões subjetivas daí advindas, por sua vez, dependerão mais das categorias que Von Weizsäcker chamava de páticas, a saber, modalidades tais como querer, poder, dever, do que das ônticas. Trata-se dos verbos modais, em alemão o *darfen, müssen, wollen, sollen, können*, ou seja, modulações da existência. O que interessa a um paciente, por exemplo, não é o que ele é aos olhos do médico (categoria ôntica), mas o que ele pode, o que ele quer, o que ele deve tornar-se, o que ele deseja ou não fazer etc. Tais verbos são modalizadores do sujeito pático e, como diz Schotte, que Guattari refere em seu livro *Cartographies Schizoanalytiques*,[26] em qualquer situação humana ou clínica, trata-se sempre de querer, de dever, de poder, crivos que fixam provisoriamente o fluxo do devir e o modalizam. Assim, a dimensão pática é menos da ordem do que se padece do que daquilo que se experimenta, nem passivo nem ativo, próximo do neutro de Blanchot ou do impessoal de Deleuze, em todo o caso, assubjetivo. Diz ainda Schotte: voltar a um pensamento em verbos, evitar substantivar as forças quando sabemos que só o acontecimento decide sobre uma repartição das forças. O acontecimento, ou a decisão, "molecular", diria Guattari, mostrará se a escolha vai na direção da vida ou da morte, de uma agregação ou uma desagregação.

---

25. Jacques Schotte, *Une pensée du clinique. L'oeuvre de Viktor von Weizsäcker*. Louvain: Université Catholique de Louvain, Faculté de Psychologie et des Sciences de l'Éducation, 1985.
26. F. Guattari, *Cartographies schizoanalytiques*, op. cit., p. 141.

Em uma nota de rodapé, Guattari explicita uma das cláusulas que presidem essa concepção mais geral do Ser como modulação de consistência, em contraposição às dicotomias metafísicas da tradição. Trata-se de abandonar a lógica do tudo ou nada: "A existência aqui se ganha, se perde, se intensifica, atravessa limiares qualitativos, em razão de sua aderência a tal ou qual Universo incorporal de endo-referência."[27] A aposta ética é multiplicar ao infinito as "embreagens existenciais", acedendo a Universos criativos mutantes. A pragmática ontológica tem por correlato essa função de *existencialização*, detectando índices intensivos, operadores diagramáticos em qualquer ponto ou domínio, e sem qualquer ambição de universalizá-los, para o que se exige não instrumentos de interpretação, mas de cartografia. Mesmo o pequeno "a" de Lacan, no seu admirável caráter desterritorializado, ou os objetos parciais de Mélanie Klein, podem sim ser considerados como "cristais de singularização", "pontos de bifurcação fora das coordenadas dominantes, a partir dos quais os universos de referência mutantes são suscetíveis de surgir".[28] Porém, não cabe fazer deles universais do desejo em uma cartografia ela mesma mutante. Se adentrarmos assim, pouco a pouco, as noções da psicanálise que Guattari convoca em uma paisagem inteiramente redesenhada, teremos mais claro para onde aponta seu projeto esquizoanalítico. Assim como ele defende uma era pós-midiática, indicando com isso não uma superação da mídia, porém sua miniaturização, personalização, multicentragem, descentralização, fractalização, proliferação, sua propagação, bem como a diversificação das modalidades de enunciação, uma molecularização e disseminação de seus dispositivos, uma apropriação generalizada de sua potência de enunciação, o que implica, e ao mesmo tempo resulta, não apenas de uma reinvenção sociotécnica, porém semiótica e sobretudo subjetiva, do mesmo modo poderíamos dizer que sua elaboração esquizoanalítica aponta para uma era pós-psicanalítica cujos operadores teóricos e cartográficos ele pretende instaurar, sem qualquer ambição de universalização. As primeiras páginas das *Cartographies schyzoanalytiques* são claríssimas a respeito do estatuto de sua teorização. Nenhum monoteísmo, nenhum cientificismo, liberdade de

---

27. Ibid., p. 60.
28. Ibid., p. 52.

pegar ou abandonar o que quer que seja desse conjunto aberto que ele não para de completar, refazer, adensar, redesenhar, reajeitando os próprios critérios cartográficos em função das urgências do presente, das situações evocadas, sempre singulares, sejam elas clínicas, institucionais, científicas. Como reza a oitava regra para a análise do inconsciente maquínico: "*toda ideia de princípio deve ser tida como suspeita.*"[29] A elaboração teórica é tanto mais necessária, e deverá ser tanto mais audaciosa, quanto mais o agenciamento esquizoanalítico admitir sua natureza precária. Ou, como já estava dito nos textos iniciais de preparação para *O anti-Édipo*: "A teoria é, deve ser, instrumentalista, funcionalista. Romper com a teoria-obra para chegar em 'a cada um sua teoria'. Cada agenciamento coletivo de enunciação *produz* sua teoria, articulando-se ao plano de consistência... A teoria é artifício. Seu suporte é o que, na história, é o mais desterritorializado, ela trabalha sobre os índices maquínicos",[30] e esse movimento é interminável, por definição. Como se Guattari suspeitasse do fechamento da "obra" e das redundâncias canônicas, inclusive universitárias, que pudessem esmaecer o que para ele estava em jogo nessa construção incessante, fugidia, evanescente, nascente, tresloucada, descarrilada, desse "*tout-venant*" que ele priorizava, nessa aposta ontológica e acontecimental que ele chamou de "animista".[31]

Economia do possível

Já no seu primeiro livro estava esboçada a ideia, com suas ressonâncias canguilhemianas ou nietzschianas, de que, se o mundo é matematizável, "o sujeito humano dispõe de uma capacidade de autorreferência que lhe dá a possibilidade de estabelecer seus próprios sistemas normativos, passar de um a outro, evitar o que ameaça acuá-lo, escolher o que o faz sonhar".[32] Seguia-se a reivindicação de que as leis antropológicas deixassem seu lugar de honra à eventualidade, ao imprevisível, ao iminente, à abertura de um espaço de sem-sentido e à possibilidade de outra subjetividade. Se a psicanálise deu um passo na direção de

---

29. F. Guattari, *O Inconsciente maquínico*. Campinas: Papirus, 1988, p. 191.
30. F. Guattari, *Écrits pour l'Anti-Œdipe*, op. cit., p. 444.
31. F. Guattari, *Caosmose*, op. cit., p. 158.
32. F. Guattari, *Psicoanalisis y transversalidad*, op. cit., p. 69.

uma tal indecisão, seria preciso aproveitar suas intuições mais radicais, intensificar a desterritorialização que ela trouxe à tona, os processos de semiotização e de subjetivação que num primeiro momento a descoberta de Freud empreendeu, antes de ser reterritorializada por seus epígonos em uma matriz familista, personológica, estrutural etc. Todo o esforço ulterior vai na direção de repensar aquilo que se convencionou chamar de Inconsciente, mas *em função* dos Agenciamentos que extrapolassem o dispositivo do divã. Nesse sentido, a lógica da transferência existencial possui o poder de transversalizar circunscrições de tempo e espaço, transgredindo "assinalações identitárias",[33] o que já estava em Freud, no processo primário, na transferência, nos objetos parciais, na função *"après-coup"* do fantasma, nessa ubiquidade, na recursividade e prospectividade, mas justamente, ao atá-lo à lógica da realidade dominante, e utilizando a interpretação para fazer a passagem de uma para a outra, Freud teria perdido a especificidade de sua descoberta. Ao devolver a certos segmentos semióticos, desviados de sua "missão" significativa ordinária, sua potência particular de produção existencial, Guattari se permite "cristalizar singularidades pragmáticas, catalisar os processos de singularização os mais diversos (recortes de Territórios sensíveis, desdobramentos de Universos incorporais de endorreferência)",[34] levando-se em conta que essa "colocação-em-existência" não é privilégio exclusivo da língua, ainda que o significante linguístico (e talvez por isso mesmo) ocupe um lugar central na lógica da equivalência geral e na sua política de capitalização dos valores abstratos do poder. Pense-se no poder da mídia e a defesa feita por Guattari de outros regimes de semiotização, a serem construídos no entrecruzamento de novas práticas analíticas, estéticas e sociais.

Talvez já possamos tentar definir, no quadro dessas observações rapsódicas, o sentido do inconsciente esquizoanalítico tal como Guattari o entende, em oposição ao inconsciente psicanalítico que se tornou, ao longo dos anos, uma verdadeira instituição, isto é, um "equipamento coletivo".[35] Recusando a *performance* oral individual, centrada em um

---

33. F. Guattari, *Cartographies schizoanalytiques*, op. cit., p. 59.
34. Ibid., p. 60.
35. F. Guattari, *Caosmose*, op. cit., p. 21.

hábito familialista, e as manifestações afetivas circunscritas ao espaço esvaziado da cura, a "esquizoanálise se esforça em mobilizar, ao contrário, formações coletivas e/ou individuais, objetivas e/ou subjetivas, devires humanos e/ou animais, vegetais, cósmicos... Ela participará de uma diversificação dos meios de semiotização e recusará todo centramento da subjetivação na pessoa, supostamente neutra e benevolente, de um psicanalista. Ela deixará, pois, o terreno da interpretação significante em favor da exploração dos *Agenciamentos de enunciação* que concorrem à produção de Afectos subjetivos e Efeitos maquínicos (entendo por isso tudo aquilo que implica uma vida processual, uma problemática que se afasta, por pouco que seja, das redundâncias estratificadas, um *phylum* evolutivo, seja lá de qual ordem for, biológico, econômico, social, religioso, estético etc.)".[36] E na sequência, recusando a hipótese importada da termodinâmica sobre uma economia das quantidades pulsionais, substrato material e energético unívoco à mercê das representações inconscientes, e rejeitando o Significante evacuado da dimensão energética, Guattari investe em um modelo menos dicotômico, com múltiplos níveis de consistência energética no interior de um mesmo Plano geral de imanência, produzidos por fraturas, esquizas, transformações, transduções, reordenações por flutuação, implosões etc. Daí esses diagramas tão enigmáticos presentes em seus livros, com os Fluxos, Phylums, Universos e Territórios. A partir daquilo que se tece entre esses funtores, isto é, relações de desterritorialização, de alisamento, de estriagem, de virtualização, de atualização, de transcrição, de transdução, de decolagem, nessa combinatória estonteante, Guattari não cessa de fazê-las variar e complexificar. Trata-se sempre de detectar um duplo movimento: por um lado, os "quanta" de transversalidade para aquém das coordenadas espácio-temporais, dando a ver as cargas de arbitrário, as potencialidades, as propensões dos estados de entidade em saírem deles mesmos, se discursivizarem, se deslocalizarem, se destotalizarem, se alterarem, fazendo emergir dimensões complementares de tempo e de devir.[37] Mas também, em contrapartida, detectar as modalidades de *"grasping"*, de "concrescência", de protoenunciações, de protossubjetivações que se

---

36. F. Guattari, *Cartographies schizoanalytiques*, op. cit., p. 74.
37. Ibid., p. 78.

esboçam. Por exemplo, a ritornelização como "o pássaro mensageiro que vem bater seu bico na vidraça, para anunciar a existência de outros Universos virtuais de referência suscetíveis de modificar profundamente o estado atual das disposições enunciativas. É assim que eu concebo a 'função' dos lapsos, esquecimentos, atos falhos, gesticulações oníricas etc., que fizeram a alegria da primeira 'horda selvagem' da psicanálise. É também a herança principal que nos foi legada pelos dadaístas e surrealistas, com sua utilização *técnica* das cesuras aleatórias e seu recurso ao acaso objetivo, através de suas montagens, suas colagens etc. Todas essas operações psicanalíticas e estéticas provêm, a meu ver, de uma utilização ativa dos ritornelos existenciais. Essas práticas do ritornelo, essas ritornelizações, não se limitam a abalar as referências e certezas enquistadas; elas indicam as linhas potenciais de uma fractalização múltipla, multidirecional e transversalista, capaz de semear seus efeitos em meio a domínios totalmente heterogêneos". Essa maneira de pensar a ritornelização, a partir de componentes quaisquer, deveria ser estendida para além do agenciamento do consultório, e a todos os domínios, de modo a contrarrestar a entropia social niilista, numa espécie de "barroquização" generalizada. A Libido torna-se matéria abstrata do possível, o Afecto é remetido ao Agenciamento, de onde emerge o afeto crístico, debussista, leninista etc. Não se trata de um estado passivamente vivido, mas de uma territorialidade complexa de protoenunciação, lugar de uma práxis potencial.[38] Não é uma energia elementar, mas matéria desterritorializada de enunciação.[39]

Já podemos voltar à relação com a psicanálise. Se por um lado, diz Guattari, o fantasma, o complexo, o arquétipo, visava a algo da ordem da ruptura na reversibilidade, uma mais-valia enunciativa, ainda assim, diz o autor, os psicanalistas não o faziam de maneira suficientemente abstrata, suficientemente desterritorializada: "seus pés ficavam afundados na lama libidinal e das determinações materializadas. Eles não perceberam que também a matéria é capaz de tomar a palavra em nome da hipercomplexidade."[40] Há uma cesura, uma catálise assignificante, a

---

38. F. Guattari, *Cartographies schizoanalytiques*, op. cit., pp. 261-262.
39. Ibid., p. 265.
40. Ibid., p. 233.

travessia de um limiar de consistência que dispara um procedimento autoenunciativo, abrindo para uma Constelação de Universo de referência.[41] Assim, tudo funciona por fragmentos enunciativos, disseminados pelo cosmos. "Isso fala na margem: ali onde não havia nada de preciso a esperar, uma auto-organização é suscetível de ser disparada."[42] Tal inconsciente ampliado e aberto para o futuro faz com que os cortes e quebras de sentido não remetam a uma interpretação de conteúdos profundos, mas participem de uma maquínica estendida, manifestando uma subjetividade em estado nascente, abertura desterritorializante, fractalização necessária para que advenha algo ali onde tudo parecia fechado. Nesse sentido, a própria problemática do inconsciente deveria ser refundada, na direção de uma subjetividade parcial, pré-pessoal, polifônica, coletiva e maquínica — sob o signo de uma lógica de intensidades não discursivas e da incorporação-aglomeração pática desses vetores de subjetividade parcial calcados nas desterritorializações, a serem devidamente cartografadas.[43]

O que Freud terá realizado, no fundo, é uma mutação de Agenciamento de Enunciação: "Tudo me leva a pensar, ao contrário, que seria preferível que ela [a psicanálise] multiplicasse e diferenciasse, o quanto for possível, os componentes expressivos que ela coloca em jogo. E que seus próprios Agenciamentos de enunciação não sejam necessariamente dispostos em adjacência de um divã, e de tal maneira que a dialética do olhar seja radicalmente evacuada. A análise tem tudo a ganhar ao ampliar seus meios de intervenção; ela pode trabalhar com a fala, mas também com a massa de modelar (como Gisela Pankow), ou com o vídeo, o cinema, o teatro, as estruturas institucionais, as interações familiares etc., em suma, tudo o que permite aguçar as facetas de assignificância dos ritornelos que ela encontra e que ela seja mais capaz de coordenar suas funções catalíticas de cristalização de novos Universos de referência [...] e a explorar suas virtualidades pragmáticas."[44]

---

41. Ibid., p. 233.
42. Ibid., p. 234.
43. F. Guattari, *Caosmose*, op. cit., p. 34.
44. F. Guattari, *Cartographies schizoanalytiques*, op. cit., p. 267.

Apesar das descontinuidades, não acreditamos que essa tarefa, atribuída num primeiro momento à transversalidade, depois à análise institucional e por fim à esquizoanálise, tenha sofrido inflexões decisivas ao longo do trajeto de Guattari, desde suas primeiras formulações ainda balbuciantes. Do mesmo modo, a concepção de inconsciente. Em um capítulo de seu *Inconsciente maquínico*, Guattari pergunta à queima-roupa: "Primeiro, que é, exatamente, este inconsciente? Um mundo mágico oculto não se sabe em que dobra do cérebro? Um minicinema, especializado em pornô infantil ou na projeção de planos fixos arquetípicos?" E responde: "Vejo o inconsciente antes como algo que se derramaria um pouco em toda a parte ao nosso redor, bem como nos gestos, nos objetos cotidianos, na TV, no clima do tempo e mesmo, e talvez principalmente, nos grandes problemas do momento. Logo, um inconsciente trabalhando tanto no interior dos indivíduos, na sua maneira de perceber o mundo, de viver seus corpos, seu território, seu sexo, quanto no interior do casal, da família, da escola, do bairro, das usinas, dos estádios, das universidades [...]. Dito de outro modo, não um inconsciente dos especialistas do inconsciente, não um inconsciente cristalizado no passado, petrificado num discurso institucionalizado, mas, ao contrário, voltado para o futuro, um inconsciente cuja trama não seria senão o próprio possível, o possível à flor da pele, à flor do *socius*, à flor do cosmos..."[45] As máquinas abstratas que o pilotam não são um Logos, mas têm uma função paradoxal, como o diz Zourabichvili, de condicionamento desestabilizante.[46] É uma espécie de *matéria da mutação*, composta de cristais, possíveis catalisadores das conexões, desestratificações e reterritorializações, tanto do mundo vivo quanto do mundo inanimado. "Marcam, em suma, o fato de que a desterritorialização, sob todas as suas formas, 'precede' a existência de estratos e territórios."[47] Seriamos tentados a comparar, com humor: enquanto no existencialismo a existência precede a essência, aqui, a desterritorialização precede a própria existência.

---

45. F. Guattari, *O inconsciente maquínico*, op. cit., pp. 10-11.
46. François Zourabichvili, *Le vocabulaire Deleuze*. Paris: Ellipses, 2003, p. 49 [Ed. bras.: *O vocabulário de Deleuze*, trad. de André Telles. Rio de Janeiro: Relume Dumará, 2004].
47. F. Guattari, *O inconsciente maquínico*, op. cit., p. 15.

A economia do possível avançada por Guattari não se constrange em "adentrar" o ponto de vista das coisas mesmas, num empirismo superior. Não se trata de projetar o espírito sobre entidades visíveis, como o faria um certo idealismo, porém de o miniaturizar para introduzi-lo até o coração dos átomos. E vice-versa, isto é, apreender o funcionamento da subjetividade humana à luz dos "maquinismos de escolha moleculares, tais como se pode vê-los trabalhar em todas as ordens do cosmo".[48] E Guattari pergunta: "O que seria uma liberdade maquínica, num universo que não conhece sujeitos deliberantes? [...] Tudo aqui é uma questão de grau, de transposições insensíveis dos princípios [...]. Mil proposições maquínicas trabalham permanentemente cada indivíduo acima e abaixo de sua cabeça falante."[49] Em suma, não se opõe uma esfera da ordem da diferenciação à outra, de uma matéria-prima energética indiferenciada, como o teria feito o freudismo. Inversamente, aceita-se que os agenciamentos materiais, biológicos, sociais etc. sejam capazes de "maquinar" sua própria sorte e de criar universos complexos heterogêneos: tais são as condições que deveriam "permitir abordar, com um mínimo de segurança teórica, esta questão das matilhas moleculares que povoam o inconsciente. Uma infinidade de agenciamentos criadores, sem intervenção de um Criador supremo",[50] nem de um Cogito ordenador. Nessa linha, "os cruzamentos, os casamentos, aparentemente os mais absurdos, os mais 'contranatureza', são sempre da ordem do possível. Nossas admirações, nesse campo, derivam de uma falta de imaginação ou de um dogmatismo teórico".[51] Quando conecta sua cartografia com questões mais gerais da filosofia, ele mesmo responde: "A questão do sujeito e da liberdade se coloca sob uma ótica completamente nova a partir do momento em que as combinações das escolhas não se apoiam unicamente sobre populações moleculares cujas formas, ritmos, intensidades energéticas e efeitos seriam redutíveis a matemas universais, mas prendem-se a pontos de singularidade de toda natureza (intra ou extra-agenciamento, micro ou macroscópico, topográfico ou funcional)." Em

---

48. Ibid., p. 151.
49. Ibid., p. 153.
50. Ibid. pp. 153-154.
51. Ibid., p. 154.

suma, a paixão neguentrópica que Guattari encontra no plano molecular, buscando por toda parte o desabrochar dos maquinismos mais desterritorializados, "tais como os da poesia, da música, das ciências — para nos restringirmos, por assim dizer, às atividades terrenas...",[52] completa ele com o humor de um extraterrestre, caracteriza como um todo seu projeto ético e micropolítico. "A subjetividade molecular, a parte viva, livre, criadora dos núcleos maquínicos, a economia do possível no seu ponto de nivelação real: tais são as últimas instâncias do inconsciente."[53]

Chegados a esse ponto, é difícil deixar de pensar em dois autores que Guattari não cita necessariamente, mas que ressoam com um viés molecular, vitalista e pluralista de sua abordagem. Em primeiro lugar, Gabriel Tarde e seu materialismo afetivo: "Existir é diferir [...]. A diferença é o alfa e o ômega do universo; por ela tudo começa [...] através dela tudo acaba, nos fenômenos superiores do pensamento e da história, onde, rompendo enfim os círculos estreitos nos quais se encerrou a si mesma, o turbilhão atômico e o turbilhão vital, apoiando-se sobre seu próprio obstáculo, se ultrapassa e se transfigura [...]. Assim como a sociedade, como a vida, a química parece testemunhar da necessidade da diferença universal, princípio e fim de todas as hierarquias e de todos os desenvolvimentos."[54] E mais adiante: "em cada um desses grandes mecanismos regulares, o mecanismo social, o mecanismo vital, o mecanismo estelar, todas as revoltas internas que terminam quebrando-os são provocadas por uma condição análoga: seus elementos componentes, soldados desses diversos regimentos, encarnação temporária de suas leis, nunca pertencem a ele [mecanismo] senão por um lado de seu ser, e por outros lados escapam ao mundo que os constitui... [cada elemento] tem outras inclinações, outros instintos que lhe vêm de arregimentações diferentes, outros, enfim... que lhe vêm de seu fundo mesmo, de si mesmo, da substância própria e fundamental sobre a qual ele pode se apoiar para lutar contra a potência coletiva, mais vasta, menos profunda, da qual ele faz parte."[55] Como o nota

---

52. Ibid., p. 155.
53. Ibid., p. 156.
54. Gabriel Tarde, *Monadologie et sociologie*. Paris: Les empêcheurs de penser en rond, 1999, pp. 72-3 [Ed. bras.: Eduardo Viana Vargas (org.), *Monadologia e Sociologia*, trad. de Paulo Neves. São Paulo: Cosac Naify, 2007, p. 98].
55. Ibid., p. 80 [p. 160].

Maurizio Lazzarato, na linhagem de Leibniz, se reconhece uma tendência para pulverizar o universo, multiplicar indefinidamente os seres, abrindo-os para uma infinidade de forças, um infinito absolutamente imanente, um infinito real, que, no entanto, diferentemente de Leibniz, não remete a nenhuma transcendência divina. "Tudo vem do infinitesimal, e é provável, acrescentemos, que tudo volte para lá." No contrafluxo do que Nietzsche diagnosticava como niilismo, de indiferenciação generalizada, Tarde reivindicava "diferenças revolucionárias, intestinas, onde se elaboram secretamente leis e tipos de amanhã, e que, apesar da superposição de seus jugos múltiplos, apesar da disciplina química e vital, apesar da razão, apesar da mecânica celeste, acabam um dia, como os homens de uma nação, por derrubar todas as barreiras e por fazer de seus próprios destroços um instrumento de diversidade superior".[56]

Por outro lado, para tomar o fio da tradição anglo-americana, há em Guattari, como em William James,[57] um viés selvagem e indomável, um turbilhonamento do pensamento, uma atração pelo risco, uma disposição em acolher o jogo caótico do mundo de colisões. James defende uma arte do pensamento exposto à insegurança, e o conhecimento seria, no fundo, crença no mundo dos acontecimentos engendrados pela própria crença no mundo, sobretudo naquilo que eles têm de tentador e ameaçador, nas possibilidades que eles oferecem ao espírito de preservar alguma coisa ainda não abordada, entrevista. Por mais coisas que existam, e por mais interconectadas que estejam, há sempre um exterior, um "fora" que foge, como em Tarde... Como o sublinha Jean Wahl: não há ser que contenha todos os outros, há sempre algo que escapa, que não quer entrar no sistema. Mesmo a ciência que pretende unificar tudo, faz reaparecer uma descontinuidade de fundo, que nos impede passar de uma qualidade a outra...[58]

Nada disso, a meu ver, é estranho ao "temperamento" de Guattari, mesmo que ele não tenha especialmente frequentado essas fontes. Pois apesar de seu incansável militantismo, e de por vezes nos perguntarmos

---

56. Ibid.
57. Jean Wahl, *Les Philosophies pluralistes d'Angleterre et d'Amérique*. Paris: Les empêcheurs de penser en rond, 2005.
58. Cf. a propósito, mais adiante, o capítulo "Acreditar no mundo".

qual a parte de voluntarismo em sua construção, somos tentados a retomar essa concepção de James para entender o miolo de sua perspectiva: trata-se de uma certa "simpatia" com o universo pluralístico, repleto de possíveis. Guattari é taxativo na sua cláusula singularizante: "Não há possível em geral, mas somente a partir de um processo de desterritorialização que não deve ser confundido com uma aniquilação global e indiferenciada. Existe uma matéria da desterritorialização inconsciente, uma matéria do possível que constitui a essência do político, mas um político transumano, transexual, transcósmico." Nenhuma programação, em tudo isso, nem pretensão ao controle dos processos a partir de um politburo esquizoanalítico, sendo que o desafio é apenas "assisti-los semioticamente e maquinicamente".[59] Assim, nenhuma palavra de ordem, somente palavras de passagem.[60] Tudo são passagens, de uma consistência a outra, de um complexo de possíveis a outro, de um agenciamento a outro.[61] Pois, afinal, nem sequer se deveria falar em realidade. Os objetos sociais, mentais, as entidades intrapsíquicas deveriam ser traduzidas em agenciamento.[62] Um agenciamento, contrariamente a uma estrutura, depende sempre dos componentes heterogêneos que concorrem à sua consistência específica. "Um agenciamento é inconsistente, quando ele se despoja de seus quanta de possível, quando os signos-partículas o abandonam para emigrar para outros agenciamentos, quando os maquinismos abstratos que o especificam se esclerosam, degeneram em abstração, se enquistam em estratificações e estruturas, quando, enfim, ele se abate sobre um buraco negro de ressonância ou cai sob a ameaça de uma pura e simples desintegração (catástrofe de consistência). Ele toma, ao contrário, consistência, quando um metabolismo maquínico desterritorializado abre a novas conexões, diferencia e complexifica."

---

59. F. Guattari, *O inconsciente maquínico*, op. cit., p. 179.
60. Ibid., p. 180.
61. Ibid., p. 183.
62. Ibid., p. 184.

A escrita

Já podemos retomar o tema da escrita. Um leitor familiarizado com os livros conjuntos, e também com os textos independentes de Guattari, ao passar os olhos nos esboços para *O anti-Édipo* referidos anteriormente, é tomado de assalto por uma impressão paradoxal. Por um lado, o jorro, a velocidade associativa, a despreocupação de mostrar as articulações, a liberdade do salto, a linguagem heterodoxa, os exemplos coloquiais do mais elementar cotidiano, os xingamentos, alternados com as mais densas construções, neologismos, a presença ainda tão marcante de Lacan, as fórmulas lapidares, toda essa matéria que escorre para tantos lados, e que constituirá o miolo conceitual de *O anti-Édipo*. Ao mesmo tempo, diante desse diário de bordo, dessa relutância em "fazer obra", o leitor fica surpreso e admirado de como Deleuze apostou e se encarregou dessa tarefa, com que arte conectou-se com a direção geral da explosividade construtivista e cartográfica guattariana, ainda que a lógica dessa maquinação não tenha sido inteiramente desbravada. Daí porque o pequeno texto escrito por Deleuze por ocasião da morte de Guattari deve ser levado a sério: "Até o fim, meu trabalho com Félix foi para mim fonte de descobertas e de alegrias. Porém não quero falar dos livros que fizemos juntos, e sim daqueles que ele escreveu sozinho. Pois eles me parecem de uma riqueza inesgotável […]. Félix se eleva a um estranho nível que conteria a possibilidade de funções científicas, de conceitos filosóficos, de experiências vividas, de criação de arte […]. Assim, o maravilhoso sistema com quatro cabeças das *Cartographies*: 'Os territórios, os fluxos, as máquinas e os universos' […]. A obra de Félix merece ser descoberta ou redescoberta. É uma das mais belas maneiras de manter Félix vivo."[63] Ora, os livros autônomos de Guattari não são comparáveis às notas para *O anti-Édipo*, e o esforço dos amigos, notadamente Danielle Sivadon, de assisti-lo para lhes dar um contorno é disso uma prova contundente. Mas temos a impressão rara de que cabe a cada leitor de Guattari fazer com seus textos, pelo menos mentalmente, algo semelhante ao que fez com eles Deleuze, a saber: acolher suas maquinações, prolongá-las, conectá-las com os domínios diversos, fazê-las trabalharem. Dar-lhes

---

63. G. Deleuze, "Pour Félix" in *Deux Régimes de Fous*. Paris: Minuit, 2003, pp. 357-358 [Ed. bras.: *Dois regimes de loucos*, trad. de Guilherme Ivo. São Paulo: Ed. 34, 2016].

liberdade de evoluírem por conta própria, estendendo-lhes matéria para tanto, ao invés de reduzi-los a fórmulas polêmicas, por mais que deles não estejam ausentes fórmulas, muito menos *enjeux* polêmicos, nos mais diversos campos. Não é uma tarefa óbvia, e percebe-se que se o diálogo com os psicanalistas, linguistas, antropólogos ou historiadores é incessante, a bagagem filosófica rapsódica, e no mais das vezes alusiva, não nos dispensa, muito pelo contrário — e é talvez esse o sentido da observação de Deleuze — de uma "colocação em diálogo" de suas construções com a própria filosofia, ou uma posta em diálogo filosófica, como o praticou Deleuze, com esses textos de natureza tão híbrida, cuja ambição, de fato, parece ser, como o formula Deleuze, construir um plano onde coexistam "a possibilidade de funções científicas, de conceitos filosóficos, de experiências vividas, de criação de arte".[64]

Finito e infinito
Daí porque compreendo perfeitamente a observação final de um belo artigo publicado por Monique David-Ménard na revista *Rue Descartes*, a propósito da transferência, contrapondo a contribuição de Deleuze-Guattari àquela de Foucault. Ao expor com precisão a noção de agenciamento deleuziana, ela escreve: "Mas há uma dificuldade em postular simultaneamente o caráter positivo e preciso dos agenciamentos e a maneira como são 'aspirados' pelo infinito. Pois o infinito não é apenas o infinitesimal, em Deleuze, mas também o quase extenuamento de uma figura, um personagem, quando ele se conecta a outra coisa através de uma relação de intensidade."[65] E ela pergunta: "Como pensar conjuntamente a consistência de um acontecimento e sua afinidade com o caos, definido como a circulação em velocidade infinita e em todas as direções, dos microelementos da matéria? O caótico sendo precisamente a indeterminação das aparições e desaparecimentos, quando as partículas que compõem os corpos circulam a uma velocidade tal que nenhuma conexão acontecimental pode aí produzir-se nem se enunciar. É esse terceiro sentido do infinito, a afinidade com o caos, que faz do pensamento

---

64. Ibid.
65. Monique David-Ménard, *Rue Descartes*, nº 59, Collège International de Philosophie. Paris: PUF, 2008, pp. 44-45.

dos devires uma metafísica, visto que todo indivíduo, corpo e expressão conjugados, está concernido pela maneira como ele 'surfa' no caos. Se o termo de metafísica não é mais apropriado a uma filosofia que consegue pensar os devires sem fundar-se em categorias, poder-se-á falar, contudo, como o faz o próprio Foucault, de uma metafísica de um 'extra-ser': todos os devires se entrecruzam em rizoma no plano de imanência cujas características o filósofo enuncia."[66] Ao valorizar a contribuição dos questionamentos de Deleuze sobre a Psicanálise, que já havia sido feito com brilho em seu livro intitulado *Deleuze et la psychanalyse*, sobretudo quanto ao estatuto da repetição, da negatividade, dos devires e dos agenciamentos, na clínica e na filosofia, no artigo mencionado ela salienta de maneira peremptória: "Nada desperta tanto a psicanálise quanto as questões colocadas por Deleuze. Mas não é certeza que o conceito dos devires-imperceptíveis, o pensamento dos afectos desqualificados contra o dos destinos de pulsões ajude a compreender a limitação da transferência. Para isso temos necessidade de Foucault e dos dispositivos [...]. Falar do 'Inconsciente' não tem sentido fora dos elementos discretos e ligados que conseguem, tomando de empréstimo detalhes contingentes do espaço ou da figura do analista, ali se desenhar."[67] Penso que o esforço da autora é inteiramente pertinente no campo psicanalítico, e na intersecção saudável que este campo propôs à filosofia, e na provocação saudável que as filosofias, entre elas a de Deleuze, propuseram à prática e à teorização psicanalíticas. E, no entanto, o que viemos descrevendo com Guattari vai justamente na direção oposta à conclusão da autora, o que em nada desmerece suas observações, ao contrário — apenas indica o ponto de vista que preside o enfoque de Guattari, de transbordar os "elementos discretos e ligados" que se desenham a partir dos detalhes contingentes do espaço e da "figura do analista". Se me permiti privilegiar os textos de Guattari no presente contexto, foi para indicar como o seu pensamento, desde o início, e já a partir do ponto-signo e sua potência própria, da transversalidade e sua "transcursividade", como ele dizia no primeiro período de sua reflexão, ou da máquina e sua abertura indefinida para uma exterioridade infinita, como ele o exprimiu ulteriormente, ou

---

66. Ibid., p. 5.
67. Ibid., p. 55.

do estatuto do fantasma grupal ou institucional transbordando o indivíduo, já extrapola o "dispositivo" clínico clássico tal como inaugurado por Freud. E quando Guattari introduz o tema do caos, antes mesmo da "sistematização" proposta conjuntamente em *O que é a filosofia?*, ainda que para defini-lo ele retome características anteriormente atribuídas ao Corpo-sem-órgãos em *O anti-Édipo* ou *Mil platôs*, é preciso dizer que os agenciamentos, na sua contingência e consistência, implicam inevitavelmente o infinito, por mais que a acepção desse termo seja polissêmica. Daí a pergunta de David Ménard: "A verdadeira questão a colocar para Deleuze, em todo o caso aquela que eu coloco, é de saber [...] se para pensar a contingência dos agenciamentos que se sustentam é necessário conceber o infinito [...]. Temos dificuldade em compreender porque, no campo da análise, falaríamos de infinito para caracterizar o que ameaça desfazer os agenciamentos de desejo mal construídos. Pois os sintomas que tornam a vida insuportável têm uma configuração finita, e as transferências que permitem, nos casos favoráveis, engajar os analisandos em outros devires têm, também eles, uma configuração finita. É até mesmo graças a essa limitação da transferência que a destrutividade dos desejos pode ser repetida, extraída do caos por assim dizer, e transformada em novo agenciamento cuja chave não preexiste à cura."[68] E a autora evoca adiante a polissemia do termo infinito em Deleuze, "doutrina plurívoca do infinito". Como diz ela, o infinito ora remete à velocidade infinita, ora ao infinitivo do verbo no acontecimento, sua impessoalidade, ora ainda ao infinitesimal leibniziano.[69]

Nada disso significa uma incompatibilidade, e muito menos desqualifica a relevância desse diálogo fecundo que a autora, entre muitos, desdobra com uma coragem superior. Devemos reconhecer que há, nesse programa que Guattari sustenta com uma peculiar obstinação, e sua deliciosa faceta Jules Verne, e sua militância, e seu esforço de colocar num mesmo plano, como o formulou Deleuze, os conceitos filosóficos, as funções científicas, as experiências vividas, as criações da arte, um "surfe" necessário sobre o infinito, ou a infinitização, ou o deslizar no infinitivo.

---

68. M. David-Ménard, *Deleuze et la psychanalyse*. Paris: PUF, 2005, p. 126 [Ed. bras.: *Deleuze e a Psicanálise*, trad. de Marcelo Jacques de Morais. São Paulo: Civilização Brasileira, 2014].
69. Ibid., p. 118.

Não se trata, contudo, de uma ontologia do infinito, nem de uma dialética entre o finito e o infinito. Tendo a pensar, estranhamente, que parte dessa ambição lhe vem de sua experiência com a psicose, e outra, de uma aposta política. Para lançar uma fórmula que vale o que valem as fórmulas lapidares: de um lado, uma direção pós-psicanalítica de seu pensamento, tal como deve ter ficado claro,[70] e de outro, uma postura pós-niilista. Em todo o caso, pensar à luz da esquizofrenia, recusando a classificação psiquiátrica, impele a instalar-se em uma multiplicidade que põe em xeque as dicotomias entre o dentro e o fora, o interior e o exterior, o corporal e o incorporal, o individual e o social, o psiquismo e a história, o espaço interno e a geografia, o humano e o inumano, o antropológico e o etológico, a esfera do homem e da máquina (as várias máquinas, técnicas, sociais), a forma e sua dissolução, a velocidade invivível e sua interrupção, impelindo a um embate pático com os pacientes, isto é, ao confronto imediato e complexo, fugindo dessas dicotomias na direção de uma multiplicidade substantiva, de movimentos intensivos, de um infinitivo que desafia os contornos identitários, implicando numa pluralidade de temporalidades, bem como numa reinvenção do mundo a partir de fragmentos heterogêneos, sínteses disjuntivas, conexões transversais, esquizas, colapsos, paralisações, deslizes ou colapsos de sentido... Que um enquadre delimitado e preciso, como aquele proposto desde Freud, tenha dificuldade em conter tamanha proliferação, não é de surpreender, e a própria experiência de La Borde, desde seu nascimento, já constitui um experimento na direção dessa ampliação, à qual Guattari referiu-se, desde os seus primeiros escritos, de *Psychanalyse et Transversalité*, relacionando sua clínica com a exterioridade sócio-histórica (veja-se o exemplo do paciente parecido com Kafka, e o uso do gravador ou da escrita). A reivindicação reiterada da abertura à alteridade não remete, como nas concepções fenomenológicas sobre a intersubjetividade, à alteridade de um outro sujeito, porém à alteridade a mais completa, a da própria situação — transversalidade.

---

70. Reconheço, no entanto, o revés dessa postura, formulada com tanta graça por João Perci Schiavon em *Pragmatismo pulsional* (n-1 edições, no prelo): a esquizoanálise é ainda psicanálise, como a física quântica é ainda a física.

II

PERSPECTIVAS SOBRE O NIILISMO

TRAVESSIAS DO NIILISMO

O niilismo em Nietzsche tem um caráter sabidamente equívoco. Por um lado, ele é sintoma de decadência e aversão pela existência, por outro e ao mesmo tempo, é expressão de um aumento de força, condição para um novo começo, até mesmo uma promessa. Essa ambivalência no tratamento dos fenômenos da cultura é característica da abordagem nietzschiana, mas aqui parece atingir um ponto de tensão para onde convergem muitas apostas de sua filosofia. Não me parece absurda a hipótese de que parte do interesse que ainda desperta o arauto da transvaloração se deva a esse traço tão contemporâneo de seu pensamento, no qual o declínio e a ascensão, o colapso e a emergência, o fim e o começo coexistem em um embate irresoluto. Alguns podem dizer que essa conjunção não foi inventada por Nietzsche e que deita raízes na tradição da filosofia alemã e suas renovadas promessas de um novo começo, caracterizando a própria Modernidade e sua consciência do tempo.[1] É possível. Em todo o caso, eu gostaria de mostrar que a lógica paradoxal que preside a tematização do niilismo em Nietzsche arrasta seu pensamento como um todo em uma direção singularíssima.

Pois o fato é que o leitor de Nietzsche sente um grande embaraço quando se defronta com as suas análises sobre o niilismo. Ora tem a impressão de que o filósofo está em vias de diagnosticar um niilismo que ele condena, ora tem certeza de que, ao contrário, o próprio Nietzsche é um niilista e que, segundo ele, é preciso levar esse movimento a seu termo. Tal duplicidade na leitura não se deve a um mero ziguezague do autor,

---

[1]. Jürgen Habermas, *O discurso filosófico da modernidade*, trad. bras. de Luiz Sérgio Repa e Rodnei Nascimento. São Paulo: Martins Fontes, 2000.

ou apenas a uma mudança de perspectiva, que lhe é tão peculiar e que na sua lógica filosófica caberia inteiramente; tampouco deve ser atribuída a qualquer incoerência intrínseca. A ambiguidade é constitutiva do conceito, e apenas reflete o fato de que essa tematização, e o próprio trajeto filosófico de Nietzsche, se pretendem como uma *travessia do niilismo*. Sendo assim, gostaria de insistir aqui sobre dois aspectos principais: a necessidade histórica e filosófica do niilismo que Nietzsche detecta, e o modo pelo qual ele mesmo se sente partícipe desse movimento que lhe cabe ao mesmo tempo diagnosticar, precipitar, combater e ultrapassar.

Ora, sabemos que a consciência plena desse segundo aspecto apareceu a Nietzsche com um certo retardo em sua obra. Ele escreve, em 1887: "Tardiamente é que temos a coragem de confessar o que *sabemos* verdadeiramente. Que até o presente eu tenha sido fundamentalmente niilista, foi há bem pouco tempo que confessei a mim mesmo."[2] Daí minha opção por privilegiar aqui alguns textos desse período, sobretudo aqueles que vão do outono de 1887 até o início de 1888. Embora esses fragmentos não fossem originalmente destinados à publicação, sabe-se que Nietzsche viu neles um esboço inicial da planejada e abortada obra *A vontade de potência*. Por isso os numerou de 1 a 372 e redigiu até mesmo um índice.[3] A variedade de temas vai de Sócrates a Stendhal, do Budismo a Offenbach, da melancolia lasciva da dança mourisca até o castratismo cristão. O conjunto é irregular, tanto no estilo como no teor, alternando esboços de ideias, comentários sobre autores, citações de leituras, aforismos acabados, alguns dos quais foram reaproveitados em obras publicadas na sequência, como *O caso Wagner*, *Crepúsculo dos ídolos* e *O anticristo*. Contudo, o prefácio delineado para o conjunto não deixa dúvida quanto ao centro de gravidade desses fragmentos. Ele o enuncia claramente: "Eu descrevo aquilo que vem: a escalada do niilismo" [362].

---

2. Friedrich Nietzsche, fragmento póstumo, outono de 1887, 9 [123] in *Sämtliche Werke*, Giorgio Colli e Mazzino Montinari (orgs., KSA), v. 12. Berlim/Nova York/Munique: Walter de Gruyter/Deutscher Taschenbuch Verlag, 1988 ["Fragments posthumes" in *Oeuvres philosophiques complètes*, trad. fr. de Anne-Sophie Astrup e Marc de Launay. Paris: Gallimard, 1976-8]. Quando disponíveis em edições brasileiras, as traduções são em sua maioria de Rubens Rodrigues Torres Filho, em *Obras Incompletas* (coleção "Os Pensadores"), e de Paulo César de Souza, para os livros publicados pela Cia. das Letras. Para alguns fragmentos, Oswaldo Giacóia Jr. ou Leon Kossovitch, quando se tratar de trechos citados em seus livros.
3. Quando se tratar de algum fragmento desse conjunto, indicaremos no corpo do texto e nas notas de rodapé, entre colchetes, o número arábico dado por Nietzsche.

De fato, encontramos aí algumas das passagens cruciais de Nietzsche a respeito do tema, na sua formulação já madura, embora nem sempre acabada. No entanto, para que elas ganhem seu sentido pleno, seria preciso ter em mente a função que Nietzsche reserva à teoria: "Toda doutrina é supérflua para a qual não estivessem já prontas todo tipo de forças acumuladas, de matérias explosivas. Uma transvaloração de valores só pode realizar-se se existe uma tensão de novas necessidades, de novos insatisfeitos, que sofrem da antiga valorização, sem disso tomar consciência, —" [56].

O centro de gravidade
Meu ponto de partida será uma pequena frase extraída de *O anticristo*. "Se se põe o centro de gravidade da vida, *não* na vida, mas no 'além' — no *nada* —, tirou-se da vida toda gravidade."[4] Temos aí exposta a lógica que enfeixa boa parte do pensamento de Nietzsche a respeito do niilismo. O niilismo começa com um deslocamento do centro de gravidade da vida em direção a uma outra esfera que não ela mesma — o resto é consequência. Para dizê-lo da maneira mais direta: o niilismo consiste em uma depreciação metafísica da vida a partir de valores considerados superiores à própria vida, com o que a vida fica reduzida a um valor de nada, antes que estes mesmos valores apareçam, segundo um processo de desvalorização, naquilo que eram desde o início — "nada". Temos aí vários momentos encavalados. E, de fato, com o termo niilismo Nietzsche abraça um longuíssimo arco histórico-filosófico, em que se deixa ler a ascensão dos valores morais, o modo pelo qual esses valores vieram a valer no transcurso de nossa cultura socrático-cristã, assegurando-lhe uma finalidade e um sentido, mas ao mesmo tempo denegrindo a existência e o processo pelo qual caíram em descrédito, deixando entrever que a verdade desses valores, desde o início, era da ordem da ficção. Se o pensamos radicalmente, Nietzsche quer dizer que a história do Ocidente foi construída sobre fundamentos niilistas, com o que o niilismo dos fundamentos não poderia deixar de vir à tona, cedo ou tarde, no transcurso dessa história, pondo em xeque a construção em seu conjunto e a própria ideia de fundamento.

4. F. Nietzsche, *O anticristo*, [43].

Já podemos postular que o termo niilismo, tal como descrito nesse grau de abrangência, recobre, *grosso modo,* a história da filosofia e da cultura ocidental inteira, nos seus dois movimentos sucessivos e contraditórios. Um primeiro movimento corresponde ao deslocamento metafísico operado na Antiguidade, desde Platão, e prolongado no Cristianismo, e um segundo movimento, inverso, corresponde à perda desse eixo metafísico, sobretudo na Modernidade. Quanto mais avança em sua obra, tanto mais Nietzsche se debruça sobre o segundo momento dessa sequência, deixando a impressão que o termo niilismo diz respeito sobretudo a esse período — pelo menos, é o sentido mais corrente no seu tempo, em consonância com sua circulação entre os russos, em especial em Turguêniev e Dostoiévski, que Nietzsche frequentou ardentemente.

Como Nietzsche descreve esse niilismo da Modernidade? "Desde Copérnico, o homem parece ter caído em um plano inclinado — ele rola, cada vez mais veloz, para longe do centro — para onde? Rumo ao nada? Ao '*lancinante* sentimento do seu nada'"?[5] Mas talvez o texto em que tal perplexidade encontra sua formulação poética mais acabada e dramática é o conhecido fragmento datado de 1882, em que o insensato procura Deus com uma lanterna em plena luz da manhã, para depois anunciar que Deus está morto: "Que fizemos nós, ao desatar a terra do seu sol? Para onde se move ela agora? Para onde nos movemos nós? Para longe de todos os sóis? Não caímos continuamente? Para trás, para os lados, para a frente, em todas as direções? Existem ainda 'em cima' e 'embaixo'? Não vagamos como que através de um nada infinito? Não sentimos na pele o sopro do vácuo?"[6]

Como se sabe, essa é a primeira formulação explícita de Nietzsche da morte de Deus. A novidade dessa fórmula não está em anunciar que o Deus cristão morreu, mas em fazer ver que o mundo suprassensível em geral, que dava à existência do homem um sentido e uma razão, caiu em descrédito. Visto que essa região perdeu sua eficácia, bem como sua função de ancoragem, o homem já não sabe no que se agarrar e nada mais parece poder conduzi-lo nem motivá-lo. Passamos de uma experiência extrema da crença, em que orbitávamos em torno de um centro,

---

5. F. Nietzsche, *Para a genealogia da moral,* III, (25).
6. F. Nietzsche, *A gaia ciência,* (125), trad. bras. de Paulo César de Souza. São Paulo: Cia. das Letras, 2001.

de um sol, de uma luz, de uma verdade, para o extremo oposto da descrença, em que erramos sem rumo na escuridão. Já não subsistem as coordenadas do alto e do baixo, do sagrado e do profano, do centro e da periferia, de modo que, nessa topografia aplainada, sem balizas nem referências, vagamos à deriva. Nietzsche não se compraz na descrição dessa vertigem, pois o essencial consiste em detectar as razões de um tamanho extravio. Pois se falta uma meta e um porquê, e o sentimento do "tudo é em vão" tende a crescer, juntamente com o temor diante dele, não é apenas porque *"os valores supremos se desvalorizam"* [27], mas sobretudo porque, depois que a avaliação metafísica e sua permeação moral entraram em colapso, qualquer valor já parece impossível. O niilismo, diz ele categoricamente, é uma "sequela da interpretação moralista do mundo".[7] Boa parte da obra de Nietzsche está dedicada à análise dessa interpretação moralista do mundo que vigorou por milênios, que o preencheu de finalidade e sentido, e seu crescente esboroamento. E diz Nietzsche: "Vem o tempo em que teremos de *pagar* por termos sido *cristãos* durante dois milênios: perderemos o *centro de gravidade* que nos permitia viver, — durante algum tempo não saberemos mais como sair disso nem para onde nos voltar. Nós nos precipitaremos com a cabeça abaixada em direção aos valores opostos com a mesma energia com a qual fomos cristãos..."[8]

Assim, ao anunciar a derrocada do mundo suprassensível da tradição metafísica, da qual a figura de Deus não passa de uma concreção histórico-religiosa, Nietzsche toma o cuidado de indicar seus sucedâneos modernos, que em vão tentam preencher função similar, oferecendo-se como centros de gravidade e pretendendo estabelecer objetivos e assegurar sentidos com uma autoridade equivalente àquela anteriormente atribuída à esfera supra-humana. Seja a Consciência, a Razão, a História, o Coletivo, e ora fazendo cintilar a miragem do Imperativo Moral, do Progresso, da Felicidade ou da Civilização, de um ponto de vista estritamente genealógico, como veremos, não há solução de continuidade entre essas figuras modernas e a tradição metafísica que elas pretendem contestar. Mesmo a Ciência, insiste Nietzsche, quando se contrapõe à

---

7. F. Nietzsche, Fragmento póstumo, primavera de 1887, 7 [43], v. 12, op. cit.
8. F. Nietzsche, Fragmento póstumo, novembro de 1887 — março de 1888, 11 [148], v. 13, op. cit.

verdade divina, pressupõe uma fé na verdade e uma crença, em tudo metafísica, de que a verdade é divina. Portanto, até o ateísmo mais incondicional, que se proíbe "a mentira de crer em Deus", ainda preserva seu pressuposto, a fé na verdade, com o que não passa de uma das formas finais e das consequências necessárias dessa história da verdade e da exigência de veracidade, herdada de seus predecessores e da necessidade moral na qual se assenta. O mais extremo niilismo, e logo mais teremos de situar essa modalidade em relação às mencionadas anteriormente, conclui Nietzsche, consiste em reconhecer que a essência da verdade é ser ela uma apreciação de valor [27] — eis que esse valor, cuja utilidade para a vida foi demonstrada pela experiência, poderia já não mais ser necessário, poderia até ser nocivo, poderia não mais valer... Talvez seja este o único ponto em que acompanhamos Heidegger sem hesitar: ao reler a história da metafísica como uma história dos valores, convertendo a verdade, a finalidade, o próprio ser em valor, Nietzsche já teria realizado por conta própria o gesto mais iconoclasta e niilista, operando com isso uma transvaloração que ele apenas pensava anunciar.[9]

Valores
Sem entrar nos detalhes dessa longa história da verdade que Nietzsche reconstrói, encadeando o platonismo, o cristianismo e o cientificismo, caberia explicitar, desde um ponto de vista genealógico, a que respondem, segundo ele, esses valores historicamente produzidos, a substituição de uns por outros, sua desvalorização progressiva... O método de Nietzsche reza que dado um valor determinado, não se perguntará jamais sobre sua verdade, sua validade, sua legitimidade intrínsecas, mas sobre suas condições de produção. Não se trata de perguntar "o que é a justiça?", mas "o que quer aquele que a defende? Quem precisa de tal ou qual convicção, crença, valor para se conservar, para impor seu tipo, para alastrar seu domínio?" Pois um valor é apenas sintoma de um tipo de vida, de uma formação de domínio... Com isso, Nietzsche faz

---

9. Martin Heidegger, *Nietzsche II*. Paris: Gallimard, 1971, p. 91: "Pois, tudo bem considerado, a transvaloração realizada por Nietzsche não consiste em substituir os valores vigentes até então por novos valores, mas no fato de que ele concebe desde logo o 'ser', a 'finalidade', a 'verdade' enquanto valores, e *nada além de valores*. A 'transvaloração' nietzschiana consiste no fundo em conceber todas as determinações do ente como valores."

aparecer o jogo das perspectivas antes que se transformassem em crenças, convicções, ideais. É o sentido histórico que ele não se cansa de cobrar dos filósofos. Assim, a verdade, a virtude, a beleza, o progresso, cada um desses valores deveria ser concebido como uma perspectiva produzida no tempo antes que se universalizasse, um ponto de vista tanto mais vitorioso quanto faz questão de ocultar o fato de ser um ponto de vista. Um valor, por definição, resulta sempre de uma avaliação, por isso a expressão "estimativa de valor" ou "apreciação de valor" tem o mérito de desfetichizar a ideia de valor em-si e remetê-la à operação de avaliação que está na origem do valor. Afinal, o homem é o animal avaliador por excelência, o ser que mede, fixa preços, imagina equivalências, estabelece hierarquias, privilegia tal ou qual elemento em comparação com tal outro, atribuindo-lhe um peso superior ou fazendo dele uma medida.

Mas uma avaliação não é apenas um ponto de vista sobre o mundo, ela exprime exigências psicofisiológicas, ela é indissociável do corpo que a gerou, da hierarquia instintiva aí presente, dos processos interpretativos do próprio organismo, isto é, de seus modos de apropriação, de metabolização, de dominação e incorporação de uma exterioridade. Uma avaliação brota de uma maneira de ser que ela expressa e reivindica. Dado um valor, que modo de existência, que estilo de vida ele implica? — pergunta Nietzsche. Pesado, leve, baixo, alto, escravo, nobre? Um valor tem sempre uma genealogia da qual dependem a nobreza e a baixeza daquilo a que ele nos convida a acreditar, a sentir e a pensar, esclarece Deleuze.[10]

Um valor é um instrumento pelo qual um tipo de vida se impõe, se conserva ou trata de expandir-se. Nietzsche o diz nos seguintes termos: "O ponto de vista do 'valor' é o ponto de vista de *condições de conservação e de expansão* que concerne às formações complexas com duração relativa de vida no interior do devir" [331]. Então já podemos acrescentar — explicitando a direção última do pensamento de Nietzsche a respeito, e que aqui só podemos percorrer brevemente: os valores são as

---

10. Gilles Deleuze, *Nietzsche e a filosofia*, trad. bras. de Ruth Joffily Dias e Edmundo Fernandes. Rio de Janeiro: Ed. Rio, 1976, p. 64 / São Paulo: n-1 edições, no prelo: "O que uma vontade quer, segundo sua qualidade, é afirmar sua diferença [...] O que se quer são sempre qualidades: o pesado, o leve [...] O que uma vontade quer não é um objeto, mas um tipo, o tipo daquele que fala, daquele que pensa, que age, que não age, que reage, etc."

condições de exercício da vontade de potência, eles são colocados pela vontade de potência ela mesma, e também descartados por ela quando já não servem às suas exigências, seja de conservação ou de expansão. A consequência para qualquer projeto de transvaloração dos valores é que, somente ali onde a vontade de potência é reconhecida como fonte dos valores, é que a instituição de novos valores pode ser exercida principalmente, isto é, a partir daquilo que de fato é sua fonte. Mas tal reversão — e é este o paradoxo ao qual Nietzsche se refere de maneira recorrente — só é possível quando a depreciação dos valores for levada a seu termo, pois apenas esse processo concluído é capaz de fazer aparecer o valor dos valores vigentes até então (valor de nada) e a negatividade de que resultam. Por conseguinte, apenas no rastro desse movimento declinante pode-se desencadear a exigência da reversão. Em outros termos, o contramovimento reivindicado por Nietzsche só é pensável a partir do niilismo, do qual ele nasce e que ele pretende ultrapassar, levado a seu termo. Como diz o esboço ao prefácio: "Não nos enganemos quanto ao sentido do título que quer tomar este evangelho do futuro. 'A *vontade de potência*. Ensaio de transvaloração de todos os valores' — fórmula pela qual se exprime um *contramovimento*, quanto ao princípio e à tarefa: um movimento que, num futuro qualquer, substituirá esse niilismo completo; que no entanto o *pressupõe*, lógica e psicologicamente, que de todo modo não pode senão *seguir-se a ele* e *dele* proceder. Pois por que a escalada do niilismo é doravante *necessária*? Porque são nossos valores até agora predominantes, eles mesmos, que nele extraem sua última consequência; porque o niilismo é o último limite lógico de nossos grandes valores e de nossos ideais, — porque precisamos primeiro viver o niilismo para descobrir o que era o *valor* propriamente dito desses 'valores'. Teremos necessidade, num momento qualquer, de *novos valores* [...]"[11]

A descrença

Antes que uma reviravolta seja possível e pensável, muitas oscilações e ziguezagues são previsíveis e até inevitáveis. A começar pelo fato de que o desmoronamento de *uma* interpretação dominante parece inviabilizar, por um tempo, pelo menos, qualquer interpretação, abrindo o

---

11. F. Nietzsche, Fragmento póstumo, novembro de 1887 — março de 1888, 11 [411], v. 13.

espaço para o reino do tudo é vão, para um traço budista, para a aspiração pelo nada.[12] "Há apenas neve, a vida emudeceu; as últimas gralhas que se fazem ouvir dizem 'Para quê?', 'Em vão!', *'Nada'* — nada mais cresce ou medra, no máximo metapolítica petersburguense e 'compaixão' tolstoiana."[13] É o pensamento mais paralisante, diz o filósofo. Ele nasce com aqueles que perderam, diante do esgotamento da moral cristã, seu lugar e seu valor garantido na ordem metafísica, e que não conseguem conformar-se com sua ausência. Se a descrença parece indicar um esgotamento vital, Nietzsche vê aí também uma oportunidade, e até mesmo uma exigência de estar à altura dessa descrença, para sustentá-la e levá-la às últimas consequências. Mas é como se faltasse uma "espécie superior", como diz Nietzsche às vezes, que fosse capaz de desistir de vez da crença na verdade, essa expressão requintada da impotência da vontade, para poder enfim empreender atos criadores [46]. Apenas uma espécie fatigada precisa, para viver, de crença, de verdade, de instâncias de autoridade que as legitimem e sancionem, ao invés de ser ela mesma legisladora, instauradora, criadora. Apenas um homem cansado, quando já não encontra apoio nessas crenças ou instâncias, torna-se niilista num sentido que Nietzsche denomina de passivo, ou seja, aquele que fica paralisado ao perceber que o mundo tal como ele é *não* deveria ser, e o mundo tal qual ele deveria ser *não* existe, e que portanto não faz sentido agir, sofrer, querer, sentir, em suma — tudo é em vão. É esse o *pathos* niilista que Nietzsche trata de dissecar e combater, mas também, ao acompanhar sua inconsequência, perceber nele o ponto em que ele poderia revirar-se em seu avesso. Pois a posição particularíssima de Nietzsche consiste em sustentar que o reconhecimento de um mundo desprovido de sentido nada tem de condenável e só leva a uma paralisia do querer uma vontade depauperada, já que uma vida superabundante, ao contrário, suporta e até necessita desse esvaziamento para dar vazão à sua força de interpretação, aquela que não busca o sentido nas coisas, pois o impõe a elas. No fundo, crença e vontade estão em uma relação inversamente proporcional: "A crença é sempre desejada com a máxima avidez, é mais urgentemente necessária onde falta vontade: pois

---

12. F. Nietzsche, Fragmento póstumo, outono de 1885 — outono de 1886, 2 [127], 3, v. 12, op. cit.
13. F. Nietzsche, *Para a genealogia da moral*, III, [26], op. cit.

é a vontade, como emoção do mando, o sinal distintivo de autodomínio e força. Isto é, quanto menos alguém sabe mandar, mais avidamente deseja alguém que mande, que mande com rigor, um Deus, um príncipe, uma classe, um médico, um confessor, um dogma, uma consciência partidária."[14] Nietzsche detecta nessa necessidade de crença e veneração um adoecimento da vontade, fonte das religiões e fanatismos. Em contraposição ao crente, Nietzsche chama por um espírito que "se despede de toda crença, de todo desejo de certeza, exercitado, como ele está, em poder manter-se sobre leves cordas e possibilidades, e mesmo diante de abismos, dançar ainda".[15]

Já podemos definir essa transição da veneração para o mando como sendo a passagem do "tu deves" para o "eu quero". Através dessa metamorfose do espírito de camelo em leão, o que está sendo dramatizado é o ato pelo qual a vontade livra-se não só de sua submissão, mas de sua inclinação à veneração, à abnegação e à negação de si. Tal passagem, porém, não está dada, ela é uma travessia, e tem seu preço e sua vertigem própria. Ela se chama niilismo.[16] A transição do "tu deves" para o "eu quero" não pode fazer a economia, portanto, desse estado intermediário, problemático, em que a descrença não encontrou ainda a vontade que a sustente, ou a vontade crescente não encontrou ainda o caminho desbastado o suficiente para poder querer o que lhe cabe, embora já se tenha desfeito de suas venerações. Esta é a ambiguidade do niilismo da modernidade, em que coexiste o declínio da moral e a ascensão de uma vontade que ainda não sabe a que veio. Pode até ser um período de lucidez, como diz Nietzsche, em que se compreende que há antagonismo entre o antigo e o novo, compreende-se também que *todos os antigos ideais* são hostis à vida, decorrentes da *décadence* e desembocando nela, mas sem que se tenha ainda a força para o novo. É o momento da maior promessa e do maior perigo. Pois precisamente "agora, quando a *vontade seria necessária em sua suprema força*, ela é *mais fraca* e *mais pusilânime*" [33].

---

14. F. Nietzsche, *A gaia ciência*, (347), op. cit.
15. Ibid.
16. Karl Jaspers, *Nietzsche*, trad. fr. de Henri Niel. Paris: Gallimard, 1950.

Duplo sentido
Já podemos reiterar o duplo sentido do niilismo que os textos desse período deixam entrever, ou o duplo movimento embutido na própria noção de niilismo. Por um lado, o niilismo é um sintoma de crescente fraqueza, por outro, de força ascendente. Ora é expressão de um decréscimo da força criadora, no qual a decepção diante da ausência de um sentido ou de direção geral conduz ao sentimento de que tudo é vão [47], ora é sinal de um aumento na força de criar, de querer, a tal ponto que já não são necessárias as interpretações de conjunto que davam um sentido global à existência. Não se pode pensar no niilismo do modo como Nietzsche o elaborou sem tal duplicidade, sem esse caráter equívoco, ambivalente, no entroncamento entre direções antagônicas, de um movimento declinante e ascendente da vida. "O homem moderno constitui, biologicamente, *uma contradição de valores*, ele está sentado entre duas cadeiras, ele diz Sim e Não com o mesmo fôlego."[17]

Quando o leitor de Nietzsche se pergunta, em textos contraditórios, se, afinal, para Nietzsche, o niilismo é algo desejável ou nefasto *per se*, e como o filósofo mesmo se situa em relação a isso que ele diagnostica, é preciso ter em mente o fragmento preparatório ao prefácio: "Descrevo aquilo que vem: a escalada do niilismo [...]. Eu louvo, eu não reprovo aqui *o fato de que* ele vem [...] saber se o homem se recuperará, se ele dominará esta crise, é uma questão que depende de sua força: isto é *possível*" [362]. E na versão mais elaborada do prefácio, vemos o próprio Nietzsche confessando-se o primeiro niilista perfeito da Europa, tendo vivido o niilismo em sua alma até o seu termo — e já o tendo ultrapassado — já o tem atrás de si, debaixo de si, fora de si.[18] Portanto, a posição de Nietzsche não é extrínseca ao tema, e a perfeição parece referir-se ao fato de ter mergulhado no niilismo e o ter atravessado em todos os seus estados, "enquanto um espírito que arrisca e experimenta, que já se perdeu uma vez em cada labirinto do futuro", até sair do outro lado — e que por sua natureza "augural" olha para trás e conta o que vai vir. Nietzsche é ao mesmo tempo o paciente que viveu a doença até o seu término, e que, na atenta auto-observação, conseguiu sustentá-la e intensificá-la

---

17. F. Nietzsche, *O caso Wagner*, op. cit., p. 45.
18. F. Nietzsche, Fragmento póstumo, novembro de 1887 — março de 1888, 11 [411], 4, v. 13, op. cit.

até seu esgotamento e sua cura "homeopática", por assim dizer, e, portanto, já pode, como médico, diagnosticá-la em seus contemporâneos e até mesmo prever sua necessidade e possíveis desdobramentos, embora o desfecho seja sempre indeterminado.

Em termos menos pessoais, como foi dito acima, o niilismo aparece a Nietzsche como uma necessidade histórica, uma vez que decorre dos próprios valores, cuja supremacia se vê posta em xeque, levando a seu termo a lógica interna desses valores na medida em que eles se voltam contra si mesmos, numa dinâmica de autossupressão. "Todas as grandes coisas perecem por obra de si mesmas, por um ato de autossupressão: assim quer a lei da vida, a lei da *necessária* 'autossuperação' que há na essência da vida — é sempre o legislador mesmo que por fim ouve o chamado: '*patere legem, quan ipse tulisti*' [sofre a lei que tu mesmo propuseste]."[19] Por exemplo, "o sentido de veracidade, altamente desenvolvido pelo cristianismo, fica com *nojo* da falsidade e mendacidade de toda interpretação cristã do mundo e da história".[20] O excesso de valorização da verdade volta-se contra a crença nas ilusões tidas por verdades, acarretando uma suspeita em relação a todo e qualquer tomar-por-verdade, isto é, voltando-se contra todo valor, e, portanto, contra a possibilidade mesma de avaliação e valoração. Para situar com precisão maior essa necessidade histórica do niilismo, seria preciso referir-se à ideia de *décadence*, central e recorrente neste período, que remete a um processo de desagregação próprio à vida, até do ponto de vista fisiológico, que põe fim às formações de domínio, uma vez esgotadas suas possibilidades e completado o seu ciclo.[21]

Tipos de niilismo
Mas afinal, como se apresenta o quadro dos niilismos em Nietzsche, com todas essas oscilações na extensão do conceito e na sua coloração?

---

19. F. Nietzsche, *Para a genealogia da moral*, III, (27), op. cit.
20. F. Nietzsche, Fragmento póstumo, outono de 1885 — outono de 1886, 2 [127], v. 12, op. cit.
21. Ver a respeito Oswaldo Giacóia Jr., *Labirintos da Alma*. Campinas: Ed. Unicamp, 1997; Wolfgang Müller-Lauter, "*Décadence* artística enquanto *décadence* fisiológica" in *Cadernos Nietzsche*, nº 6. São Paulo: Grupo de Estudos Nietzsche, 1999; e sobretudo Paul Bourget, *Essais de Psychologie Contemporaine*. Paris: Gallimard, 1993. Cf. também Clademir Luís Araldi, *Niilismo, Criação e Aniquilamento*. São Paulo: Discurso Editorial/Ed. Unijuí, 2004.

Seria preciso começar por uma forma prévia do niilismo, um certo pessimismo de inspiração schopenhaueriana presente entre os gregos tal como o refere *O nascimento da tragédia*, e que ulteriormente Nietzsche chamaria de niilismo teórico e prático, ou de primeiro. Trata-se de um sofrimento inerente à vida, diante do qual o heleno corria o risco de aspirar a uma negação budista da existência, caso não interpusesse precisamente um anteparo artístico e divino, apolíneo, apto a seduzir as criaturas para a vida e preservá-las do desgosto metafísico. Mas o niilismo propriamente dito, da maneira como foi desenvolvido por Nietzsche no último período de sua obra, nada deve a Schopenhauer — senão como um exemplo sintomático de um de seus tipos mais acabados.

O primeiro tipo de niilismo é o *niilismo negativo*, o mais amplo, que recobre praticamente a história da metafísica na sua totalidade, com suas apreciações de valor teológicas, morais, racionais, e seu concomitante desprezo pelo mundo sensível. Mais do que uma estrutura metafísica, trata-se de uma estrutura psicológica, no sentido em que Nietzsche a entende, como morfologia da vontade de potência: a vontade de potência reduzida a seu poder de negar. Na outra ponta, diante do processo de desvalorização desses valores, a Modernidade propõe sucessivos substitutos (o Imperativo Moral, o Progresso, a Felicidade, a Cultura), sem que o lugar do qual emanam sofra qualquer alteração, embora tenha perdido seu poder de caução. É sob esse signo que vive o homem moderno, assassino de Deus mas envolto pela sombra do Deus morto.[22]

O que poderia resultar daí, senão uma decepção? "Vemos que não alcançamos a esfera em que pusemos nossos valores — com isso a outra esfera, em que vivemos, *de modo nenhum ainda* ganhou valor: ao contrário, estamos *cansados*, porque perdemos o *estímulo principal*. 'Foi em vão até agora'."[23] É o *niilismo passivo*, do grande cansaço, em que predomina a sensação de que "tudo é igual, nada vale a pena".[24] É o nojo pela existência repetitiva e sem sentido, simbolizada pela horripilante imagem do pastor com a cobra negra pendendo da boca no *Zaratustra*. É o fim do

---

22. Roberto Machado, *Zaratustra, tragédia nietzschiana*. Rio de Janeiro: Jorge Zahar, 1997.
23. F. Nietzsche, Fragmento póstumo, outono de 1885 — outono de 1886, 2 [127], v. 12, op. cit.
24. Com pequenas variações, em *Assim falou Zaratustra*: II, "O adivinho"; III, "Dos três males", § 2, "Das velhas e novas tábuas", §13 e §16; e IV, "O grito de socorro".

otimismo moral, a consciência de que, com o mundo sem Deus e sem finalidade, nada mais há a esperar. É também o estágio em que a unidade da cultura se dissolve, conforme a lógica da *décadence*, e os diferentes elementos que a constituíam entram em guerra, intensificando-se os expedientes compensatórios, de tranquilização, cura, inebriamento, hedonismo, reconforto, bem como seus travestimentos morais, religiosos, políticos, estéticos. Trata-se de um "estado transitório *patológico*".

As três figuras do niilismo mencionadas poderiam assim ser traduzidas, em termos da posição dos valores: valores superiores, valores substitutivos, nada de valores. Niilismo negativo, niilismo reativo, niilismo passivo — em todo o caso, sempre um niilismo incompleto. O mais interessante nessa progressão é o ponto terminal, o estágio mais aflitivo, mais patológico, mais paradoxal — ali justamente onde uma conversão é possível. Antes de esmiuçá-lo, ainda uma observação sobre o niilismo passivo. Seu paradoxo está em que os mesmos sintomas poderiam significar direções opostas. Mesmo o extremo pessimismo do mundo moderno poderia ser o indício de um crescimento de força e de uma transição para novas condições de existência que nosso sentimento moral conservador julga negativamente, pois não consegue compreender de que novas condições ele procede... [155]. Nessa ótica, o sentimento niilista poderia ser o signo de uma potência ampliada do espírito, que necessita de novos valores, já que os anteriores são incapazes de expressar o estado da força atual.

Na conversão do niilismo passivo em ativo, percebe-se que os alvos vigentes até então (convicções, artigos de fé) não estão à altura da força presente, e se é impelido a destruí-los ativamente. "O niilismo não é somente um conjunto de considerações sobre o tema: 'tudo é vão', não é somente a crença de que tudo merece perecer: consiste em pôr a mão na massa, em *destruir* [...]" [366]. Mas Nietzsche distingue dois tipos de destruição: "O desejo de *destruição*, mudança, vir-a-ser, pode ser a expressão da força repleta, grávida de futuro [...], mas pode ser também o ódio do malogrado, do desprovido, do enjeitado, que destrói, *tem de* destruir, porque para ele o subsistente, e, aliás, todo subsistir, todo ser mesmo, revolta e irrita."[25] A destruição da moral, da religião e da meta-

---

25. F. Nietzsche, *A gaia ciência*, [370], op. cit.

física, e das forças que as propagam,[26] preconizadas por Nietzsche para o niilismo ativo, não pode provir do ódio do malogrado, do veneno do ressentido, do impulso reativo de uma aspiração negativista, mas deve ser a consequência necessária de uma vontade afirmativa. Nietzsche tem muita clareza sobre o estatuto de sua destruição. "Nós outros, nós imoralistas [...]. Não negamos facilmente, buscamos nossa honra no fato de sermos *afirmativos*."[27] Ao fazer um elogio da crítica, Nietzsche revela a lógica aí embutida: "Quando exercemos a crítica, isso [...] é [...] uma prova de que em nós há energias vitais que estão crescendo e quebrando uma casca. Nós negamos e temos de negar, pois algo em nós está *querendo* viver e se afirmar, algo que talvez ainda não conheçamos, ainda não vejamos!"[28] Ou como diz um fragmento preparatório ao *Zaratustra*: "Os criadores são os mais odiados: com efeito, eles são os destruidores mais radicais."[29] Ou: "O criador deve ser sempre um destruidor."[30] Ou ainda: "Eu falo de uma grande síntese do criador, do amante e do destruidor." No limite, é a preponderância do Sim: "quero ser, algum dia, apenas alguém que diz Sim!"[31] Poderíamos usar essa avaliação como critério para um diagnóstico diferencial dos niilismos...

Sendo assim, é apenas nesse ponto extremo da destruição e da afirmação que pode intervir o niilismo completo, suprimindo o próprio lugar dos valores a fim de colocá-los de outra maneira. O niilismo acabado, "clássico", perfeito, do qual Nietzsche parece fazer-se porta-voz, exige a instauração de valores a partir de um outro princípio situado na própria vida, a vontade de potência, e de um outro elemento, a afirmatividade.

---

26. Leon Kossovitch, *Signos e poderes em Nietzsche*. São Paulo: Ática, 2004, p. 127: "A virulência do niilismo ativo está no seu poder de destruição. Não pensar que vise aos valores: trata-se, ao contrário, de aniquilar as forças que os propagam. Ao dizer que '*é preciso começar enforcando os moralistas*', Nietzsche os acusa não só da promoção de valores vis, mas, para além deles, da preservação, através desses valores, das forças que deveriam suicidar-se."
27. F. Nietzsche, "Moral como contranatureza", [6] in *Crepúsculo dos ídolos*, trad. bras. de Marco Antonio Casa Nova. Rio de Janeiro: Relume Dumará, 2000.
28. F. Nietzsche, *A gaia ciência*, [307], op. cit.
29. F. Nietzsche, Fragmento póstumo, verão-outono de 1882, 3 [1] 30, v. 10, op. cit.
30. F. Nietzsche, Fragmento póstumo, novembro de 1882-fevereiro de 1883, 5 [1] 234, v. 10, op. cit.
31. F. Nietzsche, *A gaia ciência*, op. cit.

Já podemos, antes de nos encaminharmos para algumas notas conclusivas, tentar sintetizar alguns traços gerais colhidos nos textos consultados e em algumas lúcidas interpretações, como a de Osvaldo Giacóia Jr.[32] O niilismo pode expressar-se como filosofia, como religião, como moral, como estética, como movimento social, como convulsão política, como violência revolucionária. Ele atravessa todos esses fenômenos como uma consciência difusa da desvalorização dos valores supremos. Com Nietzsche, esse movimento como que ascende à autocompreensão filosófica. Há um vácuo de sentido que é vivido como uma experiência "psicológica", e onde a desvalorização atinge um nível de representação. Mas em um extenso parágrafo sobre o niilismo como estado psicológico, Nietzsche dessubstancializa esse "nada", lembrando em parte a argumentação de Bergson a respeito. Pois o nada aparece como fruto de uma expectativa de encontrar, no curso do mundo, uma finalidade, uma totalidade, uma verdade, e a consequente decepção que decorre dessas categorias da razão que não encontram equivalente na realidade. Reencontramos o que Nietzsche não cessa de retrabalhar, desde seu texto *Verdade e mentira*: o fracasso da projeção antropomórfica transformada em postulado metafísico. Como diz ele: "todos os valores com os quais até agora procuramos tornar o mundo estimável para nós e afinal, justamente com eles, o *desvaloramos*, quando eles se demonstram inaplicáveis — todos esses valores, do ponto de vista psicológico, resultam de determinadas perspectivas de utilidade para a manutenção e intensificação de formações humanas de dominação: e apenas falsamente *projetados* na essência das coisas. É sempre ainda a *hiperbólica ingenuidade* do homem: colocar a si mesmo como sentido e medida de valor das coisas" [351].

Contramovimento
Seria preciso, agora, situar brevemente o modo pelo qual Nietzsche entende contrapor-se a esses mecanismos antropomórficos de projeção e de negação niilista. Em uma primeira leitura, o filósofo da transvaloração parece encaminhar-se na direção de uma reapropriação, lembrando

---

32. O. Giacóia Jr., *Os Labirintos da Alma*, op. cit., cuja primeira parte acompanho de perto no presente parágrafo.

os herdeiros de Hegel. "Toda a beleza e sublimidade que atribuímos às coisas reais e imaginárias, eu as quero reivindicar de volta como propriedade e produto do homem: como sua mais bela apologia. O homem enquanto poeta, pensador, deus, amor, potência: com que régia generosidade ele dotou todas as coisas para *se empobrecer* e sentir-se miserável! Foi essa até agora sua maior abnegação, que ele tenha admirado e adorado e que ele tenha sabido dissimular que era *ele* quem tinha criado aquilo mesmo que ele admirava" [341]. Mas uma leitura mais atenta de alguns fragmentos revela que, para a superação do niilismo, não basta um crepúsculo de ídolos, a supressão da esfera suprassensível e a reapropriação humanista; diferentemente de Feuerbach, faz-se necessária a desconstrução do próprio homem que nessa esfera projetou suas necessidades e categorias, com sua debilidade e inclinação à reverência. Não basta, portanto, colocar o homem no lugar de Deus ou devolver ao homem os atributos divinos ou mesmo a criação dos valores, sem que se desmonte o próprio homem na sua configuração escrava, ressentida, culpada, reativa. Em outros termos, a axiologia não pode estar enraizada em uma antropologia, cujo parentesco com a teologia é sua origem inconfessada. O niilista que destrói o mundo sem destruir a si mesmo prolonga o antropocentrismo, a decadência e a metafísica que ele pensa combater. Em suma, o suicídio voluntário seria o acabamento consequente do niilismo, seu gesto mais extremo. A morte de Deus implica na morte do homem, mas, como diz Deleuze, ambas esperam ainda as forças que lhes possam dar o sentido mais elevado.

A força

Para que essa última direção do pensamento de Nietzsche ganhe seu sentido pleno, é preciso situá-la em relação a um leque de critérios que reaparecem em vários textos desse período, mas que já estão presentes ao longo de grande parte da obra. Trata-se de noções como grande estilo, grande saúde, superabundância, elevação, plenitude, atividade, aumento da força, intensificação da potência, *pathos* da distância, sempre em comparação com o suposto "melhoramento" do homem, sua domesticação, mediocrização, rebaixamento, gregariedade. Os critérios que Nietzsche reivindica permitem avaliar, e até classificar, um valor, uma cultura, uma filosofia, uma vida ou até a modalidade de niilismo detectada. Tomemos o célebre Prólogo de *Gaia ciência*: "Em um [homem] são suas lacunas que filosofam, em outro suas riquezas e forças. [...] em todo filosofar até agora nunca se tratou de 'verdade', mas de algo outro, digamos saúde, futuro, crescimento, potência, vida..."[33] E, mais adiante, Nietzsche insiste em perguntar, em cada caso, se "foi a fome ou a abundância que aí se fez criadora?".[34] Nos fragmentos do período mais tardio, Nietzsche volta inúmeras vezes a esboçar o seu critério: "Eu aprecio o homem segundo o *quantum de potência e de abundância de sua vontade: não* segundo o enfraquecimento e a extinção desta: considero uma filosofia que *ensina* a negação da vontade como uma doutrina de degradação e calúnia" [234]; em um fragmento sobre a hierarquia: "é preciso ter um *Critério*: eu distingo o *grande estilo*; eu distingo *atividade* e reatividade; eu distingo os *superabundantes*, os *perdulários* e os sofredores-passionais (os 'idealistas')" [228]; "uma natureza rica e segura de si [...] manda ao diabo a questão de saber se ela conhecerá a beatitude — ela não tem nenhum interesse em qualquer forma de felicidade, ela é força, ato, apetite" [242]; "Pontos de vista para *meus próprios* valores: é por abundância ou por desejo... trata-se de olhar fazer ou de pôr a mão na massa... [...] é a partir de uma força acumulada que se é 'espontaneamente' estimulado, excitado ou de maneira puramente *reativa*" [254].[35] Mais claramente ainda: "O que é bom? Tudo o que intensifica o sentimento de potência, a vontade de potência, a potência mesma no homem. [...] / O que é a felicidade? O sentimento de que a potência aumenta — que uma resistência está sendo ultrapassada. / Não a satisfação, mas mais potência; não a paz em geral, mas a guerra; não a virtude, mas a capacidade (Virtude no estilo Renascença, *virtù*, virtude sem moralismo)";[36] "o objetivo *não* é o aumento da consciência, mas a intensificação da potência" [332]. Mesmo quando fala do sofrimento, ainda é o mesmo critério: "existem dois tipos de sofredores, os que sofrem de *superabundância* de vida, que querem uma arte dionisíaca, e desse modo uma compreensão e perspectiva trágica da

---

33. F. Nietzsche, "Prólogo" in *A gaia ciência*, op. cit.
34. F. Nietzsche, *A gaia ciência*, [370], op. cit.
35. O par ativo/reativo comparece em Nietzsche algumas vezes, e Deleuze fez disso um critério capital na redescrição de sua filosofia, contestado nesse ponto por vários intérpretes.
36. F. Nietzsche, Fragmento póstumo, novembro de 1887 — março de 1888, 11 [414], v. 13, op. cit.

vida — e depois os que sofrem de *empobrecimento* de vida, que requerem da arte e da filosofia silêncio, quietude, mar liso, *ou* embriaguez, entorpecimento, convulsão."[37] Para que essa observação fosse plenamente compreensível seria preciso acompanhá-la de um longo desvio pelos gregos, a quem Nietzsche cada vez mais reconhece sua dívida, e que de fato parece esclarecer esta série por inteiro. Pois os critérios elencados acima, de uma forma ou de outra, já estão presentes no que Nietzsche denomina instinto helênico: o excedente de força, a dimensão agonística, o imoralismo temerário, a vontade de potência, em suma, a "vontade de vida", de vida *eterna*. Mas, contrariamente à eternidade cristã, o eterno retorno da vida traduz aqui, para além da morte e da mudança, com todo o sofrimento daí advindo, um triunfante sim à vida ligado ao eterno prazer da criação, ao eterno "martírio da parturiente". Em suma, Dioniso. A tragédia como antídoto, como recusa do pessimismo, como contrainstância, e o pensamento trágico como a superação de todo pessimismo. "O dizer-sim à vida mesma ainda em seus problemas mais estranhos e mais duros; a vontade de vida, tornando-se alegre de sua própria inesgotabilidade [...] para além de pavor e compaixão, *ser por si mesmo* o eterno prazer do vir-a-ser — aquele prazer que também encerra em si ainda o *prazer na aniquilação*." Nietzsche reconhece haver tocado, nesse extremo derradeiro de seu pensamento, o ponto do qual partirá com *O nascimento da tragédia*, sua "primeira transvaloração de todos os valores".[38]

Em todo o caso, ao reencontrar sua dívida para com os gregos no momento mesmo em que sua própria obra parece atingir sua extremidade mais ousada, Nietzsche não faz um movimento regressivo ou saudosista, apenas relança um dardo para o futuro. Como ele mesmo o confessou na *Segunda extemporânea*, e, a meu ver, aí temos formulada a lógica exemplar do seu empreendimento como um todo, qual propósito poderia ter uma familiaridade com a antiguidade grega, senão a de trabalhar contra o seu tempo, portanto sobre o seu tempo, e, como ele espera, "em favor de um tempo que virá"?[39]

---

37. F. Nietzsche, "Nós, antípodas" in *Nietzsche contra Wagner*.
38. F. Nietzsche, "O que devo aos antigos" in *Crepúsculo dos ídolos*.
39. F. Nietzsche, "Prefácio" in *Considerações extemporâneas II*.

Matéria explosiva

Algumas palavrinhas, portanto, sobre esse "tempo que virá". O niilismo contemporâneo, conforme o aponta Zaratustra, apresenta duas possibilidades de futuro, negativa e positiva, simbolizadas respectivamente pelo último homem e pelo além-do-homem. O último homem é aquele que, ao substituir Deus, permanece na reatividade, na ausência de sentido e valor, de anseio e criação, e que prefere, conforme o comentário de Deleuze, um nada de vontade a uma vontade de nada — por isso se entrega à extinção passiva. O além-do-homem, ao contrário, vê nessa derrocada de sentido e valor uma possibilidade, uma abertura, um estímulo. Se Deleuze tem razão em conceber o além-do-homem como um novo modo de sentir, de pensar, de avaliar, como uma nova forma de vida, e até mesmo um outro tipo de subjetividade, contrariamente a Heidegger, para quem ele é a realização da metafísica da subjetividade e seu perfazimento na tecnociência, em uma leitura cuja lógica política Jean-Pierre Faye nos elucidou de maneira dolorosa,[40] é porque, como já dissemos, para Nietzsche, a morte de Deus significa necessariamente a morte do homem, pensada sob o modo de um desafio ético, e não de um evento empírico ou metafísico.

A morte do homem é um tema frequente na filosofia contemporânea, que suscitou não menos mal-entendidos do que o tema da morte de Deus em Nietzsche, sobretudo no que diz respeito à ambiguidade, que aqui desejaríamos pôr em evidência, e ao *pathos*, que por vezes deveria deixar transparecer também sua dimensão risível. De todo modo, em um caso como no outro, nem sempre se percebe se assistimos ao melancólico esgotamento de uma promessa, ou à abertura de um possível cujo contorno nos é inteiramente desconhecido. É provável que a condição contemporânea, incluído aí o equívoco desvio pelo pós-moderno, ou mesmo a condição ambígua da biopolítica, se caracterize precisamente

---

40. Jean-Pierre Faye, *A razão narrativa*, trad. bras. de Paula Martins. São Paulo: Ed. 34, 1996; ou *Le vrai Nietzsche*. Paris: Hermann, 1998. O autor levanta a hipótese de que, ao ser acusado de "niilismo metafísico" por Krieck, então reitor da Universidade de Frankfurt e oficial de alta patente da ss, Heidegger teria se escudado em Nietzsche para depois sacrificá-lo, acusando-o daquilo que lhe fora imputado: "O caro Heidegger, que contribuiu para a reabilitação de Nietzsche na opinião aparente, o enterra no pensamento filosófico situando-o ali onde os nazistas quiseram colocar o próprio Heidegger" (Ibid., p. 49). Cf. também o ácido texto "Le transformat, le littoral" in *Concepts*, nº 7. Mons: Ed. Sils Maria, 2004.

pela conjunção esquizofrênica entre essas duas tonalidades afetivas, correspondendo a movimentos disparatados, embora simultâneos, em que já não sabemos se estamos em vias de morrer ou de nascer, de lamentar ou celebrar. Nietzsche tinha disso a mais viva consciência e o expressou na primeira linha de sua autobiografia. "A felicidade de minha existência, sua singularidade, talvez, está em sua fatalidade: para exprimi-lo em forma de enigma, eu, como meu pai, já estou morto, como minha mãe, vivo ainda e envelheço. Essa dupla ascendência, como que do mais alto e do mais baixo degrau da escada da vida, ao mesmo tempo *décadent* e *começo* — é isso, se é que é alguma coisa, que explica aquela neutralidade, aquela liberdade de partido em relação ao problema global da vida, que, talvez, me caracteriza. Tenho para os sintomas de ascensão e declínio um faro mais refinado do que jamais teve um homem, sou o mestre *par excellence* nisso — conheço a ambos, sou ambos."[41]

Seria o caso de perguntar se a lucidez que Nietzsche demonstrou no tocante à condição anfíbia de seu trajeto não é um traço do próprio pensamento contemporâneo, ou mesmo da filosofia como tal. Seria demais arriscar a hipótese de que a filosofia carrega hoje essa dupla atribuição, a de detectar o que está em vias de perecer e, ao mesmo tempo, o que está em vias de nascer, reinventando a cada caso a relação entre elas? Há indicações suficientes, em Nietzsche pelo menos, para corroborar uma tal hipótese. Por um lado, e desde muito cedo, Nietzsche fez um inventário cáustico daquilo que, em nossa cultura, é declinante, exangue ou moribundo, reivindicando que tal processo de desagregação venha a termo, conforme uma concepção de justiça que encontra na máxima de Goethe sua expressão insigne: "Pois tudo o que nasce *merece* perecer." Não foi isso que sua obra levou a cabo com incomum causticidade e desde o início, quando defendia que o homem "não pode viver se não tem a força de quebrar e dissolver uma parte de seu passado, e se não faz de tempos em tempos uso desta força"?

Mas quem vê em Nietzsche apenas o destruidor impiedoso e bárbaro não percebe que tal demolição está sempre a serviço de uma afirmatividade primeira, do desejo de um tempo fundador, cujos prenúncios ele não cessa de detectar aqui e ali, por vezes em ressonância com uma

---

41. F. Nietzsche, "Por que sou tão sábio", 1 in *Ecce Homo*.

antiguidade suposta exemplar, em todo o caso, um tempo fundador cuja necessidade ele invoca crescentemente: "De fato todo grande crescimento traz consigo também um descomunal *desmoronamento* e *perecimento*: o sofrer, os sintomas do declínio *fazem parte* dos tempos de descomunal avanço; cada fecundo e potente movimento da humanidade *criou* ao mesmo tempo um movimento niilista. Seria, em certas circunstâncias, o sinal de um incisivo e essencialíssimo crescimento, para a passagem a novas condições de existência, que a *mais extremada* forma do pessimismo, o *niilismo* propriamente dito, viesse ao mundo. *Isso eu o compreendi*."[42]

O mais difícil, na sua obra, é pensar a conjunção entre esses dois movimentos, que seria preciso percorrer como em uma fita de Moebius, sem dúvida, fazendo ver sua coextensividade recíproca, mas ao mesmo tempo preservando a dissimetria, a heterogeneidade e a disparidade de regimes entre as duas faces. Pois se por um lado há uma espécie de necessidade histórica na escalada do niilismo, já que o niilismo não é um acidente da história, mas sua lógica interna, a história como a história de um erro, "do mais longo erro", e de uma negação do mundo que só agora vem a termo e deixa a descoberto o bacilo de vingança que a moveu desde o início, por outro, Nietzsche defende um *contramovimento* que, se não pode ser pensado independente do niilismo que ele supera, pois o pressupõe e dele procede, como diz o texto preparatório ao prefácio, nem por isso recebe daí uma direção e um desdobramento necessários — já que seu contorno é sem certeza, pois sem verdade, sem teleologia, sem determinismo, sem dialética.

No entanto, ao contrário do que poderia parecer, evacuado o mundo de uma finalidade suposta ou esperada, não desembocamos na indiferenciação axiológica. A filosofia a marteladas que Nietzsche ensaia toma o "tudo vale" ou o "tudo se equivale" (e o que há de mais "contemporâneo" do que isso?) como sintomas maiores do grande perigo niilista. Todo o desafio consiste então em não fazer do niilismo uma leitura niilística!

---

42. F. Nietzsche, Fragmento póstumo, outono de 1887, 10 [22], v. 13, op. cit.

Em suma, como no caso do eterno retorno, também o niilismo pode ser lido em uma dupla acepção: como a mais desprezível das formas de pensamento, mas também a mais divina. Depende, em última instância, de quem a enuncia, ou, para retomar os termos de Nietzsche, depende da força acumulada, da matéria explosiva, das novas necessidades e dos novos insatisfeitos que a reivindicam.

O BACILO DA VINGANÇA

Há várias menções ao niilismo no livro de Gilles Deleuze, *Nietzsche e a filosofia*, publicado em 1962. A primeira aparece já no capítulo que abre o livro, no item intitulado "A evolução de Nietzsche". Deleuze aborda de início *O nascimento da tragédia*. É aí, como se sabe, que Nietzsche lança o embrião do que mais tarde ele chamará de sua filosofia trágica. Mas esse primeiro livro, nota Deleuze, ainda está carregado de hegelianismo, de dialética, que faz o trágico repousar sobre o negativo, a oposição, a contradição. "A contradição do sofrimento e da vida, do finito e do infinito na própria vida, do destino particular e do espírito universal na ideia; o movimento da contradição e também de sua solução: assim o trágico é representado."[1] Trata-se ainda da oposição entre a unidade primitiva e a individuação, entre o querer e a aparência, a vida e o sofrimento, num molde herdado de Schopenhauer (a vontade e a representação, a unidade e a multiplicidade, a essência e a aparência). E Deleuze dirá: "Esta contradição 'originária' testemunha contra a vida, coloca a vida em acusação, a vida precisa ser justificada, isto é, redimida do sofrimento e da contradição. *O nascimento da tragédia* se desenvolve à sombra dessas categorias dialéticas cristãs: justificação, redenção, reconciliação."[2]

Nessa matriz, o dionisíaco arrasta tudo em direção à unidade primitiva, ao ser original, à dissolução, enquanto o apolíneo encarna o princípio de individuação, a aparência, a beleza, a superação do sofrimento. Mas o que Deleuze ressalta é que tal oposição excessivamente dialética

---

1. Gilles Deleuze, *Nietzsche e a filosofia*, trad. bras. de Ruth Joffily Dias e Edmundo Fernandes. Rio de Janeiro: Ed. Rio, 1976, p. 9 / São Paulo: n-1 edições, no prelo.
2. Ibid.

esconde uma outra oposição, mais profunda, entre Dionísio e Sócrates. Deleuze nota que Sócrates é o primeiro gênio da *decadência*: ele opõe a ideia à vida, julga a vida pela ideia, coloca a vida como devendo ser julgada, justificada, redimida pela ideia. O que ele nos pede é que cheguemos a sentir que a vida, esmagada sob o peso do negativo, é indigna de ser desejada por si mesma, experimentada nela mesma. Sócrates é "o homem teórico", o único verdadeiro contrário do homem trágico. É o homem do conhecimento, da racionalidade, da negação da vida, da depreciação da existência, ou seja, o homem do *não*. Ainda assim, diz Deleuze, Sócrates é, todavia, muito grego; ele é tentado pela música, e, no fundo, a oposição essencial é aquela que ainda não está explicitada em *O nascimento da tragédia*, entre Dionísio e o Crucificado, como está dito no *Ecce Homo*: "Dionísio contra o crucificado." Ou seja, o homem trágico só mais tarde descobre seu verdadeiro inimigo, aquele que levou mais longe a tarefa da negação da vida: o cristianismo. É ele, conforme Deleuze, que é "niilista no sentido mais profundo, enquanto no símbolo dionisíaco o limite extremo da afirmação foi atingido". Mas o que é o niilismo cristão? É "o sofrimento que acusa a vida, que testemunha contra ela, que faz da vida alguma coisa que deve ser justificada. Haver sofrimento na vida significa primeiramente, para o cristianismo, que ela não é justa, que é mesmo essencialmente injusta, que paga com sofrimento uma injustiça essencial: ela é culpada, visto que sofre. Em seguida, significa que ela deve ser justificada, isto é, redimida de sua injustiça ou salva, salva por este mesmo sofrimento que há pouco a acusava: ela deve sofrer visto que é culpada".[3] Estes dois aspectos do cristianismo formam o que Nietzsche chama "a má consciência", ou a *interiorização da dor*. Eles definem o niilismo propriamente cristão, ou seja, a maneira pela qual o cristianismo nega a vida: por um lado, a máquina de fabricar a culpa, a horrível equação dor-castigo; por outro, a máquina de multiplicar a dor, a justificação pela dor, a fábrica imunda. "Mesmo quando o cristianismo canta o amor e a vida, que imprecações nesses cânticos, que ódio nesse amor! Ele ama a vida como a ave de rapina ama o cordeiro: tenra, mutilada, moribunda."[4]

3. Ibid. p.12.
4. Ibid.

Já podemos entrever em que medida um pensamento trágico, isto é, dionisíaco, se contrapõe a um tal niilismo cristão. Pois Dionísio não é aquele para quem a vida deve ser justificada, já que ela é essencialmente "justa". A relação entre vida e sofrimento se inverte. A vida não deve ser acusada porque há sofrimento, mas a vida, ela mesma se encarrega de afirmar o sofrimento. Ela não interioriza a dor para resolvê-la, como faz o cristianismo, porém a afirma "no elemento de sua exterioridade". Temos assim a afirmação da vida (apreciar a vida com tudo o que lhe é próprio), e a negação da vida (depreciar a vida a partir do que é custoso). Deleuze critica aqueles que fazem do sofrimento um meio de "acusar a vida, de contradizê-la e também um meio de justificar a vida, de resolver a contradição".[5] É a lógica do salvador, aquele que ao mesmo tempo é carrasco, vítima e consolador. Do ponto de vista de um salvador, "a vida deve ser o caminho que leva à santidade", mas do ponto de vista de Dionísio, "a existência parece bastante santa por si mesma para justificar ainda uma imensidão de sofrimento".[6] O que Deleuze mais critica nesse primeiro Nietzsche, ou numa certa interpretação que privilegia esse momento de sua filosofia, é essa lógica da contradição e de sua resolução, da oposição e de sua reconciliação. E contrapõe sua própria leitura: "A afirmação diferencial contra a negação dialética, contra todo niilismo e contra essa forma particular de niilismo."[7]

Temos aqui uma primeira figura do que aos olhos de Deleuze é o niilismo: uma certa relação com a existência orientada pela negação, oposição, contradição, com todo o cortejo de reconciliação ou síntese — ou, em outros termos, mais cristãos, a série acusação, justificação, superação, redenção, salvação... Mas nada disso é teórico, simplesmente: trata-se de uma relação concreta com a existência. O sentido da existência pressupunha que ela era culpada, faltosa, injusta, e que, portanto, deveria ser justificada. Era preciso acusar a vida para redimi-la, redimi-la para justificá-la. É esse o ponto de vista da consciência infeliz, em Hegel, é este o ponto de vista de Schopenhauer, é contra isso que Nietzsche vai voltar-se, segundo Deleuze.

---

5. Ibid., p. 13.
6. Friedrich Nietzsche, *A vontade de potência*, IV, p. 464, apud G. Deleuze, *Nietzsche e a filosofia*, op. cit., p. 13.
7. G. Deleuze, *Nietzsche e a filosofia*, op. cit., p. 13.

Já em Nietzsche há indícios dessa lógica quando se debruça sobre alguns pré-socráticos. Primeiro Anaximandro: "Os seres pagam uns aos outros a pena e a reparação de sua injustiça, segundo a ordem do tempo." Deleuze assim interpreta: 1) o devir é uma injustiça, bem como a pluralidade das coisas que vêm à existência; 2) elas lutam entre si e expiam mutuamente sua injustiça; 3) todas derivam de um ser original que cai num devir, numa pluralidade, numa geração, cuja injustiça ele redime eternamente destruindo-os... Ou seja, já em Anaximandro a existência é um excesso que será expiado pela destruição. Mas se a existência é criminosa, ela ainda não foi marcada pela responsabilidade cristã. Não há ainda alguém para dizer: tu és culpado, assume, com toda a recriminação, interiorização aí implicadas. Foi preciso esperar o cristianismo para esse salto decisivo.

É quando se atinge um novo patamar na determinação do niilismo. Deleuze cita Nietzsche: "Em toda parte onde se procurou responsabilidades, foi o instinto de vingança que as procurou. Esse instinto de vingança apoderou-se de tal modo da humanidade, no curso dos séculos, que toda a metafísica, a psicologia, a história e sobretudo a moral trazem a sua marca. Desde que o homem pensa, introduziu nas coisas o bacilo da vingança."[8] Já temos aí o germe do ressentimento (é tua culpa), ou da má consciência (é minha culpa) e o seu fruto comum (a responsabilidade). Os gregos, diz Deleuze, ainda são crianças, eles não têm a mesma maneira dos cristãos de depreciar a existência: "Sua maneira de depreciar a existência, seu 'niilismo', não tem a perfeição cristã."[9] Pois ainda não consideravam a existência faltosa, responsável, já que eram os deuses que assumiam a responsabilidade pela falta. O problema, mais do que saber se a existência culpada é responsável, é antes saber se a existência é culpada ou inocente... Já podemos propor um salto, para além dos gregos ou do cristianismo: "Nietzsche chama de niilismo o empreendimento de negar a vida, de depreciar a existência; analisa as formas principais de niilismo: ressentimento, má consciência, ideal ascético; chama de espírito de vingança o conjunto do niilismo e de suas formas. Ora, o niilismo e suas formas não se reduzem absolutamente a determinações

8. Ibid., p. 17.
9. Ibid., p. 18.

psicológicas, muito menos a acontecimentos históricos ou a correntes ideológicas e, menos ainda a estruturas metafísicas."[10] Mas se o niilismo não é um acontecimento histórico é porque é o *elemento da história* enquanto tal. Mesmo a metafísica, o que é ela senão um empreendimento em que se julga e deprecia a existência em nome de um suprassensível? Mais adiante, ele explicita o eixo de sua interpretação: "Devemos compreender que o instinto de vingança é o elemento genealógico de *nosso* pensamento, o princípio transcendental de *nossa* maneira de pensar. A luta de Nietzsche contra o niilismo e o espírito de vingança significará, portanto, a derrubada da metafísica, o fim da história como história do homem, transformação das ciências"...[11]

Já se pode, a partir dessas observações, compreender o sentido mais geral do empreendimento nietzschiano segundo Deleuze: "Nietzsche apresenta o objetivo de sua filosofia: liberar o pensamento do niilismo e de suas formas."[12] Perguntamo-nos se não seria essa também uma das possibilidades de interpretação do próprio empreendimento de Deleuze. Resta saber que inflexões dá Deleuze ao niilismo, nessa sua interpretação que privilegia a negatividade como princípio numa ponta e, na outra, o ressentimento como uma de suas formas, tendo por fio condutor o "bacilo da vingança". De fato, ao recusar a dialética e ao combater a reatividade, compreende-se a extensão da crítica de Deleuze. Por exemplo, o problema da lamúria: "Há muito tempo vimos pensando em termos de ressentimento e de má consciência. Não tivemos outro ideal além do ideal ascético. Opusemos o conhecimento à vida para julgar a vida, para fazer dela algo culpado, responsável e errado. Fizemos da vontade uma coisa ruim, atingida por uma contradição original, dizíamos que era preciso retificá-la, refreá-la, limitá-la e até negá-la, suprimi-la. Nenhum filósofo [...] deixou de gemer [...]. Nietzsche é o único que não geme sobre a descoberta da vontade, que não tenta conjurá-la, nem limitar seu efeito"...[13] Essa nova maneira de pensar em Nietzsche é a de um pensamento afirmativo, que expulsa todo o negativo. É o pensamento trágico,

---

10. Ibid., p. 28.
11. Ibid., p. 29.
12. Ibid., p. 29.
13. Ibid.

o da alegria, sem ressentimento, que afirma a inocência do devir, do passado e do futuro, da vontade, do acaso. "Trágico é o lance de dados. Todo o resto é niilismo, *pathos* dialético e cristão, caricatura, comédia da má consciência."[14] Apenas uma outra maneira de jogar pode rejeitar o "pequeno bacilo" da vingança...

Já podemos retomar esse conjunto acentuando alguns pontos. Por niilismo, Deleuze entende, em estrita fidelidade a Nietzsche, "o empreendimento de negar a vida, de depreciar a existência". Desde Sócrates a vida, "esmagada sob o peso do negativo, é indigna de ser desejada por si mesma, experimentada nela mesma".[15] Seja submetida a valores superiores a ela, seja impregnada de valores reativos que os substituem, seja desprovida de valores, como no caso do último homem",[16] a vida está às voltas, sempre, com o elemento da depreciação ou da negação, ela é presa de uma *vontade de negar*. A negação não apenas "dominou nosso pensamento, nossos modos de sentir e de avaliar até este dia", mas "ela é constitutiva do homem. E com o homem, é o mundo inteiro que se estraga e que se torna doente, é a vida toda que é depreciada, todo o conhecido escorrega em direção ao seu próprio nada".[17] Se a negação é o alvo filosófico último de Deleuze, seu adversário mais recorrente, é porque esse é o elemento que mais nuclearmente revela o fundo do niilismo. O niilismo, mais do que o império do nada, é o reino da negação, a negação dirigida contra a vida no seu conjunto, com todos os gemidos que a acompanham, da angústia à falta, do culto da morte à apologia da renúncia, da finitude à castração — eis o que se trata de combater, desde suas figuras especulativas até suas concreções históricas. Deleuze acompanha as peripécias do niilismo, negativo, reativo, passivo, para sublinhar o que neles se mantém inalterado: o tipo de vida — "é sempre a mesma vida, essa vida que se beneficiava em primeiro lugar com a depreciação do conjunto da vida, que se aproveitava da vontade de nada para obter sua vitória, que triunfava nos templos de Deus, à sombra dos valores superiores; depois, em segundo lugar, essa vida que se põe no

---

14. Ibid., p. 30.
15. Ibid., p. 11.
16. Ibid., p. 143.
17. Ibid., p. 147.

lugar de Deus, que se volta contra o princípio de seu próprio triunfo e não reconhece mais outros valores a não ser os seus próprios; enfim, essa vida extenuada que preferirá não querer, extinguir-se passivamente, a ser animada por uma vontade que a ultrapassa. É ainda e sempre a mesma vida: vida depreciada, reduzida à sua forma reativa. Os valores podem mudar, renovar-se ou mesmo desaparecer. O que não muda e não desaparece é a perspectiva niilista que preside esta história do início ao fim e da qual derivam todos esses valores tanto quanto sua ausência. Por isso Nietzsche pode pensar que o niilismo não é um acontecimento na história e sim o motor da história do homem como história universal."[18]

Detenhamo-nos um segundo sobre essa noção tão cara a Deleuze, a de vida. Ela não pode ser tomada abstratamente, pois é inseparável da natureza da força que a qualifica, ativa ou reativa, e da qualidade da vontade de potência que está na sua origem, afirmativa ou negativa. Assim, muito sumariamente, e dependendo dessa combinatória da qualidade da força e da vontade de potência, temos uma vida ativa ou reativa, amorosa ou vingativa, agressiva ou ressentida, criadora ou crente, avaliadora ou interpretante, legisladora ou adaptativa, esquecediça ou memorial, inocente ou culpada, saudável ou doente, alegre ou sofredora, leve ou pesada, alta ou baixa. Sabemos com que cuidado é preciso manejar esses pares, a custo de quantos entrelaçamentos se conquista uma saúde, uma leveza, uma inocência. Se tudo isso ainda soa excessivamente antropomórfico, é preciso insistir a que ponto já na própria animalidade, que o homem e sua ciência recusam, aparece essa força plástica e de metamorfose, de variação e de diferenciação, em suma — de diferença. A ciência prioriza a quantidade, a igualação das quantidades, a compensação das desigualdades, ou seja, a indiferenciação, a adiaforia. "O esforço em negar as diferenças faz parte desse empreendimento mais geral que consiste em negar a vida, em depreciar a existência, em prometer-lhe uma morte (calorífica ou outra), em que o universo precipita-se no indiferenciado." É que a ciência, "por vocação, compreende os fenômenos a partir das forças reativas e os interpreta deste ponto de vista".[19]

18. Ibid., p. 127.
19. Ibid., p. 37.

Assim, se o niilismo equivale à predominância da negação, e da negação da vida, e da negação das desigualdades, já podemos acrescentar a inflexão conceitual maior de Deleuze em relação a Nietzsche: o niilismo se define, em última instância, pela negação... da diferença. De Platão a Hegel e Heidegger, é isto que está em jogo sempre, em toda a avaliação filosófica de Deleuze relativamente aos autores que ele rejeita: o rebaixamento da diferença, seu estrangulamento, seu esvaziamento ou sua inversão. Do ponto de vista das figuras que comandam o pensamento e a subjetividade ocidental, quer se trate do Ser, do Bem, da Ideia, de Deus, do Eu, da Razão, do Significante, do Édipo, do Estado ou do Capital, estamos às voltas sempre com modalidades de rebaixamento ou negação da diferença, com doses maiores ou menores de transcendência, vingança, nivelamento, vazio. Contra o demônio do niilismo e seu desprezo pelo mundo, Zaratustra manifesta seu desprezo pelo desprezo, sua negação da negação: "Vemos aonde Nietzsche quer chegar e a quem se opõe. Opõe-se a todas as formas de pensamento que se confiam ao poder do negativo. Opõe-se a todos os pensamentos que se movem no elemento do negativo, que se servem da negação como de um motor, de um poder e de uma qualidade."[20] Uma transvaloração só é possível se o elemento do qual deriva o valor dos valores passa a ser, ao invés da negação, a afirmação. Todo o estatuto da negação, tão valorizado pela dialética como motor do mundo, é contestado por Deleuze ao sustentar que Nietzsche teria substituído o trabalho do negativo pelo gozo da diferença ("e quem nos diz que há mais pensamento num trabalho do que num gozo?") — numa prefiguração do cerne de seu próprio pensamento.[21] Só assim se terá apreciação ao invés de depreciação, atividade ao invés de reatividade. "Enquanto se permanecer no elemento do negativo, a mudança ou mesmo a supressão dos valores é inútil, é inútil matar Deus: guarda-se o seu lugar e seu atributo [...]"[22] Transmutação é o ponto em que o negativo é convertido em um "jogo guerreiro da diferença, afirmação e alegria da destruição."[23]

20. Ibid., p. 150.
21. Ibid., p. 45: "só a força ativa se afirma, ela afirma sua diferença, faz de sua diferença um objeto de gozo e de afirmação."
22. Ibid., p. 143.
23. Ibid., p. 159.

CAPITALISMO E NIILISMO

Como em Nietzsche, também em Deleuze o combate ao niilismo não pode dar-se senão a partir do niilismo que se pretende ultrapassar, voltando-o contra ele mesmo, em uma espécie de suicídio da vontade negadora. Em outros termos: o contramovimento não significa sustar, frear, bloquear a escalada do niilismo — mas justamente intensificá-la, esgotá-la, levá-la a seu termo, fazer com que se complete e retorná-la contra si. O contraniilismo é, radicalmente pensado, o niilismo levado a seu limite suicidário... O contraniilismo corresponde ao niilismo tornado ativo, completo, acabado. Não aquele que é arrastado por uma decadência, mas aquele que é impulsionado por uma destruição ativa, em que as forças reativas são tomadas num devir-ativo e a vontade de nada se lança contra si, liberando outras forças.

Para que tudo isso não soe abstrato, e assumindo os riscos desse desvio, pensemos no nivelamento que o capitalismo promove a partir da desterritorialização generalizada que lhe é própria, tal como exposto em *O anti-Édipo*. Se todos os fluxos são liberados (descodificados), e liberam assim seu potencial revolucionário, ao mesmo tempo são submetidos ao equivalente geral, à lei do valor, e, portanto, axiomatizados pelo capitalismo. Nessa ambivalência, pode-se perguntar, tal como se fez para o caso de Nietzsche no tocante ao niilismo, se Deleuze e Guattari defendem que a desterritorialização se intensifique, ou que seja sustada em algum ponto. Eis a resposta: "Talvez — e do ponto de vista de uma teoria e de uma prática dos fluxos altamente esquizofrênica — os fluxos ainda não estejam suficientemente desterritorializados, descodificados. Aguentar-se no processo, ir mais longe, 'acelerar o processo', como dizia Nietzsche: na verdade, nós ainda não vimos nada." Ou, ao comentar o texto de Foucault sobre a época em que a loucura deixaria de existir, pois "receberia o concurso de todos os outros fluxos, inclusive o da ciência e o da arte [...], porque o limite exterior que ela designa seria transposto por outros fluxos que escapariam por todos os lados ao controle, arrastando-nos com eles", acrescentam: "Devemos dizer, portanto, que nunca iremos suficientemente longe no sentido da desterritorialização: quase nada foi visto até agora desse processo irreversível. E quando viermos a considerar o que há de profundamente artificial nas reterritorializações perversas, assim como nas reterritorializações psicóticas hospitalares ou nas reterritorializações neuróticas familiares, gritaremos: mais perversão! mais artifício!, até que a terra devenha tão artificial que o movimento de desterritorialização crie necessariamente por si mesmo uma nova terra."[1] O capitalismo, por mais que seja equivalente à descodificação dos fluxos, "o que ele descodifica com uma mão, axiomatiza com a outra".[2] Ele procura ligar "suas cargas e suas energias numa axiomática mundial que opõe sempre novos limites interiores à potência revolucionária dos fluxos descodificados. Num regime como este, é impossível distinguir, mesmo que em dois tempos, a descodificação e a axiomatização que vêm substituir os códigos desaparecidos. É ao mesmo tempo que os fluxos são descodificados e axiomatizados pelo capitalismo".[3] De modo que o desafio, mesmo no mais duro conflito dito de classes, consiste em discriminar os fluxos descodificados "tal como entram numa axiomática de classe sobre o corpo pleno do capital, e os fluxos descodificados que se libertam tanto dessa axiomática quanto do significante despótico, fluxos que atravessam o muro e o muro do muro, e se põem a correr sobre o corpo pleno sem órgãos".[4] Assim, não se trata de combater a desterritorialização capitalística, mas de fazer com que ela arrebente por dentro a lei do valor que constitui sua axiomática niilista. Como o comentou Jean-François Lyotard: "O capitalismo aproxima-nos deste limite esquizofrênico, pela multiplicação dos princípios metamórficos, pela anulação dos códigos que regulam o fluxo. Ao aproximarmo-nos

---

1. Gilles Deleuze e Félix Guattari, *O anti-Édipo*, trad. bras. de Luiz B. L. Orlandi. São Paulo: Ed. 34, 2010, p. 425.
2. Ibid., p. 326.
3. Ibid.
4. Ibid., p. 338.

deste limite, coloca-nos já do outro lado [...] o desejo destrói efetivamente o campo do limite, e a sua ação não é transgredir o limite, mas pulverizar o próprio campo na superfície libidinal [...]. Destruir só pode provir duma liquidação ainda mais líquida, dum *clinamen* ainda maior e de uma reta de queda ainda menor, de mais dança e de menos piedade. O que nos é preciso: que as variações de intensidade se tornem mais imprevisíveis, mais fortes: que na 'vida social' os altos e baixos da produção desejante possam inscrever-se sem objetivo, sem justificação, sem origem como nos tempos fortes da vida 'afetiva' ou 'criadora'; que cessem o ressentimento e a má consciência (*sempre iguais a si próprios, sempre deprimidos*) das identidades de funções engendradas pelo serviço das máquinas paranoicas, pela tecnologia e pelas burocracias do Kapital."[5] Ao referir-se à potência de desorganizar proveniente da força, em sua energia perfurante, Lyotard acrescenta: "Ora, é esta virtualidade de uma alteridade que está prestes a multiplicar-se no seio do 'organismo' capitalista e do dispositivo do valor, que está prestes a *criticar* sem nele tocar, prestes a *esquecer* a lei da troca, de a tornear e fazer dela uma ilusão antiquada e grosseira, um dispositivo desafectado. Quem poderá calcular o tempo que o novo dispositivo vai levar para destruir com os seus órgãos desconhecidos, transparentes, a superfície dos nossos corpos e a do corpo social, libertá-los da azáfama dos interesses e da preocupação em economizar, em gastar e em contar? É uma outra figura que se ergue, a libido retira-se do dispositivo capitalista, o desejo dispõe-se de outra maneira, segundo uma outra figura, informe, ramificado em mil proposições e tentativas através do mundo, bastardo, disfarçado com os farrapos disto e daquilo, com as palavras de Marx e com as palavras de Jesus ou Maomé, e com as palavras de Nietzsche e Mao, [...] e com as práticas de happening e de músicas desmusicalizadas e com as práticas de *sit-in* e de *sit-out*, e da 'viagem' e dos *light-shows*, e com as práticas de liberação dos pederastas e das lésbicas e dos 'loucos' e dos delinquentes, e com as práticas de gratuidade unilateralmente decididas... Que pode o capitalismo contra esta desafecção que cresce no seu interior (sob a

---

5. Jean-François Lyotard, "Capitalismo Energúmeno" in Manuel Maria Carrilho (org.), *Capitalismo e Esquizofrenia: Dossier Anti-Édipo*, trad. port. de José Afonso Furtado. Lisboa: Assírio & Alvim, 1976, p. 129.

forma, entre outras, de 'jovens' desafectados), contra esta coisa que é o novo dispositivo libidinal, e de que o *Anti-Édipo* é a enorme produção--inscrição na linguagem?"[6]

Sabemos que o capitalismo pode muito contra isso, e muito mais do que na época se acreditava, mas talvez, também, muito menos — em todo o caso, hoje, uma tal avaliação demandaria uma "atualização" minuciosa.[7] Por exemplo, Christian Marazzi escreve: "Pensava-se que o capitalismo, destruindo todos os *pertencimentos*, teria criado as condições para a beatitude: o nomadismo do indivíduo sem raízes, absoluto, resultado da 'desterritorialização' inerente ao desenvolvimento da economia mundial. E, ao invés disso, justamente onde culmina a globalização, a 'desterritorialização' capitalista, tudo retorna: a família, o Estado nacional, os fundamentalismos religiosos. Tudo retorna, mas, como ensina o filósofo, de modo perverso, reacionário, conservador. Justamente quando o 'vácuo de sentido' se aproxima do limiar de uma época na qual os homens parecem poder falar entre si num modo de acesso comunicativo livre, eis que retorna a ideia de etnia, o mito da origem e do pertencimento. A liberdade possível da 'sociedade transparente' se reverte em seu contrário."[8]

Assujeitamento subjetivo e servidão maquínica

Já Maurizio Lazzarato insistiu num duplo movimento, enunciado por Guattari, no domínio das relações entre a desterritorialização capitalística e as formas de subjugação subjetiva.[9] De um lado temos o assujeitamento através da atribuição ou reiteração de papéis, funções, lugares (sexo, profissão, nacionalidade, raça), armadilhas semióticas pelas quais nos "reconhecemos" como sujeitos, com a equivalente ilusão de autonomia e autodomínio — trata-se de um processo de subjetivação mais

---

6. Ibid., p. 128.

7. É, por exemplo, o que tentam fazer, segundo inflexões diversas, Julian Ferreyra em *Ontologie du capitalisme chez Gilles Deleuze*. Paris: L'Harmattan, 2010; Guillaume Sibertin-Blanc em *Politique et État chez Deleuze et Guattari: Essai sur le matérialisme historico-machinique*. Paris: PUF, 2013; Virtanen Akseli em *Crítica da economia biopolítica*. São Paulo: n-1 edições, no prelo.

8. Christian Marazzi, *O lugar das meias*, trad. bras. de Paulo Domenec Oneto. Rio de Janeiro: Civilização Brasileira, 2009, p. 75.

9. Maurizio Lazzarato, *Signos, máquinas, subjetividades*, trad. bras. de Paulo Domenec Oneto. São Paulo: n-1 edições/ Edições Sesc, 2014.

conhecido. De outro lado, somos tomados numa servidão maquínica, no sentido preciso em que, como "dividuais", e não mais como indivíduos, somos "tratados" maquinicamente (como estatística, como banco de dados genéticos, informacionais, de consumo ou categoria de interesse), e também "afetados" maquinicamente, ou seja, não mais "influenciados" por conteúdos ideológicos ou políticos, de significação ou de sentido, e sim afetados por signos assignificantes (algoritmos, equações, gráficos) que se dirigem não à consciência ou à vontade, mas se impõem como modos de semiotização num plano pré-subjetivo — é quando se pode falar de dessubjetivação. Se no primeiro caso se fortalece a dicotomia sujeito/objeto, no segundo já é difícil sustentar até mesmo a diferença homem/máquina. Em todo o caso, o assujeitamento subjetivo e a servidão maquínica, a subjetivação e a dessubjetivação se complementam e até formam um circuito contínuo. A força do capitalismo, no entanto, está muito mais nessa sua dimensão maquínica, assignificante, que não passa nem pela representação nem pela consciência — daí porque Guattari defendeu sempre a eficácia dos revides nos modos de semiotização, nas rupturas assignificantes, nas desterritorializações assubjetivas. Não se trata, pois, de demonizar essa configuração maquínica, mas de assumir tal contexto igualmente a partir das novas possibilidades que ele abre, inclusive na direção do que ele chamou de um "animismo maquínico". Diferentemente da tecnofobia que se depreende de outras perspectivas teóricas ou políticas, a concepção maquínica se instala de imediato no hibridismo dos reinos, em que não se conseguiria pensar a subjetividade humana isolada do rizoma em que emerge. Os discursos críticos não deveriam apoiar-se num humanismo universalista sob pena de passarem ao largo do que constitui os agenciamentos contemporâneos e sua força.

Claro que nas últimas décadas assistimos a uma inflexão todavia mais perturbadora. Na análise da financeirização, Lazzarato reencontra a natureza mais própria do capital (D-D', ao invés de D-M-D'). Independente dos fluxos qualificados que ele conjuga e subjuga (trabalho, informação, sexo), o capital financeiro é uma máquina abstrata totalmente indiferente à produção, ao emprego ou à riqueza, já que lhe importa, por definição até, única e exclusivamente a acumulação pela acumulação, num movimento infinito, desde que reitere assimetrias sociais e políticas. Se no período fordista, no Welfare State, as formas de sindicalização ofereciam uma subjetividade codificada e compensatória à desterritorialização empreendida pelo capital, e, no entanto, compatível com sua infinitização, tudo muda quando a financeirização predominante descodifica precisamente essas instâncias que antes o serviam e com as quais se compunha.

Mas o autor insiste: por mais que o capitalismo anseie em funcionar cegamente, "automaticamente", como se fosse uma máquina técnica autônoma, ele é indissociável de uma "máquina social" composta por relações de dominação e exploração de toda sorte, e pelas inúmeras subjetivações que redesenham seu jogo incessantemente. Por exemplo, a nova figura subjetiva do homem endividado, escancarada a partir da crise dos derivativos, corta transversalmente as lutas sociais e pode ensejar outras modalidades de subjetivação e combate, por exemplo, em favor da anulação de *todas* as dívidas, tocando fundo num dos axiomas capitalísticos mais indiscutíveis — eis uma "conversão subjetiva" que nos faria sair da "moral da dívida" em favor de uma segunda inocência, numa inspiração verdadeiramente nietzschiana — transvaloração dos valores.[10]

Num viés um pouco distinto, Isabelle Stengers e Philippe Pignarre definiram o capitalismo como sistema feiticeiro sem feiticeiros, ou sem feiticeiros que se pensem enquanto tais, justamente num mundo que desqualifica a feitiçaria e, por conseguinte, a necessidade de se proteger contra ela.[11] Ora, se as categorias de Marx visavam a "desencantar" aquilo que parecia encantado, a saber, a mercadoria, rastreando a gênese do fetiche que a envolve, segundo os autores, a aposta marxiana continua válida, embora alguns de seus termos tenham se alterado. As tecnologias de feitiço no capitalismo contemporâneo se incrementaram muito, seja através dos dispositivos bioinformáticos de captura das almas e dos corpos, da mobilização integral da energia vital, da autorresponsabilização, do regime de "controle do engajamento", e essa lista é extensíssima. Mas isso não se dá de maneira cega, pois passa por milhões de "mãozinhas" que lhe garantem a eficácia, com diferentes graus de adesão, mantendo "conjugadas" uma infinidade de conexões, leis, regulamentos,

---

10. M. Lazzarato, *La fabrique de l'homme endetté: essai sur la condition néoliberale*. Paris: Ed. Amsterdam, 2011.
11. Isabelle Stengers e Philippe Pignarre, *La sorcellerie capitaliste*. Paris: La Découverte, 2005-7, p. 59.

definições, modos de pensar. Diante disso, as linhas de fratura podem ser lidas também como contrafeitiçarias, desenfeitiçamentos artificiais que mobilizam não "a verdade" nem "a ciência", em contraposição ao feitiço (como no tempo de Marx ainda parecia plausível, dado o estatuto atribuído à "consciência" ou à "ciência"), mas algo que se poderia chamar de contraperformatividade, dado o funcionamento maquínico, assignificante do capitalismo. Na esteira de Guattari, Franco Berardi já havia chamado atenção para a dimensão "neuromagmática" da nova paisagem psíquica, que já não tem por suporte, nem por antídoto, a consciência ou a racionalidade científica.[12] Daí as modalidades singulares de desvio. Ao invocar o exemplo do etnopsiquiatra Tobie Nathan, Stengers e Pignarre se referem ao estranhamento que seu método de atendimento a imigrantes em Paris provocou ao deixar entrar no consultório as "entidades" com as quais os pacientes estão às voltas, deuses, ancestrais, mortos, espíritos, e "negociar" com eles e ajudar os pacientes, eventualmente, a criar anteparos, ao invés de ignorar toda essa "superstição" a partir de uma suposta neutralidade científica que justamente os deixaria à mercê dos "seres" que os rodeiam. Assim, ao invés de "desfazer" o feitiço em nome de uma "cientificidade", cuja neutralidade é nossa ficção moderna, trata-se de criar dispositivos coletivos de "proteção" que, ao articularem vozes, ações, intensidades, criem um "meio comum" apto a aumentar o "empoderamento" coletivo, numa direção inteiramente oposta ao sentido que esse termo ganhou no *management*, finalizado pelas empresas.

Já Guillaume Sibertin-Blanc, numa perspectiva distinta, ao designar o método de *Capitalismo e esquizofrenia* de "materialismo histórico-maquínico", salienta a relevância da dimensão "inconsciente" em toda essa sequência. Segundo ele, o fascismo do entre-guerras teria impelido Deleuze e Guattari a repensar uma "conjuntura marcada por uma manipulação do inconsciente na escala de massa, pela qual se destruía o espaço político ele mesmo". Assim, a luta política deve dar-se igualmente nesse espaço "analítico", nessa "outra cena do inconsciente" na qual se inscrevem os impasses e as crises que atravessam seus agentes. "Que tais sintomas, teorizados como 'máquinas desejantes' e depois como 'devires', inintegráveis numa racionalidade política, estratégica, ou mesmo

---

12. Franco Berardi, *Neuromagma: Lavoro cognitivo e infoproduzione*. Roma: Castelvecchi, 1995.

ético-social [...] possam contudo retornar brutalmente na ordem da relação com o corpo e a linguagem, com a arte e a sexualidade, com o espaço e a história, formando outros traços da heterogeneidade a si dos sujeitos da intervenção política, eis o que se chama a construção de um espaço analítico *sui generis*."[13]

Essas interpretações diversas parecem sugerir que no próprio movimento de desterritorialização capitalístico, conjugado às axiomáticas que ele multiplica, o "monstro" pode mudar de natureza. Por mais que o capitalismo dê a impressão de acaparar a totalidade do espaço, do tempo, da vida, dos corpos e das almas, do inconsciente, da própria virtualidade, no impulso mesmo de sua ampliação extensiva e intensiva ele libera linhas as mais inusitadas.

Poder farmacopornográfico
Nesse sentido, o trabalho de Paul B. Preciado é exemplar. Ao denunciar o regime farmacopornográfico, ele mostra como, durante o século XX, o psiquismo, a libido, a consciência e mesmo a heterossexualidade ou a homossexualidade foram sendo transformadas "em realidades tangíveis, em substâncias químicas, em moléculas comercializáveis, em corpos, em biotipos humanos, em bens tecnológicos geridos pelas multinacionais farmacêuticas".[14] O êxito da ciência estaria em transformar a depressão em Prozac, a masculinidade em testosterona, a ereção em Viagra etc. Diante dessa molecularização do biopoder, mesmo reconhecendo o valor da teorização dos italianos, ele considera que suas descrições se detêm quando chegam à cintura. Donde a pergunta: "E se, na realidade, os corpos insaciáveis da multidão, seus paus e seus clitóris, seus ânus, seus hormônios e suas sinapses neurossexuais; e se o desejo, a excitação, a sexualidade, a sedução e o prazer da multidão fossem os motores de criação de valor agregado na economia contemporânea? E se a cooperação fosse uma 'cooperação masturbatória' e não uma simples cooperação de cérebros?"[15] Ou, mais radicalmente, a questão se amplia:

---

13. G. Sibertin-Blanc, *Politique et État chez...*, op. cit., p. 237.
14. Paul B. Preciado, *Testo yonqui*. Madri: Espasa, 2008, p. 32. [Ed. bras.: *Testojunkie: sexo, drogas e biopolítica na era farmacopornográfica*, trad. de Maria Paula Gurgel Ribeiro. São Paulo: n-1 edições, 2016].
15. Ibid., p. 34.

"Vamos ousar, então, e elaborar as seguintes hipóteses: as verdadeiras matérias-primas do processo produtivo atual são a excitação, a ereção, a ejaculação, o prazer e o sentimento de autossatisfação, controle onipresente e total destruição. O verdadeiro motor do capitalismo atual é o controle farmacopornográfico da subjetividade, cujos produtos são a serotonina, o tecnossangue e os hemoderivados, a testosterona, os antiácidos, a cortisona, o tecnoesperma, os antibióticos, o estradiol, o tecnoleite, o álcool e o tabaco, a morfina, a insulina, a cocaína, os óvulos vivos, o citrato de sidenofil (Viagra) e todo o complexo material e virtual que possa ajudar na indução de estados mentais e psicossomáticos de excitação, relaxamento e descarga, e também no controle total e onipotente. Nessas condições, o dinheiro se torna uma substância psicotrópica significante, abstrata. O sexo é o corolário do capitalismo e da guerra, o espelho da produção. O corpo sexual e viciado e o sexo e todas as suas derivações semiótico-técnicas são, daqui em diante, o principal recurso do capitalismo pós-fordista."[16] Dificilmente se encontrará descrição mais provocativa do niilismo biopolítico e capitalístico contemporâneo. Não por acaso, rigorosamente fiel à lógica de Moebius que destacamos desde o início, o autor ao mesmo tempo chama atenção para a "matéria" que aí está sendo vampirizada — a força orgásmica. Essa *potentia gaudendi*, potência de excitação global de cada molécula viva, que espinosanamente tende à ampliação, enquanto acontecimento, relação, prática, devir, só pode ser reduzida a objeto privado e comercializável, apesar de sua natureza expansiva e comum, mediante mecanismos que implicam todas as esferas, da economia à comunicação, da indústria farmacêutica ao mercado do sexo, afinando procedimentos de subjetivação. Ora, se o biopoder se acapara de algo, não é da vida, mas do corpo tecnovivo, "tecnoeros". O que está em jogo nesse embate, segundo o autor, é a força orgásmica — que justamente não pode ser pensada como matéria inerte ou passiva a não ser na sua redução farmacopornográfica, ali onde ela é inteiramente expropriada como "vida nua", no interior de um regime de "controle pop", em oposição ao controle frio e disciplinar que Foucault analisou. Assim, a pílula anticoncepcional seria uma espécie de panóptico comestível, individualizado, portátil, leve, afável, que modifica o

16. Ibid., p. 37.

comportamento, temporaliza a ação, regula a atividade sexual, controla o crescimento da população etc.[17] O corpo de cada consumidor se torna um laboratório miniaturizado e a "transformação da alma humana" prescinde das instituições de enclausuramento que caracterizavam a sociedade disciplinar. Já não se trata de um poder impositivo — é o corpo que o deseja, que o ingere, que o traga por cada orifício.

É óbvio que a descrição de Preciado crava na carne do presente e percorre a latitude do biocorpo às voltas com o que ele chama de lucro ejaculante, do qual estariam, por ora, excluídas massas inteiras do planeta, para o bem e para o mal. Em todo o caso, para além da descrição viva de um contexto que nosso pudor tem dificuldade em nomear, Preciado teve o mérito de oferecer o próprio corpo como um laboratório onde experimenta, voluntariamente, as derivas da sensibilidade e do erotismo a partir de um protocolo de intoxicação à base do gel de testosterona. É preciso ressaltar que sua circulação e venda é hoje inteiramente controlada, já que a utilização de uma substância capaz de borrar a fronteira entre os gêneros passa necessariamente pela validação médica e jurídica, com toda a farmacopolítica aí implicada. Preciado esclarece que seu livro, *Testojunkie*, pode ser lido como um manual de bioterrorismo de gênero na escala molecular, como um ponto numa cartografia da extinção dos gêneros, ou simplesmente como um exercício de desmontagem e remontagem de uma subjetividade. De todo modo, há um esforço de ir o mais longe possível na desterritorialização capitalística e como que experimentar aqueles pontos onde sua axiomática a bloqueia, ou onde ela se reterritorializa sobre códigos-tabu. Assim, através de seu experimento, seria possível enxergar por dentro a força de manipulação das novas modalidades do farmacopornobiopoder, e apossar-se de seus tecnobiocódigos a fim de desvirtuá-los de suas finalidades normativas. Diante do *"copyright"* que as multinacionais detêm, trata-se de hackear os biocódigos de gênero e disseminá-los como códigos abertos para plasticidades vivas: "O movimento farmacopornográfico *gendercopyleft* tem uma plataforma tecnoviva ainda muito mais facilmente acessível do que a internet: o corpo, a *somathèque*. Mas não o corpo nu, ou o corpo como natureza imutável, e sim o corpo tecnovivo como arquivo biopolítico e prótese cultural. Sua memória, seu desejo, sua

---

17. Ibid., p. 135.

sensibilidade, sua pele, seu pau, seu dildo, seu sangue, seu esperma, sua vulva, seus óvulos são as ferramentas de uma possível revolução *genderco-pyleft*."[18] Daí a relação entre experimentação e teorização, na qual a deriva de gênero, através do significante químico marcado culturalmente como masculino (a testosterona), leva o autor a uma *no man's land*, nem lésbica, nem transexual, a partir da qual pode exercer uma resistência ativa contra a naturalização das biomulheres partindo do princípio de que: "Meu gênero não pertence nem à minha família nem ao Estado nem à indústria farmacêutica. Meu gênero não pertence nem sequer ao feminismo, nem à comunidade lésbica, nem tampouco à teoria *queer*. É preciso arrancar o gênero dos macrodiscursos e diluí-lo em uma boa dose de psicodelia hedonista micropolítica."[19] Esse processo de desidentificação e de dessubjetivação ("a subjetividade política emerge exatamente quando o sujeito não se reconhece em sua representação") é condição para a transformação do político, que assim se desloca do campo da representação, ativando outras conexões, percepções e sensações.

Se essa perspectiva excêntrica nos interessa aqui é porque mostra com notável concretude como funciona hoje a fabricação, a modulação e a reterritorialização da subjetividade num âmbito específico — o do gênero — no contexto capitalístico. A disponibilidade de transgredir o pudor sociológico ou filosófico, bem como a atitude de autovivissecção, lhe permitem pôr a mão na massa daquilo que o autor chama de *força orgásmica* ou *potentia gaudendi*, sem a qual o sistema todo é incompreensível. O mergulho pessoal/impessoal na pulsação política do desejo nas condições as mais contemporâneas, de intensificação, capitalização e reterritorialização, permite rastrear como a dessubjetivação, a desidentificação ou a monstrificação podem funcionar como táticas de escape, revide e reinvenção do desejo e da política. É um exemplo, apenas, tomado num dos domínios mais difíceis de "desnaturalizar", como o do gênero, de como não se foi ainda longe o suficiente na desterritorialização, já que ela é imediatamente rebatida sobre uma reterritorialização normativa que garante a reprodução social. Preciado nos ajuda a ilustrar o pressentimento de que "nós ainda não vimos nada".[20]

18. Ibid., p. 282.
19. Ibid., p. 284.
20. G. Deleuze e F. Guattari, *O anti-Édipo*, op. cit., p. 425.

Já podemos repeti-lo, a partir dos elementos díspares elencados neste curto ziguezague entre autores tão diferentes: na correnteza demoníaca que tudo arrasta, o demônio pode sofrer uma transmutação, e o processo ser capaz de criar "uma terra nova". "Não uma terra prometida e preexistente, mas uma terra que se cria ao longo de sua tendência, de seu descolamento, de sua própria desterritorialização [...] onde os fluxos transpõem o limiar de desterritorialização e produzem a terra nova [...]. É nesse ponto da fuga ativa que a máquina revolucionária, a máquina artística, a máquina científica, a máquina (esquizo)analítica devêm peças e pedaços umas das outras." Como dizem os autores de *O anti-Édipo*, "a tarefa negativa ou destrutiva da esquizoanálise é inseparável das suas tarefas positivas", e o final do livro o reitera: "Vimos como a tarefa negativa da esquizoanálise devia ser violenta, brutal: desfamiliarizar, desedipianizar, descastrar, desfalizar, destruir o teatro, sonho e fantasma, descodificar, desterritorializar — uma espantosa curetagem, uma atividade maldosa. Mas trata-se de fazer tudo ao mesmo tempo, pois é ao mesmo tempo que o processo se liberta, processo da produção desejante, seguindo suas linhas de fuga moleculares [...]. Efetuar o processo e não estancá-lo, não fazê-lo girar no vazio, não lhe dar uma meta. Nunca se irá suficientemente longe na desterritorialização, na descodificação dos fluxos." Para os que possam ver nesse final um tom ditirâmbico, sem fundamento histórico ou científico, os autores se antecipam à objeção. "Aqueles que nos leram até aqui teriam talvez muitas censuras a nos fazer: acreditar em demasia nas puras potencialidades da arte e até da ciência; negar ou minimizar o papel das classes e da luta de classes; militar por um irracionalismo do desejo; identificar o revolucionário com o esquizo."[21] Não retomamos aqui o conjunto das respostas, importa-nos apenas evocar brevemente uma delas — sobre a suposta irracionalidade do desejo e seu papel numa eventual inflexão na lógica do capitalismo. O desejo, lembram os autores, é o "irracional de toda racionalidade" pois implica uma "ruptura de causalidade", ele "rompe com as causas e metas" e leva o *socius* a "voltar-se sobre sua outra face". Sua única causa é "uma ruptura de causalidade", e, "embora se possa e se deva assinalar nas séries atuais os fatores objetivos que tornaram possível tal ruptura, como os elos mais frágeis, só o

---

21. Ibid., pp. 426 e 502.

que é da ordem do desejo e de sua irrupção dá conta da realidade que ela toma em tal momento, em tal lugar". Posição assumida de maneira ainda mais categórica na formulação seguinte: "A atualização de uma potencialidade revolucionária explica-se menos pelo estado de causalidade pré-consciente, no qual, todavia, ela está compreendida, do que pela efetividade de um corte libidinal num momento preciso, esquiza cuja única causa é o desejo, isto é, a ruptura de causalidade que força a reescrever a história no próprio real e produz esse momento estranhamento plurívoco em que tudo é possível. Seguramente, a esquiza foi preparada por um trabalho subterrâneo de causas, de metas e de interesses. Seguramente, depois se pode sempre dizer que a história nunca deixou de ser regida pelas mesmas leis de conjunto e de grandes números. Acontece, porém, que a esquiza só adveio à existência por um desejo que, sem meta e sem causa, a traçava e a esposava. Embora impossível sem a ordem das causas, a esquiza só devém real por algo que é de uma outra ordem: o Desejo, o desejo-deserto, o investimento de desejo revolucionário."[22]

É verdade que, passados muitos anos desde a publicação de *O anti-Édipo*, assentadas as centelhas de 68, advindas as revoluções no mundo do trabalho, das comunicações, do entretenimento, em pleno neoliberalismo, com suas novas rudezas e crueldades, com a molecularização e tentacularização do biopoder, com as novas facetas farmacopornográficas, novos problemas afloraram e uma outra acuidade teórica se impôs. E, no entanto, alguns "gritos filosóficos" continuam ecoando nos labirintos do niilismo biopolítico que ainda nos assedia. Ainda e sempre, a força do intempestivo, seja nos devires-minoritários, nas máquinas de guerra que se vão inventando, nos acontecimentos que não podem ser reduzidos à história da qual desviam, na nomadologia que confronta a forma-Estado, na noologia que redesenha a infosfera, no corpo-sem--órgãos e nos agenciamentos de desejo que fazem saltar pelos ares o estriamento do *socius*. É claro que as modalidades pelas quais se toma de assalto a vida, e, portanto, para retomar a expressão de Nietzsche, em que o "bacilo da vingança" a envenena, se renovam a cada dia. Porém, no meio do caminho, antídotos e revides se multiplicam na mesma proporção em que se diversificam as formas biopolíticas que ele assume.

22. Ibid., pp. 500-501.

IMPOTÊNCIA DO MUNDO

Os historiadores da filosofia costumam localizar em Jacobi a origem do termo niilismo.[1] Porém, de fato ele foi introduzido por um cândido e milionário barão alemão, inteiramente adepto da Revolução Francesa, considerado por Michelet um louco genial, por Victor Hugo um "Dom Quixote do gênero humano", e apreciado por Herman Melville como a "orelha absoluta da humanidade universal". Originalmente, chamava-se Jean-Baptiste Cloots, antes que se rebatizasse como Anacharsis. Com o falecimento do pai, decide dedicar-se ao estudo e à escrita e redige uma refutação erudita de todas as religiões reveladas. Inspirado em Rousseau e Voltaire, escreve várias obras de viés cosmopolita e adere à Revolução em seus primeiros dias, tomando parte da Assembleia Constituinte. Membro de um comitê de estrangeiros, considerava-se "embaixador do gênero humano", advogando uma internacionalização dos princípios da Revolução. Seu belicismo e republicanismo ateísta lhe valeram a hostilidade crescente de Robespierre, e assim seu destino político se complicou. Foi expulso do clube dos jacobinos, acusado de traição em favor dos monarquistas, mas sua obstinação na descristianização sem concessões não cede um palmo, mesmo diante do deísmo defendido pela maioria e perante o esforço feito pela Revolução para transferir, em proveito próprio, o antigo fundo religioso. Cloots fustiga Robespierre como a um novo Maomé e, para reiterar sua posição antirreligiosa e anticlerical, recorre a uma nova terminologia: "A república dos direitos do homem,

---

[1]. Jean-Pierre Faye e Michèle Cohen-Halimi, *L'histoire cachée du nihilisme*. Paris: La Fabrique, 2008, que sigo de perto nos próximos parágrafos.

propriamente falando, não é nem teísta nem ateia: ela é niilista."² Nem teísta nem ateísta, isto é, cabe livrar-se da referência ao *theos* a fim de atingir a radicalidade sem lugar do nada (*nihil*), do neutro (nem... nem), isto é o niilismo: "Eu me contento com o *cosmos* incompreensível, e vocês duplicam a dificuldade por um *theos* incompreensível." Como o comenta Jean-Pierre Faye, niilismo é o vocábulo da tábula rasa, que reivindica a aniquilação dos cultos em vez de sua transferência para a Revolução. É a defesa de uma república desprovida de crença, é a soberania subtraída de todo *theos*, justamente aquilo que a prudência política e moral de Robespierre recusa, tachando-a de estúpida e perversa. Assim, Cloots é preso e guilhotinado em março de 1794.

Faye e Cohen-Halimi entendem a dificuldade do vocábulo e seu paradoxo. Na tentativa de não depender de um privativo (a-teísmo), Cloots permanece sem inscrição histórica. Michelet o diz com clareza: Cloots está sempre "aquém ou além da Revolução", num engajamento abstrato, incapaz de se articular ao real, numa inefetividade do sentido, já que o próprio "gênero humano" de que se diz embaixador não pode ser postulado como um universal sem ser ele mesmo um objeto de crença. Para além do paradoxo lógico que ele carrega com seu termo "niilismo", o problema que Cloots ataca é político: o de uma religião civil, que Rousseau, em contrapartida, ofereceu à Revolução nos termos positivos de uma "profissão de fé puramente civil".

Jacobi

Inteiramente outra, e mais conhecida, é a utilização feita do vocábulo "niilista" por Friedrich Heinrich Jacobi em sua investida contra o Iluminismo. Seis anos depois de Cloots, para quem o niilismo era um significante privado de sentido próprio e separado da efetividade, o mesmo termo passa a significar para Jacobi a empresa meditada de demolição realizada pela filosofia. Nos seus primeiros romances, depois de seu encontro com Goethe, já há uma tentativa de desqualificação da racionalidade e de seus efeitos negadores. Fenelon é citado, prefigurando o que ele compreenderá

---

2. Anacharsis Cloots, *Écrits révolutionnaires 1790-1794*. Paris: Champ Libre, 1979, p. 642, apud J.-P. Faye e M. Cohen-Halimi, *L'histoire cachée du nihilisme*, op. cit., p. 21. Segundo outra versão, já em 1179 o Papa Alexandre III teria condenado uma heresia que negava a substância humana do Cristo, chamando-a de niilista.

por niilismo: "Ele toma por existente o que não é nada; e o que existe de modo eminente, ele considera como sendo nada [...] está aí a natureza nadificante da razão."³ Mais tarde, segundo ele mesmo admite, se inspira nos textos pré-críticos de Kant para reiterar o argumento de que a existência não é relação a uma coisa, porém a coisa mesma, e intensifica a cisão entre a posição absoluta da existência e a racionalidade, postulando o ponto de vista da consciência viva, individual e finita, que nenhuma filosofia poderia abarcar ou compreender. Mas é apenas dez anos depois, em 1785, que deixa de lado sua aventura romanesca para enfrentar a polêmica chamada de *Querela do panteísmo*. Trata-se de um duelo filosófico com Mendelssohn, em torno da acusação de espinosismo, isto é, de "ateísmo", atribuída por ele, Jacobi, a Lessing, a quem Mendelssohn vai defender. O que agrava a polêmica é a equivalência estabelecida por Jacobi entre panteísmo e racionalismo, acusando assim toda a filosofia das Luzes de ser incapaz de demonstrar a existência de Deus e de fundar a religião e a moral. Jacobi põe no mesmo saco espinosismo, racionalismo, ateísmo, ceticismo, nadificação. E situa-se acima desses riscos da filosofia, oferecendo-se como um "suplemento terapêutico" que supõe possível um salto para fora da filosofia e de seu campo supostamente paraláxico. A estratégia de Jacobi consiste em colocar-se na fronteira externa da discursividade filosófica tradicional e, num crescendo de embaralhamento conceitual, faz uso até mesmo de conceitos da *Crítica* contra Kant. Em sua cruzada a favor da crença, da fé e do sentimento, que ele vai denominar de razão intuitiva, considera o deísmo sinônimo de ateísmo. E como dizem Faye e Cohen-Halimi: "O uso do termo de Cloots inverte aqui sua valência positiva, não se trata mais de abrir a exploração de um mundo liberado da referência a Deus, porém de estigmatizar uma tal liberação como produtora de nada. Quando Cloots esperava do progresso político da razão que ela produzisse positivamente a descrença — produção esperada e designada por 'niilismo' — Jacobi denuncia esse progresso como destruidor e saca sua denúncia de uma equivalência entre o racionalismo, o espinosismo e o ateísmo." O que era positivo torna-se um anátema, que denuncia e desvela, por trás dos racionalistas, ateístas camuflados a quem

---

3. Friedrich Heinrich Jacobi, "Allwills Briefsammlung" in *Werke*. Leipzig: Fleischer, 1812, p. 172, apud J.-P. Faye e M. Cohen-Halimi, *L'histoire cachée du nihilisme*, op. cit., p. 32.

cabe desmistificar. A *Crítica* de Kant, ao postular a impossibilidade de um saber do absoluto, do infinito e do incondicionado, teria solapado a base da crença e da certeza, colocando em seu lugar apenas uma crença vazia e formal, à qual Jacobi pretende opor sua via não filosófica do saber imediato, que Kant condenará como um perigo filosófico e político.

É sobre tal fundo que surge, finalmente, o vocábulo "niilismo", lançado contra Fichte numa carta datada de 3 de março de 1799.[4] Fichte é aquele, afinal, que admirou Lessing, que se exaltou com Rousseau, que descobriu a *Crítica da Razão Pura*, que tomou a defesa da Revolução Francesa e que foi objeto de uma grave acusação de ateísmo, perdendo sua cátedra de filosofia na Universidade de Iena. É a toda a essa série que visa Jacobi, apesar da simpatia que lhe manifesta Fichte e com a qual ele maliciosamente flerta, para acertá-lo de maneira mais perversa: "Sinceramente, meu caro Fichte, eu não ficaria melindrado se você ou um outro chamassem de quimerismo o que eu oponho ao idealismo que eu trato de niilismo",[5] retomando, com o termo quimérico, o qualificativo de Kant contra a sua não filosofia.

Aí temos o termo niilismo, com sua significação flutuante, como um "nem... nem..." dessemantizando os conceitos filosóficos que Jacobi associa alegremente para desqualificar o adversário — a filosofia ela mesma. Razão, idealismo, ateísmo, teísmo, deísmo, tudo se equivale, para não dizer judaísmo, que se insinua na carta a Fichte, elogiado fraternal e cinicamente como "o rei dos Judeus", de quem Kant seria apenas o precursor. É essa sinonimização generalizada que, desde o início, como um descolamento do sentido, serve a uma destruição. Como dizem Faye e Cohen-Halimi, é a confusão das línguas, nada inofensiva, transformando uma flutuação impotente em uma potência de aniquilamento. "Com Jacobi, o niilismo está pronto para desdobrar em trajetórias narrativas todas as arborescências de suas afinidades." Ou ainda: "O esgotamento do significado aumentou por assim dizer a potência negadora do significante. A força da negação, crescendo em proporção inversa à sua determinação, liberou nela um poder puro de destruição."[6]

---

4. Friedrich Heinrich Jacobi, *Lettre sur le nihilisme et autres textes*. Paris: Flammarion, 2009.

5. F. H. Jacobi "Carta a Fichte, 1-22 de março de 1799" in *Oeuvres philosophiques de Jacobi*, trad. fr. de J.-J. Anstett. Paris: Aubier, 1946, p. 309.

6. J.-P. Faye e M. Cohen-Halimi, *L'histoire cachée du nihilisme*, op. cit., p. 59.

Já podemos rastrear alguns desses efeitos em cinco autores eminentes, que ajudaram a revelar, cada qual a sua maneira, o modo pelo qual essa potência de negação se inscreveu no coração do século xx.

Jünger

Ernst Jünger considerou a crise da civilização, tão lamentada por outros autores, como uma passagem incontornável em direção a uma nova situação histórica. O trabalho, organizado sob o império da técnica, mobiliza agora todos os recursos do planeta e determina o leque do possível. A *mobilização total* mostra que, em épocas anteriores, havia uma mobilização apenas parcial das energias, mas que, atualmente (Jünger escreve nos anos 1930), tudo é requisitado, mobilizado, acionado, num regime de exploração de toda energia potencial, até o nervo da menor atividade. É a Era do Operário.[7] Nela, é toda a rede da vida moderna que se vê plugada em uma linha de alta tensão. Isso desencadeia forças de um novo gênero. Não é só na Rússia da época, onde o plano quinquenal dava a todas as atividades uma direção única e convergente, numa economia planificada; mesmo nas democracias assiste-se a uma mobilização, nem parcial nem geral, mas *total*, que aciona até o bebê no seu berço. Como diz Jünger: "No que diz respeito aos Estados Unidos, importa pouco que ele tenha ou não sido um estado militar, nem em que medida; mas o decisivo é sua capacidade de se mobilizar totalmente." É um estado, portanto, que se poderia chamar de *disponibilidade* — tudo fica disponível para tal mobilização. Essa mobilização, essa disponibilização, não pode ser explicada apenas pela economia, nem mesmo pela economia de guerra; é um fenômeno de ordem cultural, é um *credo*. Mesmo aqueles que se opõem à guerra entram, *malgré eux*, em um estado de mobilização. Nesse sentido, fascismo, bolchevismo, americanismo, sionismo, movimentos de emancipação, diz Jünger, obedecem à mesma lógica do progresso, de um certo totalitarismo, de um fetichismo da máquina, de um culto da técnica, a um nível planetário. Diz ele: "Em breve a era do progresso nos parecerá tão enigmática quanto os segredos de uma dinastia egípcia."[8]

---

7. Ernst Jünger, "La mobilisation totale" in *L'état universel, suivi de La mobilisation totale*. Paris: Gallimard, 1990, p. 107.
8. Ibid., p. 139.

Num ensaio posterior, intitulado *O Estado Universal*, Jünger chama a atenção para a natureza desse progresso como sendo o de uma aceleração crescente, um estado de mobilidade generalizada, de velocidade desenfreada. O homem sentado ou de pé, tal como era representado na estatuária grega, romana ou mesmo renascentista, parecia gozar de uma liberdade maior do que esse homem móvel em meio a um movimento irreversível, como hoje. Puxado ou empurrado, é uma nova coerção, um novo nivelamento, um novo estilo de vida global, um novo Estado que se impõe por toda parte.[9] Nesse sentido, Jünger é um precursor de Paul Virilio, o teórico que mais chamou atenção para a tirania da velocidade e das consequências dessa absoluta aceleração, como achatamento e perda da dimensão do tempo, do espaço, da própria experiência, num anseio pela desmaterialização absoluta, ali onde velocidade absoluta e paralisia absoluta coincidem, prenunciando a destruição e a própria morte do homem. Com palavras-chave como liberdade, paz, democracia, diz Jünger, esse estilo global calcado na mobilização plena se estende por toda parte, independente das fronteiras que ele torna caducas e vai derrubando, não só limites geográficos ou étnicos, como também valores, normas, posturas, instaurando novos princípios e um novo direito. Já não é o Estado mundial, mas o Estado universal, ou mesmo o Império universal (*sic*, muito antes de Negri). Uma tal aceleração universal do Estado universal, um tal estilo global de vida, implica uma uniformização das classes, das raças, das estações do ano, do dia e da noite, até mesmo dos sexos. Se o nivelamento imprime uma direção única ou privilegia uma tendência predominante em meio a uma multiplicidade de possibilidades, ao alegar garantir ao homem a segurança, traz precisamente uma ameaça ao que Jünger considera o próprio desse homem: sua imperfeição, sua capacidade de cometer erros. E o autor arremata que tal tendência à unidade não é apenas política, ela "englobaria toda a vida", inclusive aspectos biológicos, em uma aguda intuição sobre o caráter biopolítico desse desenvolvimento.

Com esse pano de fundo, já podemos abordar o livro sobre o niilismo intitulado *Über die Linie*. Ele pode ter o sentido de *Sobre a Linha*, ou *Passagem da Linha*, ou ainda *Para além da Linha*.[10] O que é essa linha?

---

9. Ibid., p. 27.
10. E. Jünger, *Passage de la ligne*, trad. fr. de Henri Plard. Paris: Christian Bourgois, 1997.

É o niilismo tomado como uma fronteira, como um limite a ser transposto — tema que será debatido por Heidegger, como se verá adiante. De qualquer modo, estaríamos todos, bem ou mal, referidos a essa linha, situados diante desse limite, dessa passagem, dessa transição. Quando estamos no seu interior, ela nos parece trivial, mas quando a olhamos a partir de um outro tempo, anterior ou posterior, ela nos aparece na sua aberração. Pois, afinal, trata-se de um movimento num espaço sem deus nem valores, e o espírito não é capaz de se representar o nada. Não forjamos do nada nem uma imagem nem uma noção, de modo que a intuição ou o conhecimento são aí ineficazes. Por isso o niilismo só se refere às margens do nada, à camada superficial, e não a ele em si, nem à sua força (!!!). Um pouco como na morte: podemos ter acesso à experiência do morrer, mas não à morte em si. Some-se a isso o fato de que sua dimensão mórbida nem sempre é clara. Sabe-se que o niilismo pode aparecer em sistemas muito ordenados, e geralmente é esse o caso: ele encontra na ordem um substrato poderoso — aliás, ele almeja e é fruto de uma ordem abstrata, o Estado aperfeiçoado, com seus funcionários e peças azeitadas, precisamente quando as ideias-força que o dirigiam se perdem ou entram em decrepitude, fazendo subsistir apenas uma sombra de existência no proscênio. Nesse caso, o imperativo é que tudo funcione, mas justamente o "tudo funcionando" é que denota a morte. Pensemos isso em uma escala maior: pode-se imaginar partidos proliferando, mas espelhando o Estado a que se opõem, de modo que temos o exército, os cartéis, trustes, caixas de seguridade social, sindicatos, tudo funcionando azeitadamente, recrutando com facilidade juízes, generais, professores. Como diz Jünger, a virtude do funcionário é funcionar. Assim, o niilismo pode coexistir com vastos mundos de ordem, e ele até tem necessidade deles para desdobrar todos os recursos de sua atividade. Portanto, não se deveria associar o niilismo a uma doença, ou a um estado físico degenerado, concretamente, já que o niilista muitas vezes tem o culto do corpo, da boa saúde, até mesmo uma exposição voluntária ao sofrimento. Ou seja, não há propriamente morbidez, mas homens que marcham, até com certa intrepidez. "Se se tiver a ocasião de observar de perto um pequeno núcleo niilista — não se pense somente num grupo de dinamiteiros, ou num regimento que luta à sombra da morte, mas, por exemplo, numa reunião de médicos, de técnicos ou de inspetores das Finanças, que discutem as questões de sua especialidade — seremos, decerto, surpreendidos por vários traços, mas não, sem dúvida, por ares particularmente mórbidos."[11] O mais perturbador é a indiferença, mesmo diante dos grandes crimes, ao ver como qualquer um é cooptado a integrar-se ao automatismo moral. Como diz Jünger, o niilista não é um criminoso, no sentido tradicional do termo, já que a própria noção de crime se desfez. Ele passa da comunidade moral à coesão automática. "Quando o niilismo tornou-se o estado de coisas normal, não resta ao indivíduo outra opção senão entre vários tipos de injustiça."[12] Ou seja, o niilismo não é o mal, nem seu parente, já que essa noção mesma é varrida por ele. Se fosse o mal, o remédio seria mais simples. "Mais inquietante é a fusão, e até a confusão total do bem e do mal"...[13] Se há devastação, é de outra ordem, ela não se localiza no plano da organização, do funcionamento, da sociedade, mas do sentido, dos valores, dos parâmetros que a sustentavam. É como se caminhássemos no gelo, e ali onde antes passávamos, já não podemos mais transitar.

Vemos aqui uma linha perigosa, em que a natureza metafísica do niilismo varre as coordenadas éticas e permite, por exemplo, subtraí-lo a toda responsabilização — um risco que Jean-Pierre Faye não cansa de denunciar entre aqueles que viram, no nazismo, afinal, um pequeno episódio de algo muito mais decisivo — a saber, o niilismo.[14] No limite, o nazismo, e mesmo o extermínio, são reabsorvidos como niilismo, no qual não há responsáveis já que se trata de um movimento de amplo arco histórico-filosófico — e, portanto, anônimo. Com isso, toda a implicação de filósofos ou pensadores com o nazismo se vê de antemão minimizada, senão inteiramente evacuada, e, por conseguinte, a despolitização e desistoricização, em nome desse amálgama entre nazismo e niilismo, dá margem à mera e pura absolvição. Ainda voltaremos a esse aspecto.

A literatura, diz Jünger, abunda de tipos niilistas. Verlaine, Proust, Trakl, Rilke, ou em outra direção, Lautréamont, Nietzsche, Rimbaud, Barrès. Nesse sentido, há como que duas vertentes, conforme a acepção

---

11. Ibid., p. 60.
12. Ibid., p. 63.
13. Ibid.
14. Cf. J.-P. Faye, *L'histoire cachée du nihilisme*, op. cit.

de Nietzsche, o niilismo passivo, ali onde se é como que afetado de nada, passivamente, e o ativo, ali onde se assume ativamente tal condição, onde o homem resiste, no turbilhão niilista, justamente ao assumi-lo, numa reversão de que dão testemunho várias obras literárias. Por exemplo, romances como de Conrad mesclam resignação e ação, ou, de outro modo, Wolf, Faulkner, Malraux, T. E. Lawrence, Hemingway, Kafka, Spengler, Graham Greene... Todos esses teriam um lado experimental, a consciência de uma situação perigosa, de uma grande ameaça. É o que diz Jünger: para abraçar uma época, é preciso conhecer seus extremos, ou seja, no caso presente, *o encontro passivo e ativo com o nada*. Daí o fascínio exercido por Nietzsche sobre os espíritos, ele que conseguiu fazer o melhor retrato desses extremos, inclusive autobiograficamente.

Achatamento

Um dos signos maiores, ou melhor, um dos sintomas cruciais do niilismo analisados por Jünger é a "redução", que poderíamos traduzir por achatamento. O mundo niilista é um mundo reduzido, achatado, depauperado. A redução pode ser espacial, intelectual, espiritual, pode estender-se à beleza, à verdade, à vida econômica, à saúde, à política — e dará sempre a impressão de um esgotamento. Não está descartado que esse esgotamento esteja ligado, ao mesmo tempo, a um grande acúmulo de forças, a uma potência de choque que aumenta sem cessar. Segundo Jünger, um dos indícios da redução é a abolição do maravilhoso, das formas que lhe dão expressão, da admiração, da surpresa; mesmo na ciência, a redução à técnica da mensuração. Há uma vertigem diante do abismo cósmico e, concomitantemente, uma proliferação de religiões e seitas, que substituem o esgotamento das igrejas, ou da arte e do próprio erotismo. Talvez o mais característico disso tudo seja, não tanto a novidade de cada um desses elementos, mas o modo como tais sintomas abarcam o mundo inteiro. "Pela primeira vez, nós observamos o niilismo tornado estilo." E ele explica: "Com frequência, na história dos homens, dos indivíduos ou de unidades mais ou menos vastas, a queda das hierarquias imortais se fez sentir, com suas consequências. Naqueles tempos, tinham-se sempre poderosas reservas à disposição, seja no mundo dos elementos, seja no das formas. Havia ainda abundância de solos virgens e civilizações inteiras permaneciam intactas. Hoje, o esgotamento, que não é apenas isso, mas ao mesmo tempo é aceleração, simplificação, aumento de intensidade e corrida em direção a alvos desconhecidos, ganha nosso universo."[15]

Em certo sentido, o niilismo atingiu seus objetivos últimos. Diante disso, não se trata de reagir de maneira conservadora, como se se pudesse interromper o movimento que se acelera. "Pois o conservador é sempre obrigado a se apoiar sobre zonas que o movimento ainda não arrastou, tais como a monarquia, a nobreza, o exército, o campo. Mas quando tudo se põe a tremer, o ponto de apoio se perdeu. Por isso se vê jovens conservadores passar das teorias estáticas às dinâmicas: eles vão desafiar o niilismo em seu próprio terreno."[16] Diz Jünger: em outros tempos, poderia se pensar que só o sótão estava em chamas, hoje o incêndio é geral, hectare por hectare, exigindo outras medidas. Não basta fugir, trapacear, mesmo as reservas salvas têm um caráter de absurdo. "Quais figuras se oferecem ao espírito que se move como uma salamandra através de um mundo ígneo?"[17] Ele vê a linha, diante da qual fundem todos os valores, e *o sofrimento* toma seu lugar. "O decisivo permanece saber a que ponto o espírito subordina as destruições necessárias, e se a marcha através do deserto leva a poços novos."[18] Se por um lado há um desmoronamento e uma destruição reconhecidos como necessários, por outro há não uma luta *contra* elas, mas como que *a favor* delas, para se apossar do processo, subordinar esse processo. "Há pois uma questão de valor fundamental, à qual é preciso submeter hoje em dia os seres, as obras e as instituições. É a seguinte: em que medida elas atravessaram a linha?"[19] Tudo aqui é problemático, a menos que se leia em chave nietzschiana, segundo a qual é preciso que os valores supremos desmoronem de vez, sem retê-los, não para que outros possam substituí-los, mas para que se possa engendrar valores a partir de um outro elemento, como dito anteriormente, e não a partir da negatividade ou do ressentimento. Ou como o formula Jünger: "A exuberância desapareceu; mas cresce em compensação uma coragem nova, a de

---

15. Ibid.
16. E. Jünger, *Passage de la ligne*, op. cit., p. 77.
17. Ibid., p. 78.
18. Ibid., p. 79.
19. Ibid.

esvaziar o cálice."[20] O que dá à resistência forças enormes, diz Jünger, mesmo que a inquietação também aumente, sobretudo num aspecto. "À medida que o niilismo se torna normal, os símbolos do vazio espalham mais terror do que os do poder."[21] Já não se trata, tanto, de focar o Estado monstro, nem seus avatares, mas os signos desse vazio que se alastra. É todo o desafio, pensar esse vazio, ou nesse vazio, sem, contudo, deixar-se sugar por ele, na medida em que não é nele que reside o que Jünger chama de liberdade, mas naquilo que ele chama de "deserto", isto é, "o espaço a partir do qual o homem pode guardar a esperança de levar seu combate, e mesmo de triunfar. É verdade, não se trata mais de uma solidão romântica. É a rocha primitiva de sua existência [...]".[22] Ou seja, esses desertos abrigam oásis, são jardins aos quais o Leviatã não tem acesso, e em torno dos quais ele ronda furiosamente. Assim, o mais importante por parte dos detentores do poder é espalhar o temor, pois massas inteiras poderiam evadir-se do temor... "o perigo supremo está escondido aí: que o homem perca o medo".[23]

Curiosamente, depois de dar mostras de uma intuição tão aguda, Jünger revela o horizonte de seu pensamento, fazendo apelo à transcendência, como se ela pudesse constituir tal âncora de resistência ao medo, ao vazio, ao nada, com o que ele trai todo o movimento precedente, apenas aparentemente próximo de Nietzsche. É quando vemos um vetor regressivo insinuar-se nessas fórmulas e comandar-lhes a direção, uma espécie de romantismo, solitário, saudosista, humanista. Num certo momento o autor apela a Eros. "Ali onde dois seres se amam, eles conquistam terreno sobre Leviatã, eles criam um espaço que ele não controla. Eros sempre vencerá, enquanto verdadeiro mensageiro dos deuses, sobre todas as ficções dos Titãs."[24] Jünger dá o exemplo de Henry Miller, no qual o sexo serviria de arma contra a técnica. "Ele quebra os liames de ferro do tempo; ao virar-se para ele, destrói-se o charme das máquinas."[25] Apesar do elogio, ele critica o modo "maquinal" que Miller tem

---

20. Ibid., p. 84.
21. Ibid., p. 92.
22. Ibid.
23. Ibid., pp. 92-93.
24. Ibid., p. 93.
25. Ibid.

de pensar o sexo, e afirma o amor como uma esfera onde tal vazio não penetraria. Que extraterritorialidade preserva essa esfera da ingerência, até mesmo da mobilização? Foucault, ou mais recentemente Preciado, mostraram suficientemente a falácia desse mito ao indicar como a sexualidade é dispositivo de poder... Mas Eros vive também na amizade, diz Jünger: "o encontro com o amigo seguro pode, não apenas aportar uma consolação infinita, mas restaurar e assegurar o mundo em suas medidas justas e livres."[26] Não se pode negar certa candura a esse autor que frequentou os limites de sua época.

"A acusação de niilismo é atualmente uma das mais correntes, e cada um a lança de bom grado contra seu adversário. É provável que *todos* tenham razão. Deveríamos pois admitir de uma vez por todas o bem fundado, ao invés de nos demorarmos ao lado daqueles que buscam sem trégua os responsáveis. É conhecer muito mal seu tempo não ter experimentado em si mesmo a força imensa do nada, e não ter sucumbido à tentação... (se o homem, a partir de seu coração) triunfa, o nada recuará. Ele deixará sobre a praia os tesouros que tinha recoberto sua maré. Eles compensarão os sacrifícios."[27]

Como se vê, é bem magro o que Jünger propõe a partir de seu visionário diagnóstico. Primeiro o sexo, depois o amor, depois a amizade, e por fim o coração. Talvez o sentido de seu texto se complete apenas com o diálogo que com ele travou Heidegger, a quem esse texto havia sido dedicado em 1950, e que lhe respondeu seis anos depois, em homenagem a seu sexagésimo aniversário, ao escrever Da "linha".

Heidegger

A resposta de Heidegger a Jünger intitula-se "Contribuição à questão do ser", publicada no livro *Questões I*, e leva o título original "Über 'Die Linie'". Portanto, o título original de Jünger reaparece, mas nele "A Linha" surge entre aspas. É que Heidegger problematiza a própria linha do niilismo, antes de supor sequer possível pretender ultrapassá-la. É preciso pensar a linha, diz ele, rodeá-la, antes de presumir que estaria ao nosso alcance simplesmente transpô-la. A linha é o zero, é o nada, o vazio. Ali

---

26. Ibid., p. 94.
27. Ibid., p. 101.

onde tudo pressiona para o nada, reina o niilismo. Ora, o que diz Heidegger nesse texto sobre o niilismo? Que é indubitável: o movimento do niilismo atingiu uma dimensão planetária, multiforme, na sua pressa devoradora, e que isso tudo é uma evidência — é esse o estado normal da humanidade. A melhor prova disso são todos aqueles que se opõem a esse estado, ao invés de se deixarem conduzir a um diálogo com a essência do niilismo. Assim, apenas trabalham para a restauração dos velhos bons tempos. É buscar salvar-se pela fuga diante daquilo que não se quer enxergar: "a problematicidade da posição metafísica do homem."[28] Antes de abordá-la diretamente, Heidegger acompanha alguns passos da formulação de Jünger, insistindo em que a realização do niilismo se dá, segundo o próprio Jünger, com uma certa forma de humanidade, a forma do Trabalhador, que funciona como matriz universal, fonte de doação de sentido. A forma do Trabalhador expressa a potência, a dominação, e o trabalho é a forma de validade universal dessa dominação, que preside toda mobilização através da técnica. Assim, o trabalhador, a técnica, a dominação, a potência, constituem a série do niilismo. Ora, para Heidegger, tudo isso é pertinente, e ele mesmo, em um texto sobre a técnica, entendia que, se a técnica é a mobilização do mundo pela forma do trabalhador, é porque ela advém da presença pregnante da vontade de potência particular de tipo humano. Em suma, a vontade de potência seria um modo historial de aparição do Ser do ente.

Chegados a esse ponto, poderíamos acompanhar a meditação de Heidegger sobre o Ser, o Nada, a pertença do homem ao Nada, ele mesmo sendo a linha, de modo que não é óbvia a passagem, a travessia. Heidegger quer dizer que, antes de uma topografia do niilismo, uma descrição geográfica dele, é preciso uma topologia, um esforço de situar esse lugar, onde Ser e Nada são reunidos na sua essência, determinando a essência do niilismo e permitindo reconhecer os caminhos nos quais poderia desenhar-se um ultrapassamento. Ora, Heidegger associa a Redução à qual Jünger fez alusão (o achatamento, ali onde a superabundância seca, sem que isso impeça um aumento de potência) justamente à vontade de potência, a vontade que se quer: Produção de Ser, Desdobramento da vontade de potência em Vontade incondicionada da Vontade.

---

28. Martin Heidegger, *Questions I*, trad. fr. de Alphonse de Walhens et alii. Paris: Gallimard, 1968, p. 208.

Ou seja, haveria um depauperamento que é fruto de uma vontade desenfreada de presença. A presença que precede o depauperamento, a incalculável Plenitude como transcendência e destino da metafísica. Assim, o Nada ganha um novo sentido, a saber: ele é como a sombra dessa presença excessiva. "Onde a Vontade de Vontade quer todo ente-presente unicamente na disponibilidade constante e uniforme de sua consistência [...]",[29] e o coloca como tal, o Ser barrado faz irrupção com uma estranheza assustadora e toda singular. Pois o Ser mesmo como que é ocultado, ocultado pela presença maciça do ente, e esse ocultamento foi esquecido e deveria poder ser pensado. Ora, toda a obra de Heidegger visa a pensar esse Outro do ente, esse Ser que é Nada aos olhos daqueles que só enxergam o ente, e sua meditação visa a reconduzir o homem à posição de guardião desse Nada que não é um Nada, mas Ser. E convoca testemunhos inusitados dessa mesma perspectiva, tais como o de Leonardo da Vinci: "Entre as grandes coisas que há para encontrar em torno de nós, é o Ser do Nada que é o maior." Assim, a pergunta que deveria ser colocada é: de que modo "há" o Ser ou o Nada, ou a doação desse lugar, em que medida esse dom dispõe de nós enquanto humanos? Mas não se trata de afirmar esse Nada (Nada apenas aos olhos da representação científica do ente) e fazer dele um documento de niilismo. A questão de Heidegger é: por que por toda parte apenas o ente merece ser meditado? Como conduzir a meditação para o Todo-Outro do ente? E como historiar os modos de determinação dele, *Physis*, *Logos*, vontade de potência, todos eles sob o signo de um traço fundamental, o Ser presente e seu reverso, o Esquecimento do Ser?

Assim, a essência do niilismo para Heidegger, que se completa com o reino da Vontade de Vontade, repousa no Esquecimento do Ser.[30] Nós correspondemos a esse esquecimento quando dele nos esquecemos, ou quando dele zombamos. E quando o meditamos, já não somos tentados a ultrapassá-lo, mas a nos recolher em sua essência — esse seria o primeiro passo para deixá-lo para trás. Não se trata, pois, de voltar para tempos remotos, mas de ir em direção a esse lugar (esquecimento do Ser) que a metafísica ela mesma barra. Trata-se de construir esse

---

29. Ibid., p. 237.
30. Ibid., p. 247.

caminho que leve ao lugar da Apropriação da Metafísica, para apenas então pensar em percorrer as possibilidades e a conveniência de um ultrapassamento. O ultrapassamento não pode dar-se sem que se entre na essência do niilismo.

É muito sucinto e redutor o que aqui se expôs de Heidegger — ainda mais ao privilegiarmos esse pequeno texto sobre Jünger. Num certo sentido, toda a sua filosofia deveria ser aqui convocada, sobretudo seu diálogo com Nietzsche, sua concepção da técnica, o *Gestell*, para que essa perspectiva se esclarecesse plenamente — mas esse *corpus* extrapolaria em muito o escopo desse tópico.

Blanchot
Ao comentar o diálogo entre Heidegger e Jünger, Blanchot observa o dilema: desejar dar uma boa definição do niilismo é uma pretensão bizarra, renunciar a essa tentação é deixar livre o campo para aquilo que nele é essencial, a saber, seu dom de travestimento, sua recusa em confessar suas origens e seu poder de esquivar-se de toda explicação decisiva. Pois o niilismo tornou-se o lugar comum do pensamento e da literatura, e aquilo que para Nietzsche era um grito (conforme Heidegger: um dos homens mais silenciosos e mais tímidos sofreu o tormento de ter sido obrigado a gritar), enigma após enigma, corre o risco de se tornar tagarelice.[31] Em seu "Réflexions sur le nihilisme", texto incluído em *L'Entretien infini*, Blanchot afirma que embora o pensamento do niilismo preserve todo seu vigor, do ponto de vista histórico, político e literário, e devido mesmo às verificações que ele recebe do tempo, parece ainda quase inocente. Talvez porque deixe escapar aquilo que lhe é essencial.

Pois a fórmula "Deus está morto", ou o entendimento de que os valores mais altos se desvalorizam, já mal nos toca. O cristianismo de Kierkegaard ou de Dostoiévski, o ateísmo de Nietzsche ou do jovem Marx pertencem todos, segundo Blanchot, a essa reviravolta na história. Com isso, o ideal, a consciência, a razão, a certeza do progresso, a felicidade das massas, mesmo que nada disso careça de valor, já nada disso tem

---

31. Maurice Blanchot, *L'entretien infini*. Paris: Gallimard, 1969, p. 215 [Ed. bras.: *A conversa infinita 2: a experiência limite*, trad. de João Moura Jr. São Paulo: Escuta, 2007].

um valor próprio, nada sobre o que o homem possa apoiar-se. Portanto, o niilismo não pode resumir-se a um mero humanismo, por mais orgulhoso que ele seja, num horizonte desimpedido de toda transcendência. Nesse sentido, não há como definir o niilismo pelo movimento de ultrapassamento, ou pela volúpia do ultrapassamento, através do qual espera-se que, por fim, tudo seja possível, inclusive todo conhecimento, ou o conhecimento de tudo, ou o poder de dar-se regras precisas, de criar sentido, nada disso pode compensar aquilo que de fato está em xeque ou em jogo no nilismo. Sim, é a era da dominação universal. Mas a ciência, aquilo que justamente pareceria compensar o esvaziamento de sentido e o niilismo que lhe corresponde, é ela precisamente que lhe equivale, na medida em que ela é o sentido de um mundo privado de sentido, o saber que tem por fundo a ignorância última. A ciência passa pela exigência niilista que lhe é própria — esse poder de nada (ou de aniquilamento) com o qual ela joga um jogo perigoso — e nesse sentido preciso ela não passa da realização do niilismo.

Blanchot assinala o paradoxo de um homem que, liberado dos valores caducos e arrebatado pela força de ultrapassamento e destruição da ciência, tem um poder que o ultrapassa sem que ele se ultrapasse nesse poder. "O homem atual é o homem da última fileira, mas seu poder é aquele de um ser que já está para além do homem: como essa contradição não carregaria o maior perigo?"[32]

Mas Nietzsche teria encontrado o modo pelo qual essa desenfreada vontade de ultrapassamento, essa vontade ilimitada de nada, se choca contra o rochedo do passado, o fato consumado, o "foi", transformando tudo em ressentimento, em espírito de vingança, constituindo, para a vontade, um limite no qual o nada já não pode ser consumado. A única maneira de contornar isso é justamente "querer o que foi", fazer o passado também tornar-se objeto da vontade, de modo que a vontade que queria o Nada se torna vontade que quer a eternidade, uma eternidade que já esvazia esse querer de finalidade. "O poder-total [*toute-puissance*] pessoal e subjetivo se transforma na impessoal necessidade de 'ser'. A transvaloração não nos dá uma nova escala de valores a partir da negação de todo valor absoluto, ela nos faz atingir uma ordem à qual a noção

---

32. Ibid., p. 221.

de valor cessa de aplicar-se."³³ E justamente quando pensamos que no amor da eternidade e do ser estaríamos ao abrigo do niilismo é que nos encontramos no seu coração. O niilismo já não está ligado ao nada, mas ao ser. Pois o nada é o inalcançável, impossível atingi-lo e com isso dar cabo do ser, o nada é impotente. "Nada acaba, tudo recomeça", eis a inflexão beckettiana... Se a ciência, no seu trabalho de transformação e negação, pensava retirar daí um poder suplementar para o movimento infinito da dominação, essa revelação da "inanidade" do nada se desmascarando em ser arruína o esforço em dominar a terra... É dessa maneira que a ponta extrema do niilismo é o ponto em que ele se revira, onde o Não vira Sim. O niilismo diria sua verdade a mais atroz: a impossibilidade do niilismo.

Blanchot reconhece que parece uma observação jocosa. No entanto, ao reconhecer que todo o humanismo moderno, o trabalho da ciência, o desenvolvimento planetário têm por objeto negar o ser a fim de lhe retirar um poder e fazer desse poder de negar o movimento infinito da dominação humana, deve aparecer que essa espécie de "fraqueza do negativo e a maneira pela qual o nada se desmascara em ser que não pode ser negado arruínam de um só golpe nosso esforço para dominar a terra e para os liberar da natureza dando-lhe um sentido, isto é, desnaturando-a."³⁴

É curioso como, ao comparar a diferença entre Jünger e Heidegger, Blanchot elogia a circunspecção do último, bem como sua sugestão de manejar com prudência termos que nos parecem eficazes demais, realistas demais, inclusive a palavra ultrapassamento, ou o ser, ou o nada, e considera que a maior contribuição de Heidegger talvez tenha sido o modo de barrar os termos: ser, nada.

No fundo, a ideia de Blanchot é que, sob Nietzsche, a própria filosofia se abala já que, no fundo, ele é convocado por uma outra linguagem, um discurso cuja vocação seria precisamente de apenas supor as palavras "barradas", espaçadas, cruzadas, no movimento que as afasta como lugar da diferença. Ele "está às voltas com uma exigência de ruptura que o desvia constantemente daquilo que ele tem o *poder* de pensar". Daí o

---

33. Ibid., p. 224.
34. Ibid., p. 225.

interesse da literatura, em sua força misteriosamente negativa, em sua potência crítica. Pois o verdadeiro criador é, conforme o ensinamento de Nietzsche, um destruidor... Mas não seria o mesmo, pergunta a voz de Blanchot a ele mesmo, do que abrir-se a uma perspectiva niilista? E responde: "Nós poderíamos dizê-lo se, ao falar de niilismo, tivéssemos o sentimento de saber do que nós falamos. Mas o termo niilismo é precisamente um desses termos que já não são suficientes para carregar o que eles indicam. Talvez o que se furta sob esse termo e o que escapa a toda apreensão direta tem sua essência nesse movimento de furtar-se."[35]

Sloterdijk

Peter Sloterdijk publicou um livro inspirado em Jünger, intitulado *La mobilisation infinie*, em que reconhece sua dívida para com ele, sem deixar de referir-se ao duvidoso trajeto pessoal do autor em relação ao nazismo. Um dos méritos de Jünger, segundo Sloterdijk, foi ter detectado um processo de aceleração, de mobilização generalizada (que ele chama de político-cinético) que, no limite, neutraliza de fato a diferença moralmente importante entre guerra e trabalho. Assim, envia-se ao fronte tudo o que é reserva de forças e que impele à realização do que é potencial. A técnica moderna como "mobilização do mundo pela Figura do Trabalhador", que não é o operário marxista, o proletariado, mas um sujeito planetário "ultraperformativo, tremendo de *fitness*, endurecido pela dor, neo-objetivo em seu engajamento decidido em favor do sistema de ação que se exalta, que se arma, que se lança para frente e que, como se diz igualmente, olha para o futuro".[36] É o processo pelo qual se coloca à disposição potenciais de movimento cada vez maiores. Daí a necessidade de uma crítica da mobilização, da aceleração, do movimento — numa preparação ao que ele chama de "desmobilização", contrapondo-se à utopia cinética da modernidade. Pois a mobilização, o cinetismo, a autocriação incessante, a autointensificação, em suma, produziram uma espécie de niilismo do dionisíaco fugidio, beirando a volatização fantasmática... É a *mobilização neoniilista*. Sloterdijk

---

35. M. Blanchot, *L'entretien infini*, op. cit., p. 590.
36. Peter Sloterdijk, *La mobilisation infinie. Vers une critique de la cinétique politique*, trad. fr. de Hans Hildenbrant. Paris: Christian Bourgois, 1989, p. 44.

diferencia, assim, regiões onde um niilismo cristão já havia preparado, pela desqualificação do mundo em uma espécie de treinamento milenar de ultrapassamento do mundo, essa nova fase niilista de volatização. Em outras regiões, onde não ocorreu tal "treinamento" preparatório, essa modernidade tem maior dificuldade de implantar-se. Em todo o caso, o autor não opõe o antigo niilismo da eternidade e da substância e o novo niilismo da transformação e da mobilização, mas os lê em uma linha contínua.[37] A alternativa não niilista passaria por uma outra concepção do tempo, livre do domínio de *Khronos*, em favor de um tempo vivido presente, o instante vivo, pensado como nascimento, vinda ao mundo, inacabamento do nascimento, *natalidade*. Não mais ser-para-a-morte, de tipo metafísico ou existencialista, mas ser-do-nascimento.

Talvez essa direção resulte de um certo cansaço, inclusive de uma depressão do pensamento, de uma lassidão com a história entendida como uma coleção de desesperos, de inibições, em que se veem demolidas as razões de viver... A reflexão histórica colhe a inibição niilista da vida, seja em nome da religião, da moral ou da civilização. Nietzsche viu o Ocidente cristão como esse suicídio lento, no qual os impulsos que dizem não à vida penetram todas as formas de pensamento, todas as maneiras de sentir, todas as artes e instituições, com uma assustadora radicalidade. Do ponto de vista psicológico, é a tomada de poder do ressentimento; do ponto de vista biológico, a decadência; do ponto de vista religioso, o cristianismo; e do ponto de vista filosófico, o niilismo. É a história da desqualificação do mundo e da vida, com as consequências nefastas de uma tal vida negada, inibida, mutilada — há aí, como diz ele, um sopro suicida do Oriente. Nosso niilismo quer o nada como valor supremo, um nada de valores vitais, um nada da motivação da vida, um nada depressivo fundado na recusa de aceitar a vida "tal como ela é". Nietzsche teria colocado o dedo nos mecanismos de negação e de inibição, tais como evangelização, filantropia, progresso civilizatório — mecanismos pelos quais ao mesmo tempo se coloca o mundo em movimento e se o rebaixa. Sloterdijk considera que o século XIX ouviu esse discurso sobre o niilismo pois compreendeu como a *impotência se estabeleceu em potência mundial*. Assim, prossegue ele, a modernidade

---

37. Ibid., p. 130.

niilista é o império mundial do ressentimento, ou seja, vontade de quebrar a vida. Contra isso, Nietzsche teria reivindicado um direito da vida, um positivismo heroico, nobre e afirmativo.

Mas para Sloterdijk essa análise é insuficiente, inofensiva, já que persiste no nada motivacional (!!) quando deveria ampliar-se em direção a uma outra dimensão, na qual o mais sinistro dos hóspedes (o niilismo) não aparece apenas como o fruto de um não dito à vida, mas provém de algo mais elementar. Não é o inquietante que nos visita, mas nós que chegamos a ele assim que nascemos, em uma condição comum. Não é uma situação histórica, porém antropológica, fundamental-ontológica. "Doravante não se trata mais de motivações e avaliações, mas da estrutura da existência, na qual estão gravadas as impressões do negativo." Uma analítica do nada foi popularizada em livros infantis como *História sem fim*, de Michael Ende, e teve uma versão cinematográfica — o mundo sendo atacado e progressivamente engolido pelo Nada. Como uma lepra ontológica,[38] o Nada rói as formas, torna as árvores invisíveis, como se a luz que ilumina as coisas as atravessasse, tornando-as transparentes: teologia negativa. Um agente que descolore e devora a totalidade do mundo.

No plano filosófico, contudo, não é o nada que avança e rói tudo, mas nós que, ao nascermos, passamos do familiar ao inquietante, do colocado ao deslocado, o próprio nascimento sendo concebido como queda, exposição ao inseguro. Enfim, o nada designaria a incongruência entre os chegados ao mundo e as condições da chegada. O nascimento seria uma espécie de aborto, exposição ao não dado, visita no inquietante, donde a necessidade de estar rodeado de promessas que, obviamente, não podem sustentar-se. Daí toda a reivindicação por uma filosofia do nascimento, para abordar o aspecto abissal da vinda ao mundo, e todo o esforço exigido para tentar sustentar as promessas insustentáveis, através de gestos fundamentais como levar, erigir, carregar. A subjetividade seria esse esforço, essa "gestão de si". Como diz Nietzsche, o nascimento do sujeito por seus próprios esforços é um nascimento para ficar de pé. É todo o tema da verticalidade, da ereção de si, o sujeito intensificando, ao nascer, seu esforço... É um autonascimento, autointensificação, desejo de parir-se. E ao lançar-se nessa empreitada, o sujeito abre uma distância

---

38. Ibid., p. 156.

intransponível para com o mundo dos outros. Daí as atitudes ascéticas, servindo esse esforço. O ascetismo não como recusa da vontade, mas como expressão de uma forte focalização da vontade, o ajuntamento enérgico de todas as pulsões parciais em um só raio da vontade. Autoprodução, autonomização, autonascimento, autorrealização... ereção autonatal do sujeito. A vinda ao mundo seria, ao mesmo tempo, pelo esforço de autoprodução e a distância entre ele e o mundo, uma não vinda ao mundo. Pois tudo remete a um tom masculino, a ereção autonatal do sujeito, a autointensificação existencial, o erotismo da vertical. Daí a necessidade de repensar a gramática desses dramas autonatais, fazer uma crítica do esforço como núcleo da subjetividade, e da subjetividade cinética como tal. Quando a subjetividade é concebida como um manter-se, sustentar-se, abster-se, entreter, chega-se a um limite onde surge outra coisa, sob o modo do esgotamento, do afundamento. O nada como insustentabilidade progressiva do que fôra prometido, como resultante da lassidão. Para Sloterdijk, em todo o caso, trata-se, não de passar da posição ereta para a sentada ou deitada, mas reencontrar uma maneira de flutuar...[39] Deixar-se levar, ou melhor, permitir um refluxo ontológico da subjetividade, quando o fluxo muda de vetor. Se a modernidade não passa de um ser-para-o-movimento, numa espiral de autointensificação, nossa sobrevida está ligada a um retorno da onda "em nós" (yogui ou artístico), em uma distensão, um modo de ser sereno — consciência não-heroica. Portanto, contra Bloch, que reivindicava uma filosofia do ainda não (a promessa, a utopia, o porvir), uma filosofia do *ainda*, o ainda do que apenas se iniciou, num eixo de desmobilização. Só quem conhece o sentido do repouso possui um critério da boa mobilidade, diz ele.[40] Ao invés de mobilizações massivas para diante, uma suspensão inteiramente móvel e, não obstante, no mesmo lugar... Em *O princípio esperança*, Bloch mostrava o medo como uma máscara subjetivista e o niilismo como máscara objetivista do fenômeno da crise. Fenômeno suportado, mas não compreendido; lamentado, mas não removido. Para ele, a remoção é impossível em solo burguês, ou mesmo no abismo dele, proveniente e contraído por ele, ainda que ela fosse desejada, o que de

---

39. Ibid., p. 186.
40. Ibid., p. 328.

modo algum é o caso. Sim, o interesse burguês gostaria de arrastar, para dentro do próprio fracasso, justamente cada um dos demais interesses que lhe são contrapostos. Assim, para extenuar a nova vida, ele torna a própria agonia aparentemente fundamental, aparentemente ontológica. A situação sem saída do ser burguês é estendida à situação humana, a todo o ser, com o que se ontologiza aquilo que é histórico, e se antropologiza aquilo que é apenas uma das modalidades históricas de uma certa cultura e civilização... Sloterdijk não parece importar-se com tal juízo, já que seu foco está mais próximo de uma metafísica da natalidade.

O Rebelde

Ao lado do Trabalhador e do Soldado, figuras maiores de nossa era, Jünger mencionava o Rebelde. Seria preciso aprofundar o sentido dessa figura, antes de retornar a Sloterdijk. O Trabalhador é o princípio técnico que se expande, dispondo de forças que jamais tinham sido desencadeadas, nas várias escalas. O Soldado desconhecido é aquele que carrega os fardos no grande deserto de fogo. E o Rebelde, isolado e privado de sua pátria, está entregue ao nada. O Rebelde está decidido à resistência, ao engajamento na luta, mesmo quando ela é sem esperança. Relação com a liberdade, revolta contra o automatismo, recusa em admitir o fatalismo.[41] Ele deve estar sustentado pelas forças da arte, da filosofia e da teologia, diz Jünger (!). Mas é preciso superar o sintoma dominante de nosso tempo, o medo, ou o pânico, ou o próprio nada. Em nossa época niilista, espalha-se a ilusão de ótica segundo a qual o movimento parece ganhar terreno em detrimento do imóvel, mas é preciso penetrar nele para dele recolher os "tesouros do ser". Na tradição antiga da Islândia, o recurso às florestas seguia uma prescrição na qual o homem proclamava sua decisão de afirmar-se por suas forças, apenas. Não se trata, para Jünger, de uma forma de anarquia, mas de uma honra daqueles que se dispõem a abandonar o navio (o Titanic, símbolo máximo do progresso e do afundamento)... Doutrina das florestas, que supõe centros de força originais, sítio do perigo. Ao abordar a questão da força vital, a dúvida e o sofrimento trazem o risco do niilismo. "O Nada quer saber se o homem está à altura de lhe fazer face, se há no homem elementos que nenhum tempo

---

41. E. Jünger, *Traité du Rebelle*, trad. fr. de Henri Plard. Paris: Christian Bourgois, 1980, p. 44.

desagregará."⁴² O Rebelde tem por consigna o aqui e agora, mesmo que ele seja uma minoria, elite capaz de resistir ao automatismo, que pode enfrentar a força bruta em nome de uma liberdade antiga. A resistência do Rebelde é absoluta, sem neutralidade, sem distensão — sua solidão não repousa sobre a esperança de que seus argumentos serão ouvidos. Mas o Rebelde não é soldado. Sua vida é mais livre e mais dura que a existência militar, e não está restrita ao campo de batalha. Dito de outro modo, a floresta está por toda parte, no deserto como nas cidades, na sua pátria assim como fora dela, mesmo e sobretudo na retaguarda dos inimigos. O Rebelde não dispõe de muitos meios de combate e sabe que por vezes um golpe audacioso vale por muitas armas. A situação geral parece favorecer as florestas: ela produz equilíbrios de força que convidam à ação livre. "Na guerra civil em escala planetária, todo agressor deve esperar dificuldade em manter sua retaguarda."⁴³

Deleuze e Guattari valorizaram essa intuição de Jünger sobre o Rebelde. Ao referir-se à ambiguidade da relação do Trabalhador com a arma e do Guerreiro com a ferramenta, eles dizem: "Tudo é ambíguo. Mas não acreditamos que as análises de Jünger sejam desqualificadas por esta ambiguidade, quando erige o retrato do 'Rebelde', como figura trans-histórica, arrastando o Operário de um lado, o Soldado de outro, sobre uma linha de fuga comum, onde se diz a um só tempo 'Procuro uma arma' e 'Busco uma ferramenta': traçar a linha, ou, o que dá no mesmo, atravessar a linha, passar a linha, visto que ela só é traçada quando se ultrapassa a linha de separação."⁴⁴ E na nota de rodapé, acrescentam, de maneira categórica: "É no *Traité du rebelle* que Jünger se opõe o mais nitidamente ao nacional-socialismo, e desenvolve certas indicações contidas no *Der Arbeiter*: uma concepção da 'linha' enquanto fuga ativa, e que passa entre as duas figuras do antigo Soldado e do Operário moderno, arrastando a ambos para um outro destino, num outro agenciamento (nada subsiste desse aspecto nas reflexões de Heidegger sobre a noção de Linha, no entanto dedicadas a Jünger)."⁴⁵

---

42. Ibid., p. 90.
43. Ibid., p. 116.
44. Gilles Deleuze e Félix Guattari, "Tratado de nomadologia: a máquina de guerra", trad. bras. de Peter Pál Pelbart in *Mil platôs*, v. 5. São Paulo: Ed. 34, p. 83.
45. Ibid. Podemos acrescentar, a propósito, que as revelações contidas no livro de E. Faye a respeito do

Leo Strauss
"Permitam-me tentar definir o niilismo pelo desejo de aniquilar o mundo presente e suas potencialidades, um desejo que não é acompanhado por nenhuma concepção clara do que se quer colocar no lugar."

Leo Strauss contesta a ideia de que o niilismo seria um desejo de destruição total e de autodestruição gratuitos e postula ser um desejo de destruição de algo *preciso*: a civilização *moderna* e seus efeitos supostamente corrosivos, considerados desde um ponto de vista moral.[46] Aos olhos de certa exigência moral presente na tradição alemã, bem anterior ao nazismo, a civilização moderna, com seu internacionalismo, sua abertura, seu culto ao prazer, ao lucro, ao poder, à irresponsabilidade, faz o Ocidente derrapar, senão em direção a uma *imoralidade*, ao menos a uma *a-moralidade*. Nessa tradição, a vida moral implica espírito de seriedade, de respeito à bandeira, à pátria, ao sacrifício de si e dos bens terrestres — em suma, à *guerra*. Apenas uma vida fundada em uma tal *tensão sacrificial*, sob o signo do *dever*, atinge um patamar sublime. As sociedades ocidentais e abertas são, afinal, sociedades em vias de desintegração, abrumadas por uma espessa nuvem de hipocrisia.

A ideia de Leo Strauss é que o fundamento de uma tal concepção é antes *moral* do que *belicista*: trata-se de um amor pela moral e pelo dever, antes de ser um amor pela guerra ou pela nação. Nesse sentido, a genealogia desse protesto moral pode ser encontrada em Platão e Rousseau, e até mesmo em Nietzsche, dada a exigência que cada um deles evocou ao reverenciar a virtude, em contraposição à civilização fácil e corrompida, hipócrita e "materialista". Há aí, insiste Leo Strauss, uma paixão, na contramão dos "sub-homens das grandes cidades" [*die Untermenschen der Grossstadt*], ou do "bolchevismo cultural"... Tal paixão ou convicção não é, portanto, em si mesma niilista, e nem mesmo necessariamente infundada, nota Strauss, embora tenha levado ao niilismo devido a um certo número de circunstâncias a serem analisadas.

---

conteúdo nazista dos seminários de Heidegger de 1933 e 1934, bem como dos *Schwarze Hefte* [cadernos negros] organizados por Peter Trawny, e a polêmica daí resultante, lançam uma sombra sinistra sobre as relações entre niilismo, nazismo e antissemitismo no pensamento de Heidegger. Ver a respeito, *Heidegger, a introdução do nazismo na filosofia*, trad. de L. P. Rouanet. São Paulo: É Realizações, 2015; *Heidegger et l'antisémitisme:*. Paris: Seuil, 2014; e *Le cas Trawny*, de M. Cohen-Halimi e F.Cohen. Paris: Sens&Tonka, 2015.
46. Leo Strauss, *Nihilisme et politique*, trad. fr. de Olivier Sedeyn. Paris: Payot & Rivages, 2004, p. 35.

Strauss tenta mostrar como o período entre guerras na Alemanha foi dominado por essa *emoção*, de desprezo pela democracia liberal e sua impotência, mas igualmente pela promessa utópica semeada pela esquerda, de uma sociedade planetária dedicada somente à produção de bens materiais e espirituais, em que cada um teria sua dose de prazer diurno e noturno, sem qualquer sentido de sacrifício ou grandeza. As razões desse desprezo não eram propriamente religiosas, já que, como dizia Jünger, um dos representantes dessa corrente majoritariamente jovem, eles sabiam que eram filhos, netos e bisnetos de homens sem deuses. O que para os comunistas parecia o sonho por excelência era, para esses jovens, o maior aviltamento da humanidade, o surgimento do "último homem", como diria Nietzsche. Daí a recusa categórica desse presente e de suas potencialidades, do sonho comunista-anarquista-pacifista, dessa miragem em que cada um desfrutaria de seu prazer sem que nenhum grande coração ou aspiração tivessem lugar. Qualquer coisa lhes parecia preferível a isso, mesmo o nada, o caos, a selva. Ora, é curioso que, ao identificar nesse niilismo juvenil, no qual se mesclava o desprezo da democracia e do socialismo e um certo ateísmo, as influências teóricas maiores lembradas por Strauss sejam Schopenhauer mas sobretudo Nietzsche. Strauss deplora, no entanto, que no predomínio do *Não* que se alargava, faltassem mestres que pudessem esclarecer o avesso positivo de sua recusa niilista, e lamenta que esses jovens só tenham encontrado mestres que, à sua revelia ou não, abriram o caminho para Hitler, tais como Spengler, Jünger, Carl Schmitt e Heidegger. Quanto aos adversários que combatiam tanto os jovens quanto os intelectuais mencionados, eles soavam como velhos conservadores defendendo uma cultura empoeirada, que impediam o advento do novo. No fundo, diz Strauss, essa juventude aspirava por uma palavra nova, mesmo que ela fosse extrema. Daí porque a influência da filosofia de Nietzsche sobre essa geração não deveria ser subestimada. No seu antissocialismo, antidemocratismo, antipacifismo supostamente radical (são qualificativos de Strauss), e até mesmo no seu ateísmo (que contrastava com a tradição idealista ou mesmo teísta ou panteísta, da qual essa geração desejava desprender-se), Nietzsche oferecia a esses jovens a paixão e o ardor que eles buscavam; uma "onda de futuro", uma libertação do fardo da tradição e de sua impotência.

Dada essa impressão, extraída de seus anos vividos na Alemanha, Strauss redefine o niilismo como a rejeição deliberada dos princípios da civilização (não da cultura — todas as sociedades têm cultura: dança, música, tradições etc.). Um niilista é alguém que conhece os princípios da civilização e os quer destruídos (diferente de um bárbaro, que nem sequer os conhece) em favor de outra cultura. Não se trata de um grau zero de cultura, porém de uma cultura alternativa a essa civilização, regida, como se sabe, sobretudo por princípios racionais (morais e científicos). Daí esse paradoxo tão surpreendente nessa geração do entre-guerras: ódio à civilização (ocidental) e amor à cultura (alternativa). Pode ser que a geração em questão tenha visto em Hitler apenas uma via de passagem para algo mais elevado, um episódio necessário, porém transitório. Em todo o caso, por mais que o niilismo alemão seja não apenas aparentado, mas herdeiro mesmo do militarismo, é preciso acrescentar que nesse último ainda havia uma tentativa de conciliação entre o ideal da guerra e o da *Kultur*, isto é, da civilização (sentido primeiro do termo alemão), cuja destruição é precisamente o alvo do niilismo.

Nazismo
Pois bem, se o niilismo é definido como o desejo de aniquilar a civilização atual, isto é, *moderna* (embora nem sempre a crítica radical dessa civilização deva receber a designação de niilista), o nazismo constituiu o seu ápice. Restaria saber em que o nazismo se baseou para rejeitar os princípios da civilização. Strauss responde: em um *militarismo* radicalizado (não só o soldado é superior, mas a única e básica virtude é a coragem, conforme uma tradição alemã), em um *romantismo* contraposto à modernidade (a convicção de que num passado conhecido uma ordem superior teria existido), em uma *hipervalorização da moral* em detrimento do útil ou do senso comum (valor do autossacrifício no campo de batalha). A filosofia alemã, por sua vez, teria operado a síntese entre o ideal pré-moderno e o moderno, e, no entanto, no seu elã regressivo, resolveu purificar-se de toda modernidade. Ora, nisso a responsabilidade de Nietzsche, segundo Strauss, é comparável à responsabilidade de Rousseau em relação à Revolução Francesa — isto é, muito relativa, porém real.

Não nos cabe aqui refutar a hipótese de Strauss. Basta dizer que ele proferiu sua conferência intitulada "Sobre o niilismo alemão" em 1941, em plena Guerra Mundial.[47] Strauss não podia pressentir em que medida sua própria leitura de Nietzsche ainda estava contaminada pela apropriação de que foi objeto. Involuntariamente, essa compreensão que tinha Strauss de Nietzsche o encerrava na tradição que ele analisou. Strauss não podia antever, naquele momento, a que ponto o pós-guerra denunciaria o sequestro político-filosófico de que Nietzsche tinha sido objeto, e que desembocaria no vigoroso movimento que abriu sua obra na direção oposta a qualquer regressão ou conservadorismo. Ele teria ficado surpreso com a frase de Deleuze: Nietzsche não é um dos pilares de nossa cultura (juntamente com Marx e Freud), porém o arauto da *contracultura*. Se niilismo há, na contracultura que Deleuze evoca, é num sentido inteiramente inverso do niilismo que o nazismo cultivou. E se Nietzsche pôde inspirar o niilismo ativo que a contracultura filosófica do pós-guerra dele colheu, foi justamente porque ela se enunciou em oposição radical ao niilismo reativo que Nietzsche mesmo já havia diagnosticado, combatido e, por assim dizer, deixado para trás.

---

47. A conferência "German Nihilism" [sobre o niilismo alemã] foi proferida em 26 de fevereiro de 1941 no seminário *As experiências da Segunda Guerra Mundial*, promovido pela Graduate Faculty of Political and Social Science da New School for Social Research, em Nova York. O texto de referência, datilografado pelo autor, e posteriormente revisto por ele, só foi publicado postumamente (Strauss faleceu em 1973), em 1999, simultaneamente na revista *Commentaire*, nº 86, em francês, e em inglês na revista *Interpretation*, v. 26, nº 3. Nova York: Queen's College.

A POTÊNCIA DE NEGAÇÃO

Inspirado em um crime político real, perpetrado a mando do agitador Nietcháiev, Dostoiévski traça, em *Os demônios*, um dos mais sinistros panoramas da atmosfera de complô que atravessa a Rússia czarista de seu tempo. A galeria de tipos que ele apresenta desperta no leitor, ao mesmo tempo, fascínio e repugnância. O próprio Nietcháiev "real", no qual se inspirou parcialmente o autor, já é uma figura em tudo romanesca.[1] Em 1868-9, ele participa ativamente da agitação em São Petersburgo, simula uma prisão e uma evasão dramáticas, viaja para a Suíça, encanta e engana Bakunin, fazendo-o acreditar que lidera uma vasta rede revolucionária na Rússia. No seu retorno, quando um dos estudantes recrutados por ele suspeita da realidade das células espalhadas pela Rússia, ele convence seus companheiros a eliminá-lo, sob a alegação de traição. O cadáver do estudante Ivanov é encontrado na gruta do parque da Academia agrícola, e o episódio inflama a imaginação da imprensa russa.

Nietcháiev é, aos olhos de Dostoiévski, o herói de nosso tempo: personagem desprovido de escrúpulos, infiltrado em todos os meios para criar confusão, caos e desordem, conforme o programa do neomaquiavélico *Catequismo de um revolucionário*. Como reza o documento redigido por Nietcháiev, e falsamente atribuído a Bakunin: "É preciso, por todos os meios, contribuir para amplificar as infelicidades e as dores do povo, para fazê-lo perder a paciência e empurrá-lo a uma revolta geral... Não propomos impor ao povo uma organização qualquer. É a tarefa das gerações vindouras. A nossa se limita a uma destruição total,

---

1. Armand Coquart, *Dmitri Pisarev et l'idéologie du nihilisme russe*. Paris: Institut d'Études Slaves de l'Université de Paris, 1946.

geral, terrificante e impiedosa."[2] Segue-se o detalhamento dos métodos de instrumentalização dos camaradas, bem como as instruções para a eliminação progressiva de setores inteiros da sociedade.

Em seu *Diário de um escritor,* Dostoiévski confessa: "O que eu queria é colocar a questão, colocá-la tão claramente quanto possível sob forma de romance, e responder a ela: como se dá que — não Nietcháiev, mas *alguns Nietcháiev* — sejam possíveis em nossa surpreendente e transitória sociedade contemporânea? E como se dá que *esses Nietcháiev* cheguem a recrutar *nietcháievianos?*"[3] E mais adiante, acrescenta: "No meu romance *Os demônios,* tentei mostrar os motivos múltiplos e variados que incitam as pessoas mais ingênuas e com o coração puro a se deixarem arrastar a crimes monstruosos. O horror consiste justamente no fato de que se podem cometer as perversidades as mais abjetas sem ser um celerado! É assim que acontece no mundo, e não apenas entre nós, desde o início dos séculos, nas épocas de transição, quando a existência se encontra transtornada, em que as noções sociais são atingidas pela dúvida, a negação, o ceticismo e a instabilidade..."[4] O autor chega a admitir que, em sua juventude idealista e engajada, ele mesmo poderia ter se transformado, se não em um *Nietcháiev,* ao menos em um *nietcháieviano.*

Seu desígnio explícito, portanto, ao escrever o romance, é fazer um panfleto contra a onda niilista que ameaçava os pilares da cultura russa ("É indispensável dar nos niilistas e nos ocidentalistas uma chicotada definitiva"). Contudo, mesmo quando sai em defesa da tradição mais retrógrada, não consegue esconder a tentação irrefreável de sondar a fundo a lógica da *negação niilista.* Já na saída de seu desterro, em 1854, ele se dizia "filho do século, filho da falta de crença e da dúvida". E no final da vida, em um momento em que suas posições eslavófilas e obscurantistas estão ainda mais acentuadas, expondo-o a críticas cada vez mais acirradas, ele revela em seu diário o moto secreto de sua experimentação romanesca, no avesso de sua retórica regressiva: "Esses safados me recriminaram minha falta de instrução e minha fé retrógrada em Deus. Esses imbecis nunca viram, mesmo em sonho, uma potência

---

2. Franco Venturi, *El populismo ruso,* v. II. Madri: Biblioteca de la Revista de Occidente, 1975.
3. Nina Gourfinkel, *Dostoïevski notre contemporain.* Paris: Calmann-Lévy, 1961, p. 249.
4. Ibid.

de negação de Deus semelhante àquela que coloquei no meu Inquisidor e no capítulo que o precede... Sua besteira não poderia imaginar a potência de negação que eu conheci."

O ateísmo

Duas palavras sobre a gênese de *Os demônios*, sob esta ótica. Em dezembro de 1869, em sua estadia europeia, Dostoiévski conta a uma sobrinha que está em vias de preparar para a revista *O Mensageiro russo* um romance que será o início de uma obra importante, que totalizaria três volumes e levaria cinco anos para ser terminada. É uma ideia que, já há dois anos, ele acalenta, a ser intitulada *O Ateísmo*. Seria sua última obra, obra total, depois da qual já podia morrer, pois teria se exprimido por inteiro. Pouco antes dessa confissão, ele se informa, através de um parente vindo da Rússia, do clima das discussões políticas da pátria, e, em janeiro de 1870, lê em *A Voz* sobre o assassinato do estudante Ivanov, a mando de Nietcháiev. *O Monitor de Moscou* referia-se a um vasto complô, com chefes espalhados pelas capitais, executores por toda parte, bandos de delinquentes nas florestas esperando apenas por um sinal. A revolução, portanto, não parecia estar só nos cérebros, mas já se experimentava na ação.[5] Em março de 1870, ele apresenta seu projeto maior, uma série de cinco romances, já não sob o título *O Ateísmo*, mas *A vida de um grande pecador*: "A ideia essencial é a que me atormentou, conscientemente ou não, toda a minha vida: a existência de Deus. O herói será ao longo dos anos ora ateu, ora crente, ora membro fanático de uma seita, ora de novo ateu." O segundo romance, passado num mosteiro, apresentaria a vida de um bispo retirado, Tikhon de Zadonsk (que de fato viveu entre 1724-1783), e, junto a ele, um niilista de treze anos que cometera um crime, uma espécie de Tchaadaev (nobre oficial da Guarda que, em 1836, escrevera um panfleto filosófico afirmando que a Rússia, por ter aderido ao cisma de Bizâncio e ter se isolado da Europa, tinha sido condenada à esterilidade e não trouxera nada à civilização), enviado ali em penitência, e que recebe as visitas de Bielinski, Granovski, Puchkin (os ocidentalistas que Dostoiévski condena); por fim, velhos crentes convertidos à ortodoxia (o tipo verdadeiramente "do

---

5. Pierre Pascal, *Dostoïevski, l'Homme et l'Oeuvre*. Paris: L'Age de l'Homme, 1970, p. 211.

povo"). Tikhon será o tipo do homem russo perfeito, que em vão os autores buscaram até então. Bispo do século XVIII, marcado mais pelo pietismo de seu tempo do que pela teologia dos seminários, renunciara a todas as suas dignidades para dedicar-se às obras de caridade e à condução das almas. Foi canonizado em 1861. Nesse conflito imaginado por Dostoiévski, lê-se as marcas de um confronto que atravessa boa parte do século russo, entre uma tendência ocidentalista, em todo o caso mais laica, democrática, iluminista, racionalista, socializante, e uma tendência eslavófila, com seu culto ao povo, às formas institucionais do cristianismo primitivo, fundada no amor à comunidade. Nem sempre tal conflito era teoricamente claro, nem politicamente nítido, e o governo tentava capitalizar a seu favor a posição eslavófila, que não necessariamente provinha de um caldo reacionário (a Santa Rússia). Dostoiévski, por sua vez, migrou de uma posição a outra, ao longo de sua vida, sem saber como conciliar sua dívida para com o ocidente (seu angélico schillerianismo-fourierista), seu nacionalismo, sua fé, suas dúvidas etc. Em 1847, ingressara no círculo de Petrachevski com suas ideias de socialismo utópico, o qual se mesclavam Fourier, Saint-Simon, um pouco de Proudhon, com certas concepções cristã-comunistas... É só depois do fracasso da revolução de 48 que o caldo de ideias socialista se volta para a ação, desembocando no radicalismo revolucionário da década de 1860, do qual seu percurso já havia bifurcado de maneira dramática.

Destruição
Antes de enfrentar *Os demônios*, recuemos para Turguêniev, no qual surge, pela primeira vez na literatura russa, a figura explícita do negador radical e, a partir dela, sua rápida popularização. O personagem Bazárov, de *Pais e filhos*, dá a definição mais precisa: o niilista é o homem que em nada crê, nada reconhece, nada respeita. Deus, a metafísica, a moral, a autoridade, até mesmo a arte devem ser desmascaradas como mentiras hipócritas: "Na época atual o mais útil é negar." Tudo? — pergunta Pável Pietróvich. "Tudo — com estupenda calma, repetiu Bazárov."[6] E quando lhe objetam que não basta destruir, é preciso construir, ele responde: "Não nos

---

6. Ivan Turguêniev, *Pais e filhos*. São Paulo: Ediouro, 1988 ou Cosac & Naify, 2004, inclusive para as próximas citações.

compete. Primeiramente é preciso limpar o terreno." Nem sequer cabe justificar tal destruição, é inútil perder-se em digressões filosóficas, ou românticas: "Destruímos porque somos uma força." E se lhe objetam que são uma minoria, ele responde: "Saiba o senhor que a cidade de Moscou já foi destruída pelo incêndio causado por uma vela de um copeque."

Deixaremos de lado o materialismo tosco desse personagem, sua fé ingênua na ciência, bem como seu ressentimento amargo e a rasa psicologia que lhe empresta o autor. O fato é que ele expressa, parcialmente e talvez de maneira caricata, uma atitude nascente que se generalizou rapidamente, conforme as palavras do príncipe Kropotkin: "Antes de tudo, o niilista declarava guerra a tudo que se pode chamar 'as mentiras convencionais da sociedade civilizada'. A sinceridade absoluta era sua marca distintiva [...]. Ele recusava curvar-se diante de qualquer outra autoridade que não a razão [...]. Ele rompia, naturalmente, com as superstições de seus pais, e suas ideias filosóficas foram as do positivismo, do agnosticismo, do evolucionismo à maneira de Spencer ou do materialismo científico. [...] A arte era submetida a essa crítica negativa com o mesmo rigor. Esses contínuos falatórios sobre a beleza, o ideal, a arte pela arte, a estética etc. inspiravam-lhe desgosto [...]. Todo casamento sem amor, toda familiaridade sem amizade eram condenados."[7] Ao período de contestação individual e de emancipação pessoal, segue-se um movimento em direção ao "povo", aos camponeses, numa espécie de messianismo populista, não de todo desprovido de um componente eminentemente religioso, como o ressaltou Berdiaeff. O fracasso desse populismo, no entanto, leva a uma cisão do movimento, de modo que em 1879 uma ala radical chamada *A Vontade do Povo* recorre ao terrorismo político, culminando no assassinato do czar Alexandre II, em 1881, e na série de execuções, enforcamentos, atentados que daí se seguem.[8]

---

[7] Pierre Kropotkine, *Autour d'une vie. Mémoires*, t. II, trad. fr. de Francis Leray e Alfred Martin. Paris: Stock, 1921, pp. 305-308, apud Michel Niqueux em sua introdução a Sofia Kovalevskáia, *Une nihiliste*, trad. fr. de Michel Niqueux. Paris: Phoebus, 2004, p. 13.
[8] Assim, no Ocidente, o termo niilista acaba significando sobretudo uma "seita" de terroristas, pelo menos tal como os artigos, periódicos, romances da época o retratam. Por exemplo, em *Introduction à l'histoire du nihilime russe*, de Ernest Lavigne, de 1880, ou *Tartarin sur les Alpes*, de Alphonse Daudet, de 1885. Alguns autores russos tentam apresentar niilistas não terroristas, como foi o caso da mencionada autora, feminista, matemática e romancista Sofia Kovalevskáia, que conheceu Dostoiévski e se apaixonou por ele — mas não parece ter sido esta a visão predominante.

Apesar das posições radicais presentes na geração que Bazárov encarna apenas parcialmente, o crítico Herzen nota que não foi Bazárov quem inventou o niilismo na Rússia. "Os primeiros clarões do niilismo, os clarões dessa emancipação maior frente às ideias prontas, teriam aparecido no tempo de Gogol, Bielinski, Granovski." Segundo ele, foi no período entre 1848 e 1855 que se teria elaborado tal caldo niilista, que em seguida se expandiria. O que é o niilismo, para Herzen (que Nietzsche teria lido)? Sua fórmula é preciosa: "É a lógica sem encolhimento, é a ciência sem dogma, é a submissão incondicional à experiência, a aceitação sem murmúrio de todas as consequências, sejam quais forem, se elas decorrem da observação e são exigidas pela razão. O niilismo não transforma *alguma coisa* em *nada*, ele descobre que tomar *nada* por *alguma coisa* é um erro de ótica."[9]

Como o notou o crítico Pisarev, não obstante a aparência de continuidade, há pouco em comum entre o empirismo pragmatista de Bazárov e o niilismo moral dos personagens de Dostoiévski.[10] Com seu culto à Ciência e à Razão, Bazárov representa uma espécie de iluminismo tardio, embebido de determinismo e materialismo mecanicista. Por mais que se oponha a todas as superstições e despotismos, esse niilismo é ainda insuficientemente niilista — ele preserva aquilo que, justamente, Nietzsche mais criticaria, a fé na razão, a crença na ciência... — é, em suma, uma "*crença na descrença*".[11] Claro que há outras derivas políticas como, por exemplo, Tchernichevski e seu eslavofilismo que Pisarev recusa, bem como incorporações adicionais, como de Proudhon, Fourier, seja nas denúncias da civilização e suas chagas, seja na reabilitação das paixões, na condenação do casamento indissolúvel, na defesa dos direitos da mulher, na ideia de uma alegria do trabalho, ou da livre cooperação entre os trabalhadores. Para alguns, a palavra final parece vir de Saint-Simon e sua estrutura industrial colocada sob a égide da ciência.

Já o Dostoiévski maduro não poderia deixar de considerar tudo isso de uma superficialidade enganosa. Por trás do cientificismo, ou do uti-

---

9. Aleksandr Herzen. *Obras filosóficas escogidas*. Moscou: Ed. en lenguas extranjeras, 1956.
10. A. Coquart, *Dmitri Pisarev et l'ideologie du nihilisme russe*, op. cit.
11. Friedrich Nietzsche, *A gaia ciência*, trad. bras. de Paulo César de Souza. São Paulo: Cia. das Letras, 2001, § 347, p. 241.

litarismo individualista que anima alguns niilistas, ou mesmo da idolatria social que predominou na deriva populista do movimento, para não falar no terrorismo ulterior que deveria culminar no assassinato do czar, o autor de *Memórias do subsolo* perscruta um fundo mais abissal e demoníaco. Como diz Coquart, o niilismo que assombra Dostoiévski não é o de Tchenychevski, nem o de Pisarev: é o que expressa o narrador de *Os demônios*, ao relatar um incêndio criminoso feito pelo bando de Vierkhoviénski: "O incêndio está nas mentes e não nos telhados das casas."[12] Quando dá título ao seu livro, Dostoiévski alude aos demônios do Evangelho, tal como está em Lucas 8:32 — "Ora, havia ali, pastando na montanha, uma numerosa manada de porcos. Os demônios rogaram que Jesus lhes permitisse entrar nos porcos. E ele o permitiu. Os demônios então saíram do homem, entraram nos porcos, e a manada precipitou-se despenhadeiro abaixo, para dentro do lago, e se afogou. [...] As pessoas [...] acharam o homem de quem saíram os demônios, vestido, em perfeito juízo, assentado aos pés de Jesus; e ficaram dominados pelo terror." É justamente o que um personagem de *Os demônios* — Stiepan — comenta: "veja, isso é tal o que acontece na nossa Rússia. Esses demônios, que saem de um doente e entram nos porcos, são todas as chagas, todos os miasmas, toda a imundície, todos os demônios e demoniozinhos que se acumularam na nossa Rússia grande, doente e querida para todo o sempre, todo o sempre... Mas a grande ideia e a grande vontade descerão do alto como desceram sobre aquele louco endemoniado e sairão todos esses demônios, toda a imundície, toda a nojeira que apodreceu na superfície... e eles mesmos hão de pedir para entrar nos porcos." O que sai do homem russo deve encarnar-se no rebanho de porcos de Nietcháiev, cujo destino é afogar-se e levar consigo toda a podridão da Rússia.

A altura incomensurável

E, contudo, cada um dos personagens que faz parte dessa manada de porcos endemoniada tem, na pena de Dostoiévski, sua estatura fascinante, sobretudo o personagem central, o príncipe Stavróguin. É ele quem dá a Vierkhoviénski a ideia de um pacto de morte para sua célula subversiva: "convença quatro membros do círculo a matarem um quinto

---

12. Fiódor Dostoiévski, *Os demônios*, trad. bras. de Paulo Bezerra. São Paulo: Ed. 34, 2004, p. 504.

sob o pretexto de que ele venha a denunciá-los, e no mesmo instante você prenderá todos com o sangue derramado como se fosse um nó. Eles se tornarão seus escravos, não se atreverão a rebelar-se nem irão pedir prestação de contas."[13] É ele quem convence Chátov da necessidade de um renascimento religioso na Rússia (único povo "teóforo"), para depois traí-lo com seu ateísmo insano, que teria inspirado até Kiríllov ao suicídio. É ele quem teria pertencido a uma seita de voluptuosos bestiais, superando Sade, encontrando no crime hediondo e nas façanhas as mais elevadas "coincidências da beleza, os mesmos prazeres", e assim apagando as diferenças entre o bem e o mal. É ele quem viola uma menininha, quem se casa com uma manca idiota, quem morde a orelha do governador — por volúpia, provocação moral, pela paixão de atormentar... Como ele confessa a uma amante: "de mim nada proveio senão a negação, e uma negação sem magnanimidade e sem força. E mesmo a negação não proveio de mim". É Chátov quem lhe diz: "Oh, você não vagueia pelo precipício mas se atira nele ousadamente de cabeça para baixo."

Conforme Dostoiévski, "Stavróguin é *tudo*... Ele é de uma altura incomensurável". Ou seja, de algum modo, os outros personagens são seus acólitos e se interpelam através dele. São como que suas vozes, suas sombras, suas emanações: o niilista militante Vierkhoviénski, que o idealiza, o ateísta-deicida Kiríllov e o crédulo Chátov. Já nos planos de Dostoiévski para o romance, Stavróguin era sombrio, demoníaco, sem medida, aquele que pergunta sempre: "ser ou não ser, viver ou destruir-se?", levando ao extremo seus impulsos, mas sob o fundo do tédio. Ele sabe que repousa sobre nada, compreendeu que lhe falta o solo.[14] Porém seu tédio não resulta apenas de um ócio, mas da *acedia*, a morte da alma, a indiferença suprema. "O principal é que eu me entediava até a hebetude." Daí seus crimes contra os demais e contra si mesmo, o mergulho no submundo, os escândalos. Sem submeter-se a ideia alguma, resta-lhe jogar, consigo e com os outros... Mas não há circunstâncias atenuantes, nada prova, nem mesmo a autópsia, que ele era louco. É um herói trágico, e o perigo está precisamente na atração que exerce a negação idólatra, a

---

13. F. Dostoiévski, *Os demônios*, op. cit., p. 375.
14. *Carnets* de Dostoiévski, 87s, apud N. Gourfinkel, *Dostoïevski notre contemporain*, op. cit., p. 238.

destruição. Contra essa beleza de Lúcifer que ameaça a Rússia, apenas a "beleza autêntica" de Cristo poderia servir de anteparo.[15]

O outro personagem notável é Kiríllov — o homem obcecado pelo suicídio. Há duas coisas que impedem as pessoas de se suicidarem, segundo ele: uma pequena e outra grande. A pequena é o medo da dor, a grande é o medo do outro mundo. A condição para desimpedir-se e ter em relação à morte uma liberdade total, Kiríllov a formula assim: "Haverá toda a liberdade quando for indiferente viver ou não viver." E se lhe objetam que o homem teme a morte porque ama a vida, ele responde: "A vida é dor, a vida é medo, e o homem é um infeliz [...]. Quem vencer a dor e o medo, esse mesmo será Deus. E o outro Deus não existirá [...]. Aquele que desejar a liberdade essencial deve atrever-se a matar-se [...]. Aquele que se atrever a matar-se será Deus."[16]. Kiríllov tem certeza que, apesar dos milhões de suicidas, jamais ninguém se matou com esse fim, de matar o medo. "Aquele que se matar apenas para matar o medo imediatamente se tornará Deus."[17] E quando o outro nota como é triste o modo como passa suas noites tomando chá, ele responde que não sabe fazer como os outros, como qualquer um: "Não posso pensar em outra coisa, pensei na mesma coisa a vida inteira. Deus me atormentou a vida inteira"...[18] É contra esse "inimigo pessoal" que ele precisa comprovar sua liberdade, ainda que isso lhe custe a própria vida.

Mas, ao ser surpreendido brincando com uma criança, Kiríllov é indagado por Stavróguin: "Você gosta de criança?" "Gosto." "Então gosta da vida?" "Sim, gosto também da vida, e daí?" "Mas decidiu se matar... Você passou a acreditar na futura vida eterna?" "Não, não, não na futura vida eterna, mas na vida eterna aqui." E repete várias vezes, apesar das objeções do interlocutor sobre a fome, a desonra, que tudo é bom. Mesmo os maus podem ser bons. "Precisam saber que são bons, e no mesmo instante todos se tornarão bons, todos, sem exceção... Aquele que ensinar que todos são bons concluirá o mundo." Stavróguin responde: "Aquele que ensinou foi crucificado." Kiríllov: "Ele há de vir, e seu nome

15. N. Gourfinkel, *Dostoiévski notre contemporain*, op. cit.
16. F. Dostoiévski, *Os demônios*, op. cit., p. 120.
17. Ibid., p. 121.
18. Ibid.

é homem-Deus. Deus homem? Homem-Deus, nisso está a diferença."[19]

Se no início Kiríllov apresentava sua faceta sinistra, próximo a uma diabólica presunção na qual o deicídio e o suicídio se conjugavam, o sorumbático personagem que vara a noite com seu chá e seu pensamento único passa agora para um estado de beatitude, em que a beleza e a bondade estão em tudo e em todos, numa redenção terrena. Para além dessa típica conjunção de morbidez, puerilidade e santidade presentes amiúde em Dostoiévski, adivinha-se aí o advento do feuerbachiano homem-Deus.

Para Feuerbach, Deus é uma construção do homem e todos os atributos divinos são, em última análise, projeções do próprio homem ou de sua essência. A essência de Deus é apenas a essência do homem objetivada, alienada. O segredo da teologia é a antropologia. Assim, "a oposição entre o divino e o humano é apenas ilusória", de modo que a religião cristã é "a relação do homem consigo mesmo, ou mais exatamente com seu ser, mas uma relação com seu ser que se apresenta como um ser outro que ele".[20] Feuerbach quer dizer que a essência do Deus-homem é o homem-Deus, a perfeição de Deus é a perfeição do próprio homem projetada para fora de si. "*O homem afirma em Deus o que ele nega em si mesmo.*"[21] A religião ignora sua dimensão antropomórfica e cabe à filosofia devolver ao homem o que tem nele sua fonte e origem, substituindo o Deus-homem pelo homem-Deus.[22] Kiríllov está convencido de que abrirá a porta para a posteridade, já que o atributo de sua divindade é o Arbítrio, sua insubordinação: "Mato-me para dar provas de minha insubordinação e de minha liberdade terrível e nova."[23]

---

19. As citações neste parágrafo foram extraídas de F. Dostoiévski, *Os demônios*, op. cit., pp. 237-239.
20. Ludwig Feuerbach, "introdução" e cap. II in *A essência do cristianismo*, trad. bras. e notas de José da Silva Brandão. Campinas: Papirus, 1988.
21. Ibid., p. 68.
22. Ibid.
23. Frase que Nietzsche copia em seus cadernos, assim como páginas inteiras de pensamentos de Stavróguin, Chátov, Kiríllov... Fragmento Póstumo, novembro 1887 — março de 1888, 11 [336], v. XIII, in Giorgio Colli e Mazzino Montinari (orgs-KSA), *Sämtliche Werke*. Berlim/Nova York/Munique: Walter de Gruyter/Deutscher Taschenbuch Verlag, 1988 ["Fragments posthumes" in *Oeuvres philosophiques complètes*, trad. fr. de Anne-Sophie Astrup e Marc de Launay. Paris: Gallimard, 1976-8]. Numa outra perspectiva, Blanchot vê nessa atitude o esforço em dominar o ilimitado da morte e lhe fixar um sentido. Cf. Maurice Blanchot, *O espaço literário*, trad. bras. de Álvaro Cabral. Rio de Janeiro: Rocco, 1987, p. 93.

O Mal

Não podemos deixar de nos surpreender, neste e em outros personagens, com a experimentação abissal que faz Dostoiévski, seja com os extremos da vontade, com a exasperação da liberdade, ou com a "revolta metafísica", como o sugeriu Camus. Em todo o caso, estamos às voltas, sempre, com a tentação do Mal. É isso que Dostoiévski deve ter ensinado a Nietzsche, segundo Schloezer: a experiência vivida do mal.[24] Conhecemos a admiração que demonstrou o romancista pelos seus companheiros de prisão na Sibéria, que cometeram os piores crimes, por vezes apenas pelo prazer de matar, e a quem ele se refere, no dia de sua liberação, da seguinte maneira: "Quanta juventude aqui enterrada, que grandes forças pereceram em vão entre esses muros! Pois é preciso dizer tudo: esses homens eram verdadeiramente homens extraordinários! Talvez sejam os homens mais ricamente dotados, os mais fortes de todo nosso povo."[25] Muitos constatam com surpresa que o autor prefere mil vezes esses tipos a um Bielinski, Nekrássov, Turguêniev.[26] Dostoiévski jamais se livrou do fascínio por esses homens monstruosos, e talvez a fronteira decisiva não seja entre os bons e os maus, mas, como o diz o artigo de Raskolnikov em *Crime e Castigo*, entre os ordinários e os extraordinários, entre os que se submetem em sua mediocridade às leis morais, e os homens que criam para si mesmos as leis, e para quem "tudo é permitido", e cuja consciência sanciona até o crime — varrendo a diferença entre o bem e o mal. Por um lado o ordinário, associado à banalidade, platitude, e por outro, o extraordinário — a grandeza. Raskolnikov colocava-se já para além do bem e do mal, quando Nietzsche ainda era estudante e todavia sonhava com ideais sublimes, comenta Chestov.[27] Eis uma concepção original de Dostoiévski, que nem Shakespeare possuía, já que nele o crime e o mal ainda estão rodeados de remorso. Ora, diz Chestov, Dostoiévski lutava contra essa teoria do homem extraordinário, mas

---

24. Boris de Schloezer, "Nietzsche et Dostoïevski" in *Cahiers de Royaumont, Nietzsche*. Paris: Minuit, 1967, pp. 168-176.
25. De *Recordação da casa dos mortos*, cuja tradução Schloezer corrige: *Recordação da casa morta* — pois é a casa que é morta, não seus habitantes, os prisioneiros que Dostoévski admira. Ibid., p. 171.
26. Léon Chestov, *La philosophie de la tragédie. Dostoïevski et Nietzsche*, trad. fr. de Boris de Schloezer. Paris: Flammarion, 1966 (1ª ed. de 1926).
27. Ibid., p. 98.

o primeiro e único teórico dessa perspectiva, elevada a uma dimensão moral, era ele mesmo — ele lutava contra si mesmo. Dostoiévski só conseguia descrever e só se interessava pelos espíritos revoltados, aventureiros, os inquietos experimentadores. Quando se punha a descrever os bondosos, caía em uma banalidade decepcionante. No fundo, diz Chestov, os idealistas são lamentáveis. Desde que Hamlet exclamou: "o tempo está fora dos gonzos!", os poetas e escritores não param de girar em torno dessas palavras, nota o autor. Mas ninguém admite que não se possa mais soldar as cadeias quebradas, que não é possível reencaixar o tempo no eixo do qual escapou. Tenta-se, ainda e sempre, ressuscitar o fantasma da antiga felicidade; não param de nos querer convencer que é preciso voltar a "crer", voltar atrás... Mas, para consolidar o conjunto quebrado, tentam nos oferecer as mesmas velhas ideias caducas, sem notar que é justamente delas que nos advém todo o mal. Em suma, na linhagem nietzschiana, niilistas talvez sejam menos esses experimentadores inquietos do que aqueles contra quem eles se destacam, os idealistas de todo tipo.

Nicolas Berdiaeff, existencialista russo exilado em Paris, analisou o niilismo russo como uma "estrutura psíquica religiosa". Ao fazê-lo derivar de uma tendência ligada ao messianismo apocalíptico russo, proveniente da dissidência ortodoxa e do cisma em relação às autoridades eclesiásticas,[28] ele reconhece os traços dessa corrente: "a sede de despojamento, a recusa das vias históricas e dos valores da cultura, a espera de um fim catastrófico." Mas o importante é a passagem do elemento religioso para a esfera extrarreligiosa e antirreligiosa. Em outras palavras, a energia psíquica originalmente religiosa teria se voltado para a esfera social, de modo que esta adquire um caráter religioso. É a "idolatria social" que o autor detecta e denuncia. Por isso, segundo ele, para Dostoiévski, o socialismo russo era um problema religioso, uma questão relativa a Deus e à imortalidade da alma, à transformação radical da vida humana, mais do que um problema político. Se o socialismo era a "religião" predominante da *inteligentzia* do século XIX, foi sob o modo religioso que os russos absorveram as doutrinas de Saint-Simon,

---

28. Nicolas Berdiaeff, "Psychologie du nihilisme et de l'atheisme russes" in *Problèmes du communisme*. Paris: Desclée de Brouwer, 1933.

Proudhon e Marx, e mesmo o materialismo. Dostoiévski teria descoberto a estrutura psíquica e a dialética religiosa do niilismo russo e do socialismo revolucionário. Para Berdiaeff, cuja hostilidade feroz à revolução é manifesta e ostensiva a cada página, a contradição fundamental do niilismo e de seu ascetismo desprovido da graça é a seguinte: começa querendo emancipar o indivíduo da escravidão do meio social, de suas normas e de suas leis, suas tradições e seus preconceitos — e acaba subjugando definitivamente o indivíduo à utilidade social, aos interesses da sociedade. Tolstói teria sido a exceção: ele busca apaixonadamente o mundo liberto da mentira e da injustiça, volta-se contra a história universal, quebra todos os valores, acredita na verdade da vida sem os seus véus e na Natureza. Daí seu cristianismo original (que Nietzsche leu cuidadosamente), bem como sua crítica cáustica ao cristianismo histórico, à Igreja e a seus dogmas e sacramentos. Claro que isso pôde ressoar com a propaganda antirreligiosa, mas também com um caldo de cultura russo, com uma religiosidade anti-institucional que ora tende para uma antirreligiosidade, ora para um esforço de criar um cristianismo puro, não desfigurado pela história. Nele, circula a ideia de que toda cidade terrestre é corrompida, injusta, relativa, submetida ao Príncipe deste mundo. A Cidade Futura, à qual os cristãos aspiram, é também aquela que os ateístas desejam. "Os ateus russos buscam o reino de Deus sobre a terra, mas sem Deus e contra Deus. Na estrutura psíquica do ateísmo russo se completa o desenvolvimento dos antigos temas gnóstico-anarquistas: o Criador é um Deus mau, ele criou um universo mau, injusto, cheio de sofrimento; por isso, todo poder terrestre é de essência satânica, pertence ao príncipe desse mundo, e a luta contra a injustiça, é uma luta contra esse Deus, esse Criador mau."[29] O curioso é quando esses temas encontram as doutrinas materialistas ocidentais, desembocando no seguinte paradoxo: "É preciso renegar Deus, afim de que o reino de Deus seja realizado na terra." Não se trata de subscrever essa interpretação, mas de expandir o leque em que a complexidade de Dostoiésvki pudesse aparecer em toda sua amplitude, bem como a força de seus personagens e a potência de negação que ele lhes atribui, e que vai desde *O homem do subsolo* até *Os irmãos Karamazov*.

---

29. Ibid., p. 80.

***

Adendo sobre o terrorismo
Num livro em tudo jornalístico, no pior sentido da palavra, André Glucksmann aproveitou o 11 de setembro para lançar a frase de efeito logo no título: *Dostoiévski em Manhattan*. Ali, associa, de maneira inteiramente injustificada, o terrorismo islâmico e ecos dostoieveskianos.[30] Mais feliz foi Baudrillard, ao tentar pensar o atentado em função da suspensão de sentido que ele suscitou. "O que produz acontecimento é aquilo que não tem equivalente", insiste ele. Pois no atentado suicida a morte se subtrai ao circuito das trocas, é a singularidade irredutível, que não pode ser negociada com nenhum sentido, já que ela o abole — por isso é a arma absoluta, que leva ao extremo a própria potência mortal do sistema ao qual se opõe."[31] Curiosamente, na esteira de Žižek, Baudrillard perscruta essa possibilidade "heroica", e talvez pré-moderna, de respeitar, em si mesmo e no outro, mais do que a vida humana (afinal, "a existência não é tudo, é até mesmo a menor das coisas"), os valores simbólicos que superem de longe a existência e a liberdade, tais como destino, causa, orgulho, sacrifício. Seja dito que, caucionado e reabsorvido na esfera da religiosidade, fica difícil compreender como um tal sacrifício não receberia um equivalente de transcendência, irrigando de sentido, pelo menos para os seus protagonistas, a presumida suspensão do sentido que gera em seu redor. A assertividade da fé ali presente nos impede de entrever nesses atos qualquer traço de niilismo ativo, já que eles se realizam justamente sob o signo daqueles valores que a morte de Deus parecia ter inteiramente soterrado: a crença na verdade, na justiça, na transcendência, no absoluto, na finalidade, justamente num momento em que esse edifício moral e metafísico parece desmoronar estrepitosamente em volta deles. Ninguém melhor do que Nietzsche para nos advertir sobre o sentido da *"necessidade* de fé" — adoecimento da vontade... A menos que, no contexto geopolítico contemporâneo, o sentido do ato seja inteiramente outro.

---

30. André Glucksmann, *Dostoïevski à Manhattan*. Paris: Robert Laffont, 2002.
31. Jean Baudrillard, *Power Inferno*, trad. bras. de Juremir Machado da Silva. Porto Alegre: Sulina, 2003, p. 30.

É curioso, no entanto, que autores esclarecidos tendam a confundir o mártir islâmico e o herói dostoiévskiano quando o abismo que os separa salta aos olhos. Baudrillard chega a dizê-lo explicitamente: o "terrorismo atual não descende de uma história tradicional da anarquia, do niilismo." É contemporâneo da globalização e, para caracterizá-lo, deve-se situá-lo em contraposição a uma cultura de homogeneização e de dissolução que fez tábula rasa de todas as diferenças e valores, na circulação integral, na equivalência de todas as trocas, na violência viral que expulsa de dentro do humano todas as metástases inumanas, inclusive a violência e a morte.[32] Como Žižek, também ele chama a atenção para o contraste entre os sistemas "desencantados", "sem intensidade", de "existência protegida" e "vida cativa", como o nosso, e as culturas de "alta intensidade", inclusive em suas formas sacrificiais. O que detestamos em nós, lembra o autor, é aquilo que o Grande Inquisidor de Dostoiévski promete às massas domesticadas, o excesso de realidade, de conforto, de realização, o reino de Deus sobre a terra. Que Nietzsche, aliás, julgaria igualmente como rebaixamento gregário da humanidade, no processo histórico de *décadence* que ele não cessou de analisar. Em todo o caso, se o contexto atual no Ocidente é propício para evocar o niilismo passivo dos Últimos Homens, como o faz Žižek,[33] ou mesmo detectar entre nós a realização capitalística e biopolítica do credo do Grande Inquisidor, no qual o pão, a servidão, a gestão da morna felicidade e do entretenimento nos livrariam da inquietude e da revolta, qualquer associação do terrorismo com o niilismo, tal como surgiu a partir do 11 de setembro, é um perfeito contrassenso. A morte do homem reivindicada por Nietzsche, na esteira da morte de Deus, não tem relação alguma com atentados genocidas ou suicidas, perpetrados em nome de Deus. O além-do-homem, por sua vez, na sua superação do niilismo, aponta para uma nova forma de vida, e até mesmo para um outro tipo de subjetividade, no extremo oposto da fé sacrificial e da doutrina prévia que a move.

---

32. Ibid., pp. 56-57.
33. Slavoj Žižek, *Bem-vindo ao deserto do real*, trad. bras. de Paulo Cesar Castanheira. São Paulo: Boitempo, 2003, p. 109.

Geopolítica

Talvez seja mais instrutivo, ao tratar do terrorismo contemporâneo, levar em conta as considerações mais analíticas e menos metafísicas de um Chomsky, que faz a gênese da onda de fundamentalismo em estreita associação com a conjuntura geopolítica das últimas décadas. Quando o Consultor de Segurança Nacional do governo Carter, Zbigniew Brzezinski, confessa que, em meados de 1979, estimulou um apoio secreto à luta dos *mujahidin* contra o governo do Afeganistão, de modo a atrair os russos para o que chamou de "arapuca afegã", arregimentando, para a ocasião, um exército de cem mil homens entre os extremistas da região — aos quais se juntou o próprio Bin Laden —, é inegável que o maior terrorista da virada do milênio foi em tudo um filhote da estratégia americana... Se naquele momento a luta era dirigida contra a presença dos "infiéis" no Afeganistão, posteriormente o alvo passou a ser a presença americana na Arábia Saudita. Bin Laden seria, aos olhos de Chomsky, tudo menos um lunático niilista — seu objetivo teria consistido em derrubar os governos corruptos, instalados e sustentados pelos "infiéis" nos territórios muçulmanos, para ali instituir uma versão extremista do Islã.[34]

Se valer a definição de terrorismo dada pelos documentos oficiais dos Estados Unidos, como "uso calculado da violência ou da ameaça de violência para atingir objetivos políticos, religiosos ou ideológicos, em sua essência, sendo isso feito por meio de intimidação, coerção ou instilação do medo", é preciso dizer que a maior potência do Ocidente tem promovido sistematicamente, por todo o planeta, essa espécie de atrocidade de que foi vítima em seu solo pátrio.[35] A imputação de terrorismo unicamente aos agressores é, por conseguinte, problemática no mais alto grau. Também Derrida assinala, desde um ponto de vista terminológico, a instabilidade semântica aí envolvida: "O poder dominante é aquele que consegue impor e assim legitimar, na verdade até legalizar [...], em um palco nacional ou mundial, a terminologia e a interpretação que mais lhe convém em uma determinada situação. Foi assim no curso de uma

---

34. Noam Chomsky, *11 de setembro*, trad. bras. de Luiz Antonio Aguiar. Rio de Janeiro: Bertrand Brasil, 2003, p. 99.
35. N. Chomsky, *11 de setembro*, op. cit.

longa e complicada história que os Estados Unidos conseguiram atingir um consenso intergovernamental na América do Sul, para oficialmente chamar de 'terrorismo' qualquer resistência política organizada aos poderes estabelecidos."[36] Do mesmo modo, pergunta ele: "Não é possível aterrorizar sem matar? Não é possível que 'deixar morrer', 'não querer saber se outros são deixados à morte' — centenas de milhões de seres humanos, de fome, Aids, falta de tratamento médico etc. — também constitua parte de uma estratégia terrorista 'mais ou menos' consciente e deliberada? Todas as situações de opressão estrutural social ou nacional produzem um terror que não é natural... sem que aqueles que dele se beneficiem cheguem jamais a organizar atos terroristas ou a serem tratados como terroristas."[37]

A religião do poder

O alargamento da noção de terrorismo nos leva às portas da visionária análise de Virilio sobre o Estado mundial absoluto, à caça do inimigo qualquer.[38] É a ideia necrófila que Deleuze já vê inscrita no próprio Apocalipse. "Destruir, e destruir um inimigo anônimo, intercambiável, um inimigo *qualquer*, tornou-se o ato mais essencial da nova justiça."[39] Trata-se de instaurar um poder último, judiciário e moral, prolongando ao infinito a sede de julgar, o espírito de vingança, a volúpia da desforra e a narcísica autoglorificação. O filósofo vê no próprio cristianismo, à revelia da "elegante imanência de Cristo", a origem dessa religião do Poder baseada na mania de *julgar*, de colocar a todos em estado de *dívida infinita*, de inspirar o *terror* e fazer, de cada um, um sobrevivente, um zumbi. Nos termos contemporâneos, isso se corporifica como máquina de guerra mundial. Em um primeiro momento, o do fascismo, converte a guerra num movimento ilimitado, mas em um segundo momento, o do pós-fascismo, toma diretamente a paz por objeto, "paz do Terror ou

---

36. Jacques Derrida, "Autoimunidade: suicídios reais e simbólicos" in Giovanna Borradori (org.), *Filosofia em tempo de terror.* trad. bras. de Roberto Muggiati. Rio de Janeiro: Jorge Zahar, 2004, p. 125.
37. Ibid., p. 118. Chomsky, por sua vez, dá vários exemplos nessa direção, sobretudo o bombardeio das instalações farmacêuticas de Al Shifa, no Sudão, em 1998, pelo governo Clinton, com dezenas de milhares de vítimas indiretas, especialmente crianças.
38. Paul Virilio, *L'insécurité du territoire.* Paris: Stock, 1976.
39. Gilles Deleuze, *Crítica e clínica*, trad. bras. de Peter Pál Pelbart. São Paulo: Ed. 34, 1997, p. 55.

da Sobrevivência".[40] Nesse contexto, "a própria guerra total é ultrapassada em direção a uma forma de paz ainda mais terrífica"[41] que a morte fascista, não só por suscitar as mais abomináveis guerras locais, mas por fixar um novo tipo de inimigo, que já não é um outro Estado, mas o "inimigo qualquer", que está em qualquer parte, virtualmente em todos e em cada um.

Diante disso, Deleuze e Guattari invocam as múltiplas modalidades de revide, máquinas de guerra que justamente não têm a guerra por objeto, senão "suplementariamente" — um movimento artístico, científico, ideológico, sob a condição de que trace um plano de consistência, uma linha de fuga criadora — preservando o privilégio da afirmatividade já reivindicada por Nietzsche. Mesmo a guerrilha, ou a guerra revolucionária, só podem fazer a guerra *se criam outra coisa ao mesmo tempo*. Assim, os autores insistem em diferenciar dois polos distintos, capazes de mapear a natureza das forças atuantes no presente: a linha de fuga que cria, ou aquela que se transforma em linha de destruição; o plano de consistência que se constitui, ou aquele que se transforma em plano de organização.

Ora, tudo isso foi escrito muito antes do 11 de setembro. Alguns herdeiros desse pensamento insistem, sobretudo depois desse evento, mas já antes dele, em não centrar a resistência no plano da guerra. Dada a superioridade esmagadora da nova potência mundial, não se trata de entrar no terreno da violência em condições tais de assimetria. Como o dizem Hardt e Negri: "Necessitamos de armas que não pretendam responder simetricamente à potência militar vigente, mas que também se oponham a uma violência assimétrica incapaz de ameaçar a ordem atual, e fonte de um estranho mimetismo [...]. Uma arma adaptada ao projeto político da multidão entretém com as armas do poder uma relação que não é nem simétrica nem assimétrica, o que seria ao mesmo tempo contraprodutivo e suicidário."[42] A conclusão se impõe por si mesma: "Precisamos hoje inventar novas armas para a democracia [...]. Precisamos

---

40. G. Deleuze e Félix Guattari, *Mil platôs*, v. 5, trad. bras. de Peter Pál Pelbart e Janice Caiafa. São Paulo: Ed. 34, 1997, p. 108.
41. Ibid.
42. Michael Hardt e Antonio Negri, *Multitude. Guerre et démocratie à l'âge de l'Empire*. Paris: La Découverte, 2004, p. 393 [Ed. bras.: *Multidão*, trad. de Clóvis Marques. Rio de Janeiro: Record, 2005].

ajustar armas que não sejam somente destrutivas, mas que sejam elas mesmas formas de poder constituinte, armas capazes de construir a democracia e de desfazer as armas do Império."[43] Armas biopolíticas, capazes de contrapor-se à guerra, ao biopoder, à própria soberania, mas também aos afetos que as sustentam, à sede de vingança, de julgamento, de intimidação, ou à obsessão niilística com a Nova Jerusalém. "Cada vez que se programa uma cidade radiosa, sabemos perfeitamente que é uma maneira de destruir o mundo, de torná-lo 'inabitável' e de inaugurar a caça ao inimigo qualquer."[44] Isso vale, diga-se de passagem, para todo e qualquer fundamentalismo. Contra o estado de exceção permanente, alguns advogam um estado de exceção constituinte.

Pistas
Ao final desse percurso ziguezagueante, fica claro quão despropositada seria qualquer assimilação entre terrorismo e niilismo. Assim como não existe "o terrorismo" em si, tampouco se pode falar simplesmente em "niilismo", embora esses termos sejam usados com desenvoltura, e por vezes associados, para propósitos de desqualificação do adversário, seja no campo militar, político ou doutrinário. Seria preciso, portanto, recusar o mero jogo de imputação polêmica e evocar contextos, deslizamentos de sentido, e sobretudo o jogo de forças em que os sentidos são apropriados ou revertidos ("terrorista" é sempre o outro, "niilista" é sempre o outro, assim como Bergson dizia, somos sempre o "irracionalista" do outro). Ao sondar a tentação niilista inscrita em uma certa tradição literária ou política do Ocidente, não se tratou, portanto, de oferecer qualquer chave explicativa para o terrorismo contemporâneo, como o tentou Glucksmann. Ao aproximar Dostoiévski e Nietzsche dessa problemática contemporânea, tratava-se, ao contrário, de oferecer uma paleta de cores, imagens e conceitos suficientemente agudos e nuançados para evitar a operação de facilidade que consiste em projetar no extremismo alheio uma *abissalidade* que é, em tudo, para o bem e para o mal, parte constitutiva da nossa própria história.

---

43. Ibid., p. 393.
44. G. Deleuze, *Crítica e clínica*, op. cit., p. 55.

O ARQUEIRO ZEN

Um texto de Deleuze, retomado na coletânea *A ilha deserta*, sobre Jarry e a patafísica, observa que vários autores modernos abordam a superação da metafísica, seja à maneira de uma constatação, seja de uma profecia, e que essa ideia se apresenta dramatizada em três tempos: 1) Deus está morto; 2) o Homem também está morto; 3) Novas forças tomam o proscênio. A morte de Deus, diz Deleuze, nas suas versões presentes em Nietzsche ou em Jarry, significa a abolição da distinção cosmológica entre dois mundos, a abolição da distinção metafísica entre a essência e a aparência, e, por fim, a abolição da distinção lógica entre o verdadeiro e o falso. Tudo isso pede uma nova forma de pensamento, uma transmutação de valores. A morte do homem indica que é vã qualquer tentativa de substituição de Deus pelo homem, pois ela preservaria os velhos valores, com o que o autor arremata: "É preciso que o niilismo vá até o fim de si mesmo, no homem que quer perecer, no último dos homens, aquele da era atômica anunciado por Nietzsche."[1] Quanto ao terceiro momento, as forças, que agem por toda parte, na subjetividade, na história, na técnica, na poesia, pedem um novo pensador, um novo sujeito para o pensamento, novas formas de pensamento, na qual, por exemplo, possam juntar-se Heráclito e a cibernética. De certo modo, elas já se encontram em Nietzsche, Marx, Heidegger, porém a única designação que convém a essas tentativas de superar a metafísica está em Jarry: patafísica. Deixemos de lado, aqui, essa noção, que mereceria um longo comentário sobre o humor de Deleuze, bem como sua relação

---

1. Gilles Deleuze in David Lapoujade (org.), *Île Déserte et autres textes*. Paris: Minuit, 2002, p. 106 [Ed. bras.: *A ilha deserta e outros textos*, trad. coord. por Luiz B. L. Orlandi. São Paulo: Iluminuras, 2006, p. 103].

ambivalente com Heidegger e com a fenomenologia em geral, para nos centrarmos num outro eixo do mesmo texto, a saber, a noção de planetário, com a qual Kostas Axelos teria encontrado, no seu livro intitulado justamente *La pensée planétaire*, "o motivo e a condição, o objeto e o sujeito, o positivo e o negativo" do novo pensamento, dessa superação da metafísica insuficientemente realizada por Marx e Heidegger.

Pergunta Axelos em um de seus textos: "Que pensam os pensadores? Os pensadores são extremamente raros — alguns por milênio? — e eles pensam *aquilo* que permanece raro... A saber, o *Jogo*."[2] E ele traça duas árvores genealógicas paralelas para essa temática, no domínio filosófico. A primeira pensa o Jogo do Mundo, parte de Heráclito e desemboca em Hegel, Marx e Nietzsche. A segunda pensa o Jogo do Ser, vai de Parmênides até Kant e Heidegger.[3] Ora, tomemos um exemplo para cada uma dessas linhas, na sua ponta extrema. Marx diz, em *O Capital*, que o sistema capitalista impede o trabalhador de gozar de seu trabalho "enquanto jogo de suas próprias forças corporais e espirituais".[4] Segundo Axelos, a alienação e a exploração impedem o trabalhador de desdobrar sua atividade enquanto jogo, e a supressão do capitalismo permitiria "à atividade múltipla do homem manifestar-se no jogo e como jogo. Assim, seria abolida a distinção: trabalho (necessário) e jogo (livre)." Heidegger, por sua vez, escreve: "a essência do Ser é o próprio Jogo."[5] E o sentido do Ser mesmo talvez resida no Jogo. Axelos recrimina ambos os pensadores por terem vislumbrado, de maneira fulgurante, algo precioso, sem se permitirem levar adiante essa intuição, de modo que não retiraram todas as consequências daquilo que pressentiram, assim como aconteceu com muitos outros, inclusive com Fourier, ou Marcuse, na linha de uma sociedade de jogo e prazer. Em todo o caso, para Axelos, essa árvore genealógica, que remonta aos antigos, é iluminadora e deveria nos ensinar o seguinte: "Por trás das máscaras ninguém e nada se esconde, senão o jogo do mundo [...]. É o homem inteiro que é o jogador e o joguete." E vem a referência ao fragmento 52 de Heráclito, o obscuro: "O tempo

---

2. Kostas Axelos, *Horizontes do mundo*, trad. bras. de Ligia Maria Pondé Vassallo. Rio de Janeiro: Tempo Brasileiro, 1983, p. 29.
3. K. Axelos, *Le jeu du monde*. Paris: Minuit, 1969.
4. K. Axelos, *La Pensée Planetaire*. Paris: Minuit, 1964, p. 21.
5. Ibid., p. 22 e *Horizontes do mundo*, op. cit., p. 64.

é uma criança que joga (brinca), deslocando peões; a realeza de uma criança." Heráclito teria sido o primeiro a ousar "apreender com uma tal lacônica nitidez o ser em devir da totalidade do mundo como tempo, como jogo".[6] Também teria cabido a Nietzsche proclamar "a inocência do devir, que compreendeu a totalidade não total do Ser-Nada, numa palavra, o mundo como jogo". Assim, o jogo aparece em Axelos não apenas como aquilo que nomeia a relação entre homem e mundo, porém, mais profundamente, como o que designa "o ser em devir da totalidade fragmentária e fragmentada do mundo multidimensional e aberto...".[7]

Domínio planetário
Esse é um vetor do livro de Axelos, comentado por Deleuze, mais de ordem especulativa ou ontológica. O outro tem a ver com um viés mais histórico ou político, e trata de um estado de niilismo, de alienação, de domínio planetário da técnica ou de esquecimento do ser, depende como se queira denominar a referida tendência planetária. De qualquer modo, trata-se de um estado no qual se esfumaça a diferença entre o que nos é próprio e estrangeiro, entre a identidade e a alteridade, entre o reconhecimento e o desconhecimento, entre a alegria e a tristeza. Há frases de Axelos que caberiam perfeitamente em nossos dias, tais como: "o mundo 'burguês' se generaliza e se socializa no niilismo ao mesmo tempo produtivo e cansado. O vazio e o tédio — vulgar e distinguido — o trabalho e as férias, o entretenimento e as distrações, a beância e o cinzento do mundo devem ser experimentados numa mistura na qual se confundem felicidade e infelicidade, alegria e tristeza, esperança e desespero, excitação e lassidão, bem-estar e mal-estar. Um certo esgotamento parece ter ocorrido: nos estilos de vida e de morte, de amor e de luta, de crença e de arte. Nenhum princípio ou conteúdo novo surge [...]. As relações do antigo e do novo, da renovação e da repetição entram numa fase em que auroras e crepúsculos se misturam. Tudo morre e amadurece integralmente [...]. No momento mesmo em que o mundo e a vida se tornam um experimento e uma experiência, toda subjetividade e toda objetividade se encontram dissolvidas: elas são peças intercambiáveis de um gigantesco

---

6. K. Axelos, *La Pensée Planetaire*, op. cit., p. 21.
7. G. Deleuze, *Île Déserte et autres textes*, op. cit., p. 108 [p. 105].

amontoado que preenche a imensidão da decoração. Num mundo onde tudo se torna espetáculo e onde assistimo-nos em vias de assistir."[8] Eis uma descrição sobre um momento do mundo em que justamente o Jogo parece ter sido abolido e evacuado, em que as oposições se fundem, o que foi dito foi realizado, em que o Tudo virou Nada e o Nada se eleva ao patamar do Tudo. Ora, a palavra que melhor convém a esse estado de totalitarismo metafilosófico e metapolítico é niilismo, como o reconhece o autor. Eis uma experiência planetária que exige, justamente, para estar-se à sua altura, um pensamento planetário. Ora, o que é planetário? Planetário não significa, para Axelos, apenas aquilo que engloba o planeta. *Planetés* em grego, que equivale a planeta ou astro errante, está aparentado a *planés*, errante, e, portanto, itinerante, mas também, pelo latim, a *planus*, plano e chato, isto é, planificador e nivelador. E também, pelo dicionário, indica uma engrenagem. Assim, o jogo do pensamento deve ser, e isso Deleuze cita, global (isto é, tomado num "devir-mundial"), errante, itinerante, organizador, planificador e achatador, e preso em uma engrenagem. Talvez o que mais atrai Deleuze nessa série híbrida é a ideia de um pensamento da Errância, que desbanca o Absoluto (Deus, ou seus avatares), ou a relação entre o Relativo e o Absoluto (a morte de Deus, e suas sombras) para abraçar o Jogo. Pensamento que Pascal roçou ao intuir que o planeta terra parece abrir-se em abismos, e que os mortais são errantes depois que os imortais se retiraram, sem que por isso coubesse refugiar-se no eu; é ele quem escreve: "Le *moi* est haïssable."[9] Intuição que Rimbaud, por sua vez, elevou à enésima potência, como Axelos o mostra em um esplêndido capítulo sobre o poeta, que com razão Deleuze considera como o mais belo do livro. Pois Rimbaud é a apreensão poética do mundo planetário, do mundo errante, um mundo onde a verdade não tem mais lugar e morada, um mundo que realiza o destino do planeta como "astro errante", que também Hölderlin soube nomear como *Irrstern*.[10] Se o mundo moderno e europeu se universalizou, se generalizou, se totalizou, o planeta começa pela primeira vez a errar. E Rimbaud teria se posto à escuta das "melodias impossíveis" do ser na época planetária, do planeta

---

8. K. Axelos, *La Pensée Planetaire*, op. cit., p. 37.
9. Ibid., p. 136: "o *eu* é odioso".
10. Ibid., p. 140.

arrastado em sua errância. No meio dessa disparação generalizada, ele pode exclamar: "Que vida! A verdadeira vida está ausente. Não estamos no mundo. Eu vou aonde ele vai, é preciso."[11] A vida, ela mesma, foi repartida em dois, vida privada e vida pública, para tornar-se errância privada de vida.[12] E se a ação parece garantir alguma retomada do mundo, ele lembra: "a ação não é a vida, mas um modo de desperdiçar qualquer força, um enervamento." Axelos comenta que esse mundo imundo será talvez superado quando tiver esgotado sua força, quando tiver se tornado intolerável, tendo efetuado o que ele tinha a efetuar. Nele, todos os seres são errantes, desenraizados, estrangeiros, exilados, seres planetários em um mundo planetário, ignorando tanto a direção quanto o sentido de seu curso. Mas não há retorno possível, "há albergues que para sempre já não abrem mais",[13] albergues verdes como a natureza, vermelhos como o fogo purificador de Heráclito, tudo é agora uniformemente cinza. Não se trata de ser paciente ou impaciente, de se entediar ou alegrar, mas se deixar levar pelo que vos puxa "elevando-se acima de todos esses mortos" de ontem, hoje e de amanhã, "como uma palmeira acima das ruínas". Se a morte ronda esse mundo meio vivo meio morto, nesse reino da "superexcitação e da languidez", a verdadeira angústia não acede à cena planetária, a essa ópera cômica, aos pseudogritos dos cadáveres agitados. Em meio a essa errância, que a tudo arrasta, também o homem se vê arrebatado de seu eu, de sua subjetividade, que fica privada de seu fundamento. "Pois Eu é um outro [...] eu assisto à eclosão do meu pensamento: eu o olho, eu o escuto [...]". Querendo compreender tudo a partir de seu eu, o homem se impede de compreender o que o compreende e o arrasta, o ser da totalidade no seu movimento rotativo e planetário, o Jogo, e sobretudo "o ser do devir, esse Jogo supremo".[14]

No contexto do Estado mundial isso é ainda mais complexo. Basta ver como uma economia mundializada reabsorve as diferenças entre os sistemas políticos, entre Ocidente e Oriente, entre esquerda e direita, entre individualismo e coletivismo, entre guerra e paz, entre estado e crise, em um movimento de unificação e indiferenciação crescentes cujo sentido

---

11. Arthur Rimbaud, *Une saison en enfer, Illuminations*. Paris: Gallimard, 1973, p. 229.
12. K. Axelos, *Horizontes do mundo*, op. cit., p. 152.
13. A. Rimbaud, *Une saison en enfer, Illuminations*, op. cit., p. 198.
14. K. Axelos, *Horizontes do mundo*, op. cit., p. 166.

nos escapa. "O universo se universaliza. Todas as realidades do globo se tornam globais. Tudo se uniformiza. A democratização, a universalização e a uniformização de todas as coisas suprimem justamente as diferenças", conduzindo ao reino da "indiferença global", a soberania tornando-se poder mundial, política planetária, à revelia de cidadãos, estados, organismos. Axelos intui aquilo que Guattari chamaria de Capitalismo Mundial Integrado, percebendo sobretudo sua dimensão desterritorializada e desterritorializante. Ele também percebeu, talvez na esteira de Jünger e Heidegger, nessa indiferença crescente produzida por uma vontade de potência calculadora estendendo-se sobre a terra, na sua engrenagem técnica, uma aceleração que deve abolir até mesmo a distinção entre o estático e o dinâmico, o repouso e o movimento, a lassidão e a excitação.[15] E como todo leitor de Nietzsche sabe, não se trata de frear um tal processo niilista, recorrendo a um moralismo regressivo, mas talvez pensar sua realização até a saturação. É isso que o sentido múltiplo do planetário poderia ajudar a apreender, já que o planetário é global, planificador, achatador, engrenatório, mas também — e essa sua contraface lhe é essencial — errante, e sua errância privada de sentido e de verdade (já que sua verdade é justamente a errância) poderia e deveria devolver-nos ao jogo. Mas seremos disso capazes? "Nós buscamos uma espécie de sabedoria feita de identidade e de separações, de participações e de distanciamentos, de encontros e rupturas, de quebras e reparações, de sucessos e performances e de fracassos e ratoeiras."[16] A conclusão de Axelos é quase grega, mas beira certa platitude, para não dizer o senso comum. "O Jogo é ascensão e descida. Avanço e recuo"... Num texto posterior, ele pergunta: Será o jogo apenas um dos enigmas do mundo, ou o mundo é uma das figuras do jogo?[17] Em todo o caso, ao perguntar se nesse universo plano e liso, chato e simples, no planeta em que vive o ser do homem, ele poderá algum dia encontrar seu lugar e sua hora, o filósofo responde que, com o niilismo superado, talvez se possa ouvir uma vez mais a voz de Heráclito.[18] "Será que de vez em quando saberemos nos tornar como as crianças

---

15. Ibid., p. 302.
16. Ibid., p. 324.
17. K. Axelos, *Introdução ao pensamento futuro*, trad. bras. de Emmanuel Carneiro Leão. Rio de Janeiro: Tempo Brasileiro, 1969, p. 109.
18. Ibid., p. 91.

que constroem na praia o dia inteiro castelos de areia e, com a mesma alegre excitação, veem a maré da tarde destruí-los?"[19]

De todo modo, para Axelos, não basta falar do jogo para estar nele, e não basta estar no jogo *no* mundo para estar em relação com o jogo *do* mundo. "Os jogos intramundanos tomam cada vez mais a dianteira e criam desatenção em relação ao jogo do mundo. É um fenômeno de história e de época: dar predominância aos jogos dos entes e permanecer fechado ao jogo do ser em devir do Mundo. Um pensamento metódico saberia entretanto explorar estes sem negligenciar aqueles, enfrentando e jogando o mesmo jogo que os une."[20] Daí o desafio maior, pensar o jogo do mundo, o pensamento planetário do jogo do mundo, para além ou aquém dos jogos da linguagem, do trabalho, do amor, da luta, essas forças elementares, e das grandes potências que os informam (religião, poesia, política, filosofia, e a técnica que hoje as articula).

Já podemos voltar a Deleuze e notar com que humor ele ilustra cada ideia extraída de Axelos. Por exemplo, sobre a errância, eis as grandes figuras errantes que ele mesmo cita: Ulisses, Dom Quixote, o Judeu errante, Bouvard e Pécuchet, Bloom, Malone, inclusive aqueles em quem a errância é tão perfeita que sequer precisam se mexer (ele mesmo?). Mas o interesse de Deleuze se dirige para os meios que Axelos usa nessa sua exploração (fragmentos pré-socráticos, teses inspiradas em Marx, panfletos), e ele ousa dizer que o autor ficaria feliz com meios audiovisuais, Heráclito com uma cabeça de comando pós-marxista, ocupando uma estação de rádio para curtos comunicados aforísticos "ou mesas-redondas dedicadas ao eterno retorno". É inacreditável, mas não há nada disso no livro de Axelos, e fica-se estupefato com essa liberdade de Deleuze em imaginar essa situação hilária de um comando pós-marxista heraclitiano emitindo no éter o pensamento do fogo. É quando o humor do filósofo só pode provocar uma sonora gargalhada, pois mesmo Heidegger e sua linguagem centrada em torno da escuta e do campo parecem ser arrastados nessa empreitada radiofônica e urbana. Quanto ao pensamento planetário, ao invés de tomar essa descrição de maneira patética, na esteira de uma filosofia da História, como às vezes faz Axelos mas muitos

---

19. K. Axelos, *Horizontes do mundo*, op. cit., p. 21.
20. Ibid., p. 61.

outros antes e depois dele, Deleuze diz: ele é tão global, errante, itinerante, planificado, liso, engrenado que, por fim, realizou-se o principal, que não poderíamos senão celebrar: a ausência de objetivo. E, embora pareça unificador, aos olhos de Deleuze isso implica uma "profundidade do céu, uma extensão do universo em profundidade, aproximações e distanciamentos sem meio termo, números inexatos, uma abertura essencial de nosso sistema, toda uma filosofia-ficção".[21] O ser planetário não é o ser no mundo e produz outra tonalidade afetiva, outra música, diz Deleuze, uma certa desordem, desequilíbrio, indiferença, mas também uma estranha alegria, que seria quase felicidade. É que no niilismo tal qual ele se deixa ler na modernidade, e que não se trata de frear ou interromper já que ele é vencido por si mesmo, trata-se de um movimento de unificação e totalização (fim de mundo, ou da história, ou da filosofia, como se dizia até recentemente) que desencadeia o seu reverso, uma destotalização que dispersa, que acende aqui e ali o *fogo local* dos fragmentos. É quando vemos Deleuze se encaminhar para a constatação de que, justamente quando tudo parece nivelado na era planetária, em que a terra se tornou lisa e todas as potências se deixam determinar pelo código da técnica, é nesse estado aparentemente unidimensional que o niilismo tem o mais bizarro dos efeitos, que consiste em devolver "as forças elementares a elas mesmas no jogo bruto de todas suas dimensões, de *liberar esse* [nihil] *impensado numa contrapotência que é a de um jogo multidimensional*".[22] Deleuze encontra, para além da concepção de jogo presente no fundo da obra de Axelos, com ressonâncias heideggerianas ou próximas de Fink, a dimensão de embate. Aí Heráclito reaparece como pensador da luta, e o próprio pensamento revela-se como pura agonística. Com todo o valor que ele possa atribuir à teorização de Fink sobre o jogo, por exemplo, que deixou de concebê-lo como uma esfera autônoma para expressar o próprio mundo, Deleuze parece deslocar o jogo da esfera de uma ontologia do sentido para restituir-lhe a dimensão da força a partir de um vitalismo capaz de virar do avesso o próprio niilismo. É o que faz toda a diferença entre Axelos e Deleuze, mesmo que este tenha tido a generosidade de encontrar no amigo da época o que ele mesmo teve o mérito de

---

21. G. Deleuze, "Falha e fogos locais" in *A ilha deserta e outros textos*, op. cit., p. 205.
22. Ibid., p. 208.

enunciar antes dele, e de maneira tão forte e aguda. Ainda que levássemos em conta o caráter "introdutório", como diz Deleuze, isto é, preparatório do livro de Axelos, *La pensée planétaire*, é preciso reconhecer que ele é ainda prisioneiro de uma espécie de conceito "fraco" ou "vago", por vezes hegelianizado e pacificado, por vezes auratizado e heideggerianizado, do Jogo do Mundo, onde as intuições nietzschianas parecem reconduzidas a um grau de resignação oriental, de sabedoria pendular, um tanto complacentes ou até triviais, ao invés de serem elevadas à sua potência explosiva e transmutadora, crítica e centrífuga, como o faz Deleuze em seus livros do período, início da década de 1960. Mesmo as observações de Axelos sobre a indiferença entre direita e esquerda no contexto da mundialização, tudo isso é perfurado e pluralizado, virado do avesso. O próprio título do artigo sobre o pensamento planetário, *Falhas e fogos locais*, é o avesso da totalização denunciada, mesmo quando esta tenta apropriar-se do jogo e domesticá-lo. De modo que Deleuze parte dos buracos, lacunas, falhas, para encontrar os incêndios, os fogos locais que proliferam: "Mesmo a política planetária americana, no seu papel de polícia agressiva, se sistematiza e se fragmenta também na teoria dos jogos. E os esforços da revolução só podem responder a isso por estratégias locais, que devolvem golpe por golpe, inventando defesas, iniciativas, novos estratagemas."[23]

Com todo o interesse que possa ter despertado em Deleuze, o livro de Axelos, cujos pontos fortes tentamos salientar, é como se ele não conseguisse fazer funcionar conjuntamente sua visão sobre o contexto planetário e sua concepção de jogo. É o que Deleuze lhe oferece, na sua leitura generosa: fazer do jogo a contrapotência da planetarização niilista. Com isso, a própria ideia de totalidade, tão pregnante ainda hoje, sobretudo com a real totalização capitalística, se vê desfetichizada e desdialetizada, e não deveria ocultar-nos o jogo vital e multidimensional que não cessou por um átimo sequer de aí operar. Comandos heraclitianos pós-marxistas, tomando de assalto o éter com o pensamento do jogo ideal e do fogo purificador, ri Deleuze. Em relação a Heidegger, Axelos teria sido uma espécie de Zen diante de Buda. Em relação a Axelos e à nebulosa grega ou germânica ou fenomenológica da qual este extrai sua inspiração, Deleuze foi uma espécie de arqueiro Zen.

23. Ibid.

POLÍTICAS DE DESSUBJETIVAÇÃO

A HIPÓTESE DE JÓ

"Não vivemos num mundo destruído, vivemos num mundo transtornado. Tudo racha e estala como no equipamento de um veleiro destroçado",[1] diz Kafka. Não sabemos ainda se esse veleiro vai a pique, nem quando, nem como. É mesmo difícil tomar o pulso de um momento, ainda mais nessa escala, tão planetária. Penso em instrumentos atípicos, que medem deslocamentos tectônicos ou temperaturas subterrâneas. Imaginando, por um segundo, que os sonhos pudessem dar uma pista, caiu-me na mão um livro intitulado *Rêver sous le IIIe Reich*, de Charlotte Beradt.[2] Trata-se de uma amiga de Hanna Arendt que recolheu minuciosamente sonhos de uns trezentos alemães comuns entre 1933 e 1939. Para ela, essa matéria impalpável era como um sismógrafo. Claro, enquanto transcrevia os sonhos, mudava os nomes que representassem algum perigo, caso fosse presa. "Partido" virou "família", Hitler tornou-se tio João, "ser preso" era "pegar uma gripe" etc. Mas vários sonhavam apenas: "é proibido sonhar, e no entanto estou sonhando." Sonhar com a proibição, mas no ato mesmo do sonho, transgredi-la. Já era uma forma de resistência. Um dirigente político havia anunciado, logo no início do regime: "a única pessoa na Alemanha que ainda tem uma vida privada é aquela que dorme." Mas a sequência dos acontecimentos viria mostrar que nenhuma parcela de vida estava a salvo, nem a do sonho. Charlotte Beradt insistiu no seguinte: os sonhos das pessoas comuns deixavam entrever mecanismos que se instalavam cotidianamente na vida de milhões de pessoas, mas que ainda não eram visíveis. Mesmo campos de

---

[1]. Gustav Janouch, *Conversas com Kafka*, trad. bras. de Celina Luz. Rio de Janeiro: Nova Fronteira, 1983.
[2]. Charlotte Beradt, *Rêver sous le IIIe Reich*. Paris: Payot & Rivages, 2004.

concentração surgem nos sonhos, muito antes que fossem construídos. É apenas o início do terror, mas justamente é o momento em que essa intimidação cotidiana já vem de toda parte e vai tomando a totalidade do espaço psíquico. Como no sonho de um médico que de repente vê desaparecerem as paredes de sua casa, e ouve os alto-falantes anunciarem o decreto que proíbe a construção de paredes. É um mundo sem exterioridade, é toda uma nova topologia que se instala, não há dentro nem fora, não há exílio, nem sequer interior que garantisse algum refúgio, como se as casas se escancarassem a todos os ventos, as divisórias e muros caíssem, e um vento mortal varresse todos os escombros. É o mais cotidiano que bascula em uma feroz devastação, sem que nos relatos pareça haver nada de anormal. É a lógica assinalada por Arendt para um regime totalitário: ninguém deveria espantar-se com as desventuras de um homem sistematicamente excluído do mundo. Pensemos no sonho do advogado judeu que, diante de um banco de praça que lhe está interditado, se senta sobre uma lata de lixo e pendura sobre si um cartaz que diz: se necessário, cedo lugar aos papéis.[3] É Beckett puro. Mas será que o historiador vê nesses sonhos um alerta, a premonição política, o prognóstico que antecipava o que naquele momento ainda parecia inverossímil? É todo o mistério, de uma desmedida pressentida, que extrapola os recursos expressivos disponíveis, precisando, portanto, enunciar-se na linguagem da sobriedade, na qual o espantoso é despojado de espanto, ou, como em Kafka, onde o mais espantoso é que o espantoso não espanta a mais ninguém. É a solução "realista", seja ela defensiva ou cômica, diante do absurdo — a descrição neutra, quase displicente, sem *pathos*. Tal contraste entre o tom da descrição e seu conteúdo só nos dá, ainda mais fortemente, a medida da desmedida aí em jogo, se assim podemos nos expressar.

Jó

Inteiramente outro, como se sabe, é o tom empregado há milênios na Bíblia, por Jó, quando descreve suas desventuras, quando grita o suplício da carne, quando clama por justiça ou chega ao limite da blasfêmia. No início dos anos 1980, ainda na prisão, Toni Negri expôs as circunstâncias

---

3. Ibid., p. 161.

em que se viu impelido a debruçar-se sobre o livro de Jó, no rastro de uma derrota política cujo sentido ainda não aparecia.[4] Ele se refere precisamente a esse componente crucial em toda a trama de Jó: a incomensurabilidade da dor e sua desmedida. Ora, oriundo de uma tradição marxista calcada na medida, por que começar pela desmedida, pergunta-se ele? Pois justamente cada vez mais cabe pôr em xeque a medida, do trabalho, da razão, da razão de Estado. É a crise da medida. "Foi somente em 1968 que percebi, maravilhado, que uma grande mutação da fortuna do homem e do destino era possível e poderia, assim, abalar qualquer medida do mundo [...]. Perguntei-me, em seguida, se essa percepção tão aguda da crise da medida e das leis que a estruturam não foi capaz de abalar minha razão a ponto de levar-me — com alguns amigos — ao enfrentamento revolucionário contra o Estado. A história acabou mal — eu estava na prisão. E no entanto houve algo de sólido e verdadeiro em nossa rebelião. [...] Portanto, quando respondo à questão sobre por que nos rebelamos, digo que o que estava em jogo na época era a razão ou a medida [...]. A mutação do trabalho, que estava na base da derrota do movimento operário e da degradação de seus partidos, baseava-se na ruína da medida de valor. Sem uma medida de valor, o socialismo tornava-se impossível. Mas o capitalismo também. Era preciso criar algo novo. A ruína das leis da medida era algo que abalava o mundo em profundidade: Jó foi leal a todas as medidas que regulavam o mundo regido por Deus, os operários foram leais a todas as medidas que regulavam o mundo regido pelo capital: mas agora, a medida explodiu. Jó protestava contra a medida e sofria a dor da incomensurabilidade da vida: mas agora a medida foi pelos ares. O que tudo isso tem a ver com minha ânsia de libertação? Tem a ver com uma pequena, simples, mas profunda razão: valia também para mim, assim como para o movimento operário, a experiência vivida por Jó, ou seja, a dor da incomensurabilidade e a consequente descoberta de que só a paixão da criação poderia responder à derrocada da medida. Lá onde as velhas medidas caíram, era preciso criar novas, e a partir daí a paixão residia inteiramente na capacidade de mover-se com alegria para além da medida."[5]

---

4. Antonio Negri, *Jó, a força do escravo*, trad. bras. de Eliana Aguiar. Rio de Janeiro: Record, 2007.
5. Ibid., p. 11.

É um parágrafo que faz jus ao livro de Jó no qual se inspira, estendendo uma ponte entre a paisagem bíblica e a nossa mais viva atualidade. Pois Jó é o sem medida, o desmedido, o indomável, aquele que contesta as razões do poder, aquele que suspeita do poder da razão, aquele que sente em torno de si que a tragédia não pode ser dominada, já que ela domina todas as perspectivas. Jó é aquele que vive na carne o fato de que a medida voou pelos ares, de que a medida que regula nossa vida é desmedida, caduca, mortífera. À dor ontológica, em boa lógica negriana, segue-se a recusa ontológica. É quando começa a aventura épica da liberação. Como nota Negri: "A realidade de nossa miséria é aquela de Jó, as perguntas que fazemos e as respostas que damos ao mundo são as mesmas de Jó. Com o mesmo desespero, as mesmas blasfêmias, nós nos exprimimos. Conhecemos a riqueza e a esperança, tentamos Deus com a razão — nos restam agora o pó e a desrazão. Poderemos, nós também, guiar a nossa miséria através de uma análise do ser e da dor e, a partir dessa profundidade ontológica, remontar a uma teoria da ação, ou melhor, a uma prática de reconstrução do mundo? Até onde, até quando?"[6]

A desmesura

O combate entre Deus e Jó, entre o mestre e o escravo, não é pelo reconhecimento, e desde o início a dissimetria entre o capital e o trabalho é abissal e impreenchível, não pode haver dialética nem *Aufhebung*. A Jó só cabe partir da materialidade da dor para enfrentar a *hybris* divina. Embora Deus tente provar que o Caos é Cosmos, que a injustiça é justiça, que a desmedida é medida, reiterando seu poderio infinito, Jó não pode aceitar a transformação do terror em cosmogonia. Daí todo o processo através do qual ele transfigura a dor, recusa o juiz, denuncia os valores, se recria. Já que não há juiz é preciso inventar uma outra justiça, já que não há mais valores confiáveis é preciso criá-los a partir de um elemento mais terreno. É indispensável, portanto, romper, romper com a pretensa

---

6. Ibid., p. 39. Também Primo Levi vê uma distância intransponível entre o Jó bíblico e os cantos saídos dos fornos crematórios. Veja-se o prefácio a uma coletânea de poemas de Yitzhak Katzenelson e a imagem dele como um Jó contemporâneo para o qual não há resposta possível em *Il canto del popolo ebraico massacrato*, Beltrami Segré e Miriam Novitich (orgs.), trad. it. de Sigrid Sohn e Daniel Vogelmann. Torino: Beit Lohamei Hagetaot, 1966 (posteriormente, Milão: CDEC, 1977, pp. 5-6). Devo a Giuseppe Cocco a indicação desta referência.

racionalidade do mundo, com as medidas que o regulam ou apenas encobrem a desmedida de sua violência. É preciso, em suma, subtrair a potência humana ao poder, seja ele divino ou não, e encontrar um outro fundamento ontológico que se faça acontecimento.[7] Se o trabalho antes era medida, se ele mesmo era mensurável pelo poder, se seu valor era mensurável pelo tempo concebido como medida, tudo muda quando o trabalho se libera da régua do tempo, da medida do poder, tornando-se valor sem medida, potência pura, expansão ilimitada, quando ele se reconquista como inteligência, como carne, como corpo. É o único ponto de partida possível para a criação de outros valores. Um nietzschiano, um tardiano ou um deleuziano talvez remetessem a criação de valores a uma instância outra que não o trabalho.[8] Importa, apesar desse postulado granítico negriano, que doravante a aventura já não possa ser linear, é um *work in progress*, observa Negri, pragmático e experimental, seguindo os ritmos e a disritmia da criação. Livre do mestre e de sua teodiceia, a criação de valores já não se submete a medidas extrínsecas, mas abre, a partir de sua própria desmedida, um outro tempo. Já não há, a partir daí, Jó resignado, Jó paciente, mas, ao contrário, uma nova impaciência em que, a partir de sua dor, uma nova comunidade se anuncia. Pois a dor nunca é individual, ao contrário, ela "*é uma chave que abre a porta da comunidade*. Todos os grandes sujeitos coletivos são formados pela dor — pelo menos aqueles que lutam contra a exploração do tempo da vida por parte do poder, aqueles que descobriram o tempo de novo, como potência, como recusa do trabalho explorado e dos ordenamentos que se instauram com base na exploração. *A dor é o fundamento democrático* da sociedade política, na mesma medida em que o medo é seu fundamento ditatorial, autoritário",[9] arremata o autor.

Não podemos deixar de apreciar a beleza do tom e a dimensão extemporânea que percorrem esses textos e os fazem chegar a nós e à nossa

---

7. A. Negri, *Jó, a força do escravo*, op. cit., p. 125.
8. Cf. G. Deleuze, "A gargalhada de Nietzsche", trad. bras. de Peter Pál Pelbart in David Lapoujade (org.), *A ilha deserta*. São Paulo: Iluminuras, 2006, p. 168: "Para Nietzsche é evidente que a sociedade não pode ser uma última instância. A última instância é a criação, a arte: ou, antes, a arte representa a ausência e a impossibilidade de uma última instância. Desde o início de sua obra, Nietzsche estabelece que há fins 'um pouco mais elevados' que os do Estado, ou da sociedade."
9. A. Negri, *Jó, a força do escravo*, op. cit., p. 140.

mais candente atualidade. No prefácio à edição brasileira, redigido em 2002, vinte anos depois de feito o livro, Negri confessa o que representou a escrita dessa obra em sua trajetória. Diante do tema do fim das grandes narrativas, nos anos 1980, e de certa complacência com a falta de medida, numa flagrante debilidade do pensamento, o desafio que se apresentava a ele era precisamente o de reencontrar a desmedida no interior de uma grande narrativa dramática, relançando uma espécie de cosmogonia. Não se pode negar que a obra responde a tal ambição.

Diferente é a direção tomada por Deleuze e Guattari, por exemplo, quase no mesmo ano, no sistema aberto que não cessaram de relançar, sobretudo com *Mil platôs*, com todas as suas engenhocas teóricas, as mais estapafúrdias, e naquele momento ainda pouco inteligíveis. Diferente também foi a direção de Foucault, igualmente no mesmo período, rumo ao tema do cuidado de si, a estética da existência, a governamentalidade. Cada um inventou sua curva para escapar ao inverno da história, cada um fez seu desvio diante do Cabo da Boa Esperança, e todos eles, curiosamente, nos servem hoje, e cada vez mais.

Mas Negri tinha uma queixa específica: "Sempre que jornalistas ou companheiros vêm me entrevistar ou discutir comigo, percebo neles a ilusão de conseguirem obter de mim palavras de potência e de esperança. Desculpem-me, mas de fato não me sinto como uma espécie de sacerdote espinosista que pode exprimir retóricas de alegria e de superabundância."[10] Não nos estranha que o efeito de seu discurso por vezes seja esse, pois grandes narrativas geram grandes esperanças... Mas não era justamente esse, ainda que paradoxalmente, um dos objetivos inconfessáveis do livro sobre Jó, num momento de perplexidade? Não foi também o que os livros subsequentes tentaram? Claro, Negri responde antecipadamente a seus interlocutores esperançosos que a responsabilidade por tal expectativa deve ser imputada àqueles que querem ser confortados, e não se trata de confortar ninguém, mas fazer outra coisa. Ele insiste, em bom espinosano: não há palavras de esperança, não existe a possibilidade de imaginar um novo sol que nasce no horizonte, não há como lançar passarelas sobre o abismo (o abismo a que se refere é entre

---

10. A. Negri, *Exílio*, trad. bras. de Renata Cordeiro. São Paulo: Iluminuras, 2001, p. 9.

duas épocas, o moderno e o pós-moderno),[11] e retoma o refrão que não é comum na boca de um militante: "Dói. Dói muito." Não é uma dor vaga, é uma dor específica, determinada, histórica, em meio a uma mudança profunda, na qual a alma é posta a trabalhar, ela se cansa como um corpo, e não há liberdade suficiente para a alma, assim como não há salário suficiente para o corpo, "e por isso o trabalho (que é cada vez mais alma e cada vez mais sublima o corpo), nós o experimentamos como separação e exílio. É uma nova experiência de exploração".[12]

A dor

Claro, esta não é a última palavra do pensador, mas esse ritornelo do "Dói, dói muito", que poderia encontrar um equivalente na ideia de Foucault ("tornar as epidermes mais irritáveis para detectar o intolerável"), parece necessário para evitar que se salte e se elida o problema da dor, que se ancore a resistência em um plano outro que não o do corpo, da carne, da vida — por exemplo, em uma promissora utopia de um mundo outro, reluzente. "Toda utopia é de fato uma traição [...] só existe isso [isto é, este mundo no qual estamos]. E é de dentro dessa condição material que devemos (queremos, desejamos isso) nos liberar. Mas como? Assumindo o contexto por aquilo que é, apropriando-se dele..."[13] Ou seja, para usar metáforas próximas a sua experiência pessoal — por um lado, detectando a prisão global em que nos encontramos, apreendendo-a como jaula destrutiva, e, por outro, transformando-a por dentro, "metamorfoseando a nós mesmos, tornando-nos quimeras e monstros, libertando-nos de todas as subjetivações capitalistas".[14]

É difícil pensar as sublevações dos últimos anos, a que se deu o nome de "Revolução 2.0", fazendo a economia desse procedimento, dessa passagem, precisamente em virtude do risco de remeter a uma imaterialidade apenas tecnológica, como se tivéssemos dado um salto na geração de *hardware* ou de programa que nos constitui, sem passar pelas dores que engendraram esse salto ou pelas novas dores que esse salto provoca.

---

11. Ibid., p. 13.
12. Ibid., p. 11.
13. Ibid., p. 93.
14. Ibid.

Por isso, quando comecei a pensar no que poderia dizer aqui,[15] frente a um contexto tão concreto, que vai da Praça Tahrir à Plaza del Sol, da periferia londrina ao coração de Tel Aviv ou Trípoli, sabia que não teria condições de oferecer qualquer análise decente sobre o contexto em que as velhas e novas dores ganharam expressão, em que as velhas e novas formas insurrecionais pipocaram, por toda parte, e que me tocaram profundamente. Eu mesmo nasci em meio à primavera húngara, envolto nesse generoso e tenso ambiente de ocupação das ruas e praças de Budapeste, numa família comunista ativamente implicada no movimento de democratização. Bebê ainda, devo ter registrado na pele algo dessa atmosfera de dor, abertura e liberação, antes de ser levado às pressas, a pé, até a fronteira austríaca, fugindo da violência dos tanques russos, em batalhas de rua que fizeram mais de vinte mil vítimas. Claro, ninguém precisa ter vivido isso para se afetar com o que Kant chamou, com acerto, de "entusiasmo" diante de uma revolução. Ao reler o texto de Kant sobre o Esclarecimento, Foucault chamou atenção para o que lhe pareceu novo na perspectiva do filósofo de Königsberg — para Kant, a fim de medir o progresso da humanidade, aquilo que uma revolução desperta nos que a admiram parece mais relevante do que o destino concreto da própria revolução — é a "vontade de revolução" que importa.[16] E esse aspecto não está ausente do contexto presente — a revolução como "signo" de uma "simpatia de aspiração que borda o entusiasmo", como o postulou Kant. Claro, em termos mais foucaultianos, importa mais a sublevação e sua irredutibilidade, aquela parcela da sublevação que escapa à história, antes de ser "domada" por qualquer cálculo racional, pois, como diz ele num tom levemente camusiano, "o homem que se ergue é afinal sem explicação; é preciso um arrebatamento que interrompe o fio da história, e suas longas cadeias de razões, para que um homem possa, 'realmente', preferir o risco da morte à certeza de ter que obedecer".[17]

---

15. Trata-se do III Seminário Internacional Capitalismo Cognitivo: "Revolução 2.0: Da crise do capitalismo global à constituição do comum", promovido pela Universidade Nômade e pela UFRJ em agosto de 2011.
16. Michel Foucault, "Qu'est-ce que Les Lumières" in *Dits et Ecrits* IV. Paris: Gallimard, 1984, p. 687 [Ed. bras.: "O que são as Luzes?" in *Ditos e Escritos* II, Manoel B. da Motta (org.), trad. de Elisa Monteiro. Rio de Janeiro: Forense Universitária, 2005].
17. M. Foucault, "Inutile de se soulever?" in *Dits et Écrits* III. Paris: Gallimard, 1994, p. 791 [Ed. bras.: "É inútil revoltar-se?" in *Ditos e escritos* V, Manoel B. da Motta (org.), trad. de Elisa Monteiro e Inês A. D.

Com o que sonham os indignados?
O fato é que, por um segundo, me veio a pergunta, uma pergunta tola, indevida, deslocada: com o que sonham os indignados, os acampados, os insurretos de hoje, ou aqueles que os admiram e torcem por eles? Não é uma boa pergunta, importa o que eles fazem, como vão ocupando o espaço, a cidade, a infosfera, como vão criando novos espaços-tempo, novos modos de lutar e de resistir, como isso é reapropriado e se alastra etc. Em todo o caso, quando me fiz a pergunta tola, e caiu-me na mão o livro sobre os sonhos durante o III Reich, foi grande o meu espanto ao ver que os alemães sonhavam não com aquilo que pudessem desejar, pelo menos no nível coletivo, mas com aquilo que lentamente se ia instalando entre eles, o terror cotidiano, a maquinaria de sujeição, o descarte, a desmedida se travestindo de medida. Por associação que não consigo explicar, precisei do livro de Negri, onde se dá precisamente essa passagem da fenomenologia da dor, ainda mais quando inexplicável e injustificável na sua incomensurabilidade, à ontologia histórica e sobretudo à assunção ética e política dessa desmedida. É o que dá também o caráter desmedido do próprio pensamento quando confrontado à "desmedida absoluta dos acontecimentos". É possível que estejamos em um momento assim, em que voam pelo ar muitas "medidas", do valor, do trabalho, do tempo, do sujeito, do Estado, da governança global, do controle da vida, e vem à tona, por toda parte, a desmedida desse poder, ou do biopoder, a desmedida das novas dores que requerem de nós outra coisa para a qual ainda não temos nomes adequados, e que as revoltas e insurreições do presente deixam apenas entrever, a seu modo.

Mesmo em contextos menos insurrecionais, algo similar pede passagem. Em um texto recente, Laymert Garcia dos Santos conta o processo de montagem da ópera *Amazônia — teatro música em três partes*, feita em conjunto pelos Yanomami, um grupo de alemães e outro de brasileiros. Nas primeiras conversas e consultas para elaborar o roteiro, relata o autor, "depois de ouvir boa parte de nossas intervenções, Peter Sloterdjik observou que, em seu entender, parecia que todos manifestavam o que ele chamou de 'uma dor amazônica', a dor de uma perda, ou da iminência de uma perda, como se estivéssemos todos à procura de

Barbosa. Rio de Janeiro: Forense Universitária, 2004, p. 77].

um Orfeu amazônico que tenta cantar, e cuja música estaria sujeita ou determinada por uma situação de ameaça".[18] Laymert acrescenta, mais adiante: "Os Yanomami falam explicitamente do que o filósofo chamou 'a dor amazônica', enunciam explicitamente a perda. *E não se fazem ouvir!* Ora, ouvir o que os Yanomami têm a dizer é *ouvir o que têm a dizer sobre a floresta*, como um meio de ouvir o que a própria floresta tem a dizer."[19] A questão cosmopolítica de hoje não poderia ser: qual é a dor que cada agente, humano ou não humano, carrega? E quais dispositivos, expressivos ou não, é preciso ativar ou inventar para lhes dar voz?

Atlas
Em uma exposição realizada no Museo Reina Sofia, em 2010, foi apresentada a iconografia coletada pelo historiador e arquivista judeu Aby Warburg em torno da figura de Atlas.[20] Atlas é um titã que desafiou os deuses, querendo repassar aos humanos o poder dos céus. Por isso, foi condenado a sustentar pelo resto dos tempos, com o próprio corpo, a abóboda celeste. Atlas é aquele que carrega; aquele que com sua força descomunal experimenta o descomunal peso dos céus. Como sabemos, são os escravos e vencidos que mais sentem o peso do que carregam, por conseguinte, são eles os que mais sabem do mundo.[21] Assim, o Atlas contemporâneo já não corresponde a um gigantesco titã que segura o céu, mas ao errante que carrega o mundo desde baixo, o sem teto,

---

18. Laymert Garcia dos Santos, "Prolegômenos à ópera multimídia Amazônia: Considerações conceituais sobre um experimento estético-político transcultural" in *Cadernos de Subjetividade*, nº 13. São Paulo: Núcleo de Estudos e Pesquisas da Subjetividade do Programa de Estudos Pós-Graduados em Psicologia Clínica da PUC-SP, 2011, pp. 37 e ss. Para um estudo mais detido do mesmo autor sobre o tema, cf. *Amazônia Transcultural — Xamanismo e Tecnociência na Ópera*. São Paulo: n-1 edições, 2013.
19. L. Garcia dos Santos, "Prolegômenos à ópera multimídia Amazônia...", op. cit. p. 45.
20. Georges Didi-Huberman, *Atlas. ¿Cómo llevar el mundo a cuestas?* Madri: Museo Nacional Centro de Arte Reina Sofia, 2011.
21. É Foucault ainda quem escreve, ao distinguir uma revolução de um levante, no caso iraniano, quando perguntado se se tratava de uma revolução: "Eu não respondi. Mas tinha vontade de dizer; não é uma revolução no sentido literal do termo: uma maneira de se colocar de pé e de se reerguer. É a insurreição de homens de mãos nuas que querem remover o peso formidável que pesa sobre cada um de nós, mais particularmente sobre eles, esses trabalhadores do petróleo, esses camponeses nas fronteiras dos impérios: o peso da ordem do mundo inteiro. É talvez a primeira grande insurreição contra os sistemas planetários, a forma mais moderna da revolta e a mais louca". M. Foucault, "Le chef mythique de la révolte de l'Iran" in *Dits et Écrits* III. Paris: Gallimard, 1994, p. 716.

o sem nome, o indigente, aquele que Atget ou Sander tão bem retrataram, o pobre até num sentido mais elementar, o pobre em experiências, o sobrevivente, mas que testemunha... Ora, a iconografia de Atlas, desde a postura épica, carregando o mundo nas costas, até a do pobre, carregando seu fardo, é um saber trágico, um saber abissal sobre os grandes intervalos cósmicos, sobre os extremos do mundo. É o saber através do sofrimento, como foi o caso do próprio Warburg, por anos internado num hospício antes de retomar a vida a partir de sua pesquisa.

Mas como o sublinha Georges Didi-Huberman, no texto intitulado justamente "Atlas. Como carregar o mundo nas costas?", Atlas é também hoje um dispositivo que suporta a acachapante disparidade do mundo, capaz de relacionar ordens diversas, escalas distintas, realidades incomensuráveis. É o saber feito de fragmentos de mundo em colisão, das conexões que surgem, das forças em jogo; as coisas compreendidas como pássaros que não podemos enjaular. É que não se trata de esperar a música uníssona, o conhecimento apaziguado, o grande domingo da vida ou do mundo que abolirá a inquietude. É uma *Gaia ciência*, vulcânica, apátrida, que descobre afinidades ali onde não se espera, que acompanha migrações. Para isso, é preciso pelo menos uma mesa, uma mesa onde apoiar-se, nem que seja aquela do sonhador de Goya, em *O sonho da razão produz monstros*. Uma mesa, ao invés de um quadro, *une table, pas un tableau*. Uma mesa de trabalho, de montagem, um plano de experimentação onde os monstros se encontram. O Atlas como dispositivo tem precisamente esse sentido: uma resposta livre a uma situação de opressão, uma Gaia ciência rizomática, em resposta a uma tragédia do destino.

※※※

No final do livro sobre Jó, na ultimíssima página, ao comentar o impasse do pensamento de Habermas sobre a superação da modernidade, Negri escreve: lá onde o filósofo sucumbe, abre-se a possibilidade do nômade. E invoca a contribuição ("formidável", adjetiva ele) de Deleuze e Guattari, mas também de Foucault, tendo em vista as chaves que criaram para um discurso sobre a modernidade, numa direção prática e política, ao oferecerem, mesmo na tragédia, instrumentos para uma determinação subjetiva. Negri e seus amigos farão um uso abundante, para não dizer um *saque constitutivo*, do repertório conceitual desses autores, na sua rica carnavalização da história. A trilogia escrita com Hardt é disso um exemplo, e com toda a utilidade dos conceitos ali operados, com toda a riqueza da primeira cartografia de fôlego do terceiro milênio e sua serventia inegável, não creio que a matriz profunda escape à ambição narrativa, eu diria *épica*, já presente no livro sobre Jó, e que se poderia resumir da seguinte maneira, retomando as palavras de Negri: "Não existe outra ordem do mundo exceto aquela que une a absoluta indeterminação à absoluta potência."[22] É esta, segundo ele, a humaníssima hipótese de Jó. Como poderíamos contestá-la? Essa absoluta potência não é uma manifestação de nossa viril subjetividade, onipotente, abrindo caminho através da multidão. Ao contrário, é nossa subjetividade viril que se vê revirada do avesso pela potência inumaníssima que a esgarça, é nosso contorno psicopolítico que se desmancha em meio a essa mutação. Enfim, há algo que sucede como que à nossa revelia, às nossas costas, quando já estamos esgotados, exauridos, quando algo já caducou, quando saímos dos trilhos — num estranho limite entre a potência e a impotência.

---

22. A. Negri, *Jó, a força do escravo*, op. cit., p. 39.

BRASIL MAIOR OU MENOR?

Em 1794 Kant redigiu um artigo sobre a *Aufklärung* em que assim a definiu: "O Esclarecimento é a saída do homem de sua menoridade, da qual ele próprio é culpado."[1] Eis uma formulação que é ao mesmo tempo uma exigência, uma reivindicação, um programa. Trata-se de abandonar o estado de tutela, de dependência, desde que se tenha o intelecto intacto (por conseguinte, desde que não se seja incapacitado, louco, criança, selvagem etc.). Mas a maioria, por covardia ou preguiça, acha mais cômodo continuar em estado de menoridade. Prefere-se "ter um livro que pense por mim, um guia espiritual que tenha consciência por mim, um médico que decida por mim". Assim, posso me desincumbir da necessidade de pensar, "outros assumirão por mim essa enjoada tarefa". E a grande maioria das pessoas, com especial ênfase no sexo feminino (a misoginia do filósofo!), prefere isto: colocar na mão de outros essa tarefa, delegar o pensamento, a consciência, a conduta. Com o que os tutores apenas reforçam seu domínio e nossa dependência. "Em todos os lugares ouço gritar: não raciocineis! O oficial diz: não raciocineis, mas fazei exercícios militares! O intendente de finanças: não raciocineis, mas pagai! O clero: não raciocineis, mas acreditai! (Há apenas um único senhor no mundo [referindo-se a Frederico II da Prússia] que diz: raciocineis o quanto quiserdes e sobre tudo aquilo que quiserdes, mas obedecei!)." Visto que é preciso coragem e decisão para reverter essa situação, apenas uma minoria (esclarecida, diríamos) acaba saindo da menoridade e consegue pensar por conta própria. Mas pode ocorrer que num ambiente público

---

1. Immanuel Kant, "Resposta à pergunta: Que é o Esclarecimento?" in *Textos Seletos*, trad. bras. de Floriano de Sousa Fernandes. Petrópolis: Vozes, 2005, pp. 63-71, inclusive para os trechos que se seguem.

de liberdade, essa minoria que sacudiu de si a tutela, irradie o valor dessa vocação de pensar por si, mesmo que tropece na relutância de todos aqueles que se beneficiam dessa dependência.

Foucault ressalta que esse texto é um esboço da modernidade — entendida não como um período histórico situado entre uma pré-modernidade e uma pós-modernidade, mas antes como uma atitude, uma relação frente à atualidade, um modo de senti-la e pensá-la, de agir e de se conduzir, uma maneira de pertencer a um presente e reivindicar uma tarefa, enfim, aquilo que os gregos entendiam por um *ethos*. É o *ethos* da modernidade que aqui estaria sendo enunciado. E a modernidade não é só uma relação com o presente, definível pela consigna *Sapere aude!* — tenha a coragem de saber —, mas também carreia em si uma relação consigo, um tomar-se como objeto de um trabalho, de uma elaboração, que implica uma relação a si, a seu corpo, a seu comportamento, a seus sentimentos e paixões, a sua existência, diz Foucault. Daí a extravagante ponte que Foucault constrói entre Kant e Baudelaire, que desemboca nesse desafio não só de saber, de se guiar, mas de fazer de si e da própria vida uma obra de arte. E conclui: "O homem moderno, para Baudelaire, não é aquele que parte à descoberta de si mesmo, de seus segredos e de sua verdade oculta: ele é aquele que busca inventar-se a si mesmo. Esta modernidade não libera o homem em seu ser próprio; ela o restringe à tarefa de se elaborar a si mesmo."[2] Se para Baudelaire isso se dá no domínio da arte, o que interessa a Foucault na *Aufklärung* é precisamente esse cruzamento entre a problematização do presente e a constituição de si como sujeito autônomo. Eis o *ethos* filosófico, nesse arco que vai de Kant a Baudelaire, segundo a inflexão foucaultiana: não se trata de buscar o núcleo de nossa racionalidade, que caberia salvar a qualquer custo, mas detectar aquilo que não é necessário para nossa constituição como sujeitos autônomos. Nesse sentido, o humanismo não serve, já que ele sempre está submetido àquilo que ele toma de empréstimo, seja à moral, à política, à ciência, à religião. A crítica não pode apoiar-se nessa vaga ideia humanista, mas no princípio de uma criação permanente de nós mesmos na nossa autonomia.

---

2. Michel Foucault, "Qu'est-ce que les Lumières?" in *Dits et Écrits* IV. Paris: Gallimard, 1984, p. 571 [Ed. bras.: "O que são as Luzes?" in *Ditos e Escritos* II, Manoel B. da Motta (org.), trad. de Elisa Monteiro. Rio de Janeiro: Forense Universitária, 2005, p. 344].

É nesse ponto que Foucault faz questão de se demarcar em relação ao projeto kantiano, como assinalou Diogo Sardinha, cujo comentário retomo neste breve recorrido.[3] Se a crítica se ocupou em geral dos limites daquilo que podemos conhecer ou almejar, nossa tarefa seria mais positiva, a saber, naquilo que nos é dado como "universal, necessário, obrigatório", sondar qual é a parte, diz Foucault, de "singular, contingente e tributário de constrangimentos arbitrários". Portanto, em vez de uma "crítica exercida na forma da limitação necessária", substituí-la por uma "crítica prática na forma da travessia possível", do ultrapassamento. Ou seja, não se trata de detectar as estruturas universais de todo conhecimento e de toda moral possível (e, nós poderíamos acrescentar, de toda política possível), mas de tratar como acontecimentos históricos os discursos que articulam o que pensamos, dizemos, fazemos. Assim, em vez de deduzir daquilo que somos o que nos é impossível pensar ou fazer, trata-se de extrair da contingência que nos fez ser o que somos a possibilidade de não mais ser, fazer ou pensar aquilo que ainda somos, fazemos e pensamos.

Maior, menor
Ora, é difícil não concordar com essa conclusão. Quem se oporia à defesa da autonomia, à exigência de pensar por si mesmo, à reivindicação de livrar-se da tutela, da dependência, da delegação da atitude e do pensamento? Quem ignoraria a reticência enunciada por Foucault, de que a saída da menoridade não deve apoiar-se naquele humanismo cujos universais ele não cansou de questionar? Quem contestaria a injunção de fazer da própria vida uma obra de arte, sobretudo em um sentido coletivo? Quem se recusaria à transgressão prática daquilo que somos? Quem se oporia, enfim, a esse elogio da maioridade, mesmo que Foucault se indague, com um certo ceticismo, se algum dia de fato nos tornaremos maiores...?

Mas é justamente onde tudo parece fazer sentido e garantir um consenso saudável, é aí que talvez tudo mereça ser revirado ainda uma vez, na contramão do Esclarecimento ao qual Foucault pagou seu tributo.

---

3. Diogo Sardinha, em excelente artigo, "L'émancipation, de Kant à Deleuze: devenir majeur, devenir mineur" in *Temps modernes*, nº 665. Paris: Gallimard, 2011, pp. 145-164. Sua argumentação está desenvolvida em *L'émancipation de Kant à Deleuze*. Paris: Hermann Ed., 2013.

Não parece claro que sempre que nos pedem maioridade, maturidade, seriedade, responsabilidade, sub-repticiamente nos estão cobrando obediência, servidão, assujeitamento ao que se pressupõe como maioridade? Não esconde a exigência de maioridade, maturidade, seriedade, uma subserviência a um padrão dito maior, dominante, hegemônico? Será que a maioridade não representa, precisamente, um ideal de servilidade e sujeição a uma suposta humanidade natural ou moral, ou pelo menos viável, em todo o caso já dada e constituída? O desafio mais radical não consistiria precisamente, ao contrário, em escapar de uma maioridade que nos é imposta individual e coletivamente, como um ideal, uma natureza, um progresso ou um destino, e cujo questionamento corre o risco, sempre, de parecer aos olhos dos "maiores" como leviana, irresponsável, irracional, para não dizer infantil, desarrazoada? Não foi esse terrorismo majoritário que Deleuze e Guattari combateram ao longo de toda a sua obra, mostrando como um padrão do homem-branco-macho-racional-urbano-europeu-consumista que, mesmo não correspondendo à maioria numérica da população planetária, se impõe como uma medida por toda parte, na filosofia ou na mídia, na política ou na clínica, na economia ou na estética? O esquizo, o nômade, o desterritorializado, não seriam maneiras de escapar ao machismo da razão? O devir-mulher, o devir-criança, o devir-animal, o devir-índio, o devir-negro, o devir-molécula, o devir-intenso, o devir-imperceptível, não lhes coube pôr em xeque, nas mais diversas direções, esse padrão majoritário, humano, demasiadamente humano, universal, demasiadamente universal, antropocêntrico, demasiadamente antropocêntrico, esclarecido, demasiadamente esclarecido? Até em termos políticos, a frase terrível de Deleuze, respondendo a Negri: "como conquistar a maioria" é um problema inteiramente secundário em relação aos caminhos do imperceptível. Contra uma maioridade racional, comunicacional, humanista, e contra um desejo de se tornar maioria, não a menoridade tutelada que Kant critica, e que apenas espelharia invertidamente o que se recusa, nem o entrincheiramento na minoria esclarecida, num elitismo filosófico, mas uma miríade de devires minoritários, deslizamentos, curtos-circuitos, linhas de escape que, na sua ressonância, produzam "quantidade psicopolítica". Deleuze, na esteira de Kafka ou de Lucrécio, lembra que o pequeno é a sede irredutível das forças, o local dos desvios, o *locus* da diferença. Fascínio pelos *processos de miniaturização* ou *minoração*... Não há aqui puerilidade alguma, apenas uma cartografia das forças e dos signos que se subtraem, fogem e fazem fugir o império das potências molares, a maioria e seus modelos, a gregariedade e sua depauperação.

Ecologia
Quando Guattari denuncia a "laminação subjetiva planetária", um dos três desastres ecológicos contemporâneos, ao lado do social e do ambiental, ele articula o plano maior e o menor do seguinte modo: "Não haverá verdadeira resposta à crise ecológica a não ser em escala planetária e com a condição de que se opere uma autêntica revolução política, social e cultural reorientando os objetivos da produção de bens materiais e imateriais. Essa revolução deverá concernir, portanto, não só às relações de força visíveis em grande escala, mas também aos domínios moleculares de sensibilidade, de inteligência e de desejo."[4] Portanto, do mercado mundial até as formações subjetivas, cabe operar um "deslocamento generalizado dos [...] sistemas de valor", baseados no lucro e no rendimento, a partir de uma outra lógica, uma eco-lógica, uma lógica das intensidades. Ao se descolar da semiótica capitalística, abrem-se outras práticas, experiências, dissidências, bifurcações, eros de grupo, semióticas processuais — trata-se de conjurar "o crescimento entrópico da subjetividade dominante". Contra a subjetividade serializada, pós-industrial, seja ela da ascendente classe média planetária, inventar outras instâncias de valoração, "novas 'bolsas' de valores".[5]

Ora, tudo isso foi escrito por Guattari anos depois do Colóquio Eco-logias, organizado por Eric Alliez em paralelo à Eco-92. Relidas hoje, essas colocações não perderam nada de sua atualidade, nem sua pertinência analítica nem seu poder de convocação. Mas muita água correu debaixo da ponte, desde aquela época. Não só o governo Lula, com todas as suas reviravoltas, ziguezagues, aberturas, brechas, avanços, estilhaços, mas também as experiências várias que se multiplicaram no âmbito dos movimentos no Brasil e no exterior, no auge da globalização e na esteira das crises várias que a abalaram.

---

4. Félix Guattari, *As três ecologias*, trad. bras. de Maria Cristina F. Bittencourt. Campinas: Papirus, 1990, p. 9.
5. Ibid., p. 50.

Acrescente-se a isso a emergência de duas correntes que ajudaram a infletir nosso pensamento desde então. De uma parte, a disseminação de uma reflexão aguda, trazida pelos herdeiros da autonomia italiana e macerada em lutas concretas — que a partir da ontologia constitutiva de Negri abriu uma via para pensar a vida multitudinária e a constituição do comum no contexto biopolítico atual, dada a prevalência do trabalho imaterial e as novas formas de poder, bem como uma corajosa tentativa de pensar a biopotência e a resistência numa sociedade de controle globalizada. De outra, o impacto da antropologia imanentista de Viveiros de Castro, que com seu perspectivismo ameríndio embaralhou todas as cartas da modernidade, radicalizando o sentido de uma descolonização do pensamento ocidental, num contragolpe ao eurocentrismo, e que aprofunda o gesto antropófago e redesenha inteiramente a geopolítica contemporânea. Virada ontológica, metafísica, antropológica, cosmopolítica.

Pois bem, o cruzamento, aqui, dessas duas correntes em tudo distintas, felizmente, não é um enlace de coincidentes, mas um encontro contranatura, no qual temos o privilégio de sobrevoar essa distância incomensurável entre um materialismo superior, centrado na dimensão imaterial da produção, e um animismo transcendental, fincado nos corpos e no embate dos pontos de vista... Por um lado um produtivismo ontológico, por outro, uma suficiência intensiva, por um lado uma "mobilização", por outro, um anseio de "desmobilização", por um lado uma "revolução", por outro, uma "descida" ou involução. E mesmo na tonalidade afetiva, por um lado um certo militantismo ativista, por outro, uma espécie de resistência total. Como dizia um filósofo arguto, é uma alegria termos dois pensamentos em vez de um, por que haveríamos de amalgamá-los? Portanto, nada de sínteses, tanto mais que não nos é exigido nenhum documento final, diferentemente das cúpulas convocadas nesta cidade, que hão de encontrar fórmulas esvaziadas para justificar seu sucesso.

EXPERIÊNCIA E ABANDONO DE SI

Em uma entrevista de 1980, Foucault diz que seus livros são para ele *experiências* no sentido pleno da palavra, já que deles ele próprio saiu transformado. Uma experiência, portanto, poderia ser definida a partir desse crivo: trata-se de uma transformação do sujeito. Um livro concebido como uma experiência é algo que transforma aquele que o escreve e aquilo que ele pensa, antes mesmo de transformar aquilo de que trata. Foucault confessa que os autores que mais o marcaram não foram os grandes construtores de sistema, mas aqueles que lhe permitiram escapar precisamente dessa formação universitária, isto é, aqueles para quem a escrita era uma experiência de autotransformação, tais como Nietzsche, Bataille, Blanchot. Esse trio volta tantas vezes, não só nos artigos e livros de sua primeira fase, mas nas entrevistas até o final de sua vida, que não podemos deixar de ver aí uma espécie de ritornelo. Ora, o que esses autores deram a Foucault de tão essencial, mesmo sendo marginais no que se costuma entender por história da filosofia? Precisamente uma concepção de experiência como uma metamorfose, uma transformação na relação com as coisas, com os outros, consigo mesmo, com a verdade. Foi o que ocorreu no estudo dos grandes objetos pesquisados por Foucault, como a loucura, a delinquência, a sexualidade — todos os livros escritos a respeito resultaram em uma transformação profunda na relação que o autor, o leitor, enfim, o próprio tempo de Foucault se viu impelido a ter com esses domínios. A contribuição de Foucault nesses diversos âmbitos não consistiu em reafirmar um progresso do conhecimento, uma acumulação nos saberes constituídos, mas na problematização das verdades produzidas pelos saberes e poderes, em seu entrelaçamento recíproco, bem como dos efeitos daí resultantes, entre outros, a produção dos sujeitos aí implicados: o sujeito da loucura, o sujeito doente, o sujeito delinquente, o sujeito de uma sexualidade.

Em que, contudo, a noção de experiência evocada por Foucault difere daquela formulada pela fenomenologia? Se a experiência do fenomenólogo consiste em pousar um olhar reflexivo sobre um objeto qualquer do vivido, sobre o cotidiano em sua forma transitória, para dele extrair as significações, a experiência à qual Foucault se refere, ao contrário, trata não de atingir um objeto do vivido, mas um ponto da vida que seja o mais próximo do invivível. Não a vida vivida, mas o invivível da vida. Não a experiência possível, mas a experiência impossível. Não a experiência trivial, mas aquela em que a vida atinge o máximo de intensidade, abolindo-se. Não a experiência cotidiana, mas a experiência-limite. A fenomenologia trata de apreender a significação da experiência cotidiana para reencontrar, através dela, o sujeito fundador dessa experiência e de suas significações, na sua função transcendental. A experiência tal como Foucault a entende, em contrapartida, na linhagem dos autores mencionados, não remete a um sujeito fundador, mas desbanca o sujeito e sua fundação, arranca-o de si, abre-o à própria dissolução. Em suma, a experiência-limite é um empreendimento de dessubjetivação. Eis o que terá sido decisivo para Foucault na leitura de Nietzsche, Bataille e Blanchot: a experiência que vai ao seu limite, a experimentação que em seu curso prescinde do sujeito ou o abole. É o que permite a Foucault dizer que seus livros, por mais eruditos que tenham sido, foram sempre concebidos como experiências diretas, visando a arrancá-lo de si mesmo, a impedi-lo de continuar a ser si mesmo.

Claro que nos deparamos aqui com uma concepção particular de experiência, já que ela no geral é remetida precisamente a um sujeito que a vive, passiva ou ativamente. Mas a pergunta de Foucault vai a contrapelo dessa suposição: "Não haveria experiências ao longo das quais o sujeito não fosse dado, nas suas relações constitutivas, naquilo que ele tem de idêntico a si mesmo? Não haveria experiências nas quais o sujeito possa se dissociar, quebrar a relação consigo mesmo, perder sua identidade?"[1]

---

1. Michel Foucault, "Entretien avec Michel Foucault", entrevista com Ducio Trombadori realizada em 1978, in *Dits et Écrits* IV, Daniel Defert, François Ewald e Jacques Lagrange (orgs). Paris: Gallimard, 1984, p. 50 [Ed. bras.: "Conversa com Michel Foucault" in *Ditos e Escritos* VI, Manoel B. da Motta (org.), trad. de Ana Lúcia P. Pessoa. Rio de Janeiro: Forense Universitária, 2010].

Através de termos como dissociação, dissolução, diluição, perda da identidade, Foucault contesta o estatuto mesmo do sujeito, seja o sujeito psicológico, seja o sujeito do conhecimento, seja o sujeito transcendental.

A experiência (im)pessoal

Em um sentido muito prosaico, Foucault diz, em outro momento, que cada livro seu nasceu de uma "experiência pessoal", uma "experiência direta". No caso da loucura, eis sua observação: "Eu tenho uma relação pessoal, complexa com a loucura e com a instituição psiquiátrica."[2] Uma passada de olhos em qualquer biografia sua, ou mesmo nas notas biográficas publicadas em *Ditos e escritos*, insuspeitas de qualquer ambição sensacionalista, a observação se esclarece imediatamente: trata-se das crises pelas quais passou o filósofo na École Normale, acessos de raiva, tentativas de suicídio, até mesmo uma visita a um psiquiatra, levado por seu pai. Num outro plano, seu interesse pelo tema foi incessante, como o atesta seu trajeto acadêmico: formação paralela em psicologia, estágio no hospital psiquiátrico, tradução do texto *Rêve et existence* e a frequentação pessoal de Binswanger por ocasião dessa tradução, para não falar de todos os postos de trabalho em que foi incumbido da cátedra de psicologia ou psicopatologia, ou mesmo seu interesse pela psicanálise, sua relação ambivalente com Lacan etc. Contudo, se sua experiência pessoal, nesse sentido trivial, foi decisiva, isso nem remotamente significa que ele tenha transposto experiências pessoais para o plano da escrita numa forma autobiográfica: em nenhum texto publicado por ele há qualquer referência autobiográfica dessa ordem.

Já temos aqui um pequeno paradoxo: como um livro *nasce* de uma experiência pessoal, mas *resulta* precisamente na abolição desse mesmo autor que as viveu, conforme o postulado indicado acima, segundo o qual há experiências e experiências, de pensamento ou de escrita, que justamente colocam em xeque o autor em sua identidade, até mesmo em sua coerência? Todo o desafio está em conciliar o fato de que um livro *parte* de uma experiência pessoal, mas não constitui o *relato* dessa experiência, já que o livro *é em si mesmo* uma experiência em um sentido mais radical, a saber, uma *transformação de si*, e não a reprodução da

---

2. Ibid., p. 46.

experiência vivida "tal como ela ocorreu" e que estaria na origem dessa escrita, nem sua transposição direta.

O livro-experiência

Além dessas dimensões (im)pessoais, um livro é feito para outros, tendo assim, em última instância, um alcance coletivo, dizendo respeito a uma prática coletiva, a um modo de pensar que extrapola o sujeito individual e se endereça à experiência daqueles que o leem ou o utilizam. É isso, em última análise, o que Foucault chama de um livro-experiência, por oposição a um livro-verdade ou livro-demonstração: "Uma experiência é alguma coisa que se faz só, mas que não se pode fazer plenamente senão na medida em que escapará à pura subjetividade e que outros poderão, não digo retomá-la exatamente, porém ao menos cruzá-la e atravessá-la de novo."[3]

É o que se pode mostrar com o destino da *História da loucura* — o uso frequente feito pelos antipsiquiatras se deve menos ao fato de que tenha sido um livro escrito "contra" os psiquiatras do que pela transformação que ele significou na relação histórica, teórica, institucional, ética, jurídica até, em relação à loucura, aos loucos, à instituição psiquiátrica, à verdade do discurso psiquiátrico.[4] É "portanto um livro que funciona como uma experiência, para aquele que escreve e para aquele que o lê, muito mais do que como uma constatação de uma verdade histórica. Para que se possa fazer esta experiência através deste livro, é preciso que o que ele diz seja verdadeiro em termos de verdade acadêmica, historicamente verificável".[5] E de fato Foucault trabalha com um material histórico que não difere essencialmente daquele utilizado pelos historiadores mais clássicos, com demonstrações, provas, remissão a textos, referências, relação entre ideias e fatos, esquemas de inteligibilidade, tipos de explicação — em suma, diz ele, nada de original.[6] Não obstante, o essencial está justamente na "experiência" que cabe fazer a partir desse material, "uma experiência de nossa modernidade tal que nós dela saiamos transformados.

---

3. Ibid., p. 47.
4. Ibid., p. 45.
5. Ibid.
6. Ibid., p. 44.

O que significa que ao final do livro possamos estabelecer relações novas com o que está em questão: que eu que escrevi o livro e aqueles que o leram tenham em relação à loucura, ao seu estatuto contemporâneo e à sua história no mundo moderno uma outra relação".[7]

O essencial, portanto, não está na série das constatações verdadeiras ou historicamente verificáveis que se pode encontrar em um livro, mas antes na experiência que tal livro permite fazer. Ora, esta experiência, como qualquer experiência, não é nem verdadeira nem falsa. "Uma experiência é sempre uma ficção; é algo que se fabrica para si mesmo, que não existe antes e que passará a existir depois."[8] Daí um dos sentidos possíveis à *boutade* de jamais ter escrito outra coisa que não ficções. Não se trata de mentiras, de fabulações, de inverdades, mas da fabricação de uma "experiência" que, no entanto, está nas antípodas de qualquer remissão a um "vivido", "autêntico", "verdadeiro" ou "real". Um livro é isto. É precisamente uma produção, uma criação, uma singularidade, um acontecimento, com seus efeitos de realidade.

É nessa linha que se poderia entender o modo pelo qual ele chegou a se definir "um pirotécnico", isto é, um fabricante de explosivos. O intuito de seus livros, confessou, era o de derrubar os muros. E quando se refere à *História da loucura*, diz, em 1975: "Eu encarava este livro como uma espécie de vento verdadeiramente material, e continuo a sonhar com ele assim, uma espécie de vento que faz estourar as portas e as janelas... Meu sonho é que ele fosse um explosivo eficaz como uma bomba, e bonito como fogos de artifício."[9]

A fabricação da experiência

Se tal concepção poderia ser facilmente admitida para a experiência de escrever um livro, que é, afinal, uma produção, uma criação, uma construção, um acontecimento inventado, como colocar nessa chave da fabricação aquilo que disparou o livro? Como entender aquela primeira "experiência" da qual parte o autor como uma *fabricação*? Nossa intuição

---

7. Ibid.
8. Ibid., p. 45.
9. Roger Pol-Droit in Roberto Machado (org.), *Michel Foucault. Entrevistas*, trad. bras. de Vera Portocarrero e Gilda G. Carneiro. São Paulo: Graal, 2006, p. 75.

diria o contrário, o vivido como o original, autêntico, natural, o livro como cópia, imitação, fabricação. Contudo, Foucault abole essa diferença ao subtrair do vivido seu caráter de original. Ora, não se trata de circunstâncias de vida pessoais, vicissitudes de uma história singular, e portanto vividas, originais? Como imaginar que isso é fabricado? Mas, precisamente, isso que é pessoal, a ser bem considerado, nada tem de natural, muito menos de exclusivamente pessoal, já que as tentativas suicidas de um jovem homossexual no interior de uma instituição de excelência, onde essa orientação sexual, nos anos 1950, com a hegemonia conservadora do partido comunista, ainda era vista como uma aberração pessoal, uma anomalia ou uma enfermidade, em todo o caso como um desvio de conduta, é tudo menos algo "natural" ou "pessoal", porém fruto de uma fabricação histórica, social, médica, psicológica, psiquiátrica, institucional, discursiva. Por isso, o "pessoal" é aí fruto de uma fabricação inteiramente histórica. A forma dessa experiência de "loucura", num sentido restrito da palavra só pode ser compreendida se não for reduzida a seu aspecto privado, mas devolvida à sua historicidade, que é justamente o que o livro-experiência se encarregará de elucidar, pôr em xeque, revirar, arrebentar. A experiência, nesse caso, por mais vivida e autêntica que pareça ser, não pode ser naturalizada, ela deve ser historicizada, devolvida à rede de saberes e poderes, para dizê-lo de maneira simplificada, que a elucidem, e que, para formulá-lo de maneira ainda mais paradoxal, digam a "verdade" dessa experiência.

Claro que todo o problema, nesse tipo de postura, é o do estatuto da verdade no interior dessa fabricação, dessa experiência, e o do estatuto da verdade embutida no livro que prolonga essa experiência. Se um livro, ou mesmo um livro concebido como uma experiência, se submetesse a uma verdade previamente suposta e a ser revelada, tudo se resolveria facilmente. Mas, diz Foucault, um livro-experiência tem uma relação difícil com "a verdade", já que esta, implicada em um livro-experiência que não depende dela, mas antes tende a destruí-la, é ela mesma problemática.[10] Assim, se o livro faz uso de documentos verdadeiros, é para, através deles, não só realizar uma constatação de verdade, mas também e sobretudo uma "experiência que autorize uma alteração, uma trans-

10. M. Foucault, "Entretien avec Michel Foucault", op. cit., p. 44.

formação da relação que temos conosco mesmos e com o mundo onde, até aí, nos reconhecíamos sem problemas (numa palavra, com nosso saber)."[11] Poderíamos, ou deveríamos, pois, ler a *História da loucura* nesta chave, como um livro-experiência, que subverte nossa relação com a verdade que até aí parecia impor-se. Ora, insistamos, ele não é o relato de uma experiência pessoal, ele não é um romance, ele não pode prescindir de um certo regime de veridicção, científico, acadêmico, histórico, sob pena de perder todo efeito e eficácia no campo dos saberes e poderes vigentes, porém, se ele o faz, é com o intuito muito mais de destruir as verdades que regem esse domínio do que de submeter-se a elas. Daí porque o trabalho de Foucault não pode enfeixar-se em uma tradição epistemológica que vê no estudo das ciências um progresso, ou o progresso de uma racionalidade, e pode-se presumir que a *História da loucura* foi escrita precisamente no contrafluxo dessa tradição, mostrando, no caso de uma ciência menos "dura", digamos, como a psiquiatria, a que ponto a racionalidade que ela ostentava era problemática. É um método que opera desde dentro, cavando no interior de um regime de circulação de saber, no interior de um regime de enunciação, a revelação de uma engrenagem que problematiza aquilo mesmo que parece constituir o objeto da análise, e, por que não dizê-lo, também o sujeito dessa análise. Não é o que constatamos na *História da loucura*? Com o apoio de documentação abundante, e toda uma economia da demonstração histórica, o objeto Loucura se vê como que pulverizado, remetido à sua heteróclita "construção", despojado de sua naturalidade e necessidade, não de sua realidade, mas de sua inevitabilidade, concebível, portanto, não como um dado, ou mesmo um possível, mas antes como um "impossível", construído com elementos provenientes dos registros os mais heterogêneos, jurídicos, policiais, institucionais, literários ou iconográficos. A preocupação consiste em restituir a gênese de uma percepção social produzida em um momento histórico determinado, e acompanhar seus efeitos de segregação, expulsão, confinamento, na distância em relação aos discursos e saberes médicos vigentes naquele mesmo momento. Por conseguinte, não só o objeto é remetido às condições discursivas e institucionais, arqueológicas, para dizê-lo rapidamente, de sua emergên-

---

11. Ibid., p. 46.

cia, mas também o sujeito desse discurso "competente" surgido ulteriormente, o sujeito de conhecimento, o sujeito que pouco a pouco foi construído e também incumbido de ocupar-se da loucura, de sobre ela fazer incidir sua competência, eventualmente de liberá-la dos grilhões, de tratá-la, de disciplíná-la, de silenciá-la ou de fazê-la falar, também ele é como que remetido às múltiplas operações que o engendraram. Assim, nesse recuo, é toda uma engrenagem que vai sendo revelada como tendo dado origem a tal objeto e tal sujeito (de conhecimento e de intervenção), que na sua acoplagem presumivelmente natural vai sendo como que "desparafusada". É o que se pode chamar, pois, de uma história crítica do pensamento, na qual o estatuto de um sujeito e de um objeto não deve ser tomado como dado, mas devem ser remetidos ambos à sua constituição histórica, aos modos de subjetivação e de objetivação e sua relação recíproca, conforme certas regras e jogos de verdade. Recusar, portanto, não apenas qualquer universal antropológico, o homem, o louco, o delinquente, o sujeito de uma sexualidade, mas igualmente a exigência de fazer a análise recuar até o sujeito constituinte, pressuposto e condição últimos de toda a análise. E Foucault explicita: "recusar o recurso filosófico a um sujeito constituinte não significa fazer como se o sujeito não existisse e se abstrair dele em benefício de uma objetividade pura; essa recusa visa a fazer aparecer os processos próprios a uma experiência em que o sujeito e o objeto 'se formam e se transformam' um em relação ao outro e em função do outro. Os discursos da doença mental, da delinquência ou da sexualidade só dizem o que é o sujeito dentro de um certo jogo muito particular de verdade; mas esses jogos não são impostos de fora para o sujeito, de acordo com uma causalidade necessária ou determinações estruturais [crítica velada ao marxismo ou ao estruturalismo]; eles abrem um campo de experiência em que sujeito e objeto são ambos constituídos apenas em certas condições simultâneas, mas que não param de se modificar um em relação ao outro, e, por conseguinte, de modificar esse mesmo campo de experiência."[12] Referindo-se ao seu projeto de uma história da sexualidade, ele insiste: "trata-se de analisar a 'sexualidade' como um modo de experiência historicamente singular,

---

12. M. Foucault, "Foucault" in *Dits et écrits* IV, op. cit., p. 631 [Ed. bras.: "Foucault" in *Ditos e Escritos* V, Manoel B. da Motta (org.), trad. de Elisa Monteiro e Inês A. D. Barbosa. Rio de Janeiro: Forense Universitária, 2004].

no qual o sujeito é objetivado por ele próprio e para os outros, através de certos procedimentos precisos de 'governo'."[13]

Deslocamentos
Como se vê nessas formulações mais tardias, pois aqui já estamos de volta aos textos dos anos 1980, temos ainda e novamente o tema da experiência, mas já bastante reformulado. Como se, ao pensar as modalidades de experiência, as formas de experiência, os campos de experiência, cada vez mais Foucault precisasse articulá-los aos processos de subjetivação e de objetivação, e sua relação recíproca, no interior de jogos de verdade singulares, tendo por desafio uma perpétua reproblematização, sem pressupor que ela permaneça inalterada. "O que bloqueia o pensamento é admitir implicitamente ou explicitamente uma forma de problematização, e de buscar uma solução que possa substituir aquela que se aceita. Ora, se o trabalho do pensamento tem um sentido — diferente daquele que consiste em reformar as instituições e os códigos — é o de retomar na raiz o modo pelo qual os homens problematizam seu comportamento (sua atividade sexual, sua prática punitiva, sua atitude em relação à loucura etc.) [...]. O trabalho do pensamento não consiste em denunciar o mal que habitaria secretamente tudo o que existe, mas pressentir o perigo que ameaça em tudo o que é habitual, de tornar problemático tudo o que é sólido."[14] E um dos desafios, nessa tarefa de incessante problematização, consiste em se desfazer da ideia humanista de um sujeito tomado como origem ou destino. Como ele o nota: "nosso futuro comporta mais segredos, liberdades possíveis e invenções do que nos deixa imaginar o humanismo."[15] Ao comentar a ideia de Marx de que o homem produz o homem, ele esclarece que isso não pode ser entendido como se coubesse ao homem reencontrar sua essência fundamental, equívoco no qual incorre todo humanismo centrado na ideia de

---

13. Ibid., p. 633.
14. M. Foucault, "À propos de la généalogie de l'éthique: un aperçu du travail en cours" in *Dits et écrits* IV, op. cit., p. 612 [Ed. bras.: "Sobre a genealogia da ética. Uma revisão do trabalho" in Paul Rabinow e Hubert Dreyfus (orgs.), *Michel Foucault, uma trajetória filosófica*, trad. de Vera Portocarrero. Rio de Janeiro: Forense Universitária, 1995].
15. M. Foucault, "Verité, pouvoir et soi" in *Dits et écrits* IV, op. cit., p. 782 [Ed. bras.: "Verdade, poder e si mesmo" in *Ditos e Escritos* V, op. cit.].

repressão e alienação, racionalidade e exploração, brandindo a imagem de um homem afinal liberado. No seu ensaio sobre a escrita de Blanchot, já em 1966, Foucault concebia a linguagem como murmúrio incessante que destituía a fonte subjetiva de enunciação, bem como a verdade do enunciado, ressaltando a emergência de um anônimo, livre de qualquer centro ou pátria, capaz de ecoar a morte de Deus e do homem. "Ali onde 'isso fala', o homem não existe mais."[16] Num texto muito posterior, Foucault reitera essa posição: não se trata de reencontrar o homem, mesmo através de um processo dito de liberação, mas "de produzir algo que ainda não existe e que não podemos saber o que será".[17] E mais: essa produção do homem pelo homem é, ao mesmo tempo, "a destruição do que somos e a criação de alguma coisa totalmente diferente, de uma total inovação".[18] Ou ainda, mais concretamente: "Será que o sujeito, idêntico a si mesmo, com sua historicidade própria, sua gênese, suas continuidades, os efeitos de sua infância prolongados até o último dia de sua vida etc., não seria o produto de um certo tipo de poder que se exerce sobre nós nas formas jurídicas antigas e nas formas policiais recentes?"[19]

Como se pode notar por este pequeno recorrido, por mais ziguezagueante que seja, o sentido da palavra experiência sofre algumas inflexões importantes. É como se ele fosse ganhando, ao longo do percurso teórico de Foucault, novas variáveis que antes não estavam explicitadas ou sequer tinham sido elaboradas inicialmente, tais como processos de subjetivação e objetivação, jogos de verdade, problematização, procedimentos de governo, para não falar do próprio enfoque genealógico ou do enquadre ético, tal como eles foram sendo explicitados a cada momento. Mas o que mais surpreende quem se dispõe a enfrentar a lógica desse desenvolvimento é constatar que aquela nota presente no início do percurso de Foucault, sobre a experiência-limite, que parecia um balbucio literário ou lírico próprio dos anos 1960, depois soterrado pelos estudos mais "sérios" do período subsequente, reaparece no final do seu trajeto,

---

16. M. Foucault, "L'homme est-il mort?" in *Dits et Écrits* I, Daniel Defert, François Ewald e Jacques Lagrange (orgs.). Paris: Gallimard, 1994, p. 544 [Ed. bras.: "O homem está morto?" in *Ditos e Escritos* VIII, Manoel B. da Motta (org.), trad. de Vera Lucia A. Ribeiro. Rio de Janeiro: Forense Universitária, 2011].
17. M. Foucault, "Entretien avec Michel Foucault", op. cit, p. 74.
18. Ibid.
19. R. Pol-Droit, *Michel Foucault. Entrevistas*, op. cit., p. 84.

mas com um sentido inteiramente outro. Numa entrevista a Rabinow, em 1983, portanto no ano anterior à sua morte, é nos seguintes termos que ele compara o último lance de sua trajetória ao primeiro momento de sua obra: "Estudar assim formas de experiência em sua história é um tema que me veio de um projeto mais antigo: o de fazer uso dos métodos da análise existencial no campo da psiquiatria e na área da doença mental. Por duas razões que não eram independentes uma da outra, esse projeto me deixava insatisfeito: sua insuficiência teórica na elaboração da noção de experiência e a ambiguidade da sua ligação com uma prática psiquiátrica que ao mesmo tempo ele ignorava e supunha. Podia-se procurar resolver a primeira dificuldade referindo-se a uma teoria geral do ser humano, e tratar de forma completamente diferente o segundo problema, pelo recurso tantas vezes repetido ao 'contexto econômico e social'; podia-se aceitar assim o dilema dominante de uma antropologia filosófica e de uma história social. Mas perguntei-me se não era possível, ao invés de jogar com essa alternativa, pensar a própria historicidade das formas de experiência."[20] Detenhamo-nos por um segundo nessa elaboração. Desde o início, portanto, admite ele, teve em mente estudar a questão da experiência. Num primeiro momento, tratava-se de estudar a experiência no interior do campo psiquiátrico. Ou seja, deu-se por tarefa estudar a experiência da loucura, ou da doença mental, ou da psiquiatria. E de fato, tome-se a introdução ao texto de Binswanger, *Le rêve et l'existence*, e se terá aí um retrato pungente desse momento; é um comentário sobre a experiência do sonho e da loucura, incluindo as piruetas fenomenológicas correntes, numa descrição totalmente pré-foucaultiana, por assim dizer, em que a experiência da loucura é tomada como uma vivência dada, autônoma, fechada em si mesma, sem que essa vivência, essa experiência, fosse relacionada com a prática psiquiátrica ou com os saberes vigentes, muito menos com os poderes vigentes — tratava-se de uma experiência naturalizada, não historicizada, em que a própria noção de experiência não estava elaborada ou problematizada. É o que o deixava insatisfeito, como diz o texto. Ele evoca duas maneiras de resolver essa dificuldade. Seja remetendo a experiência a uma "teoria do ser humano", por um lado, seja evocando as "determinações

---

20. M. Foucault, "Préface à l'Histoire de la sexualité" in *Dits et écrits* IV, op. cit., p. 579.

econômicas ou sociais" que marcaram essa experiência, por outro. Percebe-se a alternativa. Ou se invoca uma universalidade de fundo, "o ser humano" (fenomenologia, heideggerianismo, em todo o caso uma antropologia), ou uma exterioridade de determinação, "condições econômicas" (marxismo). De qualquer modo, nessa cisão, as duas vias permanecem apartadas. Preserva-se uma antropologia, um humanismo, uma universalidade, e empreende-se uma sociologização extrínseca. É a antropologia filosófica por um lado, e a história social por outro. Ora, a antropologia filosófica é aquilo que o primeiro texto de Foucault, em torno de Kant,[21] põe em xeque, prenunciando *As palavras e as coisas*. E a sociologia de cunho marxista é aquilo que ele recusa, mesmo que tenha bebido nessa fonte, já que ela deixa intacta a ideia de homem, que ela pressupõe por inteiro. Quando perguntado sobre como essa dupla influência, da fenomenologia e do marxismo, operaram no seu trajeto ao modo de um obstáculo, ele responde que as pessoas de sua geração, quando estudantes, se nutriam dessas duas formas de análise: uma que remetia ao sujeito constituinte, e outra que remetia ao econômico em última instância, à ideologia e ao jogo das superestruturas.

É quando ele menciona como saiu do impasse. Ao invés de recorrer ao sujeito constituinte, recua à trama histórica. "Mas essa trama histórica não deveria ser a simples relativização do sujeito fenomenológico. Eu não creio que o problema se resolva historicizando o sujeito ao qual se referiam os fenomenólogos e dando-se, por conseguinte, uma consciência que se transforma ao longo da história. É preciso, ao se livrar do sujeito constituinte, livrar-se do próprio sujeito, isto é, chegar a uma análise que possa dar conta da constituição do sujeito na trama histórica. É o que eu chamaria de genealogia, isto é, uma forma de história que dê conta da constituição dos saberes, dos discursos, dos domínios de objeto etc., sem ter que se referir a um sujeito, seja ele transcendente em relação ao campo dos acontecimentos, ou que ele corra na sua identidade vazia, ao longo da história."[22]

---

21. M. Foucault, "Introduction à l'Anthropologie" in Immanuel Kant, *Anthropologie du point de vue pragmatique*. Paris: Vrin, 2009 [Ed. bras.: *Antropologia de um ponto de vista pragmático*, trad. de Clélia Martins. São Paulo: Iluminuras, 2006].

22. M. Foucault, "Entretien avec Michel Foucault" in *Dits et Écrits* III. Paris: Gallimard, 1994, p. 147 [Ed. bras.: "Verdade e poder" in *Microfísica do poder*, trad. de Roberto Machado (org.). Rio de Janeiro: Graal, 1979].

Experimentação

Em alguns textos laterais, Foucault permite-se dizer não propriamente "o que ele pensa", mas "o que seria possível pensar". Por exemplo, ao responder a uma pergunta sobre a função da teoria como caixa de ferramentas, como instrumento, inclusive de luta, mais do que como sistema, na entrevista intitulada "Poderes e estratégias", e ao contar que respondeu às questões, feitas por escrito, também por escrito, mas como que num jorro primeiro, sem revisá-las, não por confiar na virtude da espontaneidade, mas para nelas deixar aparecer o caráter problemático, voluntariamente incerto, ele acrescenta: "O que eu disse aqui não é 'o que eu penso', mas com frequência é aquilo que eu me pergunto se não poderia ser pensado."[23] Talvez tenhamos aí algo extensível a vários textos dos *Ditos e escritos*. Serão eles expressão do que Foucault pensa, ou uma experimentação daquilo que poderia ser pensado, naquele limite entre o pensável e o impensável? Não, portanto, expressão de um eu, nem sequer a formulação de uma perspectiva consolidada, mas uma experimentação do que pode o pensamento, para parafrasear um autor conhecido?

Ao descrever os anos de sua formação, Foucault insiste: "Nietzsche, Blanchot e Bataille são os autores que me permitiram liberar-me daqueles que dominaram minha formação universitária, no início dos anos 1950: Hegel e a fenomenologia. Fazer filosofia, então, como ainda hoje, significava principalmente fazer história da filosofia; e esta procedia, por um lado, delimitada pela teoria dos sistemas de Hegel e, por outro, pela filosofia do sujeito sob a forma da fenomenologia e do existencialismo. Em substância, era Hegel que prevalecia. Tratava-se, de algum modo, para a França, de uma descoberta recente, depois dos trabalhos de Jean Wahl e as aulas de Hyppolite. Era um hegelianismo fortemente penetrado de fenomenologia e de existencialismo, centrado no tema da consciência infeliz. E era, no fundo, o que a Universidade francesa podia oferecer de melhor como forma de compreensão, a mais vasta possível, do mundo contemporâneo, apenas saído da tragédia da Segunda Guerra Mundial e das grandes reviravoltas que a haviam precedido: a revolução russa,

---

23. M. Foucault, "Pouvoirs et stratégies", entrevista a J. Rancière realizada em 1977 in *Dits et Écrits* III, op. cit., p. 429 [Ed. port.: "Poderes e estratégias" in Manuel Maria Carrilho (org.), *Dissidência e nova filosofia*. Lisboa: Assírio & Alvim, 1979].

o nazismo etc. Se o hegelianismo se apresentava como a maneira de pensar racionalmente o trágico, vivido pela geração que nos havia imediatamente precedido, e, sempre ameaçador, fora da Universidade, era Sartre que estava em voga com sua filosofia do sujeito. Ponto de encontro entre a tradição filosófica universitária e a fenomenologia, Merleau-Ponty desenvolvia o discurso existencial num domínio particular como o da inteligibilidade do mundo, do real. É nesse panorama intelectual que amadureceram minhas escolhas: por um lado, não ser um historiador da filosofia como meus professores e, por outro, buscar alguma coisa de totalmente diferente do existencialismo: foi a leitura de Bataille e de Blanchot e, através deles, de Nietzsche. O que eles representaram para mim? Primeiro, um convite para colocar em questão a categoria do sujeito, sua supremacia, sua função fundadora. Em seguida, a convicção que uma tal operação não teria sentido se ela ficasse limitada às especulações; recolocar em questão o sujeito significava experimentar alguma coisa que desembocaria na sua destruição real, na sua dissociação, na sua explosão, na sua virada em algo totalmente diferente [...]. A experiência da guerra nos tinha demonstrado a necessidade e a urgência de uma sociedade radicalmente diferente daquela em que vivíamos. Essa sociedade que tinha permitido o nazismo, que se curvara diante dele, e que havia passado em bloco para o lado de De Gaulle. Diante de tudo isso, uma grande parte da juventude francesa tinha tido uma reação de repugnância total. Desejávamos um mundo e uma sociedade não somente diferentes [...] desejávamos ser completamente outros num mundo completamente outro. Tanto o hegelianismo que nos era proposto na universidade com seu modelo de inteligibilidade contínua da história [...] quanto [...] a fenomenologia e o existencialismo, que mantinham o primado do sujeito e seu valor fundamental [...] não tinham condições de nos satisfazer. Ao passo que, em contrapartida, o tema nietzschiano da descontinuidade, do além do homem que seria totalmente diferente em relação ao homem, depois em Bataille, o tema das experiências-limite pelas quais o sujeito sai de si mesmo, se decompõe como sujeito, nos limites de sua própria impossibilidade, tinha um valor essencial. Foi para mim uma espécie de saída entre o hegelianismo e a identidade filosófica do sujeito."[24]

24. M. Foucault, "Entretien avec Michel Foucault" in *Dits et Écrits* IV, op. cit., pp. 49-50.

Gênese do sujeito

Vale aqui ressaltar o deslocamento ocorrido desde os anos 1960. De uma ontologia da linguagem passou-se para uma ontologia crítica do presente, em que a dissolução do sujeito era menos tributária da aventura literária (ali onde a linguagem aparece, o homem desaparece, como ele dizia na época) do que remetida a um jogo de forças, no qual se reinventa a relação entre sujeito e experiência. Como diz a sequência: "Numa filosofia como a de Sartre, o sujeito dá sentido ao mundo. Este ponto não era colocado em questão. O sujeito atribui as significações. A questão era: pode-se dizer que o sujeito seja a única forma de existência possível?"[25] Como se, nesse momento, Foucault se perguntasse, fazendo eco a uma questão que estava posta desde o início de sua trajetória, mas de outro modo, se não seria possível dissociar a noção de experiência da noção de sujeito.

E o fato é que mesmo a pesquisa sobre os saberes, que tomou dez anos de seu trabalho ao longo dos anos 1960, não está desvinculada desse tema. É como ele o lê, no final de seu trajeto, ao estabelecer uma diferença entre conhecimento e saber. Enquanto o conhecimento é um trabalho que permite multiplicar os objetos cognoscíveis, desenvolver sua inteligibilidade, compreender sua racionalidade, mas preservando a fixidez do sujeito que investiga, o saber é um processo pelo qual o sujeito sofre uma modificação através daquilo que ele conhece, ou do trabalho que efetua ao conhecer. Assim, o saber modifica o sujeito *e* constrói o objeto ao mesmo tempo. É nesse sentido que toda a sequência arqueológica não é apenas um estudo sobre os saberes, mas sobre a emergência de certos objetos, tais como a loucura, a morte, a vida, a linguagem, e simultaneamente de certos sujeitos, sujeito de razão, de vida, de linguagem, de produção etc. É o estudo não apenas de um domínio, mas de uma experiência pela qual os homens se constituem como sujeitos ao se engajarem no estudo desses mesmos objetos. É toda uma gênese do sujeito que aí se vê apenas esboçada para ser tematizada mais tarde, de maneira mais detida, quando for referida a um jogo de forças, às estratégias anônimas, ao campo do poder, às formas do poder, com a produção de indivíduos atrelados a sua identidade, bem como às formas

---

25. Ibid.

de assujeitamento que são, ao mesmo tempo, modalidades de subjetivação. E num terceiro momento, quando estiver em questão precisamente não mais a relação entre um sujeito e um objeto, nem entre o sujeito e o poder, mas entre o sujeito e ele mesmo, enquanto agente ético — é todo um continente novo que se abrirá no que se poderia chamar de uma genealogia do sujeito como sujeito de ações éticas.

Para pinçar um tópico desse último desenvolvimento que aqui nos ocupa, poderíamos tomar o derradeiro curso dado por Foucault antes de sua morte, publicado sob o título de *A coragem da verdade*.[26] É o tema da *parresía* que aí é focado, o dizer-a-verdade, o falar-franco. Não se trata, nesse curso, de se perguntar o que é a verdade para os gregos, ou o que a torna possível, ou no que consiste o conhecimento verdadeiro. Não é um estudo sobre as condições de possibilidade formais da verdade, não é um trabalho de epistemologia. Mas trata-se de pensar quais implicações tem o dizer-a-verdade para aquele que fala, quais transformações acarreta na relação consigo mesmo e com os outros, portanto, quais mutações éticas se podem detectar nessa prática do dizer-a-verdade, ou do falar-francamente. O que está em jogo, aqui, é uma certa forma de veridicção, pois, que não constitui apenas um ato discursivo, mas implica um cuidado de si e um cuidado com os outros, portanto, implica um modo de existência, uma maneira de se conduzir, uma forma de vida. É o que Foucault chama a dimensão *etopoiética*. Vemos, assim, não tanto um cruzamento entre a dimensão do saber, do poder, do sujeito, mas de maneira um pouco deslocada, entre um regime de veridicção, técnicas de governamentalidade e práticas de si. Diz Foucault, no seu curso, que isto é o que ele sempre quis fazer. Claro, devemos desconfiar dessa leitura retrospectiva, feita sempre em função da sua pesquisa presente. Mas não podemos deixar de ver aqui um deslocamento importante em relação às pesquisas anteriores, que ele mesmo reconhece, ao notar como, ao se interessar pela relação entre sujeito e verdade, nos primeiros estudos, a sua pergunta era: a partir de que práticas e discursos se tentou dizer a verdade sobre o sujeito louco, sobre o sujeito delinquente? É o caso para *História da loucura*, e *Vigiar e punir*. Ou, "a partir de que práticas discursivas se constituiu, como objeto de saber possível, o sujeito falante, o

---

26. M. Foucault, *A coragem da verdade*, trad. bras. de Eduardo Brandão. São Paulo: Martins Fontes, 2012.

sujeito trabalhador, o sujeito vivente"[27] (reconhecemos aqui *As palavras e as coisas*). Até aí, Foucault enxerga um momento de seu trajeto. Depois, diz ele, procurou não mais o discurso em que se poderia dizer a verdade sobre o sujeito, mas "o discurso de verdade que o sujeito é capaz de dizer sobre si mesmo, sob algumas formas culturalmente reconhecidas e típicas, por exemplo, a confissão e o exame de consciência": é a *História da sexualidade*. A partir daí, teria sido levado a uma análise histórica das práticas do dizer-a-verdade sobre si mesmo, nessa longa sequência que abrange o cuidado de si, as práticas de si, a cultura de si. É o problema da constituição ética, ou mesmo da diferenciação ética, em todo o caso, da constituição de sujeitos éticos.

Cuidar da alma ou cuidar da vida
Foucault opõe assim dois textos de Platão, o *Alcibíades* e o *Laques*, mos quais aparece tal exigência de um falar franco, de um dizer-a-verdade, de uma coragem de fazê-lo. No *Alcibíades*, visto que é preciso saber cuidar de si, pergunta-se "o que é mesmo que em si é preciso cuidar, qual é o objeto do cuidado? Ora, é a alma. E o que na alma? O elemento divino que nela permite ver a verdade". Há, portanto, o cuidado de si, a alma, a verdade divina, e daí toda uma direção que deve desembocar em uma metafísica da alma, ou em uma ontologia do eu. Já no *Laques*, sim, é preciso cuidar, cuidar dos jovens, ensiná-los a cuidarem de si mesmos, mas o que é preciso cuidar, e o que é preciso ensiná-los a cuidar? Qual é o objeto do cuidado? Ora, não é a alma, mas a vida, não *psyche*, mas *bios*, ou seja, a maneira de viver. Daí as duas direções na filosofia, a filosofia como uma *metafísica da alma*, como uma *ontologia do eu*, ou a filosofia como a elaboração de uma certa forma e *modalidade de vida*, a própria *vida como matéria ética*.[28] Nesse contraste, há como que uma bifurcação, e o que está em jogo na segunda modalidade é a *forma que se dá à vida*. A emergência da vida como objeto significa que sobre ela é preciso exercer uma operação, colocá-la à prova, submetê-la a uma triagem, a uma transformação etc. Ao invés, portanto, da *contemplação da alma*, surge a *estilística da existência*, a figura visível que os humanos

27. Ibid., p. 5.
28. Ibid., p. 112.

devem dar à sua vida, com todo o risco e a coragem que isso implica. Não se busca o *ser da alma*, mas um *estilo da existência*. Foucault insiste em como, ao longo de sua história, a filosofia teria deixado na margem essa segunda via, privilegiando a primeira, como se o cuidado de si que tem por objeto a vida, e a elaboração de uma bela vida através de um dizer-a-verdade, tivesse sido relegado ao segundo plano em favor da metafísica da alma. A ousadia de Foucault, para não dizer sua causticidade, lhe permite enunciar a seguinte provocação: "se é verdade que a questão do Ser foi de fato o que a filosofia ocidental esqueceu e cujo esquecimento tornou possível a metafísica, talvez também a questão da vida filosófica não tenha cessado de ser, não diria esquecida, mas desprezada; ela não cessou de aparecer como demasiada em relação à filosofia, à prática filosófica, a um discurso filosófico cada vez mais indexado ao modelo científico. A questão da vida filosófica não cessou de aparecer como uma sombra, cada vez mais inútil, da prática filosófica."[29]

Até aqui ainda navegamos em águas mais ou menos plácidas, seja no mundo antigo, seja no mundo filosófico. Tudo se complica quando Foucault toma o exemplo do cinismo para mostrar como ali tudo isso se exacerba.[30] Para tornar-se a verdadeira vida, segundo os preceitos que os cínicos professam, numa espécie de jocosa transvaloração de todos os valores, a vida deve ser uma vida outra, uma vida radicalmente outra, em ruptura total com todos os códigos, leis, instituições, hábitos, inclusive dos próprios filósofos. A vida de verdade é uma vida outra, e deve também, na sua manifestação pública, agressiva, escandalosa até, transformar o mundo, chamar por um mundo outro. Não é, pois, a questão do outro mundo, segundo o modelo socrático, mas do mundo outro. O dizer-a-verdade, o cuidado de si, o cuidado dos outros, a vida outra, o mundo outro. Há, pois, uma inversão necessária cuja lógica Foucault vai esmiuçar de maneira exaustiva, mostrando a que ponto, no seio dessa suposta vida verdadeira, se insinua uma alteridade que a relança em direção ao próprio mundo.

---

29. Ibid., p. 208.
30. Para um estudo abrangente desse texto ver Ernani Chaves, *Michel Foucault e a verdade cínica*. Campinas: Ed. Phi, 2013.

Na penúltima aula de seu curso, assim ele define a bifurcação ali em jogo: "Experiência metafísica do mundo, experiência histórico-crítica da vida: temos aí os dois núcleos fundamentais na gênese da experiência filosófica europeia ou ocidental."[31] Foucault não deixará de sublinhar que tal *experiência* se dá nessa articulação histórica entre um regime de veridicção (Saberes), uma forma de governamentalidade (Poderes), uma prática de si (Subjetivação). Se a filosofia é uma forma de *experiência*, supondo-se que as formas históricas de experiência produzem diferentes modalidades de subjetivação, de relação a si ou de modificação de si, cabe a ela "produzir", por assim dizer, a subjetivação que lhe corresponde. Pode-se perguntar, pois, retomando esse fio que puxamos desde o início, se, em Foucault, uma *transformação de si* não equivale, por vezes, a um *abandono de si*. Ou, em outros termos, se certas modalidades de *subjetivação* por ele detectadas ou evocadas através da noção de experiência não implicariam diferentes graus de *dessubjetivação*.

---

31. Ibid., p. 278.

SUBJETIVAÇÃO E DESSUBJETIVAÇÃO

No início dos anos 1980, Jacques Derrida realizou uma viagem de trabalho à Tchecoslováquia comunista e, depois de um périplo de encontros de trabalho, foi preso no aeroporto sob a acusação de porte de cocaína. Claro, era um procedimento de intimidação política, sistemática, num momento especialmente duro do regime. Depois de dias na prisão e da intervenção direta de Mitterrand, retornou a Paris. Na primeira aula após seu regresso, no seu curso da École Normale, na Rue d'Ulm, contou sobre o que conversara com seus interlocutores tchecos, em geral filósofos e intelectuais, nos poucos encontros que ali tivera, antes de ser preso. Na resistência política ao regime, objetaram, a desconstrução não ajudava. Eles tinham dificuldade em lidar com a desconstrução do sujeito justamente num momento em que a maior urgência consistia em fortalecer o sujeito da resistência esmagado pela repressão. Ora, podemos imaginar o grande desvio filosófico que Derrida teve que fazer para explicitar que a resistência e a desconstrução não apenas eram compatíveis, mas talvez fossem até coincidentes, num sentido mais radical, já que punham em xeque não só a representação política, mas também o sujeito que a fundava. É improvável que ele tenha convencido seus interlocutores, e é preciso reconhecer que o problema continua vivo, num momento em que se busca, ainda, o novo sujeito da política ou da história.

Tomemos uma entrevista publicada na revista *Vacarme* vinte anos mais tarde, na qual perguntam ao filósofo italiano Giorgio Agamben por que, em suas análises, ele privilegia tanto o plano do poder, descuidando da resistência. Qual a razão dessa insistência em conceitos como o *homo sacer*, a vida nua, o campo de concentração como paradigma biopolítico, o estado de exceção, em detrimento da resistência, das reapropriações, dos gestos de revide, que teriam maior relevância pragmática? Agamben não teria se esquecido da "nossa" biopolítica (dos resistentes), em favor da "deles" (do poder)? Ao privilegiar a biopolítica *maior*, não teria sacrificado a biopolítica *menor*? Ele responde que essa diferença, que antes era clara, se esfumaçou. Domínios distintos, até mesmo antitéticos, que em outros momentos puderam ser vividos como dicotômicos, tais como *bios* e *zoé*, forma de vida e vida nua, corpo político e corpo biológico, público e privado, encontram-se hoje a tal ponto confundidos que não se trata de reivindicar um dos polos contra o outro, como se fosse possível recuar para uma fronteira já superada. A distinção entre eles já é inoperante. Por esse motivo, ao contrário disso que lhe cobram, insiste ele, é preciso partir dessa indistinção das esferas: "É a partir desse terreno incerto, zona opaca de indiferenciação, que devemos hoje reencontrar o caminho de uma outra política, de um outro corpo, de uma outra fala. Eu não saberia sob pretexto algum renunciar a essa indistinção entre público e privado, corpo biológico e corpo político, *zoé* e *bios*. É aí que eu devo reencontrar meu espaço — aí, ou em nenhum outro lugar. Só uma política que parta dessa consciência pode me interessar."[1] Portanto, se os atores de lutas concretas, daqueles que fazem a experiência do estado de exceção, tais como os sem-documento, os aidéticos, os drogaditos, os desempregados que reivindicam um salário universal, aparecem pouco nos textos de Agamben, e quando aparecem é mais na forma de objetos do que de sujeitos, é porque ele vê aí um problema maior, precisamente o do sujeito. O filósofo não consegue enxergá-los como sujeitos dados, mas sim no interior de um processo ao mesmo tempo de subjetivação e de dessubjetivação. Por um lado, lembra ele, o Estado moderno é uma máquina de descodificação que embaralha e dissolve as identidades clássicas. Mas ao mesmo tempo, é uma máquina de recodificação jurídica das identidades dissolvidas. Portanto, ao mesmo tempo em que dessubjetiviza, ressubjetiviza. E ele prossegue: "Hoje, parece-me que o terreno político é uma espécie de campo de batalha onde se desenrolam esses dois processos: ao mesmo tempo destruição de tudo o que era identidade tradicional — eu o digo sem qualquer nostalgia,

---

1. Giorgio Agamben, "Une biopolitique mineure", entrevista realizada por S. Grelet e M. Potte-Bonneville in *Vacarme* nº 10. Paris: Vacarme, 2000.

evidentemente — e ressubjetivação imediata pelo Estado. E não apenas pelo Estado, mas também pelos sujeitos eles mesmos. É o que você evocava em sua questão [diz ele ao entrevistador]: o conflito decisivo se dá doravante, para cada um dos protagonistas, inclusive os novos sujeitos dos quais você fala, no terreno do que eu chamo de *zoé*, a vida biológica. E com efeito não existe outro terreno: não se trata, creio eu, de voltar à oposição política clássica que separa claramente privado e público, corpo político e corpo privado etc. Mas esse terreno é também aquele que nos expõe aos processos de assujeitamento do biopoder. Há aí portanto uma ambiguidade, um risco. É o que mostrava Foucault: o risco é que se reidentifique, que se invista essa situação com uma nova identidade, que se produza um sujeito novo, seja, mas assujeitado ao Estado, e que se reconduza desde logo, apesar de si, esse processo infinito de subjetivação e de assujeitamento que define justamente o biopoder."[2]

É um texto forte, categórico, sedutor. Como o faz amiúde, Agamben nos facilita a entrada em um problema através de uma chave que parece abrir todas as portas mas, de repente, nos vemos trancados. Talvez porque ele seja o pensador do impasse, enquanto Deleuze, para evocar um exemplo contrastante, retoma a grande lição vinda dos animais de Kafka — o que importa não é a liberdade, mas achar uma saída. Com efeito, se consideramos que o conflito se dá no campo da vida entendida como *zoé*, temos que concordar com a consequência que Agamben indica. Ainda mais levando em conta a extensão temporal que ele atribui ao biopoder, fazendo-o recuar à figura jurídica romana do *homo sacer*, a vida matável, embora não sacrificável, sem que tal morte constituísse um crime. Uma região jurídica, portanto, em que o direito fica suspenso — a vida nua. Ao extrapolar o quadro histórico fixado por Foucault, bem como seu alcance, a sombra do biopoder se estende sobre nós desde a antiguidade romana. Assim, todos nós estaríamos ainda hoje e cada vez mais submetidos a esse estatuto de vida nua no interior de um estado de exceção. Daí a dificuldade crescente de pensar uma resistência que não parta precisamente dessa vida nua, vida reduzida ao seu estado de mera atualidade, banalidade biológica. Voltaremos a isso mais adiante.

2. Ibid.

É hora de retomar a ideia indicada no último capítulo. Ao se debruçar sobre o "cuidado de si", Foucault teria defendido ao mesmo tempo o direito de "desprender-se de si". Um cuidado de si equivalente a um desapego de si é um paradoxo que já Nietzsche levava ao extremo. Daí a pergunta de Agamben, no rastro de Foucault: o que seria uma prática de si que não correspondesse a um processo de subjetivação, mas que encontrasse sua "identidade" unicamente em um desapego de si? "Seria preciso por assim dizer sustentar-se ao mesmo tempo nesse duplo movimento, dessubjetivação e subjetivação. Evidentemente, é um terreno difícil de sustentar. Trata-se verdadeiramente de identificar esta zona, esse *no man's land* que estaria entre um processo de subjetivação e um processo contrário de dessubjetivação, entre a identidade e uma não identidade."[3] Tanto no exemplo de doentes de Aids como no de prisioneiros de Auschwitz, estaríamos diante de uma "subjetividade que seria o sujeito de sua própria dessubjetivação". O que teria interessado o autor, no final do livro intitulado *O que resta de Auschwitz*, é precisamente o resto, o que resta entre uma subjetivação e uma dessubjetivação, uma palavra e um mutismo, esse espaço não substancial, esse intervalo — é como se aí tocássemos uma nova estrutura da subjetividade, não tanto um princípio, mas uma prática, que deve preocupar-se em não recair numa ressubjetivação que seria ao mesmo tempo um assujeitamento — o grande risco. Ser um sujeito, pois, apenas na medida de uma necessidade estratégica ou tática, princípio útil em todos os domínios onde uma prática de si tangencia uma zona de não conhecimento ou de dessubjetivação, onde um sujeito assiste ao seu colapso ou roça sua dessubjetivação. É no que consistiria, conclui Agamben, uma biopolítica menor.

Nada disso é desinteressante. Antes mesmo de sua associação com Guattari, Deleuze formulava um problema similar ainda no final dos anos 1960, quando reivindicava o domínio do impessoal, do acontecimento, das singularidades pré-individuais como a única linha "subjetiva" possível, para não dizer assubjetiva, sem que houvesse aí qualquer drama, nem justificativa diante de qualquer tribunal egológico ou político, já que nisso repousava uma nova dimensão da própria política, que desertava os enquadres tradicionais da subjetividade histórica. Por

3. Ibid.

exemplo, um devir, o que é? Dessubjetivação, certamente, na medida em que arrasta os indivíduos dados para fora de sua identidade constituída, desmanchando ademais fronteiras entre as esferas humana e não humana, animal, vegetal, mineral, mítica, divina. Mas a partir desses devires imperceptíveis nascem sujeitos larvares, múltiplos eus, subjetivações outras. Então, quando Deleuze afirma, anos mais tarde, que só há um universal na política, o devir-minoritário de todos e de cada um, é um chamamento a uma simultânea dessubjetivação e subjetivações eventuais, numa lógica já inteiramente distante da identidade, da sujeição, do assujeitamento, para não dizer do sujeito, ou do sujeito da História, segundo uma dialética do reconhecimento e da identidade. Como diz a introdução a *Diferença e repetição*, já em 1968: "Cogito para um eu dissolvido. Acreditamos num mundo em que as individuações são impessoais e em que as singularidades são pré-individuais: o esplendor do 'SE'."[4] Coerência do acontecimento impessoal ou da anarquia coroada.

Pouco depois, Deleuze e Guattari detectavam no capitalismo um movimento duplo: por um lado uma desterritorialização brutal, por outro, uma axiomatização granítica, no interior mesmo desse processo (propriedade privada, lucro como finalidade etc.). Mais amplamente, o que o capitalismo desfaz de um lado, o Estado, a família, a psicanálise, a mídia, reterritorializam de outro. Os autores jamais diabolizaram a desterritorialização capitalística, ou as dessubjetivações dela advindas, embora não cessassem de fazer a análise e a crítica das reterritorializações edípicas, significantes, das ressubjetivações identitárias e compensatórias, das axiomáticas que se multiplicam.

Num âmbito mais filosófico, é como se os autores se colocassem num outro plano, em que subjetivação e dessubjetivação entrassem em relações menos dicotômicas. Para o esquizo, por exemplo, dessubjetivação e ressubjetivação não são um problema, não são o *seu* problema. Importa outra coisa, linhas de percepção, blocos de intensidade, percursos de experimentação. Em uma escala ampliada, a questão é a dos agenciamentos coletivos de enunciação, das linhas de fuga criadoras, do devir-minoritário de todos e de cada um, mas também o dos tempos mortos, do

---

4. Gilles Deleuze, *Diferença e repetição*, trad. bras. de Luiz B. L. Orlandi e Roberto Machado. Rio de Janeiro: Graal, 2006, p. 17.

esgotamento, da antiprodução, do corpo-sem-órgãos — nada disso reconduz ao sujeito, nem deriva dele. Ao contrário, são processos de singularização positivos, na adjacência dos quais se produzem eventualmente subjetivações coletivas, individuações temporárias, universos incorporais, territórios existenciais, até mesmo autorreferencialidades autopoiéticas. Não dependem nem espelham aquilo a que se opõem ou aquilo de que fogem — o Estado, o Édipo, o Significante, o Capital, o equivalente geral. Portanto, do ponto de vista de Deleuze e Guattari, entre uma dessubjetivação e uma ressubjetivação não há um vazio ou um resto, onde Agamben deposita sua esperança ou seu messianismo, mas uma espécie de excesso — não plenitude saturada, mas virtualidade complexa.

Já podemos recuar um passo mais. Agamben parte, como se viu no início da entrevista, da vida nua. E se nos descolássemos dessa primazia ontológica atribuída à instância do poder e do risco de uma essencialização metafísica, com sua contrapartida messiânica? Se deixássemos de enxergar tudo a partir do "holofote" do poder, não atingiríamos, como o sugeriu Didi-Huberman, também as mínimas imagens que antes pareciam ofuscadas, ou seus lampejos de contrapoder?[5] E se ousássemos afirmar que não é no campo de *zoé* que se dá essa resistência, mas sim a partir do que Deleuze chamou de *uma vida*, isto é, da vida concebida como virtualidade, diferença, invenção de formas, potência impessoal, então não é outra a cartografia contemporânea que aparece? Não catastrofista, mas tampouco jubilatória — como se fosse preciso desvencilhar-se a um só tempo, por um lado da diabolização claustrofóbica, para não dizer paranoica, de um poder onipresente, onisciente, omni-invasivo, acompanhado sempre, diga-se de passagem, de uma tentação iluminadora ou salvacionista,[6] mas também nuançar a euforia proveniente do culto da potência inesgotável, vitalismo maníaco ou ansiolítico. Seria preciso recusar essas duas vias para atingir um plano outro, de onde se pudesse relançar uma experimentação tateante, hesitante, a partir de uma matéria vital, que também podemos chamar desejo, com seus escoamentos e

---

5. Georges Didi-Huberman, *Sobrevivência dos vaga-lumes*, trad. bras. de Vera Casa Nova e Márcia Arbex. Belo Horizonte: UFMG, 2011, p. 80.
6. Como o diz Derrida, trata-se de desmistificar o tom apocalíptico que sempre se faz em nome de uma visão mais clara, mais luminosa, mais verdadeira — "revelação": *D'un ton apocalyptique adopté naguère en philosophie*. Paris: Galilée, 1983, apud G. Didi-Huberman, *Sobrevivência dos vaga-lumes*, op. cit., p. 80.

infiltrações múltiplos, se essa palavra fosse aliviada de toda a virilidade de que o biopoder a marcou, bem como da "gorda saúde dominante" que dela se apoderou.

Vida capaz de condutas
Voltamos agora a Foucault. Não podemos ignorar que o momento em que a temática do cuidado de si aparece em sua obra, em paralelo, emerge a tematização da governamentalidade, do liberalismo, da transformação do indivíduo num empresário de si. Não à toa, é nesse contexto que o poder já é pensado como ação sobre ação, conduta sobre conduta, em que o governo é definido como "um conjunto de ações sobre ações possíveis".[7] O poder tem, como contrapartida ou como condição de possibilidade, a liberdade dos sujeitos. O governo concebido como "estruturação do campo de ação eventual dos outros" supõe um sujeito que lhe corresponda, ou lhe seja correlato, ou lhe resista. E de fato há uma virada, sobretudo a partir de *O governo dos vivos*, em direção a uma problemática do sujeito. Pois fica claro que a condição para que o governo funcione é a construção de uma relação a si, e é apenas a partir dela que a obediência é possível. A relação a si é o meio através do qual o governo pode operar. Mas contrariamente às práticas similares da antiguidade, descritas por Foucault, como no estoicismo, no qual a técnica de si visava a um domínio de si, no cristianismo visa-se à humildade, à obediência, à mortificação, ao desapego, em suma, a uma destruição da forma do si. Há um contraste entre o domínio de si estoico e a destruição cristã de si, assim como há uma distância entre essa destruição da vaidade do ego no cristianismo e a hermenêutica moderna, que visa à identidade do sujeito. Em todo o caso, esse nó entre a vida, o si e o poder não caracteriza apenas o cristianismo primitivo, mas também o Estado ocidental moderno na medida em que ele teria integrado procedimentos do poder pastoral. Assim, trata-se de uma forma de poder que não pode prescindir de saber "o que acontece na cabeça das pessoas, nem deixar de explorar sua alma, forçá-los a revelar seus segredos mais íntimos". Ou

---

7. Michel Foucault, "O sujeito e o poder" in Paul Rabinow e Hubert Dreyfus (orgs.), *Michel Foucault: uma trajetória filosófica para além do estruturalismo e da hermenêutica*, trad. bras. de Vera Porto Carrero. Rio de Janeiro: Forense Universitária, 1995, p. 243.

seja, diz Foucault, "é uma forma de poder que transforma os indivíduos em sujeitos" e favorece "tudo o que liga o indivíduo a si mesmo e garante assim a submissão aos outros". Quando a figura do sujeito aparece na obra do último Foucault, não é como um desvio da análise biopolítica, mas é a culminação da análise do biopoder, esse poder sobre a vida que passa pelo sujeito, já que é este o modo pelo qual o poder acapara a vida.

Se antes o sujeito era pensado como efeito de procedimentos de assujeitamento, como seu reverso, tal como numa sociedade disciplinar, doravante tal tese já não será suficiente, pois ela não explica justamente "como" esse mecanismo cria sujeitos. Muriel Combes formula a hipótese instigante de que é justamente para explicar *como opera o assujeitamento* que mais tarde Foucault recorre às técnicas de si que, associadas às técnicas de dominação, permitiriam empreender "a genealogia do sujeito na civilização ocidental" ao invés de patinar numa "filosofia do sujeito".[8] Essas técnicas de si serão definidas como "as que permitem aos indivíduos efetuar, por si mesmos, um certo número de operações sobre o seu corpo, sua alma, seus pensamentos, suas condutas, e isso de maneira a produzir neles uma transformação".[9]

Se as técnicas de si parecem ainda obedecer à divisão alma/corpo, a autora nota que essa divisão não é operacional, quando pensada a fundo, como nos exemplos dados por Foucault, já que há reversibilidades. Em todo o caso, é apenas a partir dessas técnicas de si que se pode entender como um poder, mesmo disciplinar, produz sujeitos, nomeando aquilo que as disciplinas investem, o corpo, o desejo, os pensamentos. Assim, para Combes, em última instância não há nem alma nem corpo, apesar das divisões operadas a cada momento da história, mas *condutas subjetivas*. Se as técnicas de dominação não bastam para dar conta da genealogia do sujeito ocidental é porque falta esse elo, as técnicas de si, a maneira como os sujeitos são constituídos, pois é esse nível, afinal, que nos permite pensar a relação entre poder e vida, mesmo e sobretudo no contexto do biopoder. Para dizê-lo de outra maneira: se na análise das

---

8. M. Foucault, "Sexualité et solitude" in *Dits et Écrits IV*. Paris: Gallimard, 1994, p. 171 apud Muriel Combes, *La vie inseparée: vie et sujet au temps de la biopolitique*. Paris: Dittmar, 2011.
9. M. Foucault, "Les techniques de soi" in *Dits et Écrits IV*, Daniel Defert, François Ewald e Jacques Lagrange, (orgs.). Paris: Gallimard, 1984, p. 785.

disciplinas ainda se poderia considerar o sujeito psicológico como espécie de efeito da incidência material do poder sobre os corpos, a análise do biopoder requer, na relação com a vida, as técnicas de si, a relação a si, a mediação do sujeito. É porque — e aqui sigo Muriel Combes — a vida, precisamente, não é mais apenas o corpo, uma vida não é apenas biológica, mesmo que não se trate de dizer que ela é também alma ou espírito ou subjetiva. A vida sobre a qual as técnicas de si incidem é sobretudo uma *vida capaz de condutas*, uma vida suscetível de adotar diversas direções.[10] Vida capaz de condutas, eis aí uma definição curiosa para pensar o objeto sobre o qual incide o biopoder: "Talvez eu tenha insistido demais, quando estudei os manicômios, as prisões etc., nas técnicas de dominação. É verdade que o que chamamos de 'disciplina' é algo que tem uma importância real nesses tipos de instituições. Mas não é senão um aspecto da arte de governar em nossas sociedades."[11] Portanto, as técnicas de si não são técnicas de dominação, propriamente, nem procedem por assujeitamento. Estão na passagem entre uma modalidade de assujeitamento para uma modalidade de autocontrole, no contexto da governamentalidade.

A subjetivação aparece, assim, como uma modalidade de exercício do poder sobre a vida na medida em que convoca um trabalho sobre si, entendido esse si não propriamente como uma instância substantiva, personológica ou universal, situada por trás do sujeito, ou um núcleo imutável, mas como uma potencialidade relacional, uma zona de constituição da subjetividade. Sendo o governo um poder que se exerce sobre "sujeitos individuais ou coletivos que têm diante de si um campo de possibilidade onde várias condutas, várias reações e diversos modos de comportamento podem tomar lugar", como diz a autora, a zona de consistência do poder deve ser concebida mais do lado do sujeito considerado como campo de possibilidade, campo de ação para uma multidão de condutas a inventar do que do lado da "vida nua". Se Agamben teve o mérito de trazer à tona a diferença entre vida nua e forma de vida, a vida nua deve ser concebida como um limite, um ponto crítico, para um poder que se exerce como ação sobre ação, "pois a vida sobre a qual

---

10. M. Combes, *La vie inseparée*, op. cit., p. 52.
11. M. Foucault, "Sexualité et solitude" in *Dits et écrits IV*, op. cit., p. 172.

um biopoder incide é uma vida sempre informada, uma vida capaz de diversas condutas, e por essa razão, sempre suscetível de insubmissão".[12]

Disso poderíamos extrair diversas consequências. Se não partimos da vida nua para pensar o biopoder, mas da vida capaz de condutas, é outro horizonte que se abre. Mesmo no campo de concentração, mas também nos contextos mais brutais de nossa contemporaneidade, ou nos mais delicados, como nessas populações às quais se referia a entrevista de Agamben, ou nos autistas de Deligny, ou nos psicóticos de nossos hospitais-dia, trata-se sempre de gestos, maneiras, modos, variações, resistências, por minúsculas que pareçam, ou inaparentes que sejam.

---

12. M. Combes, *La vie inseparée*, op. cit.

IV

MODOS DE EXISTÊNCIA

THE SPLENDOUR OF THE SEAS

Seria preciso inserir nossa experiência nesta linhagem flutuante que vai da história da loucura ao fluxo esquizo e que vem desembocar na vizinhança das artes performáticas.[1] É assim que o antenou, desde o início de nossa trajetória, Renato Cohen, um de nossos diretores e encenadores, conhecido teórico e difusor da *performance* no Brasil, falecido em 2003. Ao comentar a experiência da Cia. Teatral Ueinzz, cujo trabalho ele definiu ocasionalmente como *work in process*, escreveu: "Os atores da Cia. têm em seu favor um raro aliado, que desfaz a representação em seu sentido mais artificial: o tempo. O tempo do ator incomum é mediado por todos seus diálogos, ele é transbordado pelos subtextos, que se tornam seu próprio texto. A resposta nos diálogos não vem imediata, racional, ela percorre outros circuitos mentais. Há um *delay*, um retardo cênico, que põe toda a audiência em produção. O ator, de modo intuitivo, se desloca entre a identificação stanislavskiana e a colocação à distância de Brecht. E ele se excita, diante dos aplausos do público, ele realiza sua 'tourada' cênica, medindo forças com a audiência e suas próprias sombras interiores."[2] Não é o tempo ficcional da representação, mas do ator, ou *performer*, que entra e sai de seu personagem, deixando entrever outras dimensões de sua atuação: "É nessa estreita passagem da representação para a atuação, menos deliberada, com espaço para o improviso, para a espontaneidade, que caminha a *live art*, com as

---

1. Os fragmentos que se seguem são flashes de uma experimentação coletiva que completa vinte anos. Para um pequeno histórico da Cia. Teatral Ueinzz, ver P. P. Pelbart, "Ueinzz —Viagem a Babel" in *A vertigem por um fio* (São Paulo: Iluminuras, 2000) e "Esquizocenia" in *Vida Capital* (São Paulo: Iluminuras, 2003).
2. Renato Cohen, "Teatro do Inconsciente: Processos criativos da Cia. Ueinzz", *release* de Gotham-SP, 2003.

expressões happening e performance. É nesse limite tênue também que vida e arte se aproximam. À medida que se quebra com a representação, com a ficção, abre-se espaço para o imprevisto, e portanto para o vivo, pois a vida é sinônimo de imprevisto, de risco."[3] — diz Cohen, involuntariamente aproximando-se da última formulação de Foucault, num texto sobre Canguilhem, em que a vida era definida como erro, errância. Na experiência do grupo Ueinzz, vários movimentos o atestam. "Atores que abandonam sua posição para assistir a cena dos outros, e retomam a sequência dramática. Atores que realizam grandes monólogos e, também, que os abandonam sem completar suas frases. Essa estridente partição de erros, de achados, de reinvenção de texto, se constrói diante do público. O espetáculo se torna então ritual, onde todos assistem o impossível continuando, os corpos curvados que dançam, as vozes inaudíveis que ganham potências amplificadas graças à eletrônica instalada no espetáculo."[4] Os microfones ficam visíveis, pois o "som que fica no subconsciente é o som da mídia — o som da televisão, do rádio, da música eletrônica, do computador".[5] Outros, mesmo sem microfone, não impostam a voz e mal são ouvidos, seja por não possuírem técnica vocal, seja por dificuldades na fala ou problemas de dicção. A fala perde um pouco de seu peso no conjunto dos elementos da cena, dando espaço para outras falas (corporais, por exemplo),[6] numa disjunção entre "corpos sem vozes e vozes sem corpo".[7] Claro que há ressonâncias com Bob Wilson, pois os diversos elementos em cena adquirem o mesmo peso, sem hierarquia, como aliás em Cunningham, cada um com uma vida em si, a música, a dança, a fala, a luz, sem que nenhum registro seja subordinado a outro, numa lógica da justaposição, mesmo se somadas formam um todo fantástico, com quadros cênicos e emoções que

---

3. R. Cohen, *Performance como linguagem*. São Paulo: Perspectiva, 2002, p. 58. Acompanho de perto o trabalho e as referências mencionadas por Ana Goldenstein Carvalhaes, que releu sua convivência de anos com a Cia. à luz das indicações de Cohen (TCC: *Performance e loucura: acompanhamento dos processos criativos da Cia. Teatral Ueinzz*) e que mais recentemente publicou *Persona Performática*. São Paulo: Perspectiva, 2012.
4. R. Cohen, "Teatro do Inconsciente: Processos criativos da Cia. Ueinzz", op. cit.
5. R. Cohen, *Performance como linguagem*, op. cit., p. 74.
6. A. Goldenstein, *Persona Performática*, op. cit.
7. Flora Sussekind, "A imaginação Monológica:" in *Revista USP*, julho de 1992 apud R. Cohen, *Work in Progress na cena contemporânea*. São Paulo: Perspectiva, 1998.

derivam antes do inconsciente do que da inteligência.[8] Parafraseando Jacó Guinsburg, os elementos heterogêneos que compõem essa *Gesamtkunstwerk* destotalizada estão submetidos, um a um, a um processo de "neutralização", o qual torna mudo o caráter utilitário desses mesmos elementos e os modifica em material novo, prestes a reintegrar-se no todo de modo menos convencional.[9] Mais do que criar uma construção poética formal e organizada, trata-se de transcrever gestos e palavras ditas e pensadas em contextos contemporâneos, utilizando uma espécie de reservatório inconsciente da cultura. O fato de que se produza um texto incoerente não é, em si mesmo, um problema, visto que não existe aqui um desenvolvimento narrativo, já que todas as atividades em cena se mantêm num estado de permanente "presente absoluto" pela contínua estimulação da energia do *performer*.[10] Toda essa energia, com a livre manipulação dos códigos cênicos, reinventa a relação entre arte e vida numa tensão limite, em contraposição ao tempo simbólico do teatro. "Paisagens visuais, textualidades, *performers*, luminescências, numa cena de intensidades em que os vários procedimentos criativos trafegam sem as hierarquias clássicas entre texto-ator-narrativa."[11] Em um resgate da ambivalência entre razão e desrazão, diz Cohen, legitima-se o campo da pulsionalidade, das irrupções do inconsciente, dos espaços esquerdos, das narrativas transversas, com climas de intensidade abstrata, incisões críticas, paisagens mentais, processos derivativos, índices sonoros.

Um plano de evasão

Num diapasão deslocado da cena teatral, seria preciso mencionar uma parceria que infletiu a trajetória da Cia. e como que a pôs em suspenso. Trata-se de um projeto com Alejandra Riera, que não se apresenta sob qualquer estatuto definitivo, seja o de artista, cineasta ou escritora. Nascida em Buenos Aires, radicada e nômade em Paris, ela se diz "sem-estatuto", apesar de documentar em imagens-textos "como se lida com outros e com as histórias que nos atravessam". Desde 1995 dedica-se a

---

8. Jacó Guinsburg, *Os processos criativos de Bob Wilson*. São Paulo: Perspectiva, 1996.
9. Ibid.
10. J. Guinsburg, *Da cena em cena*. São Paulo: Perspectiva, 1986, p. 23.
11. R. Cohen, *Work in Progress na cena contemporânea*, op. cit, 1998, p. xxiv.

um fundo de arquivos imaginários, que chamou de *Maquettes-sans--qualité* [maquetes-sem-qualidade].¹²

Na forma inédita de arquivo que ela propõe, misturam-se fotografias, legendas, textos, relatos, documentos filmados, à maneira de um "livro em movimento", sem formato regular. São como o esboço, "o plano de uma evasão", e, para todos aqueles que participaram de sua aventura, é um lugar "onde se pode contar, pensar o mundo e nós mesmos", onde cabe defrontar-se com "problemas não resolvidos". Leve ou precária, a maquete pode ser feita ou desfeita, e não pretende à posteridade. Pode adaptar-se ao presente, e é o presente que importa. Cada uma das maquetes-sem-qualidade abre um lugar em que muitas vozes se fazem ouvir, onde múltiplas cumplicidades se tecem e interrogam o estatuto da obra, do autor e do artista. São verdadeiros "espácios-refúgio", onde se desdobra um trabalho em curso, sempre coletivo.

Não há como hipotecar a percepção aos discursos competentes. Daí também o lugar da autora nesse livro anônimo, não assinado, em que as citações tampouco são referidas a seus autores, no qual estamos privados da autoridade que sua fama poderia conferir ao que dizem. "Convém abandonar o autor como evidência para resgatá-lo como problema." Portanto, esse modo de apagar a marca dos nomes, essa operação de despistamento não é um jogo de esconde-esconde, mas um modo de pôr em evidência aquilo que dizem ou fazem ver, apagando-os, de certo modo, para que os nomes não ofusquem as questões. Ademais, o risco de, através deles, transformar em conhecido o desconhecido, obriga-a a uma operação inversa. "Se se pudesse ver o 'autor como quem corre o risco de transformar o já conhecido — ou supostamente tal — em algo desconhecido, aquele para quem todo o conhecido entranha necessariamente uma

---

12. *Maquetas-sin-cualidad*, Produccion autonoma. Barcelona: Fundació Antoni Tàpies, 2005, p. 13. Entre as cúmplices que povoam suas maquetes, Riera alude ao pseudônimo *uma mulher-fotógrafa*: "Uma fotógrafa assim poderia ter sido igualmente uma enfermeira ou um catador e seus olhares sobre este mundo (ou também este *garçom de café* sobre quem se escreveu que ele, ao mesmo tempo, é e não é aquilo que lhe cabe representar e cuja voz provavelmente teria sido ouvida se, diante do filósofo, ele parasse de representar). 'Fotógrafo-enfermeiro-catador' citados não enquanto categorias sócio-profissionais, mas como a superação delas. O que está por fazer está sempre em devir e põe em xeque os pressupostos. Uma *mulher-fotógrafa* é várias ao mesmo tempo e nessa pluralidade descansam os gestos, os atos realizados junto com outras mulheres e homens quaisquer. Também aí descansam os sentidos abertos pela *anarquitetura* das maquetes-sem-qualidade."

parte de desconhecido'; 'se o autor é quem aceita tornar-se o outro que todo o mundo leva dentro de si, aquele precisamente a quem a sociedade se esforça em impedir de manifestar-se', nesse caso, esse 'autor', durante seu trabalho, descobriria em si um outro diferente do que acreditava ser."[13] E Riera acrescenta, na sua singular modéstia: "Quando a hostilidade em que vivemos nos impede, por numerosas razões, de realizar nossos projetos, e retarda indefinidamente nossa plenitude, é provável que só possamos viver abrindo pequeníssimos interstícios aqui e ali..."[14]

É possível inscrever parte do trabalho de Riera na descrição que dá Jacques Rancière de algumas estratégias de "artistas que se propõem a modificar as balizas do que é visível e enunciável, de fazer ver o que não era visto, de fazer ver de outra maneira aquilo que era visto muito comodamente, de colocar em relação aquilo que não o era, com o objetivo de produzir rupturas no tecido sensível das percepções e na dinâmica dos afetos. É esse o trabalho da ficção. A ficção não é a criação de um mundo imaginário oposto ao mundo real. Ela é o trabalho que opera dissensos, que modifica os modos de apresentação sensível e as formas de enunciação ao modificar os enquadres, as escalas ou os ritmos, construindo relações novas entre a aparência e a realidade, o singular e o comum, o visível e sua significação. Esse trabalho muda as coordenadas do representável; ele muda nossa percepção dos acontecimentos sensíveis, nossa maneira de os referir a sujeitos, o modo pelo qual nosso mundo está povoado de acontecimentos e de figuras".[15]

Claro, diz Rancière, não existe o real enquanto tal, exterior à ficção, já que todo real é já a configuração do que nos é dado como real, espaço construído em que se ligam o visível, o dizível e o factível. Nesse sentido, tanto a ficção como a ação política escavam esse real, "elas o fraturam e o multiplicam sob um modo polêmico".[16] Assim, o desafio estaria em construir dispositivos espacio-temporais, "outras comunidades de palavras e de coisas, de formas e de significações". E conclui, sobre a função da arte, se é que essa expressão ainda cabe: "As imagens da arte

---

13. Ibid., p. 13.
14. Ibid.
15. Jacques Rancière, *Le spectateur émancipé*. Paris: La fabrique, 2008, p. 72 [Ed. bras.: *O espectador emancipado*, trad. de Ivone C. Benedetti. São Paulo: WMF Martins Fontes, 2012].
16. Ibid., pp. 83-84.

não fornecem armas para os combates. Elas contribuem para desenhar configurações novas do visível, do dizível e do pensável, e por aí, uma nova paisagem do possível."[17]

Políticas da percepção

Em 2005, Alejandra Riera veio a São Paulo e conheceu o trabalho da Cia. Teatral Ueinzz. Na sequência de sua visita, propôs ao grupo uma parceria em torno de um projeto intitulado por ela de *Enquête sur le/notre dehors*, na linha de sua pesquisa anterior, traduzido por nós, provisoriamente, de "Enquete sobre o nosso Entorno". A partir daí, ativou com os atores da companhia um dispositivo de enquete e registro muito preciso, embora aberto. Consistia em uma saída coletiva por dia, ao longo de dias seguidos, para algum ponto da cidade sugerido pelos atores, onde, na presença do grupo, cada um abordava alguém de sua escolha, pedestre, vendedor, estudante, policial, anônimo, morador de rua, e lhe lançava à queima roupa as perguntas que lhe viessem à mente. Numa situação insólita, na qual o entrevistado ignora tudo do entrevistador, mas por vezes percebe uma estranheza, as regras de uma entrevista jornalística são reviradas e tudo começa a girar em falso, sem que ninguém consiga detectar a razão do descarrilamento. Os lugares derrapam, as máscaras profissionais ou institucionais ou mesmo pessoais que cada um sustenta caem por terra, deixando entrever dimensões inusitadas da inquietante "normalidade" cotidiana que nos rodeia, como dizia a artista. A partir de uma conversa trivial na rua, aparece a impotência, a miséria afetiva, a blindagem sensorial. Com sua câmera desfocada, que põe em xeque o ponto de ancoragem do discurso, cria-se um hiato entre imagem e fala e uma espécie de suspensão no automatismo da compreensão. Como diz Valérie Marange em um outro contexto: "O que parece faltar é a faculdade de perceber, a capacidade de produzir a partir de um acontecimento preciso uma petição de realidade. O que nos falta portanto, politicamente, hoje, é uma construção coletiva das condições da percepção."[18] E, de fato, para Alejandra Riera, a percepção é uma questão em aberto, e a própria realidade é um problema não resolvido.

---

17. Ibid., p. 113.
18. Valérie Marange, *Éthique et violence*. Paris: L'Harmattan, 2001, p. 154.

"As pessoas de nossa geração se deparam com a questão de saber o que é isso contra o que nós nos chocamos, em que tomamos parte, em que trabalhamos, qual tipo de 'realidade' nós contribuímos a formatar com nossa atividade." Em seu trabalho, em que tenta dar a essa realidade uma expressão, Riera fala em políticas de representação. É parte de sua ética, "jamais ocupar o lugar daquele ou daquela que 'representa', mas deixar espaço para que outros, enquanto sujeitos (com os quais escolhemos fazer um caminho), se autoapresentem, ocupem um lugar".[19]

Tomemos um episódio minúsculo. Estávamos diante da Assembleia Legislativa, em São Paulo, e conversávamos com um vendedor de amendoim. Um de nossos atores lhe pergunta qual é a magia desse lugar. O ambulante não compreende, e pergunta se o entrevistador quer saber quanto ele ganha. "Não, eu queria saber qual é a sua felicidade, aqui." "Não entendo", diz o outro. O ator, um pouco exaltado pela surdez do interlocutor, lhe lança à queima-roupa: "mas não, eu quero saber qual é o seu desejo, qual é o sentido de sua vida." Então tudo se interrompe, segue-se uma suspensão no diálogo, um silêncio, e vemos o homem afundar em uma dimensão totalmente outra, longe de qualquer contexto jornalístico. E ele responde, bem baixinho, com certo custo: "o sofrimento"... É o fundo sem fundo de toda a conversa, o desastre que já ocorreu, o esgotamento que não pode ser dito, é a angústia e a solidão amarga de um homem acuado diante de um edifício monumental que representa um poder inabalável, porém vazio, é tudo isso que só aparece sob o modo de uma interrupção brusca desencadeada por uma espécie de impaciência vital. Interrupção justamente vinda da parte daquele que supostamente deveria estar afundado em seu abismo — o ator louco. E aí tudo bascula; e o espectador subitamente se pergunta de que lado está a vida, e se essa pergunta ainda tem algum sentido, pois é todo um contexto de miséria que emerge nesse diálogo incomum. "A miséria é uma miséria dos afetos, cuja privatização acarreta uma desvalorização das possibilidades de vida [...]. O problema é antes o bloqueio dos afetos e a inércia das afetações",[20] diz ainda Marange. Então eis o que faz irrupção:

---

19. "Images en chantiers". Entrevista de Alejandra Riera com Pascale Cassagnau in *Vacarme*, nº 32. Paris: Vacarme, 2005.
20. Ibid., p. 33.

o fundo sem fundo dos discursos que cada um carrega, a instabilidade psicossocial sobre a qual tudo repousa, e, igualmente, por momentos fugazes, os germes que poderiam produzir outra coisa. Ao desencadear uma certa esquizofrenização da situação, por um tempo tem-se a impressão de que tudo pode descarrilar, as funções, os lugares, as obediências, os discursos, as representações. Tudo pode fracassar, inclusive o dispositivo. Mesmo se reencontramos o que estava lá desde o início: o sofrimento, a resignação, a impotência, assiste-se a fiapos de "fabulação", a devires singulares que fazem fugir uma dita normalidade e seus encadeamentos, que quebram alguns automatismos sensório-motores e que funcionam como índices de outros liames possíveis com o mundo.

Nos vários episódios da enquete, a câmera registra situações triviais: um catador de lixo no estacionamento do Pacaembu que se sente o dono do território que ele monitora, onde ele vive, que ele explora, e que se vê provocado a responder por que não toma de assalto os prédios de luxo que o rodeiam; um louco de rua, torso nu em meio a um dilúvio na Praça da Sé, que profetiza o fim dos tempos, e com quem um ator trava um diálogo dostoievskiano sobre a morte de Deus, sobre o lugar da moral, da bebida, em plena tormenta tropical. Como diz a artista, não é uma reportagem social, nem uma enquete com fins humanistas, mas sim o registro de uma experiência. Registro sem maquiagem, sem pretensão de denúncia, sem inclinação à estetização. Por isso não se tem propriamente um documentário, ou um filme, mas o rastro de uma experiência que, ao ser vista, pode desencadear outras experiências, como foi o caso quando alguns fragmentos desse registro foram mostrados na mítica clínica La Borde, onde viveu Guattari, com a presença de dezenas de pacientes e psiquiatras, inclusive o fundador da clínica, Jean Oury. Na enorme sala central do castelo decadente, numa sexta-feira, no final da tarde, em setembro de 2008, logo após a reunião semanal que ocorre há décadas [*réunion d'accueil*], presidida por um dos internos mais veteranos e ladeado por Oury, as pessoas esperam o "filme brasileiro" feito por um "grupo de teatro". Ora, não haverá "filme brasileiro", nem "documentário", nem "filme", nem "peça de teatro". Apenas uma conversa em torno do registro de uma experiência realizada nas ruas de São Paulo com atores da Cia. Teatral Ueinzz. Como explicar isso sem decepcionar a alta expectativa, sem que as dezenas de *pensionnaires*, como se chama aos internos moradores da clínica, saiam imediatamente da sala? Finda a *réunion d'accueil*, enquanto as cem pessoas sentadas no salão viram-se em direção ao telão, já estendido, e as janelas se fecham para permitir a projeção, Alejandra Riera cumprimenta os presentes e esclarece de cara que não pretendemos apresentar um filme. Explica que temos fragmentos de registro de uma experiência, que é muito difícil falar disso... e, ao invés de discorrer sobre o projeto, ela confessa que tem muita dificuldade em trabalhar, ultimamente... que no fundo não consegue mais... trabalhar ou construir (imagine-se o efeito dessa conversa numa população que desertou há muito o circuito do "trabalho", dos "projetos", dos "resultados"), e que nos últimos tempos tudo o que consegue é desmontar as coisas... Que inclusive, não para de desmontar as ferramentas com as quais antes trabalhava, por exemplo, o computador... e retira de sua bolsa dois saquinhos plásticos com as teclas soltas do seu teclado desmontado: um deles contém as letras do alfabeto, outro as funções (del, ctrl, alt etc.). E passa adiante os saquinhos transparentes, com as peças amontoadas, para que circulem pelos presentes. A expectativa espetacular de um filme dá lugar a uma cumplicidade inusitada, com uma artista que não se diz artista, que não traz obra, que confessa não conseguir trabalhar, que mostra restos de computador, pedaços de uma desmontagem, que evoca um projeto cuja impossibilidade confessa de imediato, deixando entrever o impasse, o fiasco, a paralisia que nos é comum a todos, sejamos loucos ou normais, artistas ou psiquiatras... Só assim, feito o curto-circuito no encadeamento entre "arte" e "público", desmanchado o *glamour* ou o entretenimento ou a cultura que se poderia esperar dessa "apresentação" de imagens, "desindividuada" a protagonista central, que sai de cena, outra coisa pode acontecer. Inclusive a projeção dos fragmentos, uma conversa polêmica, por vezes acusatória ou visceral, que se arrasta noite adentro, na penumbra do salão que ninguém ousa iluminar, e que termina com a pergunta hilária de uma interna, "vocês têm um projeto?".

É verdade que a projeção do fragmento com o profeta de rua (intitulado por Riera: *De la Modernité*) suscitou uma explosão irada de uma das moradoras de La Borde. "Por que nos mostram isso, com que direito vocês intensificam o delírio místico de um paranoico de rua? Isto não é um filme, é uma provocação, um insulto!" Explicitação inaugural, necessária, que talvez um público mais cordato não ousasse recriminar nessa cena tão dura, tão bela, tão exótica, tão insuportável. Sim, há dor por toda parte, e no filme não se tratou de explorar isso, exoticamente, mas tampouco de encobri-lo. Não evitar a loucura que há na rua, nem a palavra solta que raras vezes encontra onde pousar. Os atores deram-se a liberdade de agarrar fragmentos do que corre solto ao redor deles e que ninguém percebe, ou não aguenta olhar, ou se proíbe perceber — e que, no entanto, faz ruído. Trata-se de um zumbido que já não alcança o limiar de afectibilidade, dada a blindagem sensorial e midiática que amortece as asperezas e as fricções. Sim, nos fragmentos filmados percebe-se e reconhece-se "tipos", quase como caricaturas, mas justamente, quando aparecem, acabam sendo desvestidos de seus paramentos e uniformes numa corrosão involuntária.

Reserva e recuo
Como o observa o crítico Jean-Pierre Rehm em um texto sobre o trabalho de Riera: "Ficarão decepcionados os que buscarem o movimento da peritagem ou da pesquisa. Ou a odiosa galeria de retratos e sua simplória exaustividade. Pois é a lógica dos papéis que se encontra revirada. Os interlocutores se expressam no espaço misturado da conversa, para retomar o título de um dos capítulos do filme. E se nenhum deles está aí liberado de seu eventual reconhecimento (quando este é auxiliado pelo uniforme, balcão comercial, ou nos signos reforçados de uma desordem psíquica), ninguém se encontra, contudo, preso, hipotecado a uma identidade que lhe caberia exemplificar, segundo a sinistra lógica do documentário que se demora no particular para melhor submergir na tipologia. Pois ninguém sabe exatamente quem coloca as perguntas, quem as responde, nem, sobretudo, com qual visada precisa. É a experiência de uma insuficiência desse tipo de transmissão que é, primeiramente, transmitida",[21] conclui ele, benjaminianamente.

É porque há, justamente, um efeito de suspensão na própria exibição dos fragmentos ou da experiência, ou o que Rehm chamou de uma "lógica defensiva". Mesmo nos títulos dos trabalhos de Riera, como ele

---

21. Jean-Pierre Rehm, "Enquête sur le/notre dehors — d'Alejandra Riera à la Documenta XII" in *Vacarme*, nº 41. Paris: Vacarme, outono de 2007.

os elenca: "'Maquettes-sans-qualité', 'problema não resolvido', 'trabalho em curso', 'trabalho em greve', 'fragmentos', 'vistas parciais', 'filme irrealizável' são algumas entre as inúmeras descrições, logo prescritivas, dadas segundo a regra de um *por falta* [*par défaut*]. Seria equivocado, contudo, ler aí o topos, até mesmo o *pathos*, digamos beckettiano ou blanchotiano, de uma essencial miséria da arte. Mesmo se o motivo do 'escândalo' da arte, como dizia Bataille, de sua colocação em crise, ou, mais grave, de sua condenação, permanece uma dívida herdada das vanguardas, não devemos nos enganar. A negação, a atenuação, a exibição do desvio ou do recuo são armas eriçadas de maneira ciumenta. Essa lógica depreciativa, submetida à potência da preterição, representa mais do que uma estratégia ditada pelas circunstâncias; é a *forma* mesma de seu trabalho. Ou ainda, a marca de seu *formalismo* tão singular. Exposição, catálogo, projeção, Alejandra Riera se dedica a travesti-los de aspas, a colocar muito eficazmente uma bateria de obstáculos à sua apreensão. O que ela organiza assim: um modo de resistência próprio à obra mesma. Nem fragilidade, nem *déficit*, aqui, apesar das denegações, é uma fortaleza cuja edificação foi calculada pela fadiga de seu cerco."[22]

Nessa estratégia de reserva e recuo, de obstinada opacidade, não se trata de uma mistificação do indizível ou hermetismo elitista. Como diz ainda Rehm, "essa armadilha não assinala nenhuma paralisia, ele não faz da impotência o motor, nem a conclusão desamparada da obra. Ela assina, ao contrário, a desmedida da ambição. Pois, contrariamente ao recuo avaramente lírico em moda, do qual sabemos o quanto a política lhe oferece álibis ou proteções pretensamente objetivos, aqui é um regime épico que é visado. Épico, convenhamos, em parte destroçado. Mais, desvairado. Isto é: atravessado por um lirismo que nele não encontra seu lugar senão *por excesso*. Sem dúvida é por essa razão que seu trabalho toma com frequência o aspecto de um desdobramento epidêmico no espaço, propagação sem bordas apontando sem descanso para a utopia de um 'fora'".[23]

---

22. Ibid.
23. Ibid.

(Des)ocupação

A ocupação coletiva de um andar do Sesc-Paulista, em 2009, por sugestão de Ricardo Muniz Fernandes, intensificou essa coexistência entre a interrupção e o acontecimento, o excesso e o fora. O grupo apresentou a peça inspirada em *Finnegans Wake*, de Joyce — chamada de *Finnegans Ueinzz* —, intercalada com a presença de palestrantes nacionais e estrangeiros, bem como a projeção de vários filmes sobre a clínica de La Borde, entrevistas com Guattari, Tosquelles, registro de uma dança de Min Tanaka diante dos residentes de La Borde etc. Paralelamente, Alejandra Riera propôs um *lugardeestudos* [*lieu(x)détudes*] onde atores, seguranças do prédio, faxineiras foram convidados a situações de reflexão comum, em que cada um deixava de lado seu lugar de origem e colocava em questão as competências, os lugares de enunciação, os instrumentos de percepção de que se dispõe para dar-se a ouvir e a ver. O computador desmontado sobre uma mesa, o corpo sem órgãos da técnica, um anagrama de Maya Deren desenhado no chão... Nesse contexto, cenas godardianas eram propostas; por exemplo, a leitura de um texto teórico muito denso pelos atores ou faxineiras, que por sua vez moviam máquinas de percepção e registro, deslocando competências reconhecidas e mexendo na distribuição entre aquele que fala e aquele que trabalha, aquele que representa e aquele que é representado, aquele que enlouquece e aquele que teoriza sobre o inconsciente, aquele que varre e aquele que filma. Essa ocupação durou doze dias e criou um espaço-tempo de grande densidade e movência, com migrações de sentido e de não sentido em várias direções, percorrendo os registros heterogêneos: discurso psicanalítico, filosófico ou estético dos conferencistas, peça de teatro, situações de conversa, filmagem, questionamento do objetivo da ocupação, das possibilidades abertas por ela, das intenções estéticas e políticas implicadas na proposição e outras sobrevindas ao longo dos dias. Será que estávamos em vias de constituir um estado independente? — pergunta um dos atores, enquanto o grupo desmontava uma arquibancada que a instituição considerava irremovível.

Dessa experiência resultou um filme-documento, assinado por Alejandra Riera e Ueinzz. Em debate público sobre esse registro, David Lapoujade, que tinha participado como palestrante na ocupação, assim se manifestou: "havia a peça de teatro que não era uma peça, loucos que não eram loucos. Ninguém era o que devia ser [...]. O importante [era] fazer existir algo por certo tempo [...]. Será uma peça de teatro? [...] E quem são essas pessoas? E quem faz o quê ali? [...] num dado momento, todas essas perguntas já não valem. [...] Esse lugar no qual vocês estavam quase todo dia não parece com nada, enfim, com nada que eu pudesse conhecer. [...] Era um espaço com máquinas desmontadas, inscrições no chão, cadeiras dispostas... enfim, não cadeiras, mas arquibancadas que, segundo as horas do dia ou conforme os dias, nem estavam mais no mesmo lugar. Portanto, um lugar que não parava de mutar, de mudar. As inscrições a giz nas paredes e no chão mudavam. Os arames que estavam esticados entre as paredes também se deslocavam, portanto era preciso muito cuidado [...]. E depois, uma atividade incessante da parte de uns e outros, nem sempre coordenada: um preparando sua conferência num canto, duas ou três pessoas desmontando uma máquina num outro canto; um momento de filmagem num outro lado, fragmentos de ensaio, maquiagem [...]. É um espaço que comportava a ideia de um 'trabalho em curso'. Um espaço pluridimensional, mas não euclidiano com suas três dimensões, comprimento, largura, profundidade. Era antes algo de profundamente topológico, isto é, onde dois espaços distantes poderiam ser conectados por relés muito estranhos! As proximidades podiam se transformar em distâncias segundo as conexões, e vice-versa. É um espaço não direcional, mas composto de tal forma que nos deixava desorientados."[24] E, mais adiante, ele assinalava que os textos que aparecem no filme não ajudam a compreender o que acontece nas imagens do filme, e vice-versa, na contramão da redundância que uma sociedade de controle produz entre imagens e palavras, como num noticiário. Aqui, ao contrário, uma "forma não é controlada pela outra. Ela não encontra na outra forma um meio de estar assegurada de sua verdade, de sua pertinência ou de sua legitimidade [...] os textos não remetem ao que é mostrado mas remetem, no que acontece, a algo que não acontece ou que não acontece no que se vê, em todo o caso [...]. A meu ver, há um não saber que se situa entre o visível e o enunciável, o lisível ou o dizível. Há um não saber que está entre os

---

24. A. Riera, *Echange autour de <...—histoire(s) du présent—...> [...—2007-2011—...], documentation d'une expérience d'Alejandra Riera avec Ueinzz*. Inédito, 2013.

dois, é ali que todos se salvam, se assim posso me expressar, pois espera-se que depois de um tempo, no filme, todos desistam e digam: bem, eu renuncio em saber o que isso quer dizer! É nesse momento que se começa a deixar as pessoas em paz! [...] Isso faz bem! [...] É essa espécie de saúde que me importa!"[25]

Evidentemente, questões muito importantes permanecem irrespondidas no rastro de uma tal experiência. Por exemplo, sobre os coeficientes de liberdade conquistados no nível micro, no momento da ocupação concreta, e sua desproporção em relação aos mecanismos de dominação na esfera macropolítica, que operam justamente através da dimensão molecular, por captura dos microprocessos de desejo. Como diz Lazzarato, o ato artístico torna-se resistência desde que haja transversalidade entre a ação molecular de ruptura e de composição num domínio específico e os domínios externos, com todos os problemas de escala, de tradução, de salto na lógica afetiva. Por mais urgente que seja pensar essa relação, ela permanece inteiramente indeterminada. Como exclama Guattari em um outro contexto: "Sabe-se lá se a revolução que nos espera não declinará seus princípios de algo enunciado por Lautréamont, Kafka ou Joyce?"[26] Nós acrescentaríamos: de algo enunciado pelo homem comum, a singularidade qualquer, os dispositivos anônimos, com sua potência de interrupção ou de invenção, por minúscula que seja, nas condições de contágio contemporâneo. Mas é preciso aduzir: essas condições se tornam cada vez mais opacas e opacificantes. O coletivo argentino Situaciones fala de clonagem ao referir-se a esse contexto onde os signos circulam encapsulados, estéreis, como espectros separados das forças que os engendraram. É como se a palavra tivesse renunciado a produzir sentidos encarnados, atrelando sua sorte ao destino do equivalente geral, o dinheiro.[27] Deleuze o notava, em sua conversa com Negri. "Talvez a fala, a comunicação, estejam apodrecidas. Estão inteiramente penetradas pelo dinheiro: não por acidente, mas por natureza. É preciso um desvio da fala. Criar foi sempre coisa distinta de comunicar. O

---

25. Ibid.
26. Félix Guattari, *Psicoanalisis y transversalidad*. Buenos Aires: Siglo XXI, 1976,.p. 235 [Ed. bras.: *Psicanálise e transversalidade*, trad. de Adail Ubirajara Sobral e Maria Stela Gonçalves. São Paulo: Ideias e Letras, 2004].
27. Colectivo Situaciones, *Conversaciones en el impasse: dilemas políticos del presente*. Buenos Aires: Tinta Limón, 2009.

importante talvez venha a ser criar vacúolos de não comunicação, interruptores, para escapar ao controle."[28] O diagnóstico é inteiramente atual, tanto mais que não é apenas a potência da fala que se esvai nesse estado *separado*, mas também a articulação da palavra ao corpo, do sentido ao desejo, a capacidade do próprio organismo de fazer face à saturação que o colocou entre parênteses. "Nós perdemos o mundo, nos desapossaram dele", dizia Deleuze, para evocar em seguida a necessidade de voltar a crer no mundo: "Acreditar no mundo é também suscitar novos espaços-tempo, mesmo de superfície ou volume reduzidos."[29] Acreditar no mundo é acreditar nas possibilidades do mundo, é estar em condições de conectar-se com suas forças, é acreditar naquilo que vemos ou ouvimos, é apostar na nossa força em fazer essa conexão — é estender o fio de nossas simpatias. Simpatizar com o devir do mundo e o devir dos outros nesse mundo e o devir-outro dos outros nesse mundo.

Casamento performático
Parte da nossa trupe viajou, em 2005, a convite do Théâtre du Radeau, para um convívio de uma semana com os atores daquela companhia em La Fonderie, no sul da França, em um projeto de "afetação recíproca". O diretor François Tanguy entrou com o grupo num grau de empatia, corpo-a-corpo, comunicação xamânica dificilmente imaginável, apesar da barreira absoluta da língua. Ele circulava com uma barra de madeira com uma das extremidades dentadas, um objeto que nós usaríamos para coçar nossas costas, e que lhe foi presenteado por Laymert Garcia dos Santos, que por sua vez o recebeu de um cacique de uma tribo do Xingu. Para os índios, esse instrumento serve para escarificar as costas do interlocutor durante uma conversa, e deixar no seu corpo alguma marca do encontro. Tanguy usou esse mesmo princípio com nossos atores.

Ao longo dos dias, almoçávamos ouvindo-o ler em voz alta *O suicidado da sociedade*, ao lado de um antropólogo já idoso, outrora amigo muito próximo e editor de Artaud, Alain Gheerbrant, que depois da morte do escritor precisou buscar novas "línguas desconhecidas", como ele disse, e veio parar na Amazônia onde conheceu os Yanomami.

---

28. Gilles Deleuze, *Conversações*, trad. bras. de Peter Pál Pelbart. São Paulo: Ed. 34, 1992, p. 217.
29. Ibid., p. 218.

Portanto, nessa atmosfera em que se cruzavam artistas vindos de várias partes, o ensaísta e tradutor de Carmelo Bene, Jean-Paul Manganaro, uma jovem cantora excepcional, um grande conhecedor da plumagem indígena, Walter Gomes, um de nossos atores pergunta a Tanguy se fomos convidados porque éramos anjos decaídos. No último dia, antes de nossa apresentação, François colocou sobre as costas desse ator uma imensa asa feita de pano, caída, que ele vestiu na apresentação. Nesse ínterim ocorreu o mais inusitado. Esse ator havia proposto a Laurence, uma das atrizes da Cia. francesa, a visita a uma igreja. Ela respondeu que detesta igrejas, só vai em situações de morte ou de casamento. Ele então propôs um casamento. Ao que ela reagiu de maneira performática acolhendo o teor da proposta. Terminada a apresentação teatral no nosso último dia, num clima feérico aconteceu o casamento, ela com um vistoso vestido de noiva, ele com uma suntuosa capa em veludo verde, e em sua cabeça foi posta uma gigantesca máscara de veado, rendada e transparente. Os convivas vestiram perucas exóticas e assim deu-se o casamento do anjo decaído e a atriz calejada, celebrado por François Tanguy. Com um baile festivo, nessa noite deslocou-se algo entre a realidade e a ficção, a arte e a vida, a desrazão e a cotidianidade. A seguir, cada um dos noivos seguiu seu rumo. No dia seguinte, na despedida, a atriz agradeceu ao ex-noivo pela celebração, e com humor ponderou que ele era a única pessoa no mundo capaz de proporcionar-lhe tal experiência.

"Vocês não precisam de solidariedade, mas de um celular"
Numa viagem à Finlândia, em 2009, a convite do Festival Internacional do Círculo Báltico, depois de tantos descolamentos de nosso formato teatral, eu temia um retorno à lógica do espetáculo politicamente correto, à representação de um grupo de excluídos, ao insípido *glamour* dos festivais. Ora, já no aeroporto de São Paulo, desde o início, uma de nossas atrizes, num estado de grande agitação depois de ter passado pelo controle da polícia federal, jogou por terra, com grande alarde, sua bolsa, e começou a conversar em inglês com seus pertences. Compreendi imediatamente que eu estava equivocado, viajaríamos sem nenhuma glória nem serenidade, porém em estado de tensão e de incerteza absolutas, não rumo a uma consagração internacional, porém antes em direção ao nosso próprio desconhecido. Essa moça que conseguiu driblar todas

as barreiras da tripulação do avião para ir sentar-se ao lado do piloto e contemplar do alto, e com que felicidade, uma ilha ao lado da África que justamente sobrevoávamos, e que denunciou durante toda nossa viagem e estadia, com irritação e alegria, o microfascismo que nos envolve em cada canto, de um extremo a outro do planeta, essa moça nos emprestou seu olhar, impregnou nossa percepção, disseminou essa sensibilidade e infletiu a nossa, detectando o intolerável que se tornou nossa banalidade cotidiana, das revistas em aeroportos aos detalhes da disciplina urbana — em um ato de guerrilha poética que lembra a personagem de Godard que ameaça explodir sua mochila (de livros) num cinema em Jerusalém, em *Nossa música*.

Na balsa que nos levava ao nosso alojamento na ilha de Suomenlinna, em Helsinque, em uma situação de emergência, tivemos que recorrer a um desconhecido para pedir-lhe emprestado seu celular. Diante de nosso pedido, insólito a seus olhos, ele nos submeteu a um interrogatório quase policial sobre as razões de nossa estadia nessa ilha em que ele morava há tantos anos, para recusar-nos afinal o celular, acariciando com ar desdenhoso suas luvas de couro preto. Eu não pude me conter e retruquei que algum dia ele precisaria de solidariedade e ele se lembraria desse momento — ao que ele respondeu: vocês não precisam de solidariedade, vocês precisam de um celular. Não se poderia resumir melhor uma época. Soube depois que ele é diretor de um museu nacional finlandês, irmão de um artista conhecido, em suma, um pequeno fascista da aristocracia local. Na saída da balsa ele quis me espancar por minha impertinência, mas colei num ator cujo tamanho intimida até um fascista.

Talvez esse grupo seja às vezes como os nômades de Kafka. Malgrado os esforços do imperador para evitar a invasão dos nômades vindos do Norte, constata-se que eles já estão acampados na praça central da capital, a céu aberto, falando uma língua estranha, comendo carne de cavalo, com seus olhos esbugalhados e suas leis esquisitas. Não é que eles se movam o tempo todo, mas sua maneira de estar ali e de carregar em si o fora faz com que algo em torno deles se mova ou fuja. Ora, tudo isso não está dado, nem para Kafka nem para nós, seja em nossa presença, seja em nossos deslocamentos, seja em nossas apresentações, seja em nossas articulações. É preciso tecê-lo a cada dia, esse plano de consistência, ponto por ponto; como o diz bem o grupo Situaciones, é um trabalho de grande delicadeza, quase artesanal, que recua diante de expectativas tonitruantes mas que retoma efetividade quando se debruça sobre as micromutações, em vizinhanças concretas que é preciso sustentar e ampliar incessantemente. Mas tal aposta só pode se sustentar se se encontra os aliados nos inconscientes que protestam, para retomar uma bela fórmula dos anos 1960. É uma movência que só respira caso recuse o reconhecimento *standart*, feito de inclusão social ou de incorporação glamourosa, mas igualmente transborda constantemente seu enquadre grupal de base e busca suas ressonâncias com outros afectos coletivos que ele nutre ou prolonga. É preciso, pois, ir além do dispositivo estético, teatral no caso, necessário, sem dúvida, desde que ele se abra a um vento de fora que varra os clichês de loucura ou de arte ou do simplesmente relacional, suscitando outros vetores ainda desconhecidos. É preciso escavar para chegar a essa excedência, mesmo se ela está submetida à opacificação e redundância reinantes, mesmo se não encontra ainda a expressividade ou a narratividade que convém à vitalidade que é a sua. Em todo o caso, é o único ponto de partida, em nossa escala, para uma espécie de contraperformatividade, na contramão do que Negri chamou de performatividade do capital e sua incidência global.

Ora, isso passa pela invenção incessante daquilo que Guattari chamava de "focos mutantes de produção de subjetividade". As observações de Lazzarato a respeito nos parecem esclarecedoras. Diz ele: "O paradigma estético de Guattari prolonga o gesto duchampiano de alargamento da arte. Ele inova de maneira notável o conceito foucaultiano de subjetivação, pois não são as práticas e as tecnologias religiosas, ou as das escolas filosóficas que são solicitadas como tecnologias do si, porém as técnicas e as práticas artísticas."[30] Ao deslocar as tecnologias do si do contexto filosófico ou religioso para o domínio estético, Guattari pensa nos vetores de subjetivação, nas técnicas de semiotização não verbais que atravessam domínios diversos, inclusive o da arte. "Ao passo que no início do século XX as ciências sociais e a filosofia analítica se concentravam na linguagem e nas semióticas significantes, a arte efetuava um trabalho notável de valorização desses modos de subjetivação (e de

---

30. Maurizio Lazzarato, *Experimentations politiques*. Paris: Amsterdam, 2009, p. 186.

enunciação) não verbais."[31] Guattari não se refere, pois, à arte como técnica de produção de objetos, mas como atividade que implicaria em três tipos de problema, também presentes na ação política: o da *polifonia da enunciação* — isto é, a heterogeneidade das vozes e das semióticas que a constituem; a da *criatividade processual*, isto é, o questionamento permanente da identidade do objeto e a do sujeito, embaralhando toda dicotomia excessivamente humanista em favor de um novo animismo; e, por último, a *autopoiese*, a autoprodução, isto é, a capacidade dos dispositivos de subjetivação de produzir suas próprias normas e coordenadas. Assim, conclui Lazzarato, se "as práticas artísticas produzem possibilidades moleculares, a chave do problema continua sendo a capacidade coletiva de entrar em outros paradigmas éticos, estéticos e políticos".[32]

O naufrágio
Em 2011, o coletivo finlandês Mollecular.org nos convidou, e também ao grupo Presqueruines, da França, para fazer conjuntamente um filme e montar uma peça de teatro inspirados no texto *Amerika, ou o Desaparecido*, de Kafka. O aspecto extravagante da proposta, vinda da ousada imaginação de Virtanen Akseli, consistia em realizar tal projeto em um transatlântico, durante a travessia de duas semanas entre Lisboa e Santos, numa remota evocação da Nau dos Insensatos, mas também de uma possível "redescoberta" do Brasil. Quando Akseli nos perguntou se podíamos confirmar a reserva do navio para o dia 25 de novembro, acrescentou com humor: será que o projeto lhes parece suficientemente impossível para que ele seja desejável? De fato, alguns anos antes, ele tinha realizado uma viagem entre a Finlândia e a China, pela ferrovia transiberiana, com quarenta pessoas de diferentes coletivos, num arrojado projeto artístico/político intitulado *Capturing the moving mind*. Esse experimento inaudito e os textos publicados em torno dele eram um precedente inspirador.[33] Em nosso caso, o projeto da filmagem inspirou-se em um pequeno texto de Félix Guattari intitulado "Projeto para

---

31. Ibid., p. 190.
32. Ibid.
33. Cf. o belo artigo de Virtanen Akseli e Jussi Vähämäki, "Structure of Change", e o diálogo entre Virtanen Akseli e Bracha Ettinger, "Art, Memory, Resistance" in *Framework*, v. 4. Helsinque: The Finnish Art Review, dezembro de 2005.

um filme de Kafka", onde ele tenta imaginar o que seria um filme feito *por* Kafka.[34] Chegados a Lisboa de avião, no dia 24 de novembro de 2011, embarcamos, os três coletivos vindos de diferentes partes do globo, no *The Splendour of the Seas*. Eis, muito sumariamente, o contexto dessa experimentação micropolítica.

Para compreendê-la, no entanto, é preciso descrever minimamente no que consiste um cruzeiro — coisa que eu ignorava inteiramente antes de nos lançarmos nessa aventura. Quase duas mil pessoas confinadas no pseudoluxo de um hotel flutuante de dez andares de altura, corredores aveludados, imensos lustres dependurados por toda parte, corrimãos dourados, elevadores panorâmicos, piscinas ao ar livre rodeadas de telões gigantes, saunas nababescas, bares, cassinos e restaurantes por toda parte, música e shows, bingos e bailes, festas temáticas à beira da piscina, jantar com o capitão, comemoração da travessia da linha do Equador com taças reluzentes. A alucinante *overdose* de estímulos de entretenimento, empanturramento gastronômico, imperativo do prazer, produz uma saturação absoluta do espaço físico, mental, psíquico dos passageiros. Um verdadeiro bombardeamento semiótico do qual não se escapa em canto algum, nem na própria cabine onde o alto falante anuncia o próximo concurso de bingo, ou a televisão interna irradia as novidades do próprio navio. A máquina de entretenimento flutuante, porém, nada tem de extraordinário — é o condensado do nosso mundo cotidiano, do turbinado capitalismo contemporâneo. Se não ofendesse as vítimas históricas, eu diria que se trata de uma espécie de campo de concentração às avessas, pós-moderno, organizado minuciosamente segundo a lógica do consumo, do espetáculo, da intensificação interminável do prazer, do imperativo do desfrute, do *"your smile is my smile"*, que nosso ator traduziu como *"your card is my card"*. Claro, tudo só funciona graças a um exército de 700 empregados sub-remunerados que moram no porão e circulam sorridentes à disposição da clientela 24 horas por dia, e cuja moradia está vedada à visitação dos passageiros.

---

34. O texto original de Félix Guattari foi publicado por Stéphane Nadaud como *Les 65 rêves de Franz Kafka*. Paris: Nouvelles Editions Lignes, 2006 [Ed. bras.: *Máquina Kafka*, trad. de Peter Pál Pelbart. São Paulo: n-1 edições, 2011].

Pessoalmente, vivi nosso embarque no navio como um naufrágio individual e coletivo. Claro que estávamos atordoados com tudo, com as dimensões, o gigantismo, a abundância, a solicitude, e os atores muitas vezes se deslumbraram em serem tratados com tamanha solicitude — se alguém pedisse dez sobremesas, o garçom trazia dez sobremesas — afinal, o objetivo final é satisfazer ao cliente, por mais absurdos que pareçam seus caprichos. Essa espécie de inclusão pelo consumo, com seu lado grotesco, no entanto, apenas ressaltava o contraste em jogo. Não poderia haver nada mais discrepante do que nosso grupo, com sua fragilidade singular, por um lado, e o luxo ostensivo e ofuscante presente por toda parte. Dois polos, dois mundos, num enfrentamento assimétrico, numa fricção inevitável, em que de partida saíamos perdedores e chamuscados. Não tínhamos chance alguma de "vencer", mal sabíamos se conseguiríamos "sobreviver". Lembra a bela observação de Didi-Huberman sobre o embate entre os vaga-lumes, que precisam da escuridão para aparecer, e a luz dos projetores que varrem por inteiro o espaço social, ofuscando a luminosidade dos vaga-lumes. É a triunfante indústria fascista da exposição política, como dizia Pasolini.[35]

Claro, tínhamos também um projeto — não éramos meros passageiros ou turistas. Se, por um lado, o contexto desfavorável para nosso projeto gerou um esforço redobrado daqueles investidos nessas tarefas de "dar conta" da missão, do objetivo, do alvo, de extrair o máximo desse contexto de confinamento e disponibilidade, fazendo-o "render", otimizá-lo, fazer a obra, por outro lado, de maneira mais sorrateira, correu como que uma irritação com esse tarefismo, com a ansiedade de fazer, de concluir, de preencher o sentido antecipado. De minha parte, fui tomado não por uma preguiça, mas por uma espécie de recusa, embora passiva, bartlebyana, do tipo "preferiria não" fazer filme, fazer peça, fazer obra, fazer bonito, concluir. Um desejo anarquista, ou antes, o desejo de mergulhar em uma dinâmica outra, não produtiva, um desejo de improdução, em que a desistência, a má vontade, a subtração, o mergulho, o surfe, a entrada em navegação se entrecruzassem numa lógica intensiva, de sensações interpenetradas, muito mais do que de articulação

---

35. Georges Didi-Huberman, *Sobrevivência dos vaga-lumes*, trad. bras. de Vera Casa Nova e Márcia Arbex. Belo Horizonte: UFMG, 2011, p. 26.

construtiva e exibível. Difícil descrever em que medida o conjunto de pequeníssimos gestos, minúsculos movimentos, desvios humorísticos ou hilariantes pareciam mais eficazes na contraposição paródica ao que, desde o início, alguns viveram como um confinamento, com sua dose de violência e coerção.

Pouco a pouco percebemos que tudo o que havíamos previsto deu errado, ou funcionou mal, ou mal funcionou, ou simplesmente revelou sua dimensão risível ou absurda, na qual reencontrávamos a pergunta perturbadora, inevitável e necessária: mas o que é mesmo que estamos fazendo aqui? Que ideia insensata a de se enfiar num tal labirinto de coerção e de estrangulamento, no meio de dois mil turistas, e que um de nossos atores batizou de "mundo contemplástico"! E agora, a partir dessa situação de saturação, como sair se não há saída, rodeados por um mar que justamente não passa de uma decoração, e nem remotamente evoca uma exterioridade, um fora? Pois é preciso dizer: tudo no navio é feito para se dar as costas para o mar. É o dentro absoluto, do prazer e do consumo impermeáveis a qualquer exterioridade, a hipnose do cassino, do telão sobre a piscina a céu aberto que mostra precisamente o que está ao lado: o mar. É incontestável que, num certo momento, mesmo no interior dessa bolha de proteção em que nos refugiamos, numa sala do quarto andar, para resistir à normopatia atlética ou flácida que nos rodeava, alguma coisa se dissolvia em nós, entre nós. Tudo deslizava, os papéis, as funções, as referências, os objetivos, os sentidos, as razões. Espécie de colapso viscoso que fazia descarrilar o "quê", o "para quê", o "como", o "onde", o "quando", mesmo que ocupássemos um espaço delimitado, seguindo uma rotina nossa, ensaio de manhã, filmagem à tarde, conversas de noite. Apesar desse enquadre acordado, alguns de nós viveram uma caotização involuntária, uma catástrofe sutil, com seus terrores, angústias, náuseas, sua claustrofobia, o "nada é possível" que fazia irrupção, o "tinha tudo para ser melhor"... a partir dessa espécie de dessubjetivação coletiva, dessa vacuidade, onde tudo parecia desmoronar ou afundar, inclusive os projetos previstos e programados... Caosmose.[36]

---

36. Sobre a caosmose, cf. o capítulo "O inconsciente desterritorializado".

Enquanto o navio funcionava perfeitamente, nós naufragávamos. Era preciso partir dessa matéria complexa e confusa, desse corpo-sem-órgãos que se anunciava, e acompanhar as linhas que dele surgissem. Se as funções pareciam perturbadas, os atores, com sua presença, afetividade, relação corporal, contaminavam o entorno e criavam um campo de imantação que surpreendeu e atraiu os coletivos estrangeiros, que tiveram dificuldade em decodificar a natureza dessa conexão à qual não puderam resistir, e que assegurava outras coisas, muito menores ou maiores do que a realização de um projeto.

E será que cabia opor a tal entorno invasivo uma peça de teatro, mesmo que inspirada em Kafka (que autor melhor do que ele para expor tal claustrofobia, tal exército de funcionários, tal labirinto de sentido)? Será que era o caso de fazer um filme que rivalizasse com o devir-cinema desse mundo "contemplástico"? Nesse contexto de alta captura, uma opção seria, de fato, "competir". Colocar-se em situação de rivalizar, de "vencer" esse bombardeamento de fundo, tentar fazer "mais" do que ele, ou "melhor". Outra opção era constituir, por subtração e enxugamento, um espaço onde os fluxos circulassem de outra maneira.

Atmosfera
É tudo uma questão de atmosfera. Mas o mais difícil é precisamente sustentar uma atmosfera, não segurando heroicamente um enquadre, mas num estado ao mesmo tempo de leveza, presença, alerta, humor, abertura... Em um contexto outro, Jean Oury expôs a Danielle Sivadon o que se poderia chamar de uma "constelação": o aberto, um enxerto de fantasma, uma delimitação, os pés (ir e vir, o andar), o humor, o emergir, a possibilidade de inscrever-se.[37] Ora, para Oury essas são como que as condições para que algo possa acontecer justamente porque nada "precisa" acontecer — quando, ao contrário, é justamente quando algo precisa acontecer que os acontecimentos mais impalpáveis correm o risco de serem abortados. É quando se assiste ao que importa. Mas, justamente, o que é mesmo que importa? O que se vê? O que se produz? O

---

37. Jean Oury e Danielle Sivadon, "Constelações", conversa promovida, gravada e transcrita por Olivier Appril, publicada em *Cadernos de Subjetividade*, nº 14. São Paulo: Núcleo de Estudos e Pesquisas da Subjetividade do Programa de Estudos Pós-Graduados em Psicologia Clínica da PUC-SP, 2012.

que ocorre nas frestas? O que está em estado de quase-ser? O que escapa? O que se vive em estado de exaustão? O que se compõe junto? O que nisso tudo que se vive junto, só, no entre, põe em xeque, de um modo enviezado, aquilo que a fábrica-navio requer? Que comunidade é esta, que não necessariamente faz obra, que não necessariamente precisa mostrar qualquer obra, que não necessariamente se funda na obra que faz?

Num certo momento, Erika Inforsato, uma das coordenadoras, quis ler passagens de sua tese de doutorado na qual explicava, entre outras coisas, o que significava para ela viajar com esse grupo. Texto escrito muito antes, mas que ressoava perfeitamente com a situação, já que explicitava os riscos que nos acompanhavam nas viagens, inclusive o de morte. De fato, era um risco onipresente no navio — com a balaustrada baixa que o circundava e também os terraços das cabines individuais com parapeito rebaixado. A qualquer instante alguém poderia, num momento brusco ou raivoso, saltar e desaparecer. E uma das "regras" não escritas que levamos conosco em nossas viagens, obviamente, é essa: é proibido desaparecer!!! Em uma das mais belas passagens da tese intitulada *Desobramento: Constelações clínicas e políticas do comum*,[38] a autora expôs, no contexto de seu trabalho, a ideia blanchotiana de *desobramento* ou inoperância, que designava com grande precisão algo que estava sendo vivido por muitos naquele momento: uma espécie de resistência em "fazer obra", justamente em meio à produção i-munda ofertada pelo navio. Portanto, um conjunto de impossibilidades que abriam, não obstante, paradoxalmente, para um acontecimento comum. Correr o risco de concluir que nada aconteceu, nada, que não há obra, mas que nessa ausência de obra algo da ordem do comum pôde acontecer. "Comunidade para a arte de não fazer obra", diz Erika Inforsato. Sustentar o insustentável, um encontro com a gravidade da vida, sobretudo diante de populações em processos de desfiliação e vulnerabilidade, diz a autora, demandam uma prontidão, uma distância que não quebra o afeto, essa ascese, acrescenta ela, de jamais pressupor o que é a vida do outro, ou jamais investir nos vínculos obrigatórios, livrar-se do *telos*, resistir às intervenções espetaculares, visíveis demais, prescritivas: re-

---

38. Erika Alvarez Inforsato, *Desobramento: constelações clínicas e políticas do comum*. São Paulo: n-1 edições, no prelo.

sistir a reinventar a roda, apenas fazê-la girar em outra direção, mesmo que se chegue a um ponto de arrebentação do encontro. Por vezes é preciso largar uma situação, observa ainda a autora, deixar de querer salvar e ser salvo, desistir do arremedo para que algo seja possível. Sustentar a suspensão, a deriva em vez da oposição, a infiltração em vez da intervenção, deixar o campo aberto em vez de apostar nas edificações. De fato, ao longo do trajeto havíamos perdido várias coisas — sentidos, hierarquias, projetos, certezas, seguranças. Talvez sejam os melhores momentos, esses, para poder "pensar". Não pensar um "objeto", mas perguntar-se: por que sustentar um grupo desses, que experimenta algo da ordem do invivível, talvez do inútil, e através do qual, apesar de tudo, se tenta respirar justamente no entorno irrespirável?

Numa conferência radiofônica proferida em 1967, Foucault referiu-se ao navio, sobretudo o do século XIX, como um "espaço flutuante, lugar sem lugar, com vida própria, fechado em si, livre em certo sentido, mas fatalmente ligado ao infinito do mar" e que, de porto em porto, vai até as colônias buscar o que elas contêm de mais precioso. Compreende-se assim porque, desde o século XVI, o navio foi nosso maior "instrumento econômico e nossa maior reserva de imaginação. O navio é a heterotopia por excelência. Civilizações sem barcos são como crianças cujos pais não tivessem uma grande cama na qual pudessem brincar; seus sonhos então se desvanecem, a espionagem substitui a aventura, e a truculência dos policiais, a beleza ensolarada dos corsários."[39] Certamente, o navio de hoje, mero prolongamento do mundo, deixou de ser o que Foucault descrevia. Não por acaso, ao desembarcar em terra firme, por muito tempo eu enxerguei, por toda parte, com um enjoo indizível, *The Splendour of the Seas*. O navio explicitou caricatamente algo do mundo contemporâneo, bem como a distância a que são arremessadas essas existências frágeis, precárias, singulares, e os meios de que elas dispõem para tecer entre si fios invisíveis que dão suporte a um território existencial onde se teima em viver, não apenas sobreviver. Afinal, o que é a travessia de um Oceano Atlântico perto desse desafio outro, o de uma travessia caosmótica?

---

39. Michel Foucault, *Le corps utopique — Les Hétérotopies*. Paris: Lignes, 2009, p. 36 [Ed. bras.: *O corpo utópico, As heterotopias*, trad. de Salma Tannus Muchail. São Paulo: n-1 edições, 2013, p. 30].

CIA. TEATRAL UEINZZ

Ueinzz é território cênico para quem sente vacilar o mundo. Como em Kafka, faz do enjoo em terra firme matéria de transmutação poética e política. No conjunto, há mestres na arte da vidência, com notório saber em improviso e neologismos; especialistas em enciclopédias marítimas, trapezistas frustradas, caçadores de sonhos, atrizes interpretativas. Há também inventores da pomba-gíria, incógnitas musicais, mestres cervejistas e seres nascentes. Vidas por um triz se experimentando em práticas estéticas e colaborações transatlânticas. Comunidade dos sem comunidade, para uma comunidade por vir. Há mais de vinte anos na ativa, a Cia. Teatral Ueinzz fez mais de trezentas apresentações pelo Brasil e no exterior. Atualmente, está engajada em colaborações diversas, com artistas individuais ou coletivos longínquos.

A referida viagem de navio contou com a colaboração de uma vasta rede de amigos e apoiadores da Cia., cuja lista completa encontra-se no site *ueinzz.org*.

A composição atual do grupo é a seguinte: Adélia Faustino, Alexandre Bernardes, Amélia Monteiro de Melo, Ana Goldenstein Carvalhaes, Ana Carmen del Collado, Arthur Amador, Carlos André Balthazar, Eduardo Lettiere, Erika Alvarez Inforsato, Jaime Valarelli Menezes, Leonardo Lui Cavalcanti, Luis Guilherme Ribeiro Cunha, Oness Antonio Cervelin, Paula Patricia Francisquetti, Pedro França, Peter Pál Pelbart, Simone Mina e Valéria Felippe Manzalli.

Este texto é dedicado à memória dos atores Isa Cremonine, Luiz Augusto Collazzi Loureiro e Maria Yoshiko Nagahashi.

de Simone Mina

O rebanho avança caótico... as ovelhas estão doentes,
Elas vêem de longe... muito longe...
pastor
narrador
locutor
apresentador.

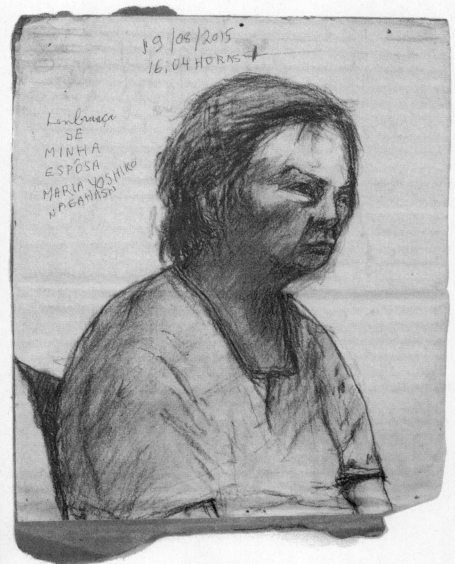

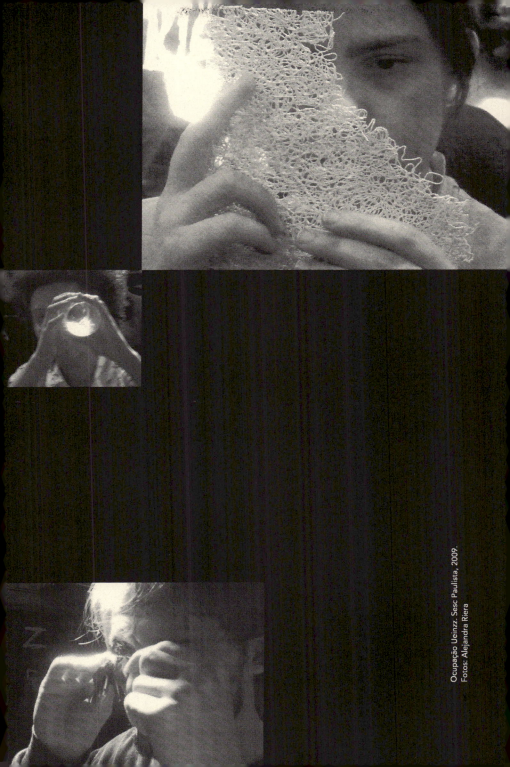

Ocupação Ueinzz. Sesc Paulista, 2009.
Fotos: Alejandra Riera

Ocupação Ueinzz. Sesc Paulista, 2009.

LINHAS ERRÁTICAS

Fernand Deligny extraiu de sua convivência de décadas com os autistas uma reflexão aguda sobre um modo de existência anônimo, assubjetivo, não assujeitado e refratário a toda domesticação simbólica. Buscava uma língua sem sujeito, ou uma existência sem linguagem, apoiada no corpo, no gesto, no rastro. Levou ao extremo uma meditação sobre o que é um mundo prévio à linguagem ou ao sujeito, não no sentido de uma anterioridade cronológica, mas de uma existência regida por outra coisa que não aquilo que a linguagem supõe, carrega e implica: a vontade e o objetivo, o rendimento e o sentido. O homem-que-somos descenderia menos dos macacos do que das aranhas: a gestualidade primeva que consiste em tecer uma rede, ou traçá-la através de uma mão que não pertence a quem parece possuí-la, é de uma gratuidade que não se inscreve na dialética da comunicação ou da finalidade. Deligny contrapõe *agir* e *fazer*. Fazer é fruto da vontade dirigida a uma finalidade, por exemplo, fazer obra, fazer sentido, fazer comunicação, ao passo que agir, no sentido muito particular que lhe atribui o autor, é o gesto desinteressado, o movimento não representacional, sem intencionalidade, que consiste eventualmente em tecer, traçar, pintar, no limite, até mesmo em escrever, num mundo onde o balanço da pedra e o ruído da água não são menos relevantes do que o murmúrio dos homens...[1] Nesse mundo, a linguagem "ainda não está", ela que nos permite falar no lugar dos outros, pensar por eles, fazer com que sejam ou desapareçam, decidir o seu destino. Daí a necessidade de falar contra as palavras, suspender o privilégio do

---

1. Essa distinção pode ser remetida a Aristóteles, que diferencia a *poiesis*, um fazer que tem por objetivo um produto fora de si (fazer obra), e a *praxis*, que é um agir cujo sentido se esgota em si (o bem agir).

projeto pensado, colocar-se na posição de não querer a fim de dar lugar ao intervalo, ao tácito, à irrupção, ao extravagar, à "dessubjetivação". Nenhuma passividade nem omissão, ao contrário, é preciso "limpar o terreno" constantemente, livrá-lo do que recorta o mundo em sujeito/objeto, vivo/inanimado, humano/animal, consciente/inconsciente. Só assim é possível traçar as linhas de errância, estabelecer lugares. Da aranha interessa não só o tecer incessante, sem finalidade (pois Deligny duvida que a finalidade da teia seja agarrar a mosca), mas a própria teia aracniana, isto é, a rede.

A rede
Quando Deligny descreve, em seu livro *O aracniano*, sua concepção de rede, extraída das teias das aranhas, ele diz: "Os acasos da existência me fizeram viver mais em rede do que de modo distinto [...]. A rede é um modo de ser [...] a rede me aguarda em todas as curvas. Esta aqui, que já está nos seus quinze anos de idade [...]. Nestes dias tenho me perguntado se esse projeto não é pretexto, sendo o projeto verídico a rede em si, que é modo de ser."[2] E indaga se é possível dizer que a aranha tenha o projeto de tecer sua teia. "Melhor dizer que a teia tem o projeto de ser tecida [...]. No que me diz respeito, e quanto a recuar no curso da criação, paro na aranha, ao passo que muitos não vão além do próprio avô." Contra a insistência de alguns em ler o humano sob o signo das estruturas de parentesco, Deligny tem a pachorra de querer lê-lo à luz da "estrutura da rede", por assim dizer, e ele a descobre por toda parte, desde sua infância, na adjacência precisamente de espaços proibidos, ou interditados, ou vagos. Em todo o caso, os trajetos fazem uma rede, e essa rede não tem outro objetivo do que apreender as ocasiões que o acaso oferece, mas ocasiões que só apareceriam uma vez que, no vagar, algo fosse encontrado. Portanto, não se trata de encontrar o que já existe, nem mesmo o que se procura, mas de criar através desse vagar aquilo que se encontra — é uma pesca que cria o peixe, por assim dizer. É uma pesca de rede, ali onde não há nada. Vagar é um infinitivo que deve permanecer enquanto tal, para preservar, diz Deligny, sua extrema riqueza,

---

2. Fernand Deligny, *O aracniano e outros textos*, trad. bras. de Lara de Malimpensa. São Paulo: n-1 edições, 2015, p. 15.

e só o consegue na medida em que o espaço permanece vago, ainda não está "ocupado", ou deve ser "desocupado".

O mérito da dimensão aracniana, segundo Deligny, consiste em estar aquém da vontade, do consciente ou do inconsciente, mais próximo do inato, de algo da ordem de uma era, de uma época, não geológica, mas humana-inumana, um estrato humano-inumano que teria se eclipsado com todos os sedimentos que fazem de nós os homens-que-somos. Se a analogia com a aranha tem seus limites, é por ser a teia a obra de uma só aranha, ao passo que precisamente a rede é obra de muitos, e, no caso humano, por exemplo, dispensa um mestre de obras, um autor que tivesse seu desenho previamente na cabeça. Quando há um claro desenho prévio almejado, presente na cabeça do autor, é aí que desaparece justamente a dimensão do "agir", do "vagar", em favor do "fazer", portanto já finalizado, com o que desaparece o caráter da rede. Pois: "A rede [...] é desprovida de todo *para*; todo excesso de *para* reduz a rede a farrapos no exato momento em que a sobrecarga do projeto é nela depositada."[3] Portanto, o projeto pode ser a morte da rede, quando ele se toma por razão de ser da rede, a rede é sem razão, ou melhor, é da espécie. Mas dificilmente o-homem-que-somos admitiria não ser ele o mestre. Algo na natureza dos desastres faz com que os seres se aproximem e se considerem indispensáveis uns aos outros, e nutram uns pelos outros uma simpatia particular. Deligny recorda como se formou uma rede durante a guerra, como se esconderam numa gruta, e como a rede dissolveu-se assim que foi recebida a notícia do armistício. Portanto, da guerra ao asilo a lógica era a mesma: a rede tornou-se o modo de ser de Deligny, de sobreviver, de super-viver. Modo de ser não propriamente dissidente, antes refratário, como diz ele, e refratário não só à guerra, mas ao próprio homem capaz dela... Como se justamente aí se devesse buscar o que ele chama de humano, de ser humano, que nós chamaríamos de humano-inumano, pois justamente contraria tudo aquilo que nós entendemos por humano, consciência, vontade, desejo, inconsciente etc. É nesse espírito e contexto que Deligny constituiu a rede com os autistas, e a pergunta que retorna por vezes na pena do autor, que está longe de ser um filósofo, é: o que significa o humano? E a resposta que

---

3. Ibid., p. 25.

lhe vem, ainda menos filosófica, é: nada. Humano é o nome de uma espécie, sendo a espécie justamente aquilo que desapareceu para que o homem, tal como ele se toma, pudesse aparecer. Há um elogio dessa característica da aranha ou do castor de estarem "entregues ao inato que os anima", sem que tenham que "fazer como", isto é, imitar, "como paimãe"... A rede é como que uma necessidade vital. Quatro ou cinco adolescentes inertes, solitários, bestificados, de repente se revigoram — efeito de rede... Mesmo que o "projeto" comum fosse matar uma velha na casa de quem um deles trabalhava alguns anos antes. Mas será que o que os revigora é mesmo a ideia de assassinar a velha? Ou, antes, o modo de ser que, no meio do tédio asilar, faz acontecimento? Seria preciso reler *Os demônios*, de Dostoiévski, à luz dessa estranha teoria da rede...

Em vez do ser de razão, o humano é o ser de rede [*non pas être de raison, être de réseau*]. Donde a frase escandalosa: "Respeitar o ser autista não é respeitar o ser que ele seria na condição de outro; é fazer o necessário para que a rede se trame."[4] Portanto, nada pior do que isolá-lo da rede para focá-lo como uma "pessoa", um "sujeito", a quem faltaria, por exemplo, a linguagem... A rede, por sua vez, é mais do que um acidente social, é necessidade vital, escapatória, intervalo, deserção, dissidência, guerrilha, comum. Se, como o diz Deligny, todo homem, em qualquer lugar ou época, é ser de rede, isto não significa uma universalidade do coletivo, nem sequer da comunidade, no sentido de um circuito fechado, mas a necessidade de uma "saída". O território comum que Deligny criou com os autistas, eis uma rede, uma saída, uma dissidência, um abrigo, mas também um fora, uma exterioridade, longe de qualquer comunitarismo autorreferido. Significa que toda rede está virada para fora, para seu exterior — ela não é um circuito fechado. Nem socialização, nem inclusão, nem cura, mas distância daquilo que sufoca, lugar e evasão. Sempre que "o espaço se torna concentracionário, a formação de uma rede cria uma espécie de fora que permite ao humano sobreviver".[5] Mas, justamente para que esse humano sobreviva, deve desprender-se da imagem unitária que o impregna, centrada em torno do sujeito. Eis uma antropologia reversa, que talvez fosse capaz de ler nossa saturação

---

4. Ibid., p. 109.
5. Ibid., p. 18.

de sentido e de intenções, de subjetividade e de palavras, de arrogância humanista, em suma, a partir da dimensão que Deligny chamaria de inata ou humana.

Fios da alma

O que importa afinal, para Deligny e para o autista que o acompanha ou que ele acompanha, esse ser que entra em pânico quando algo sai do lugar, são as referências, animadas ou inanimadas — uma rocha, um barbante, uma certa fonte... Pois são os pontos a partir dos quais pode tecer-se uma teia, são as referências que despertam um apego extremo, onde a coisa e o lugar da coisa são o mesmo, e a partir das quais se pode estender fios, invisíveis para nós, mas que deveríamos conseguir imaginar, ou supor, em todo o caso respeitar, pois é com esses fios invisíveis estendidos em meio a um espaço que se constituiu uma teia, uma rede na qual a vida é possível e cuja destruição pode desencadear um desastre, mesmo e sobretudo quando alguém cruza os fios com seus tamancos profissionais... O que é mesmo que eles ligam, esses fios? Sim, referências, mas tais como detectadas pelos autistas, em meio à errância, aos *trajetos de errância* ou aos *trajetos costumeiros*. Detectar esses pontos ou essas referências é algo como uma operação vital da espécie, é seu "aparelho psíquico" primário.

Portanto, *errar, detectar, urdir os fios*. Esses fios estendidos entre as referências, diz Deligny, são para o autista como que sua alma, que ele não quer perder, assim como nós não queremos perder a consciência, mesmo quando nos perdemos... Agir, pois, nesse sentido estrito que lhe dá Deligny, é também evitar a ruptura desses fios, ou cuidar para que eles estejam bem tensionados.

Tentativa

Daí todo o trabalho de urdir, com eles, o que Deligny chama de uma tentativa — não é um projeto, não é uma instituição, não é um programa, não é uma doutrina, não é uma utopia — mas uma tentativa, diz ele, frágil e persistente como um cogumelo no reino vegetal... Uma tentativa esquiva as ideologias, os imperativos morais, as normas. Uma tentativa só sobrevive se não se fixar um objetivo, mesmo quando inevitavelmente é chamada a realizá-lo. Pois há os fios, a teia, essa maneira de protegê-las, e ao mesmo tempo as inúmeras táticas de esquiva, esquivar-se de tudo o que solicita, tudo o que inclui, que obriga, que amarra, esquivar tudo aquilo que implica numa interação intersubjetiva, o que ele chama de um *semblabiliser*, "semelhantizar", essa identificação incessante pela qual nos constituímos, essa macaquice, ainda mais quando ela é "amorosa" em excesso, isto é, aprisionante como só o amor o consegue ser. Portanto, nada de "reciprocar", mas outra coisa, diz ele, "o costumeirar, o costumeiro", o permitir. Costumeirar envolve o mais rés-do-chão, fazer pão, cortar lenha, lavar a louça, comer, vestir-se, isto que a existência exige, e que, no entanto, é algo distinto do mero hábito, pois é no meio dessa repetição coletiva que cada instante pode ser a ocasião para um desvio, uma irrupção, uma *iniciativa*. Trata-se, pois, não de uma repetição mecânica, embora haja um componente de repetição no costumeirar, mas de permitir, para usar um léxico mais filosófico, que da repetição se extraia a mínima diferença, aquele desvio mínimo onde se dê um acontecimento, o *inadvertido*.

Uma tentativa é comparável à jangada. Pedaços de madeira ligados entre si de maneira bastante solta para que, quando venham as ondas do mar, a água atravesse os vãos entre os troncos e a jangada consiga continuar flutuando. É apenas assim, com essa estrutura rudimentar, que quem está sobre a jangada pode flutuar e sustentar-se. Portanto, "quando as questões se abatem, nós não apertamos as fileiras, não juntamos os troncos — para constituir uma plataforma concertada. Ao contrário. Não mantemos senão aquilo que do projeto nos liga." Daí a importância primordial dos liames e do modo de ligação, e da distância mesma que os troncos podem tomar entre eles. "É preciso que o liame seja suficientemente solto e que ele não se solte."[6] Eu diria, abusando da fórmula, que é preciso que o liame seja suficientemente solto para que ele não se solte. A jangada, ainda diz Deligny, não é uma barricada. Mas: "Com o que sobrou das barricadas, poderia se construir jangadas..."

Se

Ora, o autista é definido pela vacância da linguagem e, aos olhos de alguns, é isso que lhe falta por razões que as diversas correntes da psica-

---

[6]. F. Deligny in Sandra Alvarez de Toledo (org.), *Oeuvres*. Paris: L'Arachnéen, 2007, p. 1128.

nálise ou da psiquiatria hão de explicar a seu modo — nada disso interessa a Deligny, surpreendentemente. Para ele, todo o problema é como evitar que a linguagem mate — só de dizer "esse garoto" já se produz uma identidade, o que não dizer de todo nosso arcabouço nosográfico... E a pergunta que lhe vem é: como permitir ao indivíduo existir sem lhe impor o Ele, o Sujeito, o Se, o Se ver, toda essa série que lhe imputamos, mesmo que sob o modo privativo? Pois Deligny está convencido de que ele não Se vê, pois não há justamente o Ele que pudesse Se... Donde essa passagem, que em francês está assim formulada: *non pas Se voir, mais ce voir*. Não *Se* ver, mas *esse* ver, um ver neutro ou indefinido, que não implica precisamente um centro subjetivo. É o indivíduo em ruptura de sujeito. Nós somos sempre impelidos a sinalizar, emitir signos, e com isso construímos um Dentro da comunicação, dos sinais, dos signos ou da linguagem, e incluímos os autistas nesse nosso espaço do Dentro, do qual forçosamente eles se sentem excluídos. Deligny, ao contrário, sustenta que eles não estão Dentro desse circuito, e não nos cabe incluí-los, mas estão expostos, expostos ao Fora, detectando por vezes aquilo que de Nós escapa, aquilo justamente que não *vemos* porque *falamos*, e que eles *enxergam* porque *não falam*... Portanto, contra os signos, as referências. Contra o sofisticado aparelho que é a linguagem, o "aparelho de reparar", tão complexo e sutil quanto o outro, mas com sua lógica própria, que consiste em detectar as marcas ou as referências como um "infinito primordial". Alguns dirão que há todo um preconceito de Deligny em relação à linguagem como portadora de sentido, finalidade, projeto, rendimento (Beckett tinha disso a maior consciência poética), e que o autismo recusa (assim como a obra de Beckett erode), permitindo conceber a linguagem a partir desse silêncio, como eventualmente *por vir*, e habitar um regime outro, evacuado precisamente da finalidade... Assim como a arte é para nada, e a política faz projeto, aqui estaríamos diante da arte de se colocar no nível do "para nada", do acontecimento ínfimo (para nós) que justamente contrasta com o que se esperaria de uma ansiedade totalizadora. Pois o que está sempre em questão, para Deligny, não é o Todo, mas o resto... O Poder quer o Todo, se exaspera, faz o inventário do ser e do ter, do sim e do não, enquanto Deligny pensa pela esquiva, por onde jorra o a-consciente, onde essas distinções não têm importância.

O a-consciente

Pascal Sévérac reconhece que Deligny opera uma desvalorização das faculdades ordinárias do espírito: o entendimento, a consciência, a consciência de si, a vontade, a atividade finalizada etc.[7] A atividade do autista não deve ser pensada em função de uma intencionalidade, mas como uma "normatividade" instaurada por ele, no sentido que lhe daria Canguilhem: a capacidade da vida de instaurar normas, de mudá-las, de brincar com elas. Portanto, desvalorizar a normatividade espiritual do intelecto significa substituí-la por uma normatividade natural, "inata", anterior à linguagem. "Nada é mais difícil do que deixar a natureza agir", diz Deligny. Contra o seu tempo tão político, ele evoca a "natureza" ou o "inato", a capacidade de agir do ser a-consciente, pré-lógico ou pré-linguístico. O agir é intransitivo, não significante, sem finalidade, para nada, aracniano. Só quando a consciência se eclipsa esse inato ativo aparece, como natureza, no infinitivo, como natureza naturante, como "potência do comum". Não cabe sobrecarregar a teia ou a rede de intenção ou sentido sob pena de não deixar afirmar-se a rede como *singular etnia*.

No fundo, não há necessidade de querer para agir. "O agir em vez do espírito", que Deligny defende, lembra Sévérac, é muito próximo de Espinosa. Ao enunciar que "não sabemos ainda o que pode um corpo", Espinosa evoca a figura do sonâmbulo. Na *Ética III*, o sonâmbulo aparece como dotado de uma potência efetiva, real, mesmo sem ter consciência de agir. Um suplemento de alma nesse caso poderia inibir sua ação, tão desenvolta, tão *maquinal*. De fato, ninguém sabe o que pode um corpo pelas leis da natureza, pois ninguém conhece tão bem sua estrutura a ponto de poder explicar suas funções. Os sonâmbulos fazem um grande número de coisas que eles não ousariam em estado de vigília, o que mostra que o corpo tem, ele mesmo, suas leis, que podem suscitar o espanto ou a admiração de seu espírito. Eis pois o espinosismo de Deligny: mais fundamental do que o espírito consciente e falante, há um automatismo físico, uma atividade corporal que não precisa do pensamento para produzir seus efeitos. O próprio da natureza é naturar, diz Sévérac, que insiste que

---

7. Pascal Sévérac, "Fernand Deligny: l'agir au lieu de l'esprit" in *Intellectica*, nº 57, 2012/1, número dedicado a "Les lieux de l'esprit" e coordenado por Pascale Gillot e Guillaume Garetta. Paris: Institut des Sciences de la Communication CNRS, 2012, pp. 253-268.

nada convém melhor a Deligny do que esse infinitivo, ele que se considera um autor no infinitivo, um infinitivo que diz a primazia antropológica e ontológica do agir — é essa a máquina de agir que se descobre para aquém do espírito, entendido como vontade ou consciência. Um modo de ser maquinal, um automatismo do espírito, o autômato espiritual.

Mas Sévérac acrescenta que "agir no lugar do espírito" não significa que o agir "substitui" o espírito, mas que o agir é *o lugar mesmo* do espírito, um espírito pensado como não intencional, a-consciente. Assim, o autor pode concluir que as linhas erráticas são os lugares mesmo do espírito, e o traçado, que não quer dizer nada, é um agir sem sujeito nem objeto.

Linhas
O que são, então, as linhas de errância? São o traçado, sobre folhas de papel transparente, da equipe de adultos que acompanha as crianças, a partir dos trajetos feitos por elas ao longo de um dia, uma jornada. Em geral, sob a folha transparente há uma outra folha, como que um mapa físico do terreno percorrido. Então, trata-se de traçar os trajetos das crianças autistas, dos adultos, em diferentes cores ou modos: o trajeto dos autistas às vezes em nanquim, com todos os seus desvios sutis, giros, escapadas, recorrências. Com outros meios ou cores, o trajeto dito costumeiro, feito pelos adultos que os acompanham, e do qual as crianças desviam amiúde. Deleuze e Guattari diriam: linha dura para o trajeto costumeiro, linha flexível para o trajeto errático, e linha de fuga para os desvios, as escapadas — tudo isso, *grosso modo*. Mas, afinal, para que traçar tais linhas, fazer tais mapas? O mapa substitui a fala. É uma maneira de evitar o excesso de compreensão que tornaria invivível a existência do autista, e também aliviar o adulto desse desafio, sobretudo para aquele operário, por exemplo, que vem de uma fábrica de caminhões e "não sabe" o que é o autismo — não é "especialista", e é isto o que o salva e salva o autista. Em vez de querer compreender, e eventualmente significar, interpretar, cabe traçar, cartografar, diria Guattari, seguir o curso das coisas, como se diz, seguir o curso de um rio, e não fixar-se nas supostas intenções, sempre projetadas, pressupostas... Seguir os gestos, e nisso perceber o que isso tudo, essa transumância — cabras, adultos, autistas, em deslocamento, mas repassando pelas referências —, permite daquilo que Deligny chamaria de iniciativas. Não interpelar, mas permitir. Foi preciso então

criar um espaço para isso, isto é, para o *resto*, ou seja, para aquilo que é refratário à compreensão, para esse domínio que um signo não recobre. Quando o vinham visitar, Deligny dizia: venha ver os acontecimentos a partir da minha janela. Mas acrescentava: Ora, se cada um vê os acontecimentos a partir de sua janela, pode ser que o autista não tenha janela. Mas ele traça. Trata-se, pois, de seguir esse traçado...[8]

Aí
Dez anos depois de iniciada essa experiência por onde passaram sessenta crianças, pois elas vinham por um, dois meses, às vezes mais, trazidas pelas famílias, sobretudo durante as férias das instituições que frequentavam, com exceção daquelas poucas que viviam ali o tempo todo, Deligny relata o que ali importava, e falou dessa prática de inscrever, sobre folhas transparentes, os trajetos de uns e outros, linhas de errância, e de olhá-las, e elogiava o fato de que, acumuladas, já mal se sabia de quem eram, assim não importa o quem, e nesse esquecimento embaralhado era possível ver a sobreposição dos "restos" e a reiteração do refratário a toda compreensão. Em vez do abraço compreensivo ou do empreendedorismo do monitor, ou da maternagem ou de qualquer traço de familiarismo que infantilizasse, em vez disso, o respeito — mas do que? — dos *chevêtres*, das madres-de-vigamento, das ligaduras, são os *aí*, pontos em que as linhas se cruzam no espaço e no tempo, pontos que por vezes são comuns nos diversos mapas. Há, por exemplo, nessas linhas erráticas, lugares de atração, por exemplo, a fonte de água, ou mesmo um lençol de água outrora objeto de culto, já recoberto, que só os autistas detectam. O autista que Deligny adota em 1967, e com quem vive por anos, rebatizado Janmari, curva-se diante da água, quase como numa reverência, e passa muito tempo ouvindo e contemplando, seu corpo em total vibração, exultação... a água, como diz Deligny, não é para ele uma coisa, pois ele não é um sujeito... a água, sem nenhuma utilidade, nenhuma serventia, nenhuma finalidade, nada tem a ver com a sede do animal, pois a atração pela água vem antes da sede e é inesgotável. Eis uma ligadura que não deveria ser rebatida sobre o discursivo.[9]

---

8. F. Deligny, *O aracniano e outros textos*, op. cit., p. 147.
9. F. Deligny, *Oeuvres*, op. cit., p. 804.

O mínimo gesto

Por um lado teríamos o perorar (falar com afetação, levar um discurso até o final), que é o que nos é comum a todos, e, por outro lado, o detectar, o reparar, *esse* ver que é o essencial nas crianças privadas do perorar... Elas não olham, elas *zolham*, veem sem olhar, enxergam...[10] *Ce voir*, e não *Se voir*, de modo que, entre o nosso ponto de vista e o "ponto de ver" do autista, há uma fissura. E na área de estar onde se dá o convívio, em geral uma clareira num terreno amplo, acidentado, cheio de pedras e reentrâncias, como nas Cevenas, essa fissura aparece, sem impedir que se componha o comum... Nos mapas, também aparece a fenda entre o *Se ver* e *esse ver*, inclusive pelas linhas desenhadas diferentemente, e não se trata de preenchê-la pelo que Deligny chama de memória étnica, linguageira, consciente ou inconsciente, substituindo-se à memória específica, a-consciente.[11] A imagem do *bonhomme*, do homenzinho, não deveria se sobrepor ao trajeto — é todo o perigo, que o trajeto seja "humanizado". Nos primeiros mapas não se transcrevia o que se "fazia", embora com o tempo foram se agregando pequenos signos, ou palavras, tais como "arrumar, carregar, descascar, lavar", e, com a multiplicação dessas palavras, depositou-se como que uma sobrecarga de fazeres, na contramão total daquilo que desde o início estava colocado, o agir contraposto ao fazer, o agir que *abre para a iniciativa*, para os *gestos inadvertidos*, sem finalidade... Como no filme *Le moindre geste*, com Yves, dito pessoa com deficiência mental que, quando chegou

---

10. Num livro recente, Erin Manning se vale de poemas e textos digitados por autistas para se aproximar do universo deles, de sua percepção, sensibilidade, articulações, pensamentos. Disso ela extrai um fascinante panorama daquilo que, ao parecer uma afectibilidade diminuída é, de fato, uma sensibilidade ampliada, na qual não há privilégio do humano, mas uma relevância de todos os elementos e de suas conexões, sem discriminação: "tudo está vivo". Donde a atenção aguda às cores, aos sons, às texturas, e suas relações, sem hierarquia entre o orgânico e o inorgânico, resultando no que a autora chama de uma "ecologia das práticas", muito distante da "fortaleza vazia" ou do "desligamento" que se costuma imputar-lhes. Ao extrair daí conclusões, inclusive éticas (o autismo é uma modalidade de devir, não um estado), ela segue na direção que indicamos abaixo, sobre a relação disso tudo com *uma* vida em Deleuze. Ao abordar a implicância de Deligny com a linguagem, depois de acompanhar com admiração algumas de suas contribuições e suas linhas de errância, ela se pergunta, no entanto, baseada na análise dos "autietype", se não haveria uma outra maneira de conceber a linguagem. Cf. *Always More Than One*. Durham e Londres: Duke University Press, 2013.

11. Cf. *Cartes et lignes d'erre/Maps and wander lines*, Traces du réseau de Fernand Deligny, 1969-1979. Paris: L'Arachnéen, 2013, edição cuidadosíssima a cargo de Sandra Alvarez de Toledo contendo mais de duzentos desses mapas.

a Deligny, mal conseguia descer uma escada, tão restrito em seus gestos e movimentos e que, no filme, é lançado no espaço aberto das Cevenas, onde, frente à câmera, para surpresa geral, encontra a circunstância propícia para alargar seus gestos, que se multiplicam, variam, se inventam, ampliando o seu campo de possibilidades. Essa teria sido a intenção de Josée Manenti ao realizar com Deligny *Le moindre geste*: não fazer um filme, mas favorecer a ampliação do gesto de Yves num espaço aberto.

Mundo sem Outrem
Num texto autobiográfico, intitulado *Le croire et le Craindre*, Deligny cita um trecho de *A revolução molecular*, de Guattari: "A saída para fora do narcisismo destrutivo, para um sujeito, não passa por sua repressão no real ou sua castração no fantasma: ela faz apelo, ao contrário, a um suplemento de potência e uma neutralização dos poderes que o alienam. É, pois, essencialmente uma tomada de poder sobre o real que está em questão, e jamais puras manifestações do imaginário ou do simbólico. Fernand Deligny não reprime, não interpreta: ele contribui para que as crianças [Guattari diz '*débiles*', eu prefiro '*mutiques*', que não falam, diz Deligny] com as quais ele vive cheguem a *experimentar* outros objetos, outras relações, consigam construir um outro mundo."[12] Ora, o comentário de Deligny a respeito é delicioso: eis o texto de um "*partisan*" declarado. Sim, Guattari é um resistente, um militante, que vê em Deligny um Fidel Castro e em Janmari, seu autista predileto, um Che Guevara: "E eu nos vejo, no [Palácio do] Eliseu, Janmari às voltas com todas as torneiras de água fria e quente, partidário emérito da liberdade desse elemento primordial, e basta que o encanamento das banheiras e pias esteja levemente entupido, Niágaras por toda parte. Tal seria, certamente, o projeto imediato de sua pressa primeira [a de Guattari]. E eu diria: 'O que fazer?'/Onde se vê que *fazer* (a revolução) e *agir* (de iniciativa) não são do mesmo mundo./ Quando Guattari fala de 'construir um outro mundo', *eu digo que esse 'outro mundo' existe* e que ele é, propriamente falando, aquele do a-consciente, onde reaparece a natureza (humana), isso de que Guattari não quer ouvir falar. Dessa palavra ele se defende como de um belo diabo."[13]

---

12. Félix Guattari, *La revolution moléculaire*. Paris: Recherches, 1977, pp. 287-288.
13. F. Deligny, *Oeuvres*, op. cit., p. 1176.

Não nos deveria escapar o escândalo que constitui a teorização de Deligny sobre o inato e o imutável, sobretudo na época em que viveu e elaborou tal problemática, a partir dos anos 1960, com fortíssima presença da psicanálise, do estruturalismo, numa década em que o estatuto da linguagem tinha absoluta prevalência e praticamente tudo era remetido à "construção". Recusar-se a falar em inconsciente para falar em a-consciente, designando provocativamente uma dimensão dita inata, "específica" — no sentido em que faria parte de um patrimônio da espécie humana, encontrável, portanto, no autista, muito mais do que nos homens-que-somos, já domesticados pela linguagem, pelos signos, pelo sentido, pela finalidade, pelo rendimento, pela produtividade — é mesmo de admirar-se!

Em todo o caso, é saboroso esse desacordo de tonalidade entre Deligny, cavando sua toca kafkiana como que por subtração de mundo, para justamente trazer à luz um mundo outro, e o tom militante de Guattari, nesse texto, advogando um outro mundo. Mas Deligny insiste, não basta "neutralizar os poderes", é preciso "esquivar a armadilha do 'sujeito'". É onde está a discordância de Deligny com Guattari, pois não basta defender-se contra o poder em nome do sujeito, se o sujeito e o poder são coextensivos; talvez, como Foucault dizia, não cabe lutar contra o Estado apoiado na ideia de indivíduo, se o próprio indivíduo é parte da engrenagem do Estado. Claro que Deligny não faz justiça à complexidade do termo em Guattari, mas deixemos esse aspecto, por ora. O fato é que raramente Deligny cita Guattari ou Deleuze. Quando isso ocorre, é sempre com uma certa reticência.

É o caso do ensaio sobre *Sexta-feira ou os limbos do Pacífico*, o apêndice de *Lógica do sentido*. Como se sabe, Deleuze insiste sobre a diferença entre o romance de Michel Tournier, que dá título ao ensaio, e o original de Daniel Defoe sobre Robinson Crusoé. No livro de Tournier, não se trata, para Robinson, de humanizar a ilha segundo os parâmetros da civilização, trabalho, produção, reprodução econômica assexuada, moral, religião, mas, ao contrário, trata-se de desumanizar a ilha através do encontro entre a libido e os elementos livres, "a descoberta de uma energia cósmica ou de uma grande Saúde elementar", que só pode surgir na ilha na medida em que ela se torna aérea e solar.[14]

14. Gilles Deleuze, *Lógica do Sentido*, trad. bras. de Luiz Salinas Fortes. São Paulo: Perspectiva, 1974, p. 313.

É uma perversão, uma vez que introduz o desejo num outro sistema, e com isso o faz derivar. Mas o eixo da leitura de Deleuze reside no que ele designa por "estrutura Outrem". Outrem não é apenas o outro, é uma estrutura perceptiva que nos garante uma benevolência do mundo e das coisas, de suas possibilidades, transições amigáveis, suavidade das contiguidades e, assim, faz com que as coisas se inclinem umas em direção às outras, torna sabido o não sabido, orienta meu desejo para um objeto. No interior dessa estrutura, cada outro é um mundo possível, no sentido em que remete a um mundo que ele expressa e envolve, e que me cabe, eventualmente, decifrar, desdobrar (Albertine, em Proust, é um mundo que me cabe decifrar, um chinês carrega um mundo que não é necessariamente a China concreta etc.). Ora, numa ilha deserta se assiste ao desaparecimento progressivo dessa estrutura Outrem, e mesmo quando Sexta-feira chega ou um navio aparece, eles já não ocuparão a função habitual que uma estrutura Outrem lhes reservou, pois algo voou pelos ares. Nesse mundo sem Outrem, sem a estrutura Outrem, um outro combate surge, "brutal oposição do sol e da terra, de uma luz insustentável e de um abismo obscuro", e temos um mundo "cru e negro, sem potencialidades nem virtualidades", os elementos puros saltam de modo implacável e tudo nos esbofeteia. A dialética intersubjetiva que Sartre ainda preservava (olhar, ser olhado, ser sujeito e ser objeto) desaparece, e as possibilidades já não são dadas pelos outros, pois, curiosa e paradoxalmente, "outrem é quem aprisionava os elementos no limite dos corpos e, mais longe, nos limites da terra". Portanto, é a terra, são os elementos, é a libido liberada do rebaixamento que a estrutura Outrem lhe impunha, que se põem a flutuar. É uma redescoberta da superfície. Na leitura que faz Deleuze do romance de Tournier há essa pergunta: o que ocorre quando a estrutura Outrem voa pelos ares e os elementos se livram dessa coerção? Como eles se eriçam? É uma espécie de experimento, romanesco, teórico, filosófico, com todos os efeitos que isso possa ter nos âmbitos diversos. Pois bem, quando Deligny se pergunta, no rastro desse texto de Deleuze que ele cita: "Quem é esse que vive sem outrem? Ora, é justamente Janmari."!![15]

---

15. F. Deligny, *Oeuvres*, op. cit., p. 1198.

A discordância com Deleuze é pontual, reside no papel da sexualidade. Se para Deleuze é a sexualidade que vem à tona, Deligny considera que ela preserva um resto de finalidade inelutável. Ele precisa de outra coisa, não suporta todo esse leque tão em moda na época, a linguagem, a sexualidade, a libido; para ele, são como que ideologemas, ou ídolos ideológicos, como ele diz numa carta a Isaac Joseph, sociólogo que colaborou por anos no seu empreendimento. Comentando a queixa de René Schérer de que Deligny advoga por uma espécie de assepsia libidinal com as crianças, e que pergunta: "onde está o afeto"?, "onde fica o corpo"? — com essa interdição do toque, como se tivesse aí havido uma sublimação, um pudor do adulto recalcando seu desejo, como se a sexualidade voltasse a ser um mal — Isaac Joseph responde que eles não são uma comunidade austera e puritana, mas é preciso desconstruir a significação sexual suposta por toda parte e que, se não há o toque, é porque um outro corpo está ali presente, um corpo comum, não dual, não materno, não conjugal.

O Nós e o Uno
É todo o problema do Nós que Deligny acentua. Então, o que tem importância, justamente, não é Outrem, nem o Outro, mas Nós. E para que existe o Nós? Para nada. "E é aí que vejo 'o princípio fantástico capaz de fazer desviar o mundo da ordem econômica rigorosa assinalada pela origem', nesse 'para nada' que não retira nada à intensidade da emoção; resta precisar que esse 'para nada' não evoca em nada uma sexualidade qualquer."[16] O Nós é da ordem do a-consciente, que não conduz a nada... Ora, quando Deligny nota que para Deleuze o meu desejo sempre passa por esse outrem ("Eu não desejo nada que não seja visto, pensado, possuído por um outrem possível. Eis o fundamento de meu desejo"), ou por essa estrutura outrem, ele acrescenta que é bem possível que assim seja em se tratando de eu, mas aquele que é desprovido do "eu", do outrem, também o é de todo desejo. Será que isso quer dizer que ele está morto? Ora, ele, Ele, nunca nasceu. Isso não o impede de vibrar com o fato mesmo de não ser... De onde, pois, lhe vem, a Janmari, o agir, senão do desejo? De defender-se dos avatares que ameaçam seu costumeiro.

---

16. Ibid., p. 1119.

Temer, para Deligny, é uma espécie de primordial que está para além ou aquém da alegria ou do prazer, ou mesmo do entusiasmo, mas pode conjugar-se com o exultar — toda uma outra "geografia dos afectos". Temer implica evitar, esquivar — exemplo: o gesto de várias crianças autistas como a se protegerem com ambas as mãos de uma bofetada, que provavelmente nunca levaram, assim como os gauleses tinham medo de que o céu caísse sobre eles, céu esse que nunca caiu, até onde o sabemos, acrescenta Deligny com humor... Conjugação entre temor e experiência, sem que daí advenha o si, nem o prazer que vem com o Mestre. Não sendo sujeito, escapa da sujeição ao fim, ao alvo, à finalidade.[17] Ora, é todo um tema em Deligny, essa cumplicidade suposta entre a unidade do sujeito e a unidade do poder, a alma única e o tirano... Os esquimós, dispersos em pequenos conjuntos autônomos, desprovidos, não sem razão, de chefe supremo, se viraram bem com suas pequenas almas. Se o problema é o Uno, sendo inclusive uma das "funções fundamentais do entendimento" criar o Uno — como nos privar dele? Podemos nos precaver dos abusos dessa função, no que Janmari, autista, pode nos ajudar, sob a condição de não confundir, como Jesus no momento supremo, o um e o comum. "Se escrevo com'um, não me restará outro recurso senão ruminar um contr'um". É uma luta contra o monarca, diz Deligny, mas o monarca que continuará reinando enquanto cada um seguir pretendendo ser, ele mesmo, um monarca...[18] embora seja "difícil evitar que desmembrando os uns o tirano não se reforça, multiplicando-se ao infinito". Percebe-se a que ponto Deligny compartilha, mesmo sem o enunciar ou até sem sabê-lo, de uma preocupação maior do pensamento de toda uma geração que, persistentemente, combateu a um só tempo a unidade do sujeito e a do poder, abrindo a própria relação entre eles a outras aventuras que caracterizaram boa parte do pensamento das últimas décadas, tal como alguns capítulos desse livro tendem a mostrar.

Em todo o caso, o Comum, seja ele o Contr'um, nada tem de fusional, de comunitário, de comunitarista, embora tenha algo a ver com um comunismo que Deligny jamais abandonou, e se provocativamente pertenceu ao partido comunista até o final da vida, na sua prática, exerceu

---

17. Ibid., p. 1203.
18. Ibid., p. 1209.

a subtração dessa ameaça total. Num lúcido comentário, Isaac Joseph escreve-lhe uma espécie de longa carta, na qual reconhece essa recusa de Deligny das escolhas existenciais totalitárias, como as comunidades terapêuticas onde o sujeito se implica totalmente... Trata-se de inventar um outro movimento, pendular, entre a iniciativa e a perturbação, nessas "disciplinas da tentativa", existir fora dos aparelhos, a esquiva como um princípio maior. E não escapa a Isaac Joseph a associação dessa perspectiva com o seguinte texto de Deleuze: "Longe de supor um sujeito, o desejo só pode ser atingido no ponto onde alguém é privado do poder de dizer Eu. Longe de tender para um objeto, o desejo só pode ser atingido no ponto em que alguém já não procura ou já não apreende um objeto e tampouco se apreende como sujeito. Objetam, então, que um desejo assim é totalmente indeterminado, e é ainda mais penetrado pela falta. Mas quem é que os faz crer que perdendo as coordenadas de objeto e de sujeito lhes faltará alguma coisa? Quem é que os leva a crer que os artigos e pronomes indefinidos (um, se), as terceiras pessoas (ele, ela), os verbos infinitivos são os menos indeterminados do mundo?"[19] Onde se vê que a concepção de sexualidade ou de desejo, tal como aparece em Deleuze, não necessariamente se encaixa no finalismo que Deligny lhe atribui, e é mais compatível com ele do que parecia. Ademais, o uso do termo desejo, aqui, dificilmente colidiria com a perspectiva mais geral de Deligny, embora ele mesmo o evite. E a primazia do infinitivo, que derruba os riscos da ideia de evolução, ou progresso, ou mesmo a diacronia temporal, nos leva às portas de um tempo outro, mais próximo, seguramente, ao que os gregos chamavam de Aion — e que não está distante daquilo que se depreende dos textos de Deligny.

Ser e querer

A aranha, quando começa sua teia, precisa estender o primeiro fio, e seu recurso é uma espécie de pequena vela, um paraquedas de seda que, com um vento, há de se encarregar de levar a "extremidade livre do fio mais fino que puder sair de suas fiandeiras" para algum ponto — essa engenhosidade nos deixa assombrados. Não será algo disso que inspirou Philippe Petit, aquele acrobata francês e a equipe que o auxiliou na

---

19. G. Deleuze e Claire Parnet, *Diálogos*, trad. bras. de Eloisa A. Ribeiro. São Paulo: Escuta, 1998, pp. 105-106.

façanha de andar entre as torres gêmeas? Mas é preciso que haja onde grudar o paraquedas que voa, como no caso das torres foi preciso, com a flechinha, fazer chegar o fio ao topo do outro prédio. Ora, uma aranha sobre uma placa de vidro é o vazio, ela não consegue completar sua operação aracniana — e, portanto, mesmo que o aracniano se faça sozinho, não é indiferente onde — é preciso um meio propício para estender seu fio. Quanto ao projeto, ele é álibi, pretexto, ocasião, algo como um paraquedas, que pode depois ser como que engolido, sem abolir a rede, assim como a aranha pode engolir sua teia, e com isso fica com ela em si, teia essa que persiste... Daí que matar a velha é como o paraquedas da aranha lançado para esticar o primeiro fio... é a circunstância... que pode ser substituída por outra e, no caso de Deligny, que trabalhou com menores infratores, isso é da maior importância.

É óbvio que há uma distância entre o aracniano e o ser consciente de ser, tramado de sexo e linguagem e querer. Mas é justamente o privilégio do projeto pensado e do suposto querer que Deligny contesta, em favor daqueles que vivem o extravagar, isto é, que saem dos sulcos do projeto pensado. Talvez, nietzschianamente falando, "é possível que essa obstinação do homem-que-somos em querer conhecer e reconhecer tão somente a existência e o valor do projeto pensado nos faça extravagar".[20] É o tema da hipertrofia da razão, que está em Nietzsche como uma crítica dirigida aos primórdios de nossa civilização socrática, embora na sua filosofia o tema da vontade e das finalidades engendradas ganhe outra inflexão. Em todo o caso, a dificuldade em Deligny é ter acesso ao que ele chama de agir. Como evitar que a rede seja engolida pelo projeto pensado, mesmo sabendo que a rede carregará algum projeto, eventualmente? Pois é da natureza do projeto pensado engolir a rede, como um arquiteto dificilmente deixaria no seu projeto espaços para que as aranhas teçam suas teias. O aracniano some assim que se o quer utilizar, finalizar. O ser do inato, contra o querer do projeto pensado. O ser contra o querer. O ser do qual o querer se descola e nega, deixando-o para trás, ignorando-o quando alça voo, lançando-se no tempo... ao passo que o ser parece imutável na sua forma, longe do tempo, ele que trama e age, sem interesse nem finalidade, sem tempo... Agir é sem finalidade,

---

20. Ibid., p. 29.

agir é puro agir, e se se quer atrelar o agir ao ritual, onde ele recupera sentido e querer, já se desprendeu daquilo que o caracteriza, embora muitas vezes ele o lembre. Desde Schopenhauer, Nietzsche, Freud, e cada um a seu modo, o querer sempre gozou de uma primazia, mesmo que ele se chame vontade ou desejo... e aqui, na contramão absoluta disso tudo, temos uma teorização antischopenhaueriana, antifenomenológica, antifreudiana, antinietzschiana, mas, em contrapartida, totalmente desprovida de qualquer budismo, quietismo ou ascetismo.

O querer aparece para Deligny como um epifenômeno recente, de autopropulsão, cujo combustível é a linguagem, e que, portanto, naquele em quem ela é vacante, outra coisa ocorre. Daí essa ascese em relação ao querer. Pois o querer cria uma violência, na medida em que se quer no lugar do outro, ou interpretando o querer do outro, ou tomando o lugar do outro. Como diz Deligny: "Desamparados estávamos nós, em 1967; um pouco sitiados pelo mistério permanente oriundo do que os garotos que nos cercavam podiam porventura querer. Se estávamos sitiados, é porque tínhamos posição. Bastou que abandonássemos essa posição para que o mistério desaparecesse; é que ele vinha de nós."[21] Como bem o diz Bertrand Ogilvie, há uma suspensão da interpelação — um anti-humanismo prático que dispensa o homem e permite a busca de um humano inumano, um modo de ser "por assim dizer dessubjetivado".

Deligny usa a imagem da guerrilha. "Sucedeu-nos utilizar o vocabulário usual: implantar-se, manter-se, progredir, desaparecer, esquivar os obstáculos, em vez de enfrentá-los [...] a ligação entre as unidades esparsas [...] em 1967, a guerrilha era uma espécie de etnia quase universal, sendo a nossa privilegiada pelo fato de não corrermos risco de morte ou de tortura a cada passo; na realidade, só nos arriscávamos à aniquilação de nosso projeto, que contravinha às normas, às regras e aos regulamentos em vigor [...] estávamos em busca de um modo de ser que lhes permitisse [aos autistas] existir, nem que para isso tivéssemos de modificar o nosso; não levávamos em conta as concepções do homem, fossem elas quais fossem, e de forma alguma porque quiséssemos substituir tais concepções por outras, pouco nos importava o homem; estávamos em busca de uma prática que excluísse de saída as interpretações

21. Ibid., p. 47.

referenciadas num código; não tomávamos as maneiras de ser das crianças por mensagens embrulhadas, cifradas, e dirigidas a nós."[22]

Daí a atenção para outra coisa, não às intenções supostas, ou ao desejo ou à falta dele, mas ao traçar, também ao traçar do autista, que nada tem de representação, mas é o traço de um gesto, tomado num carril um tanto circular.[23] Há um traçar meio circular, mas nem sempre nem completamente. Quando se lhes tirava o lápis e mergulhavam o dedo em algum carvão e o passavam no papel, aparecia alguma coisa, para surpresa geral, mas justamente, diz Deligny, embora parecesse espontâneo, o que pelo dicionário se definiria como "o que se faz si mesmo", justamente aí desaparecem sujeito e objeto, restando essa coisa-mão e a mancha-sombra no papel. Ocorre ao autista rodear essa mancha e assinar, em vez de Yvez, Yes, assentimento... as linhas erráticas são o traçado dos trajetos sem projeto aparente, e há semelhança entre esses trajetos e o que traça a mão de cada criança — como se houvesse um mesmo estilo. Assim, mesmo que haja muito em comum entre as linhas erráticas de vários, há também muito em comum entre a linha errática e o traçar de cada um, como se houvesse um mesmo autor, embora rigorosamente a autoria é o que aqui está em xeque, já que não se trata da pessoa como a causa primeira de uma coisa, ou sua origem, definição pela qual cada um se considera um Deus. Ora, um traçar, é uma mão que o faz, mas no fundo é todo um corpo que traça, e é como se ele fosse aspirado por um infinito, por um fora, porém esse infinito que o aspira, limitados que somos pela linguagem, só pode traduzir-se como infinitivo. Não é estranho a um leitor de Deleuze essa relação entre o infinito e o infinitivo, embora o estatuto da linguagem, para ele, não abole de modo algum esse movimento do infinit(iv)o.

Deligny se refere à tartaruga traçada pelo aborígene na casca da árvore, depois abandonada — o essencial ali não é senão o traçar, os movimentos da mão que passam e repassam, não sendo essa mão "sua", assim como a teia não é "dessa" aranha... e nossa emoção advém do fato de ser esse desenho comum, comum a nós, sentido como comum a nós, humano, já que o humano tem de comum a mão em movimento... comum,

---

22. Ibid., p. 60.
23. Por exemplo, o esplêndido *Journal de Janmari*, S. A. de Toledo (org.). Paris: L'Arachnéen, 2013.

comunismo. Quando a consciência se eclipsa, vale a pena olhar como num eclipse da lua, e o que se vê, mesmo que não seja visível, são os traços do aracniano... "O que mais aparece, no entanto, são os vestígios da teia aracniana, atravessada e danificada pela passagem daquelas espécies de meteoritos que são os insetos, e os seixos [...]. E o humano aparece então como aquilo que resta — um tanto em farrapos — do aracniano atravessado por essa espécie de meteorito cego que é a consciência."[24] E mais adiante: "O único acesso que a consciência pode ter ao aracniano é atravessá-lo. Como um bólido que toma por bom senso o sentido de sua trajetória que, sentido, não tem nenhum."[25]

Deleuze e Guattari

Quando comenta tudo o que se passa para além e aquém de uma instituição, Isaac Joseph nota: "Essas iniciativas, essas emergências do comum não são de modo algum clandestinas, no segredo do espaço asilar. Pode-se apreendê-las na superfície das circunstâncias ordinárias como escapadas que se produzem no desvio e à custa do poder, momentos de dissidência fortuita, que, no entanto, nada têm a ver com as fusões e as confusões humanistas, pois não são o feito de um sujeito. E é verdade que se seguimos os fios que ligam um ato de revolta ou de dissidência a um outro, não encontraremos forçosamente uma classe, um grupo ou um sujeito, mas estremecimentos mais ou menos discretos, mais ou menos violentos, transes que não se orientam necessariamente para um acabamento, tentativas que nem sempre desembocam num projeto, linhas de fuga mais do que linhas políticas, solidariedades violentas e no entanto parciais e provisórias. Se não vemos isto, nos exporíamos a reiterar sem fim nossa busca desvairada de um sujeito da História, que seria ao mesmo tempo puro como a revolta e sólido como a revolução. Mas se fazemos o luto desse sujeito imaginário — e é de algum modo o mesmo sujeito, o da história e o da pessoa, o sujeito suposto tudo poder — se fazemos nosso luto de sua liberação e de sua onipotência, então poderíamos dizer que a hora do comum nem avança nem atrasa, e que é sempre e, por que não, o momento. Mas qual? Como você o diz:

---

24. F. Deligny, *O aracniano e outros textos*, op. cit., p. 94.
25. Ibid.

trata-se da outra vez ou da próxima?" Vejo nessas colocações um apelo extemporâneo cujo alcance extrapola em muito os autistas, a clínica, e diz respeito às urgências maiores do pensamento e do presente — é mesmo surpreendente encontrar nesses textos dos anos 1960 a questão do comum colocada de modo tão agudo, muito antes que esse tema se tornasse um mote político em Negri... Ou toda a insistência no infinitivo, no assubjetivo, na cartografia... Em *Mil platôs*, a cartografia aparece claramente como um componente de experimentação ancorada no real. Portanto, ela não representa nada, mas cria linhas, cruza linhas, as diferencia (isto é muito importante, ela cria diferenças), realiza conexões, produz acontecimentos, desbloqueia impasses, produz aberturas, se remaneja etc. "Pode-se desenhá-lo numa parede, concebê-lo como obra de arte, construí-lo como uma ação política ou como uma meditação", e os mapas de Deligny têm todos esses traços ou facetas, são uma meditação, são obra de arte, podem ser penduradas, são intervenção política, são chamadas por Deligny de uma *iniciativa popular*,[26] isto é, são as pessoas do povo que se encarregam disso, de encontrar as brechas contra a internação asilar, e não os especialistas, e trata-se de que essa aposta se dissemine e se torne uma prática revolucionária... Curioso como no meio do *para nada* surgem esses fragmentos tão políticos. Logo, nessa espécie de *performance* cartográfica, não se traça em nome de qualquer competência; ao contrário, um de seus objetivos seria desfazer-se de todas as competências que ameaçariam lançar sobre esses mapas o selo da competência, que reproduziriam sobretudo os pontos de impasse, de redundância... Pois, justamente, é tudo o que interessa, que não se SABE, exatamente, por mais escrupulosa e rigorosamente que se trace, não é um SABER SOBRE, pois se segue exatamente aquilo que escapa, na medida em que escapa, donde a designação de linha de fuga, mesmo que para Deligny essa linha pertença inteiramente ainda ao terreno, à área de estar, de modo que ela não foge por completo nem desmancha o território.

---

26. F. Deligny, "Tisser un réseau" in *Chimères*, nº 27. Paris: Éres, 1991.

GPS

Tem razão Doina Petrescu quando nota que o situar-se contemporâneo do GPS, duplicado que é pelo situar, pelo poder situar aquele que se situa, sociedade de controle, vigilância mútua, é inteiramente distinto do *ce situer* de Deligny, essa maneira de deixar *esse* situar, o ilocalizável como necessariamente ali.[27] Pois não se trata só dos deslocamentos nesse *ce situer*, mas dos gestos, movimentos, percepções, intensidades... No *esse situar*, não se traça o que se captura, mas traça-se aquilo que escapa, que não se deixa capturar, que foge do olhar, que não nos diz respeito [*ce qui ne nous regarde pas*]... como diz Deligny, olhar o que não nos olha, ou melhor, olhar o que não nos interessa, o que não nos diz respeito [*regarder ce qui ne nous regarde pas*]... portanto, há aí uma dimensão clandestina que está preservada e que não cabe evacuar, é a coisa mais importante a ser preservada, sem disso fazer qualquer mistério nem fetiche, mas tomá-lo propriamente como uma maneira de escapar àquilo que em nós-humanos-que-somos é intolerável, donde a frase: "Essa linha errática, trata-se de permiti-la, de lhe dar os meios de surgir. O que eles vão catar nessa margem latente, no momento em que o estabelecido acontece, não nos diz respeito; e se quisermos ver de perto com nossas palavras e comentários, corremos o forte risco de o anular por preocupação de nomenclatura. Então, para que esses mapas que ainda assim assinalam esse empreendimento à margem? Para nada, além de perceber se essas linhas de errância continuam crepitando ou se os usos, costumes [...] de ser desse nós aí já não mais o permitem."[28]

Pré-humano, pós-humano

Conviria agora mostrar de maneira mais extensa o uso feito por Deleuze e Guattari das contribuições de Deligny. Eis um dos textos de *Mil platôs* que citam Deligny: "Uma linha errática se superpôs a uma linha costumeira e aí a criança faz algo que não pertence mais exatamente a nenhuma das duas, reencontra algo que havia perdido — que aconteceu? — ou então ela salta, agita as mãos, minúsculo e rápido

---

27. Doina Petrescu, "The Indeterminate Mapping of the Common" in *Field: a free Journal for architecture*, v. 1, nº 1. Sheffield: Sheffield School of Architecture, 2007.
28. F. Deligny, *Oeuvres*, op. cit., p. 996.

movimento — mas seu próprio gesto emite, por sua vez, diversas linhas.[29] Em suma, *uma linha de fuga, já complexa, com suas singularidades; mas também uma linha molar ou costumeira com seus segmentos; e entre as duas (?), uma linha molecular, com seus quanta que a fazem pender para um lado ou para outro."*[30]

E a grande regra, ou melhor, a interdição que se segue, é uma das chaves para um "método" cartográfico e para uma definição da esquizoanálise: "Perceber, como diz Deligny, que essas linhas não querem dizer nada. É uma questão de cartografia. Elas nos compõem, assim como compõem nosso mapa. Elas se transformam e podem mesmo penetrar uma na outra. Rizoma. Certamente não têm nada a ver com a linguagem, é ao contrário a linguagem que deve segui-las, é a escrita que deve se alimentar delas *entre* suas próprias linhas. Certamente não têm nada a ver com um significante, com uma determinação de um sujeito pelo significante; é, antes, o significante que surge no nível mais endurecido de uma dessas linhas, o sujeito que nasce no nível mais baixo. Certamente não têm nada a ver com uma estrutura, que sempre se ocupou apenas de pontos e de posições, de arborescências, e que sempre fechou um sistema, exatamente para impedi-lo de fugir. Deligny evoca um Corpo comum no qual essas linhas se inscrevem, como segmentos, limiares ou *quanta*, territorialidades, desterritorializações ou reterritorializações. As linhas se inscrevem em um Corpo sem órgãos, no qual tudo se traça e foge, ele mesmo uma linha abstrata, sem figuras imaginárias nem funções simbólicas: o real do CsO. *A esquizoanálise não tem outro objeto prático:* qual é o seu corpo sem órgãos? Quais são suas próprias linhas, qual mapa você está fazendo e remanejando, qual linha abstrata você traçará, e a que preço, para você e para os outros? Sua própria linha de fuga? Seu CsO que se confunde com ela? Você racha? Você rachará? Você se desterritorializa? Qual linha você interrompe, qual você prolonga ou retoma, sem figuras nem símbolos? A esquizoanálise não incide em elementos nem em conjuntos nem em sujeitos, relacionamentos e estruturas. Ela só incide em *lineamentos*, que atravessam tanto

---

29. F. Deligny, "Voix et voir" in *Cahiers de l'immuable/*1, nº 18. Paris: Recherches, 1975.
30. G. Deleuze e Félix Guattari, "Três novelas ou 'O que se passou?'", trad. bras. de Ana Lúcia de Oliveira e Lúcia Cláudia Leão in *Mil platôs*, v. 3. São Paulo: Ed. 34, 1996, p. 77.

os grupos quanto os indivíduos. Análise do desejo, a esquizoanálise é imediatamente prática, imediatamente política, quer se trate de um indivíduo, de um grupo ou de uma sociedade."[31]

A longa citação acima nos permite apontar esquematicamente as apropriações e inflexões a que os autores submeteram Deligny:[32] 1) o Corpo comum foi retomado como Corpo-sem-órgãos; 2) a diferenciação entre as linhas (costumeira/errática) foi renomeada (molar/molecular/de fuga); 3) os lineamentos são entendidos como linhas de desejo; 4) a rede é retomada como rizoma. Sabemos, no entanto, que Corpo-sem-órgãos, linha de fuga, rizoma, desejo, inconsciente, é uma terminologia que Deligny não endossa, já que seu problema é outro. Para dizê-lo de maneira excessivamente abrupta, o problema de Deligny não é o dos agenciamentos de desejo, mas o do inato, do pré-linguageiro, do a-consciente, do que ele chama de humano, e que Deleuze e Guattari chamariam de inumano. Em contrapartida, pode-se dizer que a reticência em relação à linguagem, ao significante, à interpretação, à estrutura, persiste inteiramente, apesar da concepção diferente que têm sobre o estatuto da linguagem.

Em todo o caso, talvez pudéssemos arriscar a hipótese seguinte: enquanto para Deligny se trata de atingir uma dimensão pré-humana, para Deleuze e Guattari trata-se de alcançar uma dimensão pós-humana... Entre o pré-humano e o pós-humano não há apenas uma diferença de orientação, por assim dizer, vetorial, temporal, mas também de tonalidade. De um lado, em Deligny, uma depuração, acompanhada de uma causticidade, de um sarcasmo com tudo o que é artifício, agregação mundana e histórica; de outro, em Deleuze-Guattari, uma volúpia com as combinatórias e hibridismos. No entanto, é como se as duas pontas se tocassem, tal como em Nietzsche, onde o além-do-homem não deixa de ecoar algo do dionisíaco já presente entre os gregos, ou da animalidade domesticada, pondo em xeque os alicerces da civilização socrática, cristã e cientificista. Respeitando a singularidade extrema do projeto de Deligny, diríamos que ali opera algo que Deleuze designava por involução — isto é, um processo de depuração em devir. Como ele

---

31. Ibid.
32. Aqui nos valemos de algumas observações preciosas de Anne Querrien em "Un radeau laisse passer l'eau" in F. Deligny, *Oeuvres*, op. cit., p. 1225.

o definiu: "No devir não há passado, nem futuro, e sequer presente; não há história. Trata-se, antes, no devir, de involuir: não é nem regredir, nem progredir. Devir é tornar-se cada vez mais sóbrio, cada vez mais simples, tornar-se cada vez mais deserto e, assim, mais povoado. É isso que é difícil de explicar: a que ponto involuir é, evidentemente, o contrário de evoluir, mas, também, o contrário de regredir, retornar à infância ou a um mundo primitivo. Involuir é ter um andar cada vez mais simples, econômico, sóbrio. Isso é também verdade para as roupas: a elegância, como o contrário do *overdressed* onde se coloca roupas demais, sempre se acrescenta alguma coisa que vai estragar tudo (a elegância inglesa contra o *overdressed* italiano). É verdade também para a cozinha: contra a cozinha evolutiva, que sempre acrescenta mais, contra a cozinha regressiva que volta aos elementos primeiros, há uma cozinha involutiva, que talvez seja a dos anoréxicos. Por que há essa elegância em certos anoréxicos? É também verdade na vida, até mesmo na mais animal: se os animais inventam suas formas e suas funções, nem sempre é evoluindo, desenvolvendo-se, tampouco regredindo como no caso da prematuração, mas perdendo, abandonando, reduzindo, simplificando, mesmo se criando os novos elementos e as novas relações dessa simplificação. A experimentação é involutiva, ao contrário da overdose. É verdade também da escritura: chegar a essa sobriedade, essa simplicidade que não está nem no início nem no fim de alguma coisa. Involuir é estar 'entre', no meio, adjacente. Os personagens de Beckett estão em perpétua involução."[33] Trata-se de desprender-se das camadas supérfluas ou sobrepostas para atingir o traço mais simples, a perfeição de uma linha japonesa, de uma moda despojada, de um gesto puro, de um estilo na sua sobriedade, uma mera vida... Não que isso não exista em Deleuze, ao contrário, isto ali se encontra o tempo todo, como no seu último texto sobre a imanência e em tantos outros, mas escandido por um construtivismo exuberante, na endiabrada aliança com Guattari, onde se emitem também outros tons...

Assim, é preciso dizer que a primazia das linhas, das ligaduras, das trajetórias, do infinitivo, das iniciativas, a importância do meio, tão valorizadas por Deligny, encontram em Deleuze e Guattari total ressonância,

---

33. G. Deleuze e C. Parnet, *Diálogos*, op. cit., pp. 39-40.

mesmo que os nomes por vezes se alterem — em vez de ligadura, o nó (do rizoma), ao invés de iniciativa, devir ou acontecimento, ao invés de ser-de-rede, adjacência do rizoma, agenciamento biopsíquico, semiótico etc. O desafio de pensar em termos de linhas, de movimentos, de fluxos, de lineamentos, de territórios e desterritorializações, não impede de pensar, muito pelo contrário, os territórios existenciais que se constituem ou desmancham, nas escalas as mais diversas, e que Deligny sustenta no plano que é o seu, inclusive pragmático, da maneira a mais tocante. Em todo o caso, em ambos os experimentos, ou em ambas as topologias, o sujeito se eclipsa, mesmo se de maneira mais categórica e assertiva em Deligny, enquanto para Deleuze e Guattari trata-se menos de negá-lo, denegá-lo, ou mesmo evacuá-lo frontalmente, do que acompanhar sua gênese e falência, seu engendramento e os processos que o tornam caduco, na adjacência das linhas, precisamente, dos lineamentos, dos entrecruzamentos. De modo que ele é tomado antes como uma derivada flutuante, donde o privilégio do esquizo e a relativização das figuras parentais, que, como diz *Crítica e clínica*, são antes abridores ou fechadores de portas em relação a um meio, que é o que importa. Daí um descentramento no tocante a qualquer familiarismo, que nem por isso deixa de impor-se das maneiras as mais diversas, como que "capturando" as linhas que compõem o rizoma.

A partir dessas coordenadas e de algumas outras, Deleuze pode concluir, em *Diálogos*, que se trata de uma geoanálise, uma "análise de linhas que segue o caminho longe da psicanálise, e que não concerne apenas às crianças autistas, mas a todas as crianças, todos os adultos (vejam como alguém anda na rua, se ele não está tomado demais em sua segmentaridade dura, que pequenas invenções ele põe nisso), e não somente o andar, mas os gestos, os afetos, a linguagem, o estilo".[34]

Pois bem, uma geoanálise, que é uma esquizoanálise, que é uma cartografia, que é uma análise das linhas, dos deslocamentos, dos gestos, dos afetos, do estilo, inclusive da linguagem (que Deligny deixa de lado, tal como o autista), se opõe a uma historicização, como, aliás, uma geofilosofia se opõe a uma história da filosofia — o acento não está no tempo histórico, na diacronia, nem mesmo nos vários tempos sobrepostos, mas

34. Ibid., p. 149.

numa espacialidade, nos "fios" estendidos entre os elementos de uma terra, mas também nos fios que correm nessa terra, seja o fio d'água, sejam os filamentos da madeira, seja a trajetória dos animais. O território, nessa perspectiva, não é o "natal", nem para um nem para outro, não obstante, talvez haja sim uma diferença de ênfase, já que a desterritorialização é priorizada em *Mil platôs*, enquanto em Deligny insiste-se na construção paciente de um lugar, de um território, de modo tal que a própria errância é uma repetição, uma sedimentação, um reconhecimento também, a constituição de um comum para que ali apareça o inadvertido, a iniciativa.

Deligny *versus* a deriva contemporânea

Doina Petrescu notou ainda com justeza a diferença de Deligny em relação aos situacionistas, que também queriam associar a psiquê ao lugar, ao espaço, através da prática psicogeográfica, mas que estavam, segundo ela, interessados no efêmero, no acaso, na estetização da passagem apressada, onde buscavam, em meio ao ordinário, o único, o excepcional, ao passo que Deligny insiste na criação da vida cotidiana, do comum.[35] Os mapas do imutável nada têm a ver com a prática situacionista, mesmo porque a errância não é uma deriva, o território da rede não é um estriamento a ser subvertido, como a cidade moderna, mas um lugar para ser criado. Como diz Deligny sobre sua tentativa, não é uma experiência sensorial e estética, nem jogo, nem prazer, nem transcrição de uma sensação: traça-se para que apareça algo totalmente distinto do sentido, e esse algo distinto que aflora é justamente da ordem do "imutável", do humano-inumano, do específico, do a-consciente etc. Num salto em direção à nossa mais candente atualidade, a autora nota, como dizíamos, que a megaestrutura tecnocientífica permite, através dos satélites militares, do GPS, que cada um se veja mas não veja a comunidade dos que traçam, nem a relação entre os pontos de vista e os pontos de ver; não se cria o comum, contrariamente aos mapas de Deligny. Mesmo o tempo global não é um tempo comum, os trajetos individuais jamais são clandestinos, essa localização contemporânea cria sua própria ideologia

---

35. D. Petrescu, "The Indeterminate Mapping of the Common", op. cit., e também "Tracer là ce qui nous échappe" in *Multitudes*, nº 24. Paris: Assoc. Multitudes, 2006.

do "saiba onde você está" que, como o diz Brian Holmes, faz parte de uma ideologia humanista, "que promove (e expõe) na escala do Império a estética da deriva, generalizando a cartografia como instrumento individual, isolado e abstrato, dando a ilusão, ao mesmo tempo, da comunicação e da referência". Para Deligny, a fim de encontrar as referências num espaço comum, como já foi mencionado, não é preciso Se ver, mas, ao contrário, *esse ver*, o ver sem reflexão. Os mapas e as linhas contemporâneas têm por finalidade otimizar e controlar a *performance* urbana e social, tornar os fluxos mais eficazes e mais fluidos, ao passo que para Deligny tratava-se de traçar um comum impossível, salpicado de desvios, de gestos, de temporalidades, de Nós, de atratores estranhos...

Há, para Deligny, não uma greve de fome, mas de fim, a greve da finalidade, do objetivo (terapêutico, pedagógico, ocupacional, político), daí o ritornelo tão provocativo: para que isso tudo? Para Nada — ou seja, para preservar o Resto do Tudo, sabendo que o Tudo é desde sempre já uma truculência, totalização, violência.

A vida

Sabe-se que a vida nua, para Agamben, não é a vida dita natural, nem mesmo original, mas a vida tomada como objeto de manipulação num estado de exceção, ali onde o campo de concentração é o paradigma biopolítico. Ora, a "tentativa" de Deligny poderia ser lida hoje nas antípodas de tal direção. De fato, ele está mais perto daquilo que Deleuze chama de uma vida, tal como se viu em capítulos anteriores. Uma vida não é a vida nua, mas a vida tomada como um impessoal, numa variação singular, em certa errância. Foucault considerava a vida, no seu texto sobre Canguilhem, como erro. Portanto, no seu prolongamento, podemos falar em vida errática, em linha errática, em linha de vida errática. Não sei se a geonálise, a cartografia intensiva, ou mesmo a cartografia esquizoanalítica serviriam para seguir essas linhas erráticas da vida, que Deligny defendeu com tamanha obstinação na sua fuga incessante para o deserto, nessa escapada, nesse exílio coletivo para onde sempre conduziu seu "povo de autistas", ou para onde foi conduzido por eles, cada vez mais longe das instituições, das pedagogias, das ideologias, das palavras de ordem, da linguagem, da cidade — nomadismo esse que Guattari não admite que seja restrito aos autistas, à região das Cevenas, onde se instalou o poeta-autista, nem a esse universo sem linguagem, mas faz questão de operar todos esses instrumentos esquisitos que Deligny ou Deleuze ou ele mesmo inventaram no coração de nossa atualidade maquínica, semiótica, psicopolítica, biopolítica, capitalística. O folclore reza que a ideia de rizoma se inspirou em parte na prática de Deligny. É bem provável. Nessa migração benfazeja, no entanto, as intuições e noções de Deligny, tão agudas e solitárias, foram alavancadas pela dupla de duendes ao Ecúmeno, à Noosfera, e ainda esperam reconquistar sua errática clandestinidade.

Deligny e Guattari — uma correspondência

> *Vaste est ma prochaine demeure, le seul ennui, c'est qu'il n'y a pas de toit. Ni toi, ni moi.*
> DELIGNY

Sabe-se que Guattari acolheu com entusiasmo a chegada de Deligny a La Borde, em 1966. Um tempo depois, quando Deligny manifestou o desejo de deixar a clínica, Guattari lhe ofereceu a casa de campo provençal que ele havia adquirido em Gourgas, na região das Devenas, na comuna de Monoblet. É o que uma carta de Deligny registra, muitos anos depois, antes da ruptura de ambos: "Quando, de Gourgas, você me falou lá pelo ano de 1966, saber qual de nós ficou mais feliz."[36] Gourgas fora concebido por Guattari como um lugar de encontro e cruzamento para todo tipo de pesquisadores, artistas, militantes, experimentadores, marginais, ativistas do movimento antipsiquiátrico, moradores de La Borde etc. Deligny teve dificuldade em conviver com a turbulência coletiva "guattariana", incompatível, segundo ele, com o silêncio e a distância que reclamava para seus autistas: "Há tentativas de toda estirpe. Não é bom misturá-las. Assim como há não violentos, esta — tentativa [a de Deligny] — se apresenta como sendo inteiramente não provocativa,

---

36. As cartas dessa correspondência entre Deligny e Guattari estão disponíveis no Institut Mémoire de l'Édition Contemporaine (Imec), na Abbaye d'Ardènnes, na França. Há 57 cartas de Deligny e apenas uma resposta de Guattari (as outras não se encontram no arquivo), que é, aliás, a última, depois da qual cessou a correspondência. Em alguns casos, tentamos respeitar a disposição da escrita na página, que nas cartas traduz um ritmo, uma respiração, um "espaçamento".

de certa maneira fora de moda. É esse mesmo jeito completamente fora de moda que permite sua persistência." Deligny se queixa da aglutinação ruidosa, mais próxima da "manifestação". Nada disso impediu que Guattari insistisse com frequência na escrita e publicação dos textos de Deligny, convites aos quais ele responde afirmativamente, contando seus projetos, mas sem deixar de manifestar suas distâncias, diferenças, reticências, de estilo ou teóricas.

É o que se vê no belo desenho feito por Deligny numa carta endereçada a Guattari, à maneira dos mapas. Guattari é indicado como uma linha costumeira (portanto, um pouco mais grossa e com uma ondulação mais discreta, "linha dura", conforme a categorização deleuzo-guattariana); Deligny aparece como uma "linha flexível", mais fina, mais volteante. Apesar de todas as curvaturas e rodeios, em dois pontos as duas linhas se aproximam muito, e num ponto apenas se tocam — porém esses três pontos são rodeados por pequenos círculos vermelhos, à maneira daqueles feitos por Janmari, com uma minúscula abertura... É um desenho cheio de movimento, mais parece uma dança entre dois insetos, ou entre duas trajetórias, ou, para voltar ao essencial, entre duas linhas: uma mais "chão", fio-terra, outra mais "aérea", arabesco no ar — porém ambas enredadas entre si por três argolas de um vermelho gritante, que sobressaem.

Representação do desenho encontrado na carta de Deligny a Guattari

É o que aparece nas cartas de Deligny: a pergunta recorrente sobre os pontos de encontro entre ambos, sua natureza. "Companheiros nós somos, se entendemos esse termo no sentido em que o utiliza K. Lorenz, mas então o que, entre nós, de irredutível?" E adiante: "O que eu queria te dizer é que fiquei espantado que nós (não tínhamos, levávamos) a/ sobre tal ponto a mesma briga." Há a consciência de haver um fronte em comum, uma batalha em que estão como que "do mesmo lado", embora com distintas preferências — para dizê-lo de maneira simplória, esquizos por um lado, autistas por outro, tal como Deligny os define: "Tendo recusado serem bons sujeitos, é preciso que sejam maus — sujeitos — donde minha simpatia tranquila em relação a eles, que esqueceram de ser, sujeitos, ou quase." E a proposta ao diálogo: "Se um dia o coração o indicar, de conversar através de cartas, nem que fosse para esclarecer que 'Deligny gosta dos débeis mentais...' Digamos que os prefere, nem que seja aos psicanalistas — mas justamente, são débeis porque tomados pela/na linguagem." Ou ainda: "Quanto à estratégia... tanto um como outro pertencemos a nosso tempo, e nossos impulsos de simpatia não vão por si só na direção do mesmo gênero de indivíduos, e esse 'gênero' é determinado pelas maneiras de ser e de falar, uma certa linguagem, afinal. Ademais, enquanto você alimenta movimento(s), eu faço obstinadamente (pequenos) quadros [*tableaux*]. Mas creio que é preciso de tudo para atormentar/despedaçar o mundo, o Se [*On*] do mundo; cada qual com sua tarefa, por aqui, por ali."

Daí essa espécie de assimetria e complemetariedade, reticência e atração. Pois malgrado as diferenças, Deligny, sim, lê Guattari, e também Deleuze, como já se viu acima.

Se é verdade que pareço implicar com você e Deleuze. Com o que eu implico? Com o mofo da psicanálise... Donde meu afastamento de palavras como: desejo, gozar etc. mancha na água do mar.

Dito isto, eu leio Guattari ou Deleuze. Parece-me estar de acordo sobre o essencial, sobre linhas comuns. E eu só falo das manchas.

O a-consciente não se diz; ele não é efeito de linguagem. O que disso aflorou ao manifesto, no limite, é evocado por palavras 'duras'.

Toda palavra pode tornar-se *dura* caso venha incorporar-se nela algo do refratário (o que é humano, propriamente falando, escapa à linguagem nem a aborda incessantemente, contra correntes e marés lidas mais ou menos poluídas. Uma linguagem é clara não quando diz, mas quando deixa entrever, por transparência). Curiosamente, esse "duro" evoca o translúcido. Basta pensar no diamante. Nada é mais duro, nada é mais claro.[37]

---

[37] Respeitamos aqui a distância entre os parágrafos tal como estão nas cartas, em que a distribuição no espaço é relevante — há por vezes, até, grandes e belos pontos de interrogação que tomam quase meia página.

Rádio-Teatro-Vídeo

Há também, nesses anos de coexistência, uma tentativa de responder a convites que lhes foram feitos conjuntamente — por exemplo, um programa na France Culture no qual lhes caberia encetar um "diálogo". E o planejamento desse diálogo atesta a preocupação de Deligny em não serem confundidos:

> Se esses "diálogos" realmente acontecerem, poderiam estabelecer-se em torno desse tema, que "meu amigo Guattari" vai a toda parte enquanto eu não vou a lugar algum.
> Então, como é que nos encontramos?

E segue a proposta para o programa de rádio:

> — Eu falo sozinho no dia 3 de abril
> — Você fala sozinho no dia 3 de maio
> — Janmari late no dia 3 de junho no Nagra [?] de R. Pillaudin, que grava o ruído que faz Janmari ao traçar [suas linhas]. É Deleuze quem ficaria contente: o trabalho de uma linha que se traça, como se se ouvisse crescer a grama ou os pelos de uma barba. Durante noventa minutos, a eternidade.
> — Diríamos aos Zauditores [sic] de France Culture: vocês ouvirão a eternidade, o barulho que isso faz. Donde eu deduzo, contrariamente ao que você afirma, que Kosmos e Logos não são a mesma coisa já que não fazem o mesmo ruído.
> — Ademais, se France Culture registrasse o ruído da grama crescendo, a grama se lixaria. Ao passo que eu, o acontecimento previsto me faz suar de antemão. Nunca terminamos nossa primeira comunhão, quero dizer, aparecer na foto. E o verbo se faz carne.[38]

O Fora

Para quem pensa um projeto "fora" [*dehors*], há uma espécie de constelação: Guattari, Gentis, Deligny, Mannoni [...] não impede que (o) fora não seja o (dentro) [...] o fora não é uma franja do dentro... Para mim, o "fora" nada

---

38. O programa foi ao ar no dia 12 de setembro de 1978.

tem a ver com o "dentro", ele o ignora, está pouco se lixando. O "fora" sempre se lixará para o "dentro" caso deva se preocupar com ele, situar-se com relação a ele...

Se eu não quis/não pude persistir em Gourgas, é que se tratava — eu o senti assim — como que de um ponto "fora" em relação a um "dentro" ou ao "dentro": La Borde, La Fgéri,[39] St. Alban etc. Ali se derramava um pleno demais, uma *mousse*, de ideias, projetos... Como se se pudesse coletar fora, em algum lugar, o que não pode acontecer dentro.

Deligny se afasta cada vez mais de qualquer circuito institucional ou militante para abraçar sua aventura solitária, poética, artística, coletiva. E um episódio relativamente secundário precipita a ruptura com Guattari: Deligny planeja rodar um filme em Gourgas num momento em que Guattari, afundado em dívidas, resolve vender a casa. É o ano de 1979 e a ruptura se consuma de maneira seca e definitiva.

De fato, muito antes disso, entre o desejo de Guattari de fazer daquela uma casa aberta *à tout venant*, a quem passasse, e a inclinação de Deligny à reclusão, havia uma incompatibilidade de fundo, que dificilmente poderia não desembocar numa separação.

Não há como negar que o encontro entre ambos, desde 1966, foi o de figuras muitíssimo diferentes no estilo pessoal, na concepção em relação à instituição, à clínica, à linguística, à filosofia, para não falar da política e dos engajamentos e movimentos que tanto marcaram aquele período. Sabe-se que, em maio de 1968, Guattari chamou Deligny a Paris às pressas e o instou a escrever sobre os eventos em ebulição. Depois de uma viagem relâmpago, Deligny recusa, volta às Cevenas e mantém-se alheio ao movimento e aos militantes, de quem quer distância.[40] Nada poderia expressar melhor o abismo que os separava. Reticente, solitário, desconfiado de qualquer agitação barulhenta, Deligny está nas antípodas do estilo de Guattari, que se atira na movência do mundo, abraçando

---

39. Sigla de Fédération des Groupes d'Études et de Recherches Institutionnelles, associação da qual participavam Guattari e Oury, e cujos *Cahiers* contaram com a contribuição ativa de Deligny nos seus primeiros três números, em 1968.

40. Essa, como muitas outras informações presentes neste capítulo, foram extraídas dos textos de apoio e esclarecimento escritos por Sandra Alvarez de Toledo, cujo empenho e cuidado na edição da obra de Deligny não deixa de suscitar cada vez mais espanto e admiração.

a vitalidade dos grupos e suas iniciativas coletivas. Ora, diante dessa diferença, parece ainda mais misteriosa a cumplicidade que resistiu por mais de uma década. É que Guattari não se aliava forçosamente a pessoas parecidas com ele — ao contrário, sua biografia está repleta de associações com figuras absolutamente distintas, a começar por Oury ou Deleuze, mas também por "lobos solitários", e Deligny não é uma exceção, por quem, aliás, ele sempre nutriu uma franca admiração, oferecendo-lhe, desde o início, espaços de alojamento, escrita, filmagem, estimulando-o nos seus projetos e aproveitando suas contribuições.

Passados esses anos todos, já é possível pensar essa conexão sem amálgamas nem ideologemas. O militante-filósofo não poderia ficar indiferente ao poeta-autista, cuja obra uma esquizoanálise não pode deixar de acolher como uma modalidade de intervenção das mais corajosas e inventivas, que ressoa inteiramente com tudo aquilo que o pensamento de Deleuze e Guattari sustentou desde o começo sobre o estatuto dos devires, dos trajetos, das linhas e redes, até mesmo de um inconsciente a céu aberto — em suma, a vida em errância.

O ATO DE CRIAÇÃO

Revisitemos a figura tão surrada de Bartleby pela perspectiva de Giorgio Agamben. Já no *Idea de la prosa* o filósofo italiano se refere ao limbo, onde estão também as crianças não batizadas, mortas unicamente com o pecado original, ao lado dos dementes e dos pagãos justos. O limbo impõe uma pena privativa, não aflitiva — ali se carece da visão de Deus, mas os que a ele estão condenados sequer sabem dessa privação. É essa, diz Agamben, a natureza secreta de Bartleby, a mais antitrágica das figuras de Melville, embora aos olhos humanos não exista destino mais desolador do que o dele. É aí, em todo o caso, que reside a raiz de seu "eu preferiria não". É uma espécie de inocência que desbanca a lógica humana e divina, e que equivale a um suplemento de potência. Ao retomar de maneira mais detida esse personagem, alguns anos depois, em *Bartleby, ou l'acte de création*, Agamben insiste em pensar a potência não apenas em relação ao ato que a realiza e a esgota, necessariamente, mas também como *potência de não*, potência de não fazer ou pensar alguma coisa, potência pela qual se afirma a tabuleta em branco não somente como estágio prévio à escrita, mas como sua descoberta última. Como, no entanto, pensar uma potência de não pensar?[1] Se a tradição aristotélica nos habituou a fazer com que o pensamento não se subordine ao seu objeto (que também pode ser vil), mas que pense a sua pura potência, e, portanto, seja pensamento do pensamento, fica resguardada a potência de não. Como poderia a teologia endossar tal impotência? O ato de criação poderia ser a descida de Deus a esse abismo da potência e da impotência?

---

1. Giorgio Agamben, *Bartleby, ou l'acte de création*. Paris: Circe, 1995, p. 27.

Segundo certa tradição, o homem alcança sua capacidade de criar, de tornar-se poeta, justamente quando ele também faz essa experiência da impotência. Ora, Bartleby é a figura dessa reivindicação do poder não, desse abismo da possibilidade. Através de sua fórmula, ele instaura, como diria Deleuze, uma zona de indiscernibilidade entre a potência de ser (ou de fazer) e a potência de não ser (ou de não fazer), suspensão, *epoché*, deslocamento da linguagem do dizer para o puro anúncio, com o que Bartleby se torna um mensageiro, um *anjo*. Nessa zona, já não vale o princípio da razão suficiente enunciado por Leibniz ("há uma razão pela qual algo existe em vez de não existir"), já que é justamente o "em vez de", o *plutôt*, o "de preferência" que está posto em xeque e evacuado, emancipando, diz Agamben, a potência tanto da razão como da vontade.[2] Talvez a experiência dessa zona de indiscernibilidade entre o ser e o não ser, apesar da disjuntiva colocada pelo príncipe da Dinamarca, seja a marca de nosso contemporâneo niilismo, segundo Agamben, que já não consegue apenas corroborar a positividade do ser de nossa tradição ontoteológica. Talvez, como o diz o autor, uma outra ontologia aí se anuncie, antes mesmo de Nietzsche: talvez Bartleby tenha sido o laboratório da potência destacada do princípio de razão e emancipada do ser, assim como do não ser, lançada na absoluta contingência...[3] É em Duns Scot que Agamben encontra a prefiguração de Bartleby, quando o filósofo concebe, ao mesmo tempo, o ato e a potência de não ser ou de ser de outro modo. "Por contingente eu entendo não algo que é nem necessário nem eterno, porém algo cujo oposto poderia advir no momento mesmo em que aquele advém."[4] Assim, alguém poderia agir de certa maneira e no mesmo instante de outro modo, ou não agir. A liberdade humana residiria precisamente, por parte daquele que quer, no poder de não querer, já que a vontade seria a única esfera que escapa ao princípio da contradição. Ao criticar os que negam a contingência, Duns Scot propõe a solução de Avicenas: que eles fossem torturados até o ponto de admitirem que poderiam não ser torturados...

Em todo o caso, a solução de Bartleby, ao interromper as cópias que

---

2. G. Agamben, *Bartleby, ou l'acte de création*, op. cit., p. 49.
3. Ibid., p. 53.
4. Duns Scot apud G. Agambem, *Bartleby, ou l'acte de création*, op. cit., p. 63.

lhe dita o patrão, é interpretada por Agamben como uma maneira de renunciar à Lei. Como um novo Messias (Deleuze dizia: um novo Cristo), ele não vem para redimir aquilo que foi, mas para salvar o que não foi, para atingir da Criação aquele momento de indiferença entre a potência e a impotência, que não consiste em recriar, nem em repetir, mas em des-criar, isto é, onde aquilo que foi e poderia não ter sido se esfumace naquilo que poderia ter sido e não foi.[5] É todo um tema benjaminiano presente no autor.

Mas recuemos ainda um passo, na direção daquela potência (de não ser), de que Bartleby é o anti-herói, e que serve a Agamben para pensar o estatuto do sujeito em situações políticas extremas, como a do campo. Em *O que resta de Auschwitz*, Agamben refere-se, no interior da língua, a esta dupla potência: possibilidade de dizer e impossibilidade de dizer, potência e impotência. A possibilidade de dizer deve trazer em si, para ter lugar, a impossibilidade de dizer, isto é, seu poder-não-ser, ou seja, sua contingência. "Essa contingência, essa maneira pela qual a língua vem a um sujeito, não se reduz à sua proferição ou não proferição de um discurso em ato, ao fato de que ele fala ou então se cala, que ele produz ou não produz um enunciado. Ela diz respeito, no sujeito, ao seu poder de ter ou de não ter a língua. O sujeito, portanto, é essa possibilidade que a língua não seja, não aconteça — ou melhor, que ela não aconteça senão através de sua possibilidade de não ser, sua contingência. O homem é o falante, o vivente que tem a linguagem, porque ele *pode não ter* a língua, porque ele pode a *in-fantia*, a infância. [...] A contingência [...] é um acontecimento [*contingit*] considerado do ponto de vista da potência, como emergência de uma cesura entre um poder-ser e um poder-não--ser. Essa emergência toma, na língua, a forma de uma subjetividade. A contingência é o possível experimentado por um sujeito."[6] Um mundo desprovido da contingência, onde tudo é necessidade e impossibilidade, é um mundo sem sujeito, pura substancialidade. Se o sujeito é o campo de forças sempre atravessado pelas "correntes impetuosas, historicamente determinadas, da potência e da impotência, do poder-não-ser e

---

5. Ibid., p. 84.
6. G. Agamben, *Ce qui reste d'Auschwitz*. Paris: Payot, 1999, p. 191 [Ed. bras.: *O que resta de Auschwitz*, trad. de Selvino Assmann. São Paulo: Boitempo Editorial, 2008].

do não-poder-não-ser",[7] Auschwitz designa precisamente a ruína histórica e traumática pela qual a necessidade foi "introduzida à força no real. Ele é a existência do impossível, a negação a mais radical da contingência — portanto a necessidade a mais absoluta".[8] Aqueles prisioneiros que tinham desistido, que haviam renunciado a sobreviver, que entregaram suas vidas à fatalidade, e que por isso eram chamados de "muçulmanos", representam a catástrofe do sujeito, sua supressão como lugar da contingência, eles encarnam a existência do impossível. É quando a frase de Goebbels parece ganhar seu sentido: a política como a arte de tornar possível o que parecia impossível.

Nas condições da pós-política contemporânea, dado o controle biopolítico da vida, assistimos, como no campo de concentração, ao "apagamento do sujeito como local de contingência", ao seu desabamento no reino da necessidade, testemunhamos a redução da subjetividade à condição da mais crua objetividade dessubjetivada. Nesse contexto, a vida nua dá a ler-se nesse rebaixamento da vida à sua mera atualidade, da qual foi evacuada a própria possibilidade. Se a reflexão sobre a linguagem tem, na obra de Agamben, papel tão relevante, é porque um outro "uso" desse Comum poderia restituir à subjetividade essa dimensão de "infância", contingência, possibilidade, revelando a tarefa eminentemente política aí embutida, sob o signo do messianismo, a saber — subtrair-se à cronologia sem saltar para um além.

O mesmo pode ser dito da imagem ou do cinema. Em um curto artigo sobre Guy Debord,[9] Agamben lembra que a mídia nos oferece os fatos desprovidos de sua possibilidade, ela nos dá, portanto, um fato "em relação ao qual somos impotentes. A mídia gosta do cidadão indignado, mas impotente",[10] o homem do ressentimento. Em contrapartida, um certo cinema projeta sobre aquilo que foi (o passado, o impossível) a potência e a possibilidade. Repetir uma imagem no cinema teria essa função, restituir a possibilidade daquilo que foi, torná-la novamente possível, a exemplo da memória, que restitui ao passado sua possibilidade.

---

7. Ibid., p. 194.
8. Ibid.
9. G. Agamben, *Image et mémoire*. Paris: Hoëbeke, 1998.
10. Ibid.

Mas o cinema também exerce a potência da interrupção, e, ao subtrair uma imagem ao fluxo de sentido para exibi-la enquanto tal, como no caso de Godard ou Debord, introduz-se uma hesitação entre a imagem e o sentido, a exemplo do que faz a poesia. O cinema, em todo o caso, reintroduz a possibilidade, des-cria a realidade, na contramão da mídia e da publicidade.

Des-criação
É onde intervém uma curiosa interpretação da frase dita por Deleuze em uma conferência sobre o cinema ("O que é o ato de criação?"), a saber: criar é resistir. Para o filósofo italiano, dado o encadeamento referido acima, essa criação equivalente à resistência deve ser entendida como o ato de des-criação da realidade. "Mas o que significa resistir? É antes de tudo ter a força de des-criar o que existe, des-criar o real, ser mais forte do que o fato que aí está. Todo ato de criação é também um ato de pensamento, e um ato de pensamento é um ato criativo, pois o pensamento se define antes de tudo por sua capacidade de des-criar o real."[11]

Não podemos deixar de reconhecer o caráter engenhoso e mesmo sedutor da interpretação de Agamben. No entanto, é preciso dizer também até que ponto é outra a concepção de Deleuze, tanto sobre a natureza do pensamento quanto da criação. Quando, no texto sobre Beckett, o filósofo tematiza o *fim do possível*, não há aí qualquer ponta de negatividade ou mesmo de desfazimento.[12] O esgotamento do possível é o esgotamento de um certo possível, aquele "dado de antemão", o repertório de possíveis que nos é ofertado em forma de múltipla escolha a cada dia. Trata-se da concepção do possível tal como Bergson a fustigou e demoliu. Para Deleuze, tal esgotamento nada tem de negativo, é apenas a condição para alcançar outra modalidade de possível, o possível como o "ainda não dado", o possível "a ser inventado", e a ser inventado numa situação de "impossibilidade", portanto, de "necessidade". O fim do possível corresponde precisamente à criação necessária de possíveis. Já não

---

11. Ibid., p. 73.
12. Gilles Deleuze, "Un manifeste de moins" in *Superpositions*. Paris: Minuit, 1979 [Ed. bras.: *Sobre o teatro*, Roberto Machado (org.), trad. de Fátima Saadi, Ovídio de Abreu e Roberto Machado. Rio de Janeiro: Jorge Zahar, 2010].

se trata do possível como *mera possibilidade*, ideal, fortuita, gratuita, intercambiável, mas o possível *criado necessariamente*, mesmo que *a partir de uma impossibilidade*. Não são raras, em Deleuze e Guattari, as referências ao artista, ou ao escritor, ou ao pensador, e por que não ao militante, ao clínico, ao homem qualquer, cercado por um conjunto de impossibilidades e sendo conduzido, impelido, forçado até, a inventar uma saída, a *criar um possível*. É quando o possível deserta o campo do *contingente*, cujo elogio fazia Agamben, para alcançar, enquanto criação, o estatuto da *necessidade*. É onde realidade e criação já não estão separados, e onde o possível deixa de ficar confinado ao domínio da imaginação, ou do sonho, ou da mera possibilidade ideal, tornando-se coextensivo à realidade na sua produtividade própria. Espinosismo obstinado, diz Deleuze em seu texto sobre Beckett, como já o fizera no texto sobre Tournier e seu livro, *Sexta-feira ou os limbos do Pacífico*.

Rancière
Jacques Rancière mostrou que há, na estética deleuziana, uma injunção maior, uma "justiça" à qual ela almeja, a saber: esposar o sensível como tal, enquanto um incondicionado. Por conseguinte, é preciso ir além ou aquém dos dados figurativos, dos clichês, dos recortes sensório-motores, para atingir esse "deserto": "A obra é caminhar no deserto. Só que o deserto justiceiro alcançado, o término da obra, é a ausência de obra, a loucura. 'Será necessário ir até esse ponto', diz Deleuze, mas a obra só irá a esse ponto com a condição de anular-se."[13] Em seguida, Rancière menciona a histerização da obra como uma marca desse anseio deleuziano. Histerizar a obra significa desfazer sua organicidade latente, torná-la doente, pô-la em crise, ou, como no caso de Bacon, instaurar o lugar do combate, por exemplo, da pintura contra a figuração. Para Rancière, a obra em Deleuze alegoriza a travessia em direção ao verdadeiro sensível. Assim, sempre que um personagem cinematográfico vai ao deserto, é por ter visto algo excessivamente forte ou insustentável, a partir do qual nunca mais poderá reconciliar-se com a representação.

---

13. Jacques Rancière, "Existe uma estética deleuzeana?", trad. bras. de Ana Lúcia de Oliveira in Éric Alliez (org.), *Gilles Deleuze: uma vida filosófica*. São Paulo: Ed. 34, 2000, p. 510.

Ora, segundo tal perspectiva, o desafio para Deleuze não seria apenas privilegiar o sensível ou o afeto, porém *o sensível e o afeto no pensamento*, o sensível e o afeto *como uma potência do pensamento* — em suma, potência sensível e inconsciente: "a imanência no pensamento daquilo que não pensa, o sem-fundo da vida in-diferenciada, não individual, a poeira dos átomos ou dos grãos de areia: o pático sob o lógico; o pático em seu ponto de repouso, de a-patia."[14] Assim, como igualar a potência da obra a um sensível puro, assignificante? O paradoxo que Rancière detecta em Deleuze está em que a simpatia pela vida in-individual, vizinha da loucura, da perda de mundo, ainda se dê numa "intriga" aristotélica ou, pelo menos, num esforço de "configurar uma imagem do pensamento".[15]

Mais problemático do que isso, porém, aos olhos de Rancière, é que a aposta deleuziana de elidir a distância entre a esfera da arte e da política é perigosa. Utilizando uma comparação com a *démarche* de Lyotard, o autor nota que ambos seguiram a trilha aberta por Kant, em que há um desacordo sublime entre o espírito e uma potência sensível excedente, a de um Inumano, resolvida numa transcendência do sensível a si próprio, tomado como princípio da prática artística. É quando começa a grande bifurcação, segundo Rancière. Enquanto a "superpotência do sensível excepcional" é voltada, em Deleuze e Guattari, contra o reino edipiano paranoico do pai e da lei e em favor de uma comunidade fraterna, Lyotard suspeita do anseio de livrar-se do poder do Outro. E Rancière acrescenta: "Para Lyotard, esse sonho de uma humanidade senhora de si não é apenas ingênuo, mas criminoso. É ele que se realiza no genocídio nazista. O extermínio dos judeus da Europa é de fato o extermínio do povo, testemunha da dependência do espírito em relação à lei do Outro. A resistência da arte consiste, assim, em produzir um duplo testemunho: testemunho da alienação inultrapassável do humano e testemunho

---

14. Ibid., p. 514.
15. De nossa parte, não temos certeza que Deleuze trate de "configurar uma imagem do pensamento", como diz Rancière, justamente porque, ao longo de toda sua obra, insistiu, ao contrário, num "pensamento sem imagem" a ser povoado por acontecimentos que advenham ao pensamento, e justamente para que *outros* acontecimentos advenham ao pensamento. Se há alguma "narratividade" filosófica, até mesmo de cunho policial (do tipo: "o que será que vai acontecer?"), percebe-se que ela está a serviço de um plano outro.

da catástrofe que surge da ignorância dessa alienação."[16] Confessemos nossa perplexidade: Deleuze, por sua concepção da arte, estaria mais próximo do genocídio nazista!

Que o sonho moderno de uma arte que pudesse "moldar" as formas de vida cotidiana tenha sido revertido em uma estetização da mercadoria e da vida cotidiana é um tema conhecido e recorrente,[17] que não pode ser compensado por nenhum militantismo político que subordinaria a arte à política. Como diz Rancière no rastro da frase de Adorno ("A função social da arte é não ter função"), "a arte não resiste unicamente pelo fato de assegurar sua distância. Resiste porque seu próprio enclausuramento se declara insuportável, porque ela é o lugar de uma contradição inultrapassável".[18] Ora, se Rancière admite esse paradoxo, e também o fato de que a diferença estética deve "ser feita a cada vez sob a forma do *como se*",[19] se ele insiste no caráter metafórico dessa diferença, bem como no diferimento inevitável de um povo por vir, ele constata que Deleuze recusa tal destino "melancólico" da arte, já que em Deleuze a *metáfora* é substituída pela *metamorfose*. Que uma novela de Kafka produza não a promessa de um povo, porém uma nova maneira de povoar a Terra, assim como a melodia schumanniana deve se identificar ao canto da terra, parece-lhe uma abominação. De fato, Deleuze nunca foi amigo da metáfora. Às leituras representacionais, às interpretações, às alegorias, ele preferiu sempre a análise dos procedimentos, e as desterritorializações daí advindas, estéticas e políticas.

Literalidadade
François Zourabichvili reconhece que os célebres conceitos de Deleuze dão a impressão de serem metáforas: máquina desejante, máquina de guerra, ritornelo, cristal de tempo, linha de fuga, desterritorialização,

---

16. J. Rancière, "Será que a arte resiste a alguma coisa?" in Daniel Lins (org.), *Nietzsche e Deleuze. Arte e resistência*, Simpósio Internacional de Filosofia. Rio de Janeiro: Forense, 2005, p. 139.
17. Cf. Celso Faveretto em sua reflexão sobre a arte contemporânea e os impasses que ela experimenta, em vários textos, tais como "Viver a arte, inventar a vida", 27ª Bienal de São Paulo, Seminários. Rio de Janeiro: Cobogó, 2008; e "Para além da arte" in *Cadernos de Subjetividade*, nº 10. São Paulo: Núcleo de Estudos e Pesquisas da Subjetividade do Programa de Estudos Pós-Graduados em Psicologia Clínica da PUC-SP, 2010.
18. J. Rancière, "Será que a arte resiste a alguma coisa?", op. cit., pp. 135-136.
19. Ibid., pp. 136-137.

distribuição nômade, rizoma etc.[20] Mas Deleuze sempre lhes recusou o estatuto de metáfora, insistindo que não são metáforas, embora as palavras não sejam tomadas no seu sentido "próprio". Ora, como entendê-lo? É preciso partir do fato, difícil de ser aceito, de que a filosofia de Deleuze não pretende "descrever o mundo", e que ela não tem "objeto" — ela *constrói* alguma coisa.

Tomemos com Zourabichvili alguns exemplos concretos dessas aparentes metáforas: "somos feitos de linhas", "o inconsciente é uma fábrica" etc. Se aí vemos apenas metáforas, perdemos completamente o sentido do conceito. Justamente, não se trata de um "como se", não há partilha entre o próprio e o figurado e deslocamento de um domínio a outro, num transporte, segundo uma relação de similitude. Para Deleuze, não se trata de semelhança, porém de contaminação que já está no coração do conceito e não que lhe sucede ulteriormente. O conceito já é construído na contaminação, nas vizinhanças que lhe são próprias e também variáveis. E a experiência do conceito, igualmente. Portanto, o sentido é já dado nessa relação e subordinado à sua experiência, que é variável e movente. Daí a conclusão do autor de que essa relação entre os termos é exterior a eles e, quando expressa pelo verbo ser ("É"), significa não um juízo de atribuição de um predicado a um sujeito, mas a cópula E. Donde a conclusão de Zourabichvili sobre a orientação geral da filosofia de Deleuze, presente desde a primeira obra do filósofo, sorvida no empirismo: "Extinção do ser em favor da relação (ou ainda do devir)." Dessa conclusão, segue-se ainda uma outra: a afirmação dessa relação, que organiza um campo de experiência e estrutura um campo problemático, recebe o nome de *crença*. Não se trata de um ato de fé, pré-racional, mas de um "problema" que acossa o filósofo, como um ritornelo. Assim, *acreditar* que o inconsciente é uma fábrica, e não um teatro, não significa postular uma hipótese sobre a "essência" do inconsciente, porém produz um campo problemático distinto. A crença em si é já um acontecimento[21] e abre um novo campo de inteligibilidade. Esse campo escapa aos clichês que nos povoam.

20. O texto de François Zourabichvili foi publicado como prefácio ao seu *Le vocabulaire de Deleuze*. Paris: Elipses, 2003 [Ed. bras.: *O vocabulário de Deleuze*, trad. de André Telles. Rio de Janeiro: Relume Dumará, 2004], e retomado posteriormente em *La littéralité et autres essais sur l'art*. Paris: PUF, 2011.
21. Ver a respeito, mais adiante, o capítulo "Acreditar no mundo".

Já podemos tomar o exemplo comum a Rancière e a Zourabichvili, a heroína do filme de Rosselini, *Europa 51*, burguesa que vê uma fábrica e de súbito exclama, perturbada, "creio ter visto condenados". Rancière faz dela uma efígie alegórica: "ela se torna a alegoria do artista: aquele que foi ao deserto, que viu a visão excessivamente forte, insustentável, e que, a partir de então, nunca mais se conciliará com o mundo da representação."[22] E na sequência, insiste. "Tudo acontece como se, quanto mais a arte se aproximasse de sua verdade, mais se tornasse alegoria de si mesma e mais a leitura se tornasse alegórica. Tudo acontece como se o próprio da arte fosse alegorizar a travessia em direção ao verdadeiro do sensível, em direção ao espiritual puro: a paisagem que vê, a paisagem antes do homem, aquilo que precisamente o homem não pode descrever."[23] Inteiramente outro é o que daí extrai Zourabichvili. De fato, diz ele, a heroína do filme *viu* a fábrica, e a viu *como* uma prisão, porém essa *relação* entre a fábrica (atual) e a prisão (virtual) não é uma mera comparação, ela é constitutiva da experiência — daí porque entre um termo dado e outro não dado não há propriamente duplicação, na qual uma coisa "significa" a outra porque se parece com ela, como na metáfora — e poderíamos acrescentar, muito menos alegoria, em que um pensamento se dá a ver sob a forma figurada — porém, o que há é "desdobramento" da "coisa mesma" em atual e virtual — é a imagem cristal, a visão *literal*. Essa relação (entre um dado e um não-dado) é a *crença*, sem que haja um objeto próprio e outro figurado, sem que seja preciso interpretar um sentido oculto "verdadeiro" por trás da peripécia "fictícia". Não se trata, pois, de interpretar, e a leitura alegórica que propõe Rancière não escapa a esse modelo (uma coisa quer dizer outra coisa, uma luta contra o corpo remete à concepção estética). Para Zourabichvili, em Deleuze a ficção é o "instrumento de uma experimentação afetiva, de uma exploração dos pontos sensíveis da vida. Assim, a ficção de um grande romancista não se opõe à realidade, ela é, ao contrário, a vertente atual de um devir ou de uma visão, de um 'cristal' no sentido previamente definido, a outra vertente sendo as intensidades percorridas. Essa dualidade atual-virtual é primitiva, irredutível: é ela, vamos repetir, que merece o nome de

---

22. J. Rancière, "Existe uma estética deleuzeana?" in *Gilles Deleuze: uma vida filosófica*, op. cit. p. 511.
23. Ibid.

literalidade, em desacordo com a concepção usual do termo de literal, que não é outra coisa senão o próprio na sua oposição ao figurado".[24] Quanto à "coisa mesma", ela é a experiência em curso, nada mais. Não cabe à filosofia descrever o mundo, mas tecer relações, escrevendo e falando *literalmente*, "traficando" entre domínios, borrando a partição entre o próprio e o figurado, o legítimo e o ilegítimo, não para indiferenciá-los, porém para suspender os sentidos cristalizados, dar curso ao trabalho de figuração e, assim, abrir o campo para novas possibilidades de pensamento e de vida.

Impasses
Sentimos que cada autor coloca a ênfase em pontos diversos, e que as mesmas palavras desempenham funções distintas, conforme o contexto — como se cada pensador precisasse *garantir uma saída* a seu modo, nesse âmbito das relações entre estética e política. Um mantendo uma reserva de negatividade, outro apostando na separação entre o domínio da arte e da política e na produção local da diferença estética, e um terceiro investindo nas linhas que se inventam necessariamente, a cada dia, sem distribuí-las em domínios separados que abortariam sua transversalidade no plano de imanência comum.[25]

Seria preciso juntar essas peças em um todo coerente, ou percorrer esses itinerários diversos para relançá-los uns contra os outros, fazendo-os espocarem? Sabemos a que ponto não há saídas garantidas, e o desafio de inventá-las está colocado a cada momento, na opacidade ou na transparência, na visibilidade ou na invisibilidade, na forma ou no informe, na potência e na impotência, e em meio às reversibilidades que entre elas aparecem, constantemente. De todo o modo, se a impossibilidade é um tema tão importante em Deleuze quanto aquilo que dela se extrai, sem que nela fiquemos acuados em meio a contradições insuperáveis, é porque para ele não existe "fechamento" do sistema, mas um jogo aberto por onde passa, sempre, uma corrente de ar.

---

24. F. Zourabichvili, "Deleuze e a questão da literalidade" in *Educação & Sociedade*, v. 26, nº 93. Campinas: Centro de Estudos Educação e Sociedade, set./dez. de 2005, pp. 1318.
25. J. Rancière, "Existe uma estética deleuzeana?", op. cit., p. 514 citando G. Deleuze.

ACREDITAR NO MUNDO

"Acreditar no mundo é o que mais nos falta; nós perdemos completamente o mundo, nos desapossaram dele", constata Deleuze em uma entrevista dada a Toni Negri.[1] O tema da *crença no mundo* parece recorrente em sua obra, sobretudo nos últimos livros, sobre cinema ou literatura. Ocorre a Deleuze associar esse problema ao pragmatismo americano.[2] Não seria infrutífero rastrear essa pista, partindo de um historiador da filosofia de quem Deleuze foi aluno e admirador, e que se encarregou de introduzir na França as correntes predominantes do pensamento americano. Com efeito, Jean Wahl publicou, em 1920, um livro sobre as filosofias pluralistas da América e da Inglaterra, dando especial relevo a William James.[3] O acompanhamento desse estudo de fôlego, bem como leituras mais recentes em torno da obra de James, já na esteira das observações de Deleuze, permitiriam ampliar e aprofundar sua perspectiva a respeito.

William James
A filosofia de William James é uma filosofia da experiência. Não tenta fundar uma teoria do conhecimento, porém restituir as condições da experiência real. O pragmatismo consiste, à primeira vista, em uma luta contra a ideia de Verdade em favor de verdades no singular, ou melhor, das coisas tomadas na sua pluralidade. Daí o espírito empirista que lhe

---

1. Gilles Deleuze, *Conversações*, trad. bras. de Peter Pál Pelbart. São Paulo: Ed. 34, 1992, p. 218.
2. Ibid., p. 98.
3. Jean Wahl, *Les Philosophies pragmatistes d'Angleterre et d'Amérique*. Paris: Seuil/Les empêcheurs de penser en rond, 2005.

é coextensivo, mais próximo dos fatos do que dos princípios, das partes do que do conjunto — em suma, dos *fatos brutos*. É uma filosofia do particular, dos fragmentos, do mosaico. Por conseguinte, há uma recusa das palavras genéricas que não alcançam as qualidades das sensações, e o apelo a uma psicologia da intensidade, até mesmo a uma física do espírito, a fim de apreender a pluralidade do mundo. Trata-se de um pensamento focado no concreto, no sentido do corpo e de sua mobilidade, num presente denso e contínuo. O mundo é povoado de coisas particulares, formigante de diferenças — é um mundo do detalhe e da superabundância. Uma atenção especial deve ser dedicada à indeterminação ativa da duração, seguindo uma lógica da qualidade sentida. Trata-se de um empirismo ampliado, que permitiria apreender as "condições de emergência do novo [*creativeness*]": "Num mundo disperso, distribuído, múltiplo no espaço e no tempo, sempre incompleto, sempre se completando, aqui e ali", o empirista radical "se dá os meios de apreender o processo real da criação, o movimento em vias de se fazer, num tempo real, com seus impulsos descontínuos". É preciso deixar-se levar pela avidez do concreto. A filosofia é inseparável da sensação que temos da vida, de nossos modos reais de sentir. O que seria de um pensamento que esvaziasse as coisas de suas qualidades? Ao contrário, é preciso ficar atento ao modo pelo qual elas nos aparecem, há mesmo uma reabilitação da aparência — ela não deve ser desqualificada pois é signo da pluralidade da experiência. Daí essa atenção aos blocos de duração, às espessuras espaciais, às sensações irredutíveis.

No livro intitulado *A Pluralistic Universe*, James contrapõe o empirismo, definido como o hábito de explicar o todo pelas partes, e o racionalismo, como o hábito de explicar as partes pelo todo.[4] Ora, diz James, nenhuma filosofia pode nos dar senão pedaços sumários, uma vista do mundo abreviada, um golpe de vista sobre os acontecimentos, como o de um olho de pássaro. O único material de que dispomos para traçar um quadro do mundo inteiro é fornecido pelas várias porções de mundo de que já fizemos a experiência. Não podemos inventar novas formas de concepção, aplicadas ao todo, sem que elas tenham sido sugeridas pelas partes. Os filósofos que conceberam o todo o fizeram por analogia com

---

4. William James, *A Pluralistic Universe*. Massachusetts, Cambridge: The University Press, 1925.

algum pedaço particular que lhes cativou a atenção. Assim, os teístas tomam seu modelo da manufatura, os panteístas do crescimento. Para um, o pensamento é como uma sentença gramatical, e o todo deve ser logicamente anterior às partes, como as letras jamais seriam inventadas sem as sílabas a serem pronunciadas, ou as sílabas sem as palavras. Para outro, mais afeito à desconexão e acidentalidade mútua de tantos detalhes, o universo deve ser pensado a partir dessa desconexão original, e supõe que a ordem foi sendo instaurada numa segunda instância, a partir do atrito e pelo ajuste gradual da fricção. Um terceiro há de considerar a ordem como uma aparência apenas estatística, e o universo será para ele como um saco contendo bolas brancas e negras, das quais adivinhamos a quantidade somente a partir de probabilidades, da frequência com que experimentamos sua presença. Para um último, enfim, não há ordem inerente, somos nós que projetamos ordem no mundo selecionando objetos e traçando relações apenas para agradar nossos interesses intelectuais. Nós esculpimos a ordem deixando de fora partes desordenadas. O mundo é concebido aí em analogia com blocos de mármore, do qual extraímos uma escultura eliminando pedaços de pedra. Alguns pensadores tratam o universo como se fosse um lugar onde ideais se realizam, outros, onde as necessidades se expressam. Mas cada um considera sua conclusão a mais lógica, obedecendo às necessidades da razão universal.

Ora, com qual finalidade a razão foi dada ao homem, pergunta James, senão para torná-lo capaz de encontrar razões para aquilo que ele tem vontade de pensar e fazer? Hegel mesmo diz que o objetivo do conhecimento é despojar o mundo objetivo de sua estranheza, e nos fazer sentir mais em casa. Pessoas diferentes encontram-se "em casa" em diferentes fragmentos do mundo, ou estilos, ou linguagens, ou concepções. Nenhum deles deve ser diabolizado, tudo é questão de ênfase. A história da filosofia seria o conjunto das visões e modos de sentir, dos caracteres (cínicos, simpáticos), de modo que não há uma única atitude possível, mesmo que o intelecto tenha atingido formas de generalização consideráveis e prazer nas fórmulas sintéticas. A natureza é multifacética.

Talvez o contraste maior, na história da filosofia, seja entre os empiristas e absolutistas, ou, em outros termos, entre pluralistas e monistas. Para o monismo, o mundo não é uma coleção, apenas um fato que inclui tudo, de modo que fora dele não há nada. Quando o monismo é idealista, esse fato que envolve tudo é representado como uma mente absoluta que faz os fatos parciais pensando-os, assim como fabricamos objetos no sonho sonhando-os, ou personagens numa história imaginando-os. Para *ser*, nesse esquema, é preciso ser parte desse absoluto, e ser parte do absoluto de maneira enfática é ser o pensador desse conjunto. O absoluto é, no fundo, o conhecimento desses objetos, que não passam daquilo que o absoluto conhece. Assim, mundo e conhecimento são apenas dois nomes para a mesma coisa, considerados ora do ponto de vista objetivo, ora subjetivo. Se somos filósofos, pode-se dizer que somos um dos modos pelos quais o absoluto toma consciência de si. É o esquema panteísta, a imanência de Deus na criação, a concepção sublime de sua tremenda unidade. Radicalmente outra é a visão empirista.

Empirismo radical
Uma filosofia empirista, segundo James, é aquela onde as partes são mais importantes que o todo, é uma "filosofia do mosaico, uma filosofia dos fatos no plural", dos fatos sem suporte, sem substância senão eles mesmos. Mas por que seria um empirismo radical? Pois se trata de pensar, mais do que os fatos, as *relações* entre os fatos (é o que Deleuze já encontrava em Hume). É na existência das relações, e na sua priorização, que aqui há uma diferença do mero empirismo. As experiências apoiam-se umas sobre as outras, e a relação entre experiências é também uma experiência, de modo que as relações não são menos temporárias ou contingentes que os fatos. O universo de James é mais complexo, denso, caótico, portanto, do que o dos antigos empiristas, já que as relações e as conexões se enrolam, se redobram, se desdobram, sob o fundo de uma exterioridade primordial. "As partes do universo são como que atiradas por uma pistola, à queima roupa: cada uma se afirma ela mesma como um simples fato que os outros fatos nem de longe chamaram, que sem eles formariam um sistema bem melhor." Arbitrário, caotizado, descontínuo, embrulhado, viscoso, penoso, fragmentário, eis alguns dos adjetivos com os quais James qualifica seu universo. Algo de grosseiro, de áspero; por toda parte rompem-se as barragens que fariam dele um rio com a corrente contínua, e formam-se ondas que se cruzam em tumulto. A literatura americana que precedeu a obra de James já seria disso um grande exemplo. Não é o domínio do fragmentário, lembra Deleuze,

mas da espontaneidade do fragmentário. "O fragmento está dado, de uma maneira irrefletida que precede o esforço: fazemos planos, mas quando chega o momento de agir, 'precipitamos o assunto, e deixamos a pressa e a grosseria da forma contarem a história melhor do que o faria um trabalho elaborado'." Assim, se "o fragmento é o inato americano, é porque a América ela mesma é feita de Estados federados e de diversos povos imigrantes (minorias): por toda parte há coleção de fragmentos, assediada pela ameaça da Secessão, isto é, da guerra [...]. A América coleta extratos, apresenta amostras de todas as épocas, todas as terras e todas as nações. Ali, a história de amor mais simples já coloca em cena Estados, povos e tribos; a autobiografia mais pessoal é necessariamente coletiva, como se vê ademais em Wolfe ou em Miller. É uma literatura popular, feita pelo povo, pelo 'homem médio' enquanto criação da América, e não por 'grandes indivíduos'. E, desse ponto de vista, o eu dos anglo-saxões, sempre despedaçado, fragmentário, relativo, opõe-se ao *Eu* substancial, total e solipsista dos europeus."[5]

E chegamos a essa enunciação sintônica com o pragmatismo que descrevíamos: "O mundo como conjunto de partes heterogêneas: colcha de retalhos infinita, ou muro ilimitado feito apenas de pedras (um muro cimentado, ou as peças de um quebra-cabeça, recomporiam uma totalidade)."[6] Quando Deleuze se refere a Whitman, ele lembra seu hegelianismo, sua obsessão pela totalidade, mas a entende como uma forma inadequada de expressar um outro espírito, "essa ideia complexa [que] depende de um princípio caro à filosofia inglesa, ao qual os americanos darão um novo sentido e novos desenvolvimentos: *as relações são exteriores a seus termos...* Por conseguinte, as relações serão postas como devendo ser instauradas, inventadas. Se as partes são fragmentos que não podem ser totalizados, pode-se ao menos inventar entre elas relações não pré-existentes, dando testemunho de um progresso na História tanto quanto de uma evolução na Natureza. O poema de Whitman oferece tantos sentidos quantas são as relações que ele entretém com interlocutores diversos, as massas, o leitor, os Estados, o Oceano [...]. O objeto da literatura americana é pôr em relação os aspectos mais diversos da geografia

---

5. G. Deleuze, *Crítica e clínica*, trad. bras. de Peter Pál Pelbart. São Paulo: Ed. 34, 1997, p. 68.
6. Ibid.

dos Estados Unidos, Mississipi, Rochosas e Prados e suas história, lutas, amor, evolução. Relações em número cada vez maior e de qualidade cada vez mais fina [...]. O mesmo ocorre enfim nas relações do homem com o homem. Aí também o homem deve inventar sua relação com o outro: 'Camaradagem' é a grande palavra de Whitman para designar a mais elevada relação humana, não em virtude do conjunto de uma situação, mas em função dos traços particulares, das circunstâncias emocionais e da 'interioridade' dos fragmentos envolvidos (por exemplo, no hospital, instaurar com cada agonizante isolado uma relação de camaradagem...). Assim se tece uma coleção de relações variáveis que não se confundem com um todo, mas produzem o único todo que o homem é capaz de conquistar em tal ou qual situação. A Camaradagem é essa variabilidade, que implica um encontro com o Fora, uma caminhada das almas ao ar livre, na 'grande-estrada'. É com a América que a relação de camaradagem ganha supostamente o máximo de extensão e densidade, alcança amores viris e populares, adquirindo ao mesmo tempo um caráter político e nacional: não um totalismo ou um totalitarismo, mas um 'Unionismo', como diz Whitman. A própria Democracia e mesmo a Arte só formam um todo na sua relação com a Natureza (o espaço aberto, a luz, as cores, os sons, a noite...), sem o que a arte cai no mórbido e a democracia no embuste."[7] Em suma, é essa dupla via que Deleuze detecta na literatura americana: a espontaneidade ou o sentimento inato do fragmentário (impossível ao europeu, que deve "conquistar" o fragmentário); a reflexão das relações vivas a cada vez adquiridas e criadas. O pragmatismo colhe esse movimento e lhe dá seu impulso filosófico. Deleuze o lembra bem: "Não se compreende o pragmatismo quando nele se vê uma teoria filosófica sumária, fabricada pelos americanos. Em contrapartida, compreende-se a novidade do pensamento americano quando se considera o pragmatismo como uma das tentativas para transformar o mundo e para pensar um mundo novo, um homem novo enquanto *se forjam*. A filosofia ocidental era o crânio, ou o Espírito paterno que se realizava no mundo como totalidade e num sujeito cognoscente enquanto proprietário. É ao filósofo ocidental que se dirige a injúria de Melville, 'crápula metafísica'? Contemporâneo do transcendentalismo americano (Emer-

---

7. Ibid., pp. 71-72.

son, Thoreau), Melville já esboça os traços do pragmatismo que virá na sua esteira. Em primeiro lugar, trata-se da afirmação de um mundo em *processo*, em *arquipélago*. Nem sequer um quebra-cabeça, cujas peças ao se adaptarem reconstituiriam um todo, mas antes como um muro de pedras livres, não cimentadas, onde cada elemento vale por si mesmo e no entanto tem relação com os demais: isolados e relações flutuantes, ilhas e entre-ilhas, pontos móveis e linhas sinuosas, pois a Verdade tem sempre 'bordas retalhadas'. Não um crânio, mas um cordão de vértebras, uma medula espinhal; não uma vestimenta uniforme, mas uma capa de Arlequim, mesmo branco sobre branco, uma colcha de retalhos de continuação infinita, de juntura múltipla, como a jaqueta de Redburn, de White Jacket ou do Grande Cosmopolita: a invenção americana por excelência, pois os americanos inventaram a colcha de retalho, no mesmo sentido em que se diz que os suíços inventaram o cuco. Mas para isso é preciso também que o sujeito conhecedor, o único proprietário, ceda o lugar a uma comunidade de exploradores, precisamente os irmãos do arquipélago, que substituem o conhecimento pela crença, ou antes, pela 'confiança': não crença num outro mundo, mas confiança neste mundo aqui, e tanto no homem como em Deus ('Vou tentar a ascensão de Ofo *com a esperança, não com a fé... irei pelo meu caminho...*').''[8]

Qual unidade?
Em meio à multiplicidade que James postula, sempre uma certa unidade se faz sentir, numa interfusão inextricável. Não é, pois, um mero atomismo, já que importam as confluências, as relações, a multidão de relações e seu caráter flutuante, variado, livre. No entanto, diz James, e nisso ele antecipa grandemente certa sensibilidade contemporânea, há uma enorme taxa de desconexão no mundo. O mundo pluralista é aquele em que certos fenômenos podem desaparecer sem que outros sejam afetados por esse desaparecimento; é um mundo onde a ideia de ausência corresponde a uma realidade: algumas coisas não têm relação alguma com outras. Eis o que torna a *possibilidade possível*. Pois onde há totalidade, portanto absoluto fechamento, não pode haver possibilidade.[9]

---
8. Ibid., pp. 99-100.
9. J. Wahl, *Les Philosophies pragmatistes d'Angleterre et d'Amérique*, op. cit., p. 177.

Ou seja, por mais coisas que existam, e por mais interconectadas que estejam, há sempre um fora, um exterior, um *"en dehors"* que foge, sublinha Wahl. Não há ser que contenha todos os outros, há sempre algo que escapa, que não quer entrar no sistema, diz James. A possibilidade é tributária da afirmação da "exterioridade das relações", porém essa exterioridade deve ser tomada no tempo, de modo movente, cambiante, flutuante. Mesmo a ciência, que pretende unificar tudo, faz reaparecer uma descontinuidade de fundo que nos impede de passar de uma qualidade a outra. A ideia de universo ela mesma — eis uma palavra suspeita que se opõe a ideia de outros mundos possíveis — talvez fosse preferível falar de *multiverso*. Em todo o caso, cabe insistir na descontinuidade, onde os espíritos são mundos separados, durações sentidas por cada um como essencialmente diferentes, onde há mesmo descontinuidade não preenchida entre o sujeito e o objeto. Claro, nós unificamos o mundo de mil maneiras, sistemas coloniais, postais, comércio, e, ao escolher pontos intermediários, podemos ir de um ponto a outro de modo contínuo... o que não impede que haja luta de vontades, desejos contraditórios, e mesmo que uma consciência desejasse dar-lhe unidade só temos acesso a conhecimentos parciais.

Um mundo totalizado seria um mundo privado de possibilidade, de oxigênio, mundo determinista, monista, em certa medida quietista, indiferentista, pessimista. James insiste na consciência finita, na percepção em toda a sua riqueza, na liberdade, na possibilidade. Daí as descontinuidades, certas interrupções, buracos de tempo, rupturas na qualidade, até mesmo no conteúdo do pensamento. Porções descontínuas, blocos de duração, bolas de consciência, balões de ideias, pedaços de experiências. "Todas as nossas experiências sensíveis, tais como nos vêm imediatamente, mudam assim por pulsações descontínuas de percepção." As experiências sensíveis nos chegam por gotas descontínuas, "o tempo ele mesmo chega por gotas."

Essa realidade múltipla, esses sujeitos múltiplos também dão lugar a múltiplas perspectivas, de modo que o universo se apresenta sob múltiplas facetas, um modo lógico, um modo religioso, um modo geométrico etc. Não existe ponto de vista universal: polisistematismo, pluralidade de sistemas, pluralidade de reais, mesmo se há interpenetrações várias... *Ever not quite*, nunca totalmente, eis um lema possível para o pluralismo:

"não há generalização completa, ponto de vista total, unidade que penetra tudo, há sempre algum resíduo que resiste, que não pode ser traduzido em palavras, em fórmulas, em discurso, um gênio da realidade que as mãos da lógica não pode reter."[10]

Se há diferentes pontos de vista sobre o universo e diferentes desígnios, devemos aceitar um pluralismo teleológico: o mundo não se dirige para uma finalidade única. Histórias particulares parecem desenvolver-se umas ao lado das outras... O mundo não está dado, ele se faz sem cessar, ele é, por definição, *em vias de fazer-se*. Assim, James pode acreditar na novidade, que surge quando o homem age. A novidade é um caráter essencial do mundo pluralista. Basta considerar nossa vida perceptiva para sentir a agitação contínua, a germinação, a floração, a proliferação incessante de toda vida, a "efervescência absoluta" de novidade. E essa novidade que nos aparece assim é uma realidade, pois na consciência a verdade é aparência e a aparência é verdade. Visto que experimentamos em nós a novidade, a novidade existe. "Homens novos e mulheres novas, acidentes, acontecimentos, invenções, empreendimentos explodem sem cessar e derretem sobre nosso mundo."[11] Wahl lembra que, por influência de Bergson, cada vez mais James acentua o caráter de novidade radical do mundo.

Ao recusar o determinismo, James sustenta que há variáveis indeterminadas no mundo. As coisas são coerentes em parte, mas fora dos pontos pelos quais se ligam umas com as outras, elas têm elementos livres (é o sentido do acaso). A liberdade é assim novidade, acaso, escolha entre possibilidades, alternativas reais, futuros contingentes. É uma teoria do mundo incompleto, teoria da novidade, teoria do indeterminismo, teoria da possibilidade.

A aposta
Há homens que apostam na possibilidade e homens que são contra a possibilidade, "homens de possibilidade" e "homens de antipossibilidade". Os primeiros acreditam sempre numa "reserva de possibilidades estrangeiras à nossa experiência atual". Eles afirmam possibilidades

---
10. W. James, *Memories* apud J. Wahl, *Les Philosophies pragmatistes*..., op. cit., p. 192.
11. W. James, *Problems*, p. 151 apud J. Wahl, *Les Philosophies pragmatistes*..., op. cit., p. 198.

puras. Para tais indeterministas pluralistas "as realidades parecem flutuar num mar vasto de possibilidades de onde elas são extraídas e escolhidas". Um homem com alma "dura" pode conceber por toda parte possibilidades ameaçadoras, acreditar nas reais possibilidades, consentir em viver num esquema de possibilidades — eis um verdadeiro pragmatista pluralista. A possibilidade é para ele uma categoria essencial. Cada momento é escolha entre possíveis. A liberdade é começo absoluto e continuidade de evolução. Wahl sublinha que nesse mundo incompleto, fortuito, mundo do possível, onde as novidades se produzem por manchas, lugares, placas, peças e por pedaços ("pedaços por pedaços", gosta de repetir Deleuze), os indivíduos podem realmente agir. Há espaço para a imaginação humana e para uma dimensão "moral". Trata-se de um mundo "que pode ser salvo se nós o quisermos, que cresce aqui e ali, graças às contribuições espalhadas de suas diversas partes, de pessoas que sabem contentar-se com o que podem fazer, pobres e ricos resultados disseminados no espaço e colocados pedaço a pedaço no tempo. O homem, cada homem, pode operar uma obra de redenção, de salvação. Cada homem pode contribuir para salvar o universo salvando sua alma. O universo poderá ser salvo pluralisticamente, por pedaços".[12] Daí possivelmente a ideia de Deleuze de que o pragmatismo é o messianismo na sua versão americana, em contraposição ao messianismo revolucionário russo. O pragmatismo não cessará de lutar contra a fusão das almas em nome do grande amor ou da caridade, e também de seu complemento, o paternalismo. "O que resta às almas, contudo, quando não se aferram mais a particularidades, o que as impede então de fundir-se num todo? Resta-lhes precisamente sua 'originalidade', quer dizer, um som que cada uma *emite*, como um ritornelo no limite da linguagem, mas que só emite quando toma a estrada (ou o mar) com o próprio corpo, quando leva a vida sem buscar a salvação, quando empreende sua viagem encarnada sem objetivo particular, e então encontra o outro viajante, a quem reconhece pelo som. Lawrence dizia ser este o novo messianismo ou o aporte *democrático* da literatura americana: contra a moral europeia da salvação e da caridade, uma moral da vida em que a alma só se realiza tomando a estrada, sem outro objetivo, exposta a todos os contatos, sem

---

12. J. Wahl, *Les Philosophies pragmatistes...*, op. cit., p. 207.

jamais tentar salvar outras almas, desviando-se daquelas que emitem um som demasiado autoritário ou gemente demais, formando com seus iguais acordos/acordes mesmo fugidios e não-resolvidos, sem outra realização além da liberdade, sempre pronta a libertar-se para realizar-se."[13]

A insegurança e a diferença

Num mundo em que as partes se afetam mutuamente, sem cessar, em que algumas podem até perder-se ou tornarem-se nocivas, em que a vida pede um caráter tenso, intenso, pois a salvação (do mundo) depende da energia fornecida por essas diferentes partes, num mundo assim nada está dado nem garantido. Por conseguinte, é natural que um mundo pluralista gere um sentimento de insegurança. Ele não tem estabilidade nem serenidade, não pede segurança nem a oferece. Mas nada disso representa um obstáculo à ação — pelo contrário. Para o pluralista, o mundo se faz por nossas *crenças*, mas não *crença em outro mundo*, e sim *neste mesmo mundo*. Concepção na qual a própria filosofia é um elemento do mundo que *faz diferença* no mundo. James: "Pode bem ser que uma filosofia seja uma reação muito importante do mundo contra ele mesmo." É apenas em um universo incompleto e múltiplo que a crença individual pode ter algum lugar e efeito, fazer alguma diferença. Por que nossas ações, as reviravoltas de nossas vidas, não seriam as reviravoltas reais do mundo, os pontos onde o mundo cresce? O mundo cresce através de nós, ele muda através de nós. Elemento de insegurança, elemento gótico no universo, sem o qual nossa vida nem teria sentido. "É a esse universo meio desordenado, meio salvo, que nossa natureza está adaptada", insiste James. Há uma disposição para viver sem segurança, sem certeza, longe da religião quietista da salvação no mundo, que justamente excita a ação. É que há no homem reservas infinitas de potência, e James evoca essas possibilidades inumeráveis, minas de poderes, riquezas desconhecidas.

O pensamento pluralista pode variar, segundo o temperamento e a necessidade das almas individuais. Por vezes é a moral que as move, ou o desejo da ação livre, ou a religião, ou o sentimento estético, ou ainda a observação dos resultados das ciências. Como foi dito, só os indivíduos podem, pedaço por pedaço, peça por peça, salvar o mundo. E a razão,

---

13. G. Deleuze, *Crítica e clínica*, op. cit., p. 101.

por mais universalistas que pareçam seus desígnios, com qual finalidade teria sido ela dada ao homem senão para torná-lo capaz de encontrar razões para aquilo que ele tem vontade de pensar e fazer? Há toda uma crítica de James à filosofia pensada apenas tecnicamente, como uma série de doutrinas sem conexão com o mundo, com os homens, com o *"open air"*. É o caso, sobretudo, da tradição alemã. Daí certa ojeriza de James pela abstração germânica, o estilo religioso, o jargão, e seu interesse pelo frescor e originalidade no pensamento, cruzado com as circunstâncias da vida e suas necessidades.

Um tal empirismo radical, ou pragmatismo, onde importam mais as implicações efetivas das doutrinas do que suas divergências terminológicas, onde uma concepção vale mais pelo que ela nos faz crer e agir do que por sua coerência lógica, onde importa muito mais aquilo que está em vias de se fazer (desconhecido) do que aquilo que já está dado (recognoscível), onde o que interessa é deixar abertas margens de manobra; num tal mundo tumultuado e fragmentado, feito de ordenações parciais, com margens incertas para novas possibilidades, trata-se de sondar *em que medida nossas forças estão disponíveis para fazer a sua diferença*. Numa concepção tal, *crer significa crer na possibilidade, na nossa e na do mundo*. O paradoxo é que apenas um universo pluralista e indeterminado pode comportar a confiança — afinal, de que valeria a confiança se já está tudo certo e assegurado? De que nos serviria ela? Não prescindiríamos da confiança se tudo fosse previsível? Não bastaria esperar o desenrolar inevitável? A confiança não é antes um recurso necessário no seio de uma aposta sempre incerta, uma avaliação sobre a força e a potência de nosso corpo em conseguir dar seu passo, fazer seu salto, habitar o risco, esboçar uma antecipação?

A ação como problema

Aqui, cabe evocar uma nota de Lapoujade que conecta esse desenvolvimento com a mais viva atualidade.[14] Num universo assim concebido, tal como o descrevemos acima, aquilo que parecia natural, a *ação*, torna-se

---

14. David Lapoujade, *William James, Empirisme et Pragmatisme*. Paris: Les empêcheurs de penser en rond, 2007 [Ed. bras: *William James, empirismo e pragmatismo*, trad. de Hortência Lencastre. São Paulo: n-1 edições, no prelo].

um problema. Agir ou pensar no seio de um mundo tão incerto é problemático, é um *risco* e também uma *experimentação*. Ou seja, como o diz Lapoujade, "o pragmatismo se dirige àquele que, num domínio ou em outro, já não consegue agir, àquele para quem precisamente a ação constitui um problema ou um risco".[15] Ora, não podemos arriscar senão quando temos confiança, e é todo o problema da confiança que ressurge aqui, na esteira do que os americanos chamam de transcendentalismo.[16]

A confiança é um tema complexo, ter confiança em si, ter confiança no outro, ter confiança no homem, ter confiança no mundo. Ter confiança é ter confiança em suas próprias forças, no seu próprio juízo, assim como se tem confiança na potência da Natureza com a qual nos fundimos, mesmo quando desconfiamos da sociedade e da cidade, como no caso de Thoreau, que apela para a desobediência civil. A confiança aqui tem a ver com a união com a natureza. Por exemplo, a prece do cultivador que arranca as ervas daninhas se estende para toda a Natureza. Ele comunica com a grande unidade total da Super-Alma [*Over-Soul*]. O pai de James ainda comungava dessa trindade Divina, Natural, Humana.

Mas o pragmatismo de James já não pode compartilhar com essa corrente a ideia da grande harmonia fusional entre Homem, Natureza, Deus. Tal confiança foi abalada para sempre. É isso que se rompeu quando se pensa na desordem e na indeterminação que as ciências revelam do mundo e no pluralismo aí suposto. O pluralismo rompe a unidade fusional, ingênua, que postularia uma finalidade harmônica no universo. Ele também acaba com certa inocência, com um otimismo antes imperante e agora inoperante. Isto é, houve uma crise na nossa relação com o mundo, nós não somos mais capazes dessa ingênua crença que vigorou por tanto tempo, não somente em Deus, em um ideal, mas mesmo a crença no próprio mundo e no seu funcionamento azeitado. Como diz Lapoujade, inspirado em Deleuze certamente, mas também em James, que por sua vez vivenciou uma crise pessoal extrema: "Quando atravessamos tais crises, o mundo perde bruscamente toda significação. As diversas conexões que nos ligam a ele se rompem

---

15. Ibid., p. 16.
16. Pensamento inspirado pelo romantismo alemão, obcecado com a fusão com a Natureza, o Todo--Natureza, cujas figuras de proa são Carlyle, Coleridge e Emerson.

umas depois das outras. Enfim, já não podemos crer como antes; a ação tornou-se impossível porque nós perdemos a confiança."

Ora, é justamente algo dessa ordem que Deleuze mostrou, num outro nível, no campo cinematográfico, quando nota que em certo momento do cinema os personagens se veem privados de qualquer reação diante de situações por demais extremas, a guerra, a servidão, mesmo a beleza extrema ou o furor da natureza, frente às quais ficam tomados por um estupor, uma inação, uma paralisia motora. A organicidade do mundo parece desfeita, a relação dos personagens com tais situações fica abalada, a reação é impedida, mesmo o pensamento se vê comprometido. Perda da confiança na própria capacidade de ação, reação ou pensamento, perda da crença no vínculo possível com tal mundo.

O que Lapoujade parece sugerir é que o pragmatismo nasce de uma crise, dessa crise de confiança mais ampla e, claro, muito anterior àquela que o cinema traz à luz. Ele nasce dessa constatação, ele é sintoma de uma "ruptura profunda do todo da ação". Ele é, ao mesmo tempo, um certo movimento que se faz, e uma luta contra o movimento do que se desfaz.[17] A ação deixa de ser uma solução universal, como talvez o fosse antes, e passa a ser um problema. É onde entra a comparação com Nietzsche. "O diagnóstico de James é vizinho daquele de Nietzsche: não acreditamos mais em nada. Nietzsche o diagnostica através do sintoma do niilismo, principalmente no 'nada de vontade' do niilismo ativo. James o diagnostica nessa profunda perda de confiança que se traduz por uma profunda crise da ação. Aquele que não acredita mais, aquele que não tem mais confiança, permanece imóvel e sem reação, *desfeito*. Ele está atingido por uma morte da sensibilidade." Para James esta não é apenas uma ideia, porém uma experiência pessoal. Ele se referiu, ao evocar sua crise pessoal, a uma morte intelectual, um momento em que ele se tornou como uma anêmona do mar. Apesar do mote pessoal, poderíamos hoje objetar a este respeito: de qual crise da ação estamos falando se somos impelidos a agir mais do que nunca e hoje tudo é ação? Não paramos de agir, e até agimos com um rendimento considerável, mas pergunta Lapoujade: será que nós ainda acreditamos? E com qual intensidade? Será que nós ainda acreditamos no mundo que nos faz

---

17. D. Lapoujade, *William James, Empirisme et Pragmatisme*, op. cit., p. 16.

agir? Será que nós ainda acreditamos em nós mesmos, no outro, no mundo, na eficácia de nossas atitudes? Será que tal ou qual doutrina nos devolve a confiança? Como diz Deleuze, em *Imagem-tempo*: "O fato moderno é que já não acreditamos neste mundo. Nem mesmo nos acontecimentos que nos acontecem, o amor, a morte, como se nos dissessem respeito apenas pela metade."[18] A tarefa do filósofo não seria buscar o verdadeiro ou o racional, mas sim nos dar razões para crer no mundo, assim como o religioso tem razões para crer no outro mundo. Daí Deleuze poder dizer, a respeito do cinema: "É o vínculo do homem com o mundo que se rompeu. Por isso, é o vínculo que deve se tornar objeto de crença: ele é o impossível, que só pode ser restituído por uma fé. A crença não se dirige mais a outro mundo, ou ao mundo transformado. O homem está no mundo como numa situação ótica e sonora pura. A reação da qual o homem está privado só pode ser substituída pela crença. Somente a crença no mundo pode religar o homem com o que ele vê e ouve. É preciso que o cinema filme, não o mundo, mas a crença neste mundo, nosso único vínculo. Repetidas vezes já se perguntou qual a natureza da ilusão cinematográfica. Restituir-nos a crença no mundo: é este o poder do cinema moderno (quando deixa de ser ruim). Cristãos ou ateus, em nossa universal esquizofrenia, *precisamos de razões para crer neste mundo*. É toda uma conversão da crença. Já foi uma grande guinada da filosofia, de Pascal a Nietzsche: substituir o modelo do saber pela crença. Porém, a crença substitui o saber tão-somente quando se faz crença neste mundo, tal como ele é."[19]

O que o pragmatismo pede não é propriamente uma filosofia, nota Lapoujade, mas uma filosofia que torne possível nossa ação, não uma filosofia em que possamos acreditar, mas uma filosofia que nos faça acreditar. Não se trata de acreditar em coisas que justamente caíram em descrédito, Deus, o Eu, a Revolução, o Progresso, universais ou absolutos

---

18. G. Deleuze, *A imagem-tempo, Cinema 2*, trad. bras. de Eloisa de Araújo Ribeiro. São Paulo: Brasiliense, 1990, p. 207.
19. Ibid., pp. 207-208. Deleuze acrescenta em nota de rodapé: "Na história da filosofia, a substituição do saber pela crença se faz tanto em alguns autores que ainda são devotos quanto em outros que operam uma conversão ateia. Daí a existência de verdadeiros pares: Pascal-Hume, Kant-Fichte, Kierkegaard-Nietzsche, Lequier-Renouvier. Mas, até nos devotos, a crença não se volta para outro mundo, dirige-se para este mundo: a fé segundo Kierkegaard, ou ainda segundo Pascal, nos restitui o homem e o mundo."

que desmoronaram, mas justamente de reativar nossa crença a partir de um pluralismo, de um perspectivismo, de um indeterminismo, de uma colisão das vontades e partículas, onde para cada consciência se coloque a pergunta: como acreditar? Como agir? — sem que seja preciso postular uma esfera absoluta. Eis o paradoxo: pareceria que a crença na ação, no mundo, passa necessariamente por um universal, quando é justamente a universalidade absolutista que, ao pretender ancorar a crença de modo exclusivo, nos impede de crer no mundo e acaba nos fazendo desacreditar dele. Esse tema é muito claro em Nietzsche, embora articulado de modo distinto: os valores suprassensíveis deslocaram o centro de gravidade da vida para uma esfera superior à vida, fonte de segurança, com o que a vida foi depreciada em nome e em favor dessa instância transcendente. A instância suprassensível, Deus, ou a Razão, ou mesmo o Progresso, ao caírem em descrédito, deixaram a própria vida órfã, abandonando-nos a uma indigência ontológica. Ora, é preciso partir desse desmoronamento — em todo o caso não temos opção. A derrocada da crença nos valores superiores (no absoluto, diria James) não constitui um argumento para desistir do mundo; aliás, a desistência do mundo não passa de um sintoma a mais desse desmoronamento. Trata-se, ao contrário, de detectar as forças que já não pedem um sentido dado ao mundo, por mais reassegurador que ele pareça, pois essas forças têm o poder de criar sentidos, impor valores, imprimir direções. Assim, retornando ao pragmatismo, trata-se de avaliar os conceitos e as filosofias não a partir de sua coerência interna, ou de sua racionalidade intrínseca, mas de sua *consequência prática*, na medida em que elas nos fazem agir ou pensar de tal ou qual modo, ou favorecem tal ou qual ação ou pensamento.

A crença
Como definir a crença? É uma "disposição para agir". Mas essa definição pode ser entendida em dois sentidos distintos. Há, por um lado, as crenças fundadas no hábito. Por exemplo, vemos um relógio, aceitamos que é um relógio sem verificar o seu mecanismo, e nos servimos dele para regular a duração de uma aula. Pouco importa se é ou não um relógio, basta fazer como se fosse e essa crença nos dispõe a agir de certo modo. A maior parte de nossa vida corrente se dá exclusivamente em

função desse tipo de crença, pois a crença permite prever, ela progride sem verificação. São crenças sólidas, já estabelecidas, fundadas no hábito. Mas há um segundo sentido em que a crença se define como uma disposição para agir. Não tanto a crença baseada em um hábito acumulado no passado, porém baseada em uma confiança no futuro. Quando a crença toma o risco e se aventura no indeterminado, para que ela se sustente é preciso que repouse em uma confiança prévia. O problema é ter confiança em nossas motivações, em nossas capacidades e, mais profundamente, *no devir do mundo* em que se as vai realizar. É uma certa relação com o devir que está aí em jogo. Diz Lapoujade: Crer é prever e esperar. Ter confiança é antecipar e esperar.[20] Eis o exemplo do rio: como saber se somos capazes de saltar sobre a largura de um rio? Não se trata de prever, mas de antecipar, de estimar a potência de nosso corpo, sua distensão, a solidez da margem oposta. Podemos ter confiança em nosso corpo, no equilíbrio do rochedo da margem? Diferentemente do hábito, que se exerce num mundo determinado e supostamente determinístico (tal efeito segue-se a tal causa, portanto supomos uma relação de causalidade e a adotamos), a confiança diz respeito a um mundo de indeterminação, a uma "zona plástica, a corrente de transmissão do incerto, o ponto de encontro do passado e do futuro". Se o mundo fosse determinado, determinístico, uma mera cadeia causal previsível, não necessitaríamos de confiança, o hábito nos bastaria, a crença no encadeamento previsível nos seria suficiente. A confiança é tanto mais necessária quanto mais incerto é esse mundo e vice-versa: quanto mais confiança, mais nos arriscamos no indeterminado. "A confiança não consiste em realizar uma ação cujo sucesso está assegurado (previsão), mas em tentar uma ação cujo desfecho é incerto (antecipação). Ela sorve sua energia na região obscura onde nossa potência de agir ultrapassa aquilo que nós dela conhecemos. O sentimento de confiança faz da experiência um domínio da experimentação. Ele é portanto a condição de todo ato de criação." Indeterminação, confiança, experimentação, criação.

A indeterminação é o meio em que a confiança surge, em que se experimenta, em que nossa prática se desdobra em criação. Mas a confiança é algo mais do que a mera confiança em si mesmo que qualquer manual

---

20. D. Lapoujade, *William James, Empirisme et Pragmatisme*, op. cit. p. 107.

de autoajuda poderia pregar. Não basta crer em nós mesmos, precisamos crer no mundo que se apresenta diante de nós. Não basta saber que o mundo está aí, diante de nós, e que nele estamos incluídos, e que acreditamos em nossos sentidos que nos indicam a existência do mundo. É preciso ainda que esse mundo dado contenha o possível, e que o possível extrapole o real. Portanto, não é tanto o mundo físico, de cuja existência nós já não duvidamos, mas um mundo grávido de possíveis do qual suspeitamos, um mundo com o qual se possa agir a fim de criar o novo — é essa crença que está abalada. É nossa conexão com o mundo que se encontra comprometida. Essa crise de confiança não é apenas uma suspensão provisória da crença, como num método cartesiano em que é preciso livrar-se de todas as certezas para recuperá-las mais adiante, gradativamente. Aqui, a própria confiança foi abalada, a crença já não se fixa em nada, o mundo deixou de significar. Pois estar no mundo é algo mais do que simplesmente ter percepções do mundo, é estar ligado a ele por significações, e nós podemos continuar a ter percepções sem que elas signifiquem. O liame com o mundo é algo frágil. "Destruam essa segurança íntima, por mais vaga que seja, e de golpe vocês apagam toda luz e todo brilho da existência", diz James. Nesse curto-circuito, todas as conexões que nos ligam ao mundo se rompem. É o que ocorre no desespero ou na melancolia mórbida. Tudo se desfaz. Ficamos "sentados ali, como uma esfinge egípcia ou uma múmia peruana", diz James.[21] Toda ação tornou-se impossível.

A confiança, como o sublinha Lapoujade, é, portanto, sobretudo vital. Se ela está comprometida, é porque estamos impossibilitados de significar, de produzir conexões, de agir. "É porque não consigo mais dar um sentido ao que percebo que já não estou conectado ao mundo e que já não consigo agir."[22] Ora, o que me impede de agir é uma certa variação no sentimento de confiança, que por sua vez provém de uma variação de intensidades que atravessam o fluxo de consciência, ora bruscas, ora lentas. Trata-se, no fundo, de uma queda no fluxo intensivo e um retraimento do campo da consciência ou de suas conexões. James é muito sensível a essa variação do sentimento de confiança, aos graus de pessi-

---

21. Ibid., p. 110.
22. Ibid.

mismo e otimismo que isso gera, aos limiares, seja de pânico, de fadiga, de terror, por um lado, ou de esperança, de alegria criadora, por outro. Muitas das ideias que ele desenvolve a respeito estão conectadas com uma religiosidade, um desejo de preservar uma crença religiosa e não deixar que a ciência recubra tudo. Mas James não pode ser considerado um teólogo, pois o que interessa a ele não é a crença no outro mundo, e sim a confiança neste mundo. A crença, para ele, antes de ser religiosa, é ateia, é a crença na arte, no amor, na ação. A conversão que James reivindica não é do ateísmo ao deísmo, mas antes uma *conversão do niilismo*, isto é, desse estágio em que já *não se crê em nada*, como quando Tolstoi diz: "tudo é vaidade." A conversão refere-se a esse estado de descrença, ao grau zero da sensibilidade e da afecção, que destrói todo sentimento de confiança. Estado, aliás, que ele assim descreveu: "Fui invadido por um pessimismo filosófico, deprimido pelo mais completo desencorajamento; uma tarde, ao cair da noite, ia buscar algo numa rouparia quando fui tomado por um temor horrível de minha própria existência. Simultaneamente apareceu em meu espírito a imagem de um paciente epilético que eu havia visto em um asilo; um homem bem jovem, cabelos negros, a pele esverdeada, completamente idiota; ele permanecia acocorado o dia inteiro sobre o banquinho estreito que margeava a parede, os joelhos colados no queixo [...]. Essa imagem entrou, por assim dizer, em combinação com meu terror [...]. Como se alguma coisa em mim de sólido houvesse bruscamente derretido, tornei-me uma massa de medo viscoso [...]. Depois disso, o universo inteiro se transforma de cabo a rabo aos meus olhos [...]. Eu me lembro, eu me perguntava como os outros se viravam para viver, como eu mesmo tinha podido viver sem pensar no abismo de insegurança que está por toda parte sob a superfície da vida."[23] Mesmo nesses extremos, e malgrado sua vontade irrestrita de crer, para James trata-se menos de acreditar numa esfera transcendente que nos salvaria do que acreditar no mundo, e menos de acreditar num mundo melhor do que em tornar melhor este mundo, mesmo que através da crença num mundo melhor. Nesse sentido, a crença religiosa se torna secundária diante do efeito que ela suscita *para a vida*. Como o diz Deleuze em *Imagem-tempo*: "De

---

23. D. Lapoujade, *William James, Empirisme et Pragmatisme*, op. cit, p. 113.

Pascal a Kierkegaard se desenvolvia uma ideia muito interessante: a alternativa não recai sobre um dos termos a escolher, mas sobre os modos de existência daquele que escolhe."[24] Em outras palavras, importa menos *aquilo* em que se acredita, do que *o modo de existência* que implica tal ou qual crença. Também Nietzsche ia numa direção similar, ao dizer que não se trata de refutar uma verdade ou um valor, mas investigar que tipo de vida precisou de tal ou qual valor, que modo de existência, para se afirmar, postula tal ou qual verdade. É toda uma sintomatologia que para ele se deixa ver, e a filosofia passa a ser concebida antes como uma medicina que a detecta. O que importa, pois, é menos o conteúdo de uma crença do que aquilo que ela implica ou acarreta para aqueles que a sustentam.

A dificuldade, lembra Lapoujade, ao esmiuçar o rompimento da confiança no mundo, está precisamente em desdobrar novas significações, arriscar-se em novas ações e em novas conexões. É preciso que o mundo nos seja dado uma segunda vez para nele estabelecermos novas significações. É a diferença entre as almas nascidas uma vez e aquelas nascidas duas vezes. A alma conhece um segundo nascimento quando ela ultrapassa a crise de confiança que a quebrou: "Esse processo não é um simples retorno à saúde natural, é uma redenção; e quando o homem sofredor está salvo, ele está salvo pelo que lhe parece ser um segundo nascimento, uma vida do espírito, mais profunda e mais rica que a primeira." Então, obviamente, já não cremos do mesmo modo, perdemos um certo tipo de confiança, essa mistura de ingenuidade, credulidade, inocência, mas ao perder esse otimismo primeiro, a confiança ganhou uma nova consistência, ela se baseia em outros signos — assim como em Nietzsche. Quando nota o que advém depois de uma grande crise, ele escreve: "A confiança do viver se foi: a vida mesma se tornou em *problema*. — E que ninguém acredite que *alguém*, com isso, se tornou sombrio! Mesmo o amor à vida é ainda possível — só que se ama diferente. É o amor a uma mulher que *nos deixa na dúvida*..."[25]

---

24. G. Deleuze, *A imagem*-movimento, *Cinema 1*, trad. bras. de Stella Senra. São Paulo: Brasiliense, 1985, p. 146.
25. Friedrich Nietzsche, "A gaia ciência, Prefácio à Segunda Edição (1886)" § 3 in *Obras Incompletas*, seleção de textos por Gérard Lebrun, trad. bras. e notas de Rubens R. Torres Filho, Coleção Os Pensadores. São Paulo: Abril, 1974, p. 199.

A alma pluralista

Há em James um tema recorrente que aos olhos de um certo racionalismo pareceria paradoxal. A crença cria seu próprio objeto, ela se verifica no curso de sua efetuação, é ela quem valida a hipótese que ela postula. Pois o que está em jogo é menos a adequação a uma verdade objetiva do que a uma ação por vir. Portanto, a crença diz respeito sobretudo a uma disposição afetiva, um interesse afetivo, um desejo, um grau de energia subjetiva, uma força, uma fé no resultado alcançável. O fato por vir, lembra James, está condicionado pela crença atual, e não pela constatação de um dado já existente.[26] É um encadeamento inteiramente invertido, não apenas do ponto de vista lógico, mas também cronológico: o sucesso de uma empreitada depende da energia despendida que, por sua vez, provém de uma convicção íntima, que repousa sobre a crença, que depende em última instância da confiança. Mas a confiança não tem lugar em qualquer mundo. É legítimo perguntar-se: Que tipo de mundo faz jorrar em cada um suas forças (de pensar, de agir), que tipo de mundo favorece a confiança e a crença? E que outro tipo de mundo (nós diríamos: atmosfera, entorno, coletivo, perspectiva) nos precipita, ao contrário, na anestesia? "Se eu duvido de meu direito de evitar um precipício, eu contribuo ativamente para a minha destruição."[27]

A diferença capital que separa o homem do animal reside no excesso e na exuberância de suas inclinações subjetivas, e o mundo costuma responder por uma plasticidade. Assim, há em James toda uma preocupação com o valor infinito de cada homem. Como Emerson e Whitman, James tem o sentimento profundo da infinita individualidade. Mas é o contrário de um individualismo, pois essa infinitude é precisamente abertura. Não se trata de um elogio do *self-made man*, aquele que se faz sozinho, pois ele só se faz na conexão com o imenso fluxo do mundo, como o diz Lapoujade, ele só se faz sendo atravessado pelo movimento incessante daquilo que se faz. A própria consciência só é pensável a partir do movimento, da mudança, dos fluxos cruzados e interpenetrados, e do inconsciente que a margeia. O indivíduo não é uma ilha, e o choque entre os indivíduos lhe é constitutivo. "O mundo

---

26. W. James, *La Volonté de Croire*. Paris: Les empêcheurs de penser en rond / Seuil, 2005, p. 118.
27. Ibid., p. 128.

pluralista é feito de vontades disseminadas e discordantes, fragmentos de experiência, contrastes em suas possibilidades as mais atraentes." Daí a capacidade de pensar os "desvios, derivas, plasticidades morais" que caracterizam os homens concretos. Daí também "um certo *frisson* de independência, uma liberdade ao abraçar o real". Há nessa perspectiva um viés selvagem e indomável, sem dúvida, uma disposição ao turbilhonamento, até mesmo uma vontade de luta, uma atração pelo risco e pelo desconhecido, que requer, para enfrentá-los, temperamentos fortes, intrépidos, que acolham o jogo caótico do mundo e nele deixem sua marca. Contrariamente a eles estariam os preguiçosos, covardes, sedentos de lugares seguros, de determinismos e racionalidades resseguradoras. James defende uma arte do pensamento combativo, o gosto de expor-se ao acaso, ao seu elemento de insegurança, e o conhecimento seria, no fundo, crença no mundo dos acontecimentos engendrados pela própria crença no mundo, sobretudo naquilo que eles têm de tentador e ameaçador, nas possibilidades que eles oferecem ao espírito de preservar alguma coisa ainda não abordada, entrevista. Wahl aponta para esse estilo, que visa à inovação, às fontes da criação, aos interstícios e às frustrações da ordem estabelecida. Diz James: "Por um lado o ambiente, uma presença que não tolera senão o que se conforme a ela, e só pouco a pouco cede, e apesar dela, ao esforço moral; de outro lado o homem, que, uma vez encontrado o meio de viver em bons termos e com esse ambiente, percebe que ele é uma mina inesgotável de possibilidades..." Por golpes repetidos, através de escolhas sucessivas, lentamente "ele fez surgir desse ambiente, como um escultor, o mundo no qual ele vive".[28]

Desde 1882 James percebe que duas disposições mentais se opõem em filosofia: aqueles que se contentam com uma concepção passiva das coisas, "bons apenas para o bom tempo", e os temperamentos fortes, o homem tenso e enérgico, que tem a alegria de colocar-se diante das forças em luta, com amor pelo esforço e pela aventura. James aprecia essa imagem, da necessidade, das colisões, da luta tumultuada, das lamentações, das jubilações (Carlyle), da guerra, dos processos contingentes. Como ele o define, trata-se de um "elemento que todo homem forte acolhe sem repugnância porque sente ali um apelo dirigido a potências

---

28. Ibid., p. 153.

que estão nele: o áspero e o duro, o balanço da onda, o sopro do norte". Em alguns excertos, James celebra tal tempestade universal, onde se diz à onda em meio ao oceano, "sobe, não hás de me submergir". É o que dá ao mundo exterior seu caráter expressivo, pitoresco, o elemento de força e de vigor, de intensidade, o elemento abrupto, o elemento perigoso. É uma batalha incessante das potências da luz. A alma pluralista precisa desse combate de forças, ela precisa também respirar livremente, tem horror à ordem fechada, necessita das perspectivas aéreas — no fundo, um pragmatista radical é uma espécie de anarquista, um ser que vive sem regra, já que a essência das coisas está disseminada no tempo e no espaço, e é na sua disseminação e nas suas vicissitudes que o homem ávido da plenitude da vida as agarra e as desdobra.

DA POLINIZAÇÃO EM FILOSOFIA

A escritura não tem outro objetivo: o vento...
DELEUZE

Seria preciso rastrear o empreendimento de Deleuze à luz dessa sua saborosa provocação: "O desejo ignora a troca, *ele só conhece o roubo e o dom.*"[1] Que o filósofo tenha saqueado a história da filosofia, que ele a tenha pilhado alegremente — tudo isso, passado o desconcerto acadêmico, nos parece hoje menos blasfemo do que risível. Deleuze vampiro — quem não é tentado a gargalhar com tal imagem? Não podemos negar, ele sugou o sangue de muitos pensadores. Em contrapartida, como avaliar seu "dom" filosófico? Como rastrear a marca deixada na sua geração e na nossa sem refazer o inventário de seus vampirismos? Eis então minha pequena aposta: para além dos procedimentos de colagem ou de virtualização detectados em sua obra, não seria possível apreender sua travessia pela história do pensamento como uma "polinização" filosófica? Se a imagem da polinização convém a Deleuze, é antes aquela operada pelo vento anônimo do que pelo inseto industrioso. Afinal, não há em Deleuze uma abordagem do próprio pensamento como esse vento impessoal que nos arrasta, ao mesmo tempo em que por toda parte espalha os seus esporos? Estaríamos diante de processos de "transporte" de "pólen filosófico", seja no interior da filosofia ou para fora dela, numa verdadeira ecologia das emissões e disseminações. Os problemas que se colocam, assim, seriam menos da ordem da interpretação ou da recepção, do que da hibridação, contaminação e contágio.

---

1. Gilles Deleuze e Félix Guattari, *O anti-Édipo*, trad. bras. de Luiz B. L. Orlandi. São Paulo: Ed. 34, 2010, p. 246.

Tipologia eólica

Eu parto de observações muito triviais, embora extravagantes, antes de chegar às formulações mais rebuscadas e especulativas. Eis um primeiro exemplo. Ao rebater a acusação de que suas unhas longas equivaliam aos óculos escuros de Greta Garbo e faziam dele uma vedete, Deleuze escreve a Michel Cressole: "De qualquer modo, é curioso que de todos os meus amigos nenhum jamais tenha notado minhas unhas, achando-as inteiramente naturais, plantadas aí ao acaso, como que pelo vento, que traz as sementes e não faz ninguém falar."[2] Virtude impessoal do vento, com sua dose de transporte e acaso, que carreia de longe e sem alarde o que não se espera ou não se conhece. E vinga o que o vento traz, como que brotando do nada, tão gratuito quanto inevitável, seja nas unhas ou nos amores. "Sabemos que entre um homem e uma mulher passam muitos seres, que vêm de outros mundos, trazidos pelo vento."[3] Pois o vento carrega partículas de mundos diversos e os espalha a seu bel prazer, misturando domínios e embaralhando os gêneros, espécies, linhagens e hereditariedades. Há sempre uma desterritorialização eólica que esconjura a pura cepa: "O que é importante não são nunca as filiações, mas as alianças e as ligas; não são os hereditários, os descendentes, mas os contágios, as epidemias, o vento. As bruxas bem o sabem."[4] Pois o vento, como as bruxas, atravessa os domínios, espalha grãos, vírus, bactérias, palavras, dissemina doenças e vida, sementes e terror. É o elemento das velocidades indomáveis e das direções inauditas. Mais do que um elemento ou um meio, não será o vento uma força, a própria força da terra na medida em que ela se move — a terra desterritorializada? A terra, diz Deleuze e Guattari, "se confunde com o movimento daqueles que deixam em massa seu território, lagostas que se põem a andar em fila no fundo da água, peregrinos ou cavaleiros que cavalgam numa linha de fuga celeste".[5] É sempre uma exterioridade que aspira ao movimento. Com isso, é toda a relação da filosofia com o natal que é posta em xeque, bem como sua sedimentação e sedentariedade. Com mais forte razão

---

2. G. Deleuze, *Conversações*. trad. bras. de Peter Pál Pelbart. São Paulo: Ed. 34, 1992, p. 13.
3. G. Deleuze e F. Guattari, *Mil platôs*, v. 4, trad. bras. de Suely Rolnik. São Paulo: Ed. 34, 1997, p. 23.
4. G. Deleuze e Claire Parnet, *Diálogos*, trad. bras. de Eloisa A. Ribeiro. São Paulo: Escuta, 1998, p. 83.
5. G. Deleuze e F. Guattari, *O que é a filosofia?*, trad. bras. de Bento Prado Jr. e Alberto A. Muñoz. São Paulo: Ed. 34, 1992, p. 113.

isso vale para a escritura, segundo as palavras de Deleuze: "A escritura não tem outro objetivo: o vento, mesmo quando nós não nos movemos, 'chaves no vento para que minha mente fuja do espírito e fornecer a meus pensamentos uma corrente de ar fresco' — extrair na vida o que pode ser salvo, o que se salva sozinho de tanta potência e obstinação, extrair do acontecimento o que não se deixa esgotar pela efetuação, extrair no devir o que não se deixa fixar em um termo. Estranha ecologia: traçar uma linha, de escritura, de música ou de pintura. São correias agitadas pelo vento. Um pouco de ar passa."[6] É intrigante seguir essa evocação reiterada do vento, no pensamento, no acontecimento, nos processos impessoais, nos amores, na escrita, nos devires, na hecceidade. *"Ele é tão desregrado quanto o vento e muito secreto sobre o que faz à noite."* Deleuze se pergunta de onde vem a perfeição de uma tal frase de Charlotte Brontë, e a atribui à dinâmica sem sujeito que a caracteriza, na qual não há senão movimentos e repousos, velocidades e lentidões, afetos, intensidades.[7] O próprio vento, afinal, como um afeto. Veja-se a menção ao filme *Vento e areia*, de Sjöström, onde o vento é como um afeto ou uma potência que o personagem subitamente compreende e enfrenta, ao qual ele se mede, e diante do qual emerge renovado, renascido, num novo "modo de ser".[8]

É a cláusula maior, por banal que possa parecer, para a filosofia, para a escritura, para a vida: é preciso que uma corrente de ar passe — e Deus sabe quantas cabeçadas, desvarios, impedimentos é preciso inventar-se e transpor simplesmente para não sufocar, a fim de receber ou deixar passar uma lufada de ar. É um tema recorrente em Deleuze, que não deveria ser tributável apenas ao sofrimento físico pessoal do autor, atingido de enfisema, mas deve-se antes a uma necessidade do pensamento, da própria vida, que Deleuze expressou com a exclamação que ele retoma de Kierkegaard: "Um pouco de possível, senão eu sufoco." Mas quando Deleuze retoma esse grito filosófico e o relança aos quatro ventos, estamos longe do pensador postado no cume da montanha auscultando o

---

6. G. Deleuze e C. Parnet, *Diálogos*, op. cit., p. 89.
7. Ibid., p. 109.
8. G. Deleuze, *A imagem-movimento, Cinema 1*, trad. bras. de Stella Senra. São Paulo: Brasiliense, 1985, p. 180.

sopro de Deus ou repassando as tábuas da lei. Ao contrário, poucos autores foram capazes, como Deleuze, de dar de si imagens tão cômicas, mesmo nessa atmosfera eólica: "Ser uma pulga de mar, que ora salta e vê toda a praia, ora permanece com o nariz enfiado sobre um único grão. [...] toda uma matilha em você perseguindo o que, um vento de bruxa?"[9]

Serenidade e Furor
Já podemos avançar em direção à expressão de Delbos retomada por Deleuze. Segundo ela, Espinosa seria "um grande vento" que nos arrasta. E Deleuze comenta: "Poucos filósofos tiveram esse mérito de chegarem ao estatuto de um grande vento calmo."[10] Por que seria Espinosa um grande vento calmo? Ora, a explicação dada por Deleuze a respeito é curiosa. Esse vento calmo, tal como uma camada contínua que seu pensamento consegue realizar, deve-se ao estatuto que ele, Espinosa, atribui à causa imanente, Deus ou a Substância. Uma causa é imanente quando o efeito está na própria causa, de modo que entre causa e efeito não há degradação, distância ou hierarquia, assim como entre Deus e as criaturas, ou entre a Substância, os atributos e os modos. Se a causa ou o ser está igualmente presente em todos os seres ou entes, se ela está igualmente próxima por toda parte, se não há causa distanciada, é porque a causa imanente foi liberada de toda subordinação a sequências que antes a limitavam. É a hipótese de Deleuze. A causa imanente existiu em outros autores, mas sempre de maneira restrita ou associada a outras. Por exemplo, em Plotino, a causa imanente não excluía a causa emanativa. Assim, o Ser e o Uno coexistiam em diferentes sequências: numa o Ser emanava do Uno, noutra eles se equivaliam, numa terceira o Uno emanava do Ser. Em contrapartida, ao liberar a causa imanente dos outros processos de causalidade aos quais antes ela se encontrava subordinada, ao levá-la ao limite de si mesma a ponto de correr o risco de já não distinguir causa e efeito, Deus e o Mundo, Deus e a criatura — o maior de todos os perigos —, Espinosa inaugura um novo plano. Em outras palavras: ao postular que aquilo que produz permanece em si,

---

9. G. Deleuze e C. Parnet, *Diálogos*, op. cit., p. 90.
10. G. Deleuze, Curso em Vincennes, 25/11/1980. Disponível em: <webdeleuze.com>, a partir de onde foram extraídas as próximas citações.

mas aquilo que ele produz permaneça nele, as sequências se destroem, tudo é como que rebatido sobre uma mesma substância absolutamente infinita, que compreende tudo — causa imanente. Deleuze o diz literalmente: Espinosa "substituiu a sequência por um verdadeiro plano de imanência". E ele arremata, num salto intrigante: "É uma revolução conceitual extraordinária: em Espinosa tudo se passa como sobre um plano fixo." O leitor atento não deixará de notar, nas observações feitas nessas aulas de 1980, a presença insistente não só de um léxico proveniente da pintura (*Lógica da sensação* será publicado nesse mesmo ano), mas também do cinema. Assim como num certo momento da história, e da história da pintura, frente ao suposto constrangimento religioso de abordar o divino se libera uma potência pictórica própria, emancipando-se da obrigação de representar as coisas, numa conquista soberana das linhas, cores e movimentos, também em filosofia há como que uma liberação do conceito que subverte a religião. Mas se o conceito está livre de representar o mundo e Deus é uma ocasião ímpar para radicalizar esse movimento, ele, o conceito, está subordinado ainda a certas sequências em que ele se vê inserido e que lhe asseguram um sentido. Sequência conceitual, sequência cinematográfica. Como se viu há pouco, porém, chega um momento, na filosofia assim como no cinema, malgrado a distância e a heterogeneidade abissais que separam esses dois domínios, em que o atrevimento consiste em liberar-se *também das sequências*, reviravolta em virtude da qual as sequências cedem o passo ao plano fixo. O plano fixo, como o mostrará o cinema, sobretudo o livro *Imagem-tempo*, não é a imobilidade, mas precisamente a coexistência de todos os micromovimentos, da molecularidade agitando-se em um único plano, assim como Espinosa rebate tudo sobre um único plano, o plano de imanência: "Um extraordinário plano fixo que não será de modo algum um plano de imobilidade, pois todas as coisas se moverão." É a camada contínua, a univocidade do ser, o plano de imanência, o vento calmo. Deleuze insiste, ademais, na importância do método geométrico como operador privilegiado, apto a "preencher o plano fixo da substância absolutamente infinita". E ele diz: "A meu ver é a tentativa a mais fundamental para dar um estatuto à univocidade do ser, um ser absolutamente unívoco." Em suma: o grande vento calmo, o plano fixo, a univocidade, o plano de imanência. Temos aí uma série surpreendente, de Duns Scot a Espinosa, da dimensão eólica à cinematográfica, que pareceria resolver o mistério desses saltos.

Mas por que tamanha insistência nesse plano como um vento calmo, se não para indicar que há, em Espinosa, um outro plano, mais turbulento, o dos escólios, onde o filósofo abandona a serenidade das demonstrações e revela, diz Deleuze, aspectos de agressividade, de violência, como se ali fossem projetados os afetos, enquanto nas demonstrações tivessem sido desenvolvidos os conceitos — donde esse tom passional prático?[11] É outro timbre que aí se sente, insiste Deleuze, outro andamento, outra velocidade, é a linha quebrada, mais agitada e furiosa. E é apenas no livro v, diz ele, que as duas se compõem ou se atravessam, ali onde Espinosa "atinge velocidades inauditas, atalhos tão fulgurantes, que não se pode falar senão de música, de tornado, de vento e de cordas".[12] A esse respeito, não podemos deixar de nos espantar com o último parágrafo de "Espinosa e nós", no qual o contraste referido reaparece por inteiro: "Muitos comentadores amavam suficientemente Espinosa para evocar um Vento quando falavam a seu respeito. E, efetivamente, não existe outra comparação senão a do vento. Mas trata-se do grande vento calmo referido por Delbos como filósofo? Ou então da rajada de vento, do vento de bruxa, de que fala 'o homem de Kiev', não filósofo por excelência, pobre judeu que comprou a *Ética* por um copeque e sem apreender o conjunto?"[13] Deleuze conclui precisamente com essa duplicidade, como se os dois timbres, os dois ventos se completassem ou alternassem, necessitassem um do outro. Por um lado, o movimento grandioso e celeste das proposições e demonstrações, o plano fixo, o plano de imanência, o vento calmo, o Indivíduo cujas relações de velocidade e lentidão não cessam de variar numa matéria informada; por outro, a série dos afetos, das pulsões, das rajadas, dos tornados, a velocidade infinita, o estado intensivo das partículas e do pensamento. Não é o conceito de um lado e a vida de outro, já que eles são inseparáveis nos dois planos. Mas Deleuze sugere que o próprio livro (a *Ética*,

---

11. G. Deleuze, "De las velocidades del pensamiento", 2/12/1980. Disponível em: <webdeleuze.com>
12. G. Deleuze e F. Guattari, *O que é a filosofia?*, op. cit., p. 66.
13. G. Deleuze, *Espinosa. Filosofia Prática*, trad. bras. de Daniel Lins e Fabien Pascal Lins. São Paulo: Escuta, 2002, p. 135.

no caso) precisa dessas duas leituras, sistemática (a ideia de conjunto) e afetiva (não se apreende o conjunto, como diz o leitor de Kiev). O "sol branco da substância" e as "palavras de fogo de Espinosa", conforme Romain Rolland. Serenidade e furor. Não temos aí, igualmente, um retrato do pensamento de Deleuze, com sua dupla tonalidade afetiva, ou segundo as duas leituras que ele pede, simultaneamente?

Sociedade Pólen
Propomos agora um salto em direção à nossa mais candente atualidade. Maurizio Lazzarato e Yann Moulier-Boutang mostraram a que ponto, tendencialmente, pelo menos, aquilo de que o capitalismo dito cognitivista se beneficia e que ele explora não está restrito ao "mel" que ele recolhe nas horas de trabalho contratadas, mas se expande sobretudo em direção àquilo que extrapola o emprego formal, isto é, a rede complexa das trocas de informação, de conhecimento, de saberes, a cooperação e interação social, afetiva, coletiva, o enxameamento incomensurável que densifica, nutre e condiciona a produção e a reprodução social.[14] A fonte da riqueza deslocou-se do quadro estrito do trabalho, desbordando para o tempo da vida como um todo, inclusive para o do lazer, do entretenimento, da criação artística, das relações afetivas, até mesmo para o do sonho. Trata-se da força-invenção disseminada por toda parte e por todo o tempo, não só nos laboratórios ou nas universidades, mas também entre os desempregados, os artistas, os intermitentes, o cognitariado e o precariado de toda ordem. Em suma, a "multidão" é o lugar e a fonte da inteligência coletiva, o reservatório da produção cognitiva e afetiva. Por conseguinte, é justamente a atividade de polinização das relações sociais da *multitudo* que condiciona o grau de inovação da economia

---

14. Yann Moulier Boutang, *L'abeille et l'économiste*, coll. Essai. Paris: Carnets Nord, 2010. Uma tal perspectiva vem sendo trabalhada por Maurizio Lazzarato, *Lavoro immateriale. Forme di vita e produzione di soggettività*. Verona: Ombre Corte, 1998; "Gabriel Tarde, un vitalisme politique" in Gabriel Tarde, *Monadologie et sociologie*, v. 1. Paris: Institut Synthélabo, 1999; *Puissances de l'invention*. Paris: Les empêcheurs de penser en rond, 2002; *As revoluções do capitalismo*. Rio de Janeiro: Civilização Brasileira, 2006; Yann Moulier-Boutang, *Le bassin de travail immatériel (BTI) dans la métropole parisienne: mutation du rapport salarial dans les villes du travail immatériel*. Paris: L'Harmattan, 1996 (com Antonella Corsani, Maurizio Lazzarato e Antonio Negri); *Le Capitalisme Cognitif. La nouvelle grande transformation*. Paris: Amsterdam, 2007. Quanto à polinização concreta: estatísticas recentes revelam que as abelhas são indispensáveis à polinização de 80% das espécies vegetais e 84% das espécies vegetais cultivadas.

imaterial contemporânea. Como medir, demarcar, quantificar essa polinização *tout azimut*, dado seu aspecto a um só tempo singular, coletivo, intangível? Uma sociedade pólen é precisamente aquela que repousa sobre essa circulação, propagação, contaminação, atividade em princípio gratuita, mas que, à contrapelo do modo de produção e de mensuração e apropriação fordista, requereria outros mecanismos de remuneração e de repartição dos bens, inclusive da propriedade intelectual. É nisso que insistem os autores: a inovação e a produção dependem cada vez mais das externalidades positivas (infraestruturas, níveis de formação, instituições, serviços públicos, bens comuns, qualidade da vida, segurança, relações), de modo que é cada vez mais difícil, como diz Moulier-Boutang, "estabelecer a participação de cada um no resultado final, e quanto mais se vai em direção a uma economia da inovação e da relação, de criações culturais e de serviços, mais o trabalho indireto ou 'não produtivo' se torna essencial — é a polinização da sociedade por todo tipo de atividades gratuitas ou exteriores ao trabalho". É uma outra lógica, pois, que se anuncia no seio do capitalismo, contrária em tudo à economia de mercado. Obviamente, não podemos acompanhar aqui os múltiplos aspectos que se desenham nessa mutação produtiva e teórica, com todos os riscos e as promessas biopolíticas embutidas em um tal processo e em tal abordagem.

Faremos apenas essa hipótese: certa prática filosófica assistiu a inflexões similares, comparáveis a um regime de polinização social. Como o formulou Villani a respeito de Deleuze: a filosofia não depende mais da *essência*, mas do *enxame* [*ne dépend plus de l'*esse *mais de l'*essaim].[15] Se Deleuze foi um ativo experimentador de uma tal modalidade do pensamento, como polinização ou enxameamento, é porque nele e em sua geração, o autor, a obra, a economia da produção e o regime de circulação dos conceitos sofreu uma modificação notável. Não podemos, aqui, senão indicar rapsodicamente algumas pistas sobre esses pontos, deixando entrever em que medida o movimento de um pensamento antecipa aquilo que no seu tempo pede passagem.

---

15. Arnaud Villani, *La guêpe et l'orchidée*. Paris: Belin, 1999.

1. Da propriedade privada em filosofia

É todo o problema que ocupou o século XX: quem pensa? Desde Nietzsche, passando por Artaud, Blanchot, Lacan, Foucault, a identidade do autor e a patente que detém ele sobre sua produção foi posta em xeque. A função-autor foi questionada, bem como a atribuição do pensamento ao sujeito do conhecimento, à consciência ou às suas figuras derivadas. Assim, é sempre uma multiplicidade que fala ou que pensa. O eu dissolvido, o eu larvar, o eu contemplativo, o eu passivo, os múltiplos eus, Eu é um outro, ou a conhecida fórmula de Deleuze: "Há sempre um outro sopro no meu, um outro pensamento no meu, uma outra posse no que possuo, mil coisas e mil seres implicados nas minhas complicações: todo verdadeiro pensamento é uma agressão. Não se trata das influências que sofremos, mas das insuflações, flutuações que *somos*, com as quais nos confundimos."[16] Em Deleuze há muitos exemplos, além de sua escrita conjunta com Guattari, sobre o grau de despersonalização necessário a um autor para abrir-se "às multiplicidades que atravessam de lado a lado".[17] Não temos escrúpulos, nesse caso, em evocar até mesmo o esquizofrênico, na distância que ele sobrevoa entre o masculino e o feminino, o humano e o animal, o vivo e o morto, e que "se abre e, como um saco cheio de esporos, os solta como outras tantas singularidades que ele mantinha indevidamente encerradas, dentre as quais ele pretendia excluir umas, reter outras, mas que agora devêm pontos-signos, todos afirmados na sua nova distância".[18] De onde nos vem o direito de usar tal imagem para um filósofo? Também nele algo se abre, algo se solta, algo atravessa, uma distância é percorrida num sobrevoo absoluto. Mesmo a solidão do criador ou do pensador, tão defendida por Deleuze, é todo o contrário de uma interiorização ou de um fechamento sobre si — o deserto é precisamente a condição para que se seja atravessado pelas diversas "tribos", vozes, devires, intensidades, hecceidades — a solidão a mais povoada, a solidão mais solidária. Não se trata apenas, digamos, da abolição da propriedade intelectual, mas do poder mesmo que um

---

16. G. Deleuze, *Lógica do sentido*, trad. bras. de Luiz Roberto S. Fortes. São Paulo: Perspectiva, 1982, p. 306.
17. G. Deleuze, *Conversações*, op. cit., p. 15. Sobre esse tema, cf. Évelyne Grossman, *L'angoisse de penser*, sobretudo o capítulo "La sortie de soi" Paris: Minuit, 2008.
18. G. Deleuze e F. Guattari, *O anti-Édipo*, op. cit., p. 110.

autor pretenderia ter sobre o destino de sua obra, da presunção de legislar sobre seus desdobramentos e seu sentido, da "monarquia do autor", como o definiu Foucault em seu prefácio à segunda edição da *História da loucura*: "Gostaria que esse objeto-evento, quase imperceptível entre tantos outros, se recopiasse, se fragmentasse, se repetisse, se simulasse, se desdobrasse, desaparecesse enfim sem que aquele a quem aconteceu escrevê-lo pudesse alguma vez reivindicar o direito de ser seu senhor, de impor o que queria dizer, ou dizer o que o livro devia ser. Em suma, gostaria que um livro não se atribuísse a si mesmo essa condição de texto ao qual a pedagogia ou a crítica saberão reduzi-lo, mas que tivesse a desenvoltura de apresentar-se como discurso: simultaneamente batalha e arma, conjunturas e vestígios, encontro irregular e cena repetível."[19] É uma outra economia da circulação, da disseminação, da proliferação, da dispersão. E que prefigura (ou apenas esclarece) uma certa (anti)economia não finalizada, já em curso no domínio intangível dos saberes e da linguagem, há muito tempo, bem antes que chegasse ao grau de explicitação que leva o nome de *copyleft*. Coube a Gabriel Tarde, talvez, elaborar a mais sugestiva teoria das correntes de transmissão social, mostrando a que ponto a invenção e a circulação dos gestos, das crenças, dos desejos e das ideias é tributária de uma lógica anônima do compartilhamento e do contágio, de uma molecularidade de disseminação que pulveriza a categoria de autoria ou de sujeito.[20]

2. Do estatuto da obra

Não se pode dissolver o sujeito ou o autor sem ao menos problematizar o estatuto do objeto ou da obra. Blanchot foi muito longe nessa direção, ele que já aproximava a obra de sua ruína — *desoeuvrement*, inoperância — insistindo que, o que fala no autor, é que ele não é mais ele mesmo, ele já não é ninguém: não o universal, mas o anônimo, o neutro, o fora. Deleuze o diz a seu modo: uma obra, seja ela literária, plástica ou filosófica, só vale por sua relação com a exterioridade — ela é relação com o fora, seu sentido lhe vem de fora e a leva para fora de si mesma. É tudo questão

---

19. Michel Foucault, prefácio à reedição de 1972 da *História da loucura*, trad. bras. de José T. Coelho. São Paulo: Perspectiva, 1978.
20. M. Lazzarato, *Puissances de l'invention*, op. cit.

de conexão, de passagem elétrica, de maquinação, de utilização — a famosa caixa de ferramentas de que falou Guattari e que Foucault retomou ao designar o sentido da teoria no presente. Não há com isso volatização alguma do próprio pensamento, mas liberação da matéria-pensamento para fora da clausura que lhe impunha a forma-livro como "forma de interioridade". Percebe-se a que ponto tudo isso favorece um outro tipo de circulação e conectividade do pensamento filosófico — e Deleuze referiu-se ao anseio de que os conceitos circulassem como uma moeda corrente e percorressem o fluxo do mundo — sem que isso lhes retirasse em nada a singularidade que o próprio filósofo não cessou, em momento algum, de lapidar no mais alto grau. É, de fato, uma posição paradoxal, que levou alguns a suspeitar, em noções tais como máquina desejante ou agenciamento maquínico, de uma abjeta cumplicidade com o capitalismo que se alegava combater. É claro que o que parece desorientar muitos leitores nessa prática filosófica, entre outros um Žižek, por exemplo, é a ausência de "negatividade" (dialética, claro!), que permitiria uma relação mais "discriminada" com a totalidade que se quer criticar. Com o que, lhe escapa inteiramente a dimensão de infiltração e de coalescência do pensamento com a energia do presente, e da destotalização daí resultante. Desde a singularidade, a diferença, a molecularidade, a individuação, a conexão gradual [de proche en proche], até conceitos no limite da antiprodução como o corpo-sem-órgãos ou mesmo a noção de esgotamento, passando pela reivindicação de vacúolos de silêncio, tudo depõe contra uma suposta "positividade plena" ou "adesão à aceleração" que alguns lhe atribuem. Como o diz Guattari, à sua maneira: "Um mundo só se constitui com a condição de ser habitado por um ponto umbilical, de desconstrução, de destotalização e de desterritorialização [...]. Esse vacúolo de descompressão é ao mesmo tempo núcleo de autopoiese..."[21] Isto, que Deleuze já detectava na ideia de Todo em Bergson, e que ele retoma na sua concepção de cinema, vale para toda obra — sempre há um ponto ou uma linha pela qual tudo escapa e foge. Mais: é a própria linha de fuga que é primeira. "Não se deve entender essa primazia das linhas de fuga cronologicamente, mas tampouco no sentido de uma eterna generalidade. É, antes, o fato e o direito do intem-

---

21. F. Guattari, *Caosmose*, trad. bras. de Ana L. de Oliveira e Lúcia C. Leão. São Paulo: Ed. 34, 1992, p. 102.

pestivo; um tempo não pulsado, uma hecceidade como um vento que se levanta, uma meia noite, um meio dia."[22]

3. Do encontro

Quando um filósofo como Deleuze "toca" um outro, o que é mesmo que se produz? Será um encontro amoroso, ou mesmo perverso, entre dois pensadores, tal como sua descrição o faz acreditar? Não temos certeza de que uma tal imagem, por provocativa que seja, esgote a complexidade implicada — enrabar ou se deixar enrabar, fazer filhos monstruosos ou se ver fazer filhos pelas costas.

Sentimos a comicidade em jogo. Sim, um duplo devir, sem dúvida, como no caso da abelha e da orquídea, uma evolução a-paralela, em que o encontro ele mesmo arrasta a ambos numa terceira direção e "revela" àqueles que teriam se encontrado o que eles "podiam", portanto, o que eles *eram* virtualmente.[23] Ou então, segundo uma outra perspectiva, poderíamos dizer: a cada encontro há produção de excesso, onde, justamente, como o repetiu Deleuze, a relação excede os seus termos. Ou então: encontrar é sempre afetar e ser afetado, mas igualmente envolver aquilo que se encontra, apossar-se de sua força sem destruí-lo... Ou então, ação à distância, ou sobrevoo da distância. Mais do que uma enrabada, seria preciso atentar, na frase cômica de Deleuze, aos descentramentos recíprocos, à produção de emissões secretas. Desertaríamos a sucessão histórica e seus constrangimentos para deslizar, no espaço do pensamento, para outras lógicas, em que se desborda o tempo histórico e seus marcadores possíveis (de causalidade, de influência, de retroatividade), garantindo a cada centelha que daí resulte uma "autonomia" em direção à autoposição do conceito. Mesmo a imagem sedutora de Borges, na qual cada filósofo cria seus precursores, parece insuficiente, mesmo que a linhagem retroativa produzida por Deleuze não tenha ainda esgotado seus frutos e nada perdeu de seu interesse. Em todo o caso, Deleuze insiste em renunciar ao antes e depois, considerando um "tempo da filosofia" em vez de uma "história da filosofia". Nesse tempo estratigráfico,

---

22. G. Deleuze e C. Parnet, *Diálogos*, op. cit., p. 158.
23. A. Villani, *La guêpe et l'orchidée*, op. cit., p. 13: "não é do ser ao encontro, mas do encontro ao ser que a consequência é correta."

há superposições, não sequências, em que "os nomes de filósofos coexistem e brilham, seja como pontos luminosos que nos fazem repassar pelos componentes de um conceito, seja como os pontos cardinais de uma camada ou de um folheado que não cessam de retornar até nós, como estrelas mortas cuja luz é mais viva que nunca. A filosofia é devir, não história; ela é coexistência de planos, não sucessão de sistemas".[24] É o cone invertido bergsoniano, a Memória-mundo, com seus pontos cintilantes e a relação a cada vez reinventada entre eles, como na experiência do padeiro referida por Deleuze.

Agreguemos três elementos de uma teorização de Simondon que poderiam ajudar a pensar esse conjunto de perspectivas sobre o encontro ou a relação. Primeiramente, o filósofo da ontogênese não se cansou de mostrar que o ser não é pensável senão enquanto devir, isto é, enquanto defasagem em relação a si mesmo. Na sua formulação: "o devir é o ser como *presente* na medida em que ele se defasa atualmente em passado e futuro." Ou seja, ele se desborda a si mesmo, extrapolando sua unidade ou identidade.[25] Se a dialética preserva ainda a exterioridade das modificações em relação ao que é modificado, aqui o devir é ele mesmo pensado como ontogênese: "O ser enquanto ser é dado inteiro em cada uma de suas fases, mas com uma reserva de devir."[26] Na esteira dessa ideia, podemos perguntar: o que é uma obra, um autor, um pensamento, senão também sua "reserva de devir"? Não é precisamente essa faceta virtual que circula fora dele mesmo, mais ainda do que sua faceta atual? Não seriam suas forças, virtualidades, emissões secretas as que se disseminam, mais do que os termos mesmos que as carregam, com todos os riscos que estes têm de se congelarem em clichês e em palavras de ordem? Em segundo lugar, ao tomar de empréstimo da teoria psico-fisiológica da percepção o termo disparação, indicando a não coincidência entre a imagem esquerda e a direita na visão, e a que ponto tal disparate invoca uma terceira dimensão suplementar, porém não de mera sobreposição, no caso a profundidade,[27] Simondon faz desse procedimento

---

24. G. Deleuze e F. Guattari, *O que é a filosofia?*, op. cit., p. 77.
25. Gilbert Simondon, *L'individuation à la lumiére des notions de forme et d'information*. Grenoble: Millon, 2005, p. 31.
26. Ibid., p. 318.
27. Ibid., p. 205, nota 15.

um operador de invenção, em que uma incongruência de fundo entre duas singularidades, isto é, uma diferença de potencial ou de tensão, ou intensiva, chama por uma "resolução", por uma nova "individuação", que no entanto não abole as tensões num equilíbrio estável. Não poderíamos conceber o encontro entre dois autores, na distância que os separa (como na distância entre a imagem retida pelo olho esquerdo e o direito), como um processo de "disparação" dessa ordem, no qual o que se cria é necessariamente um novo plano, uma "individuação" suplementar, com sua "ressonância interna", sem que se possa concebê-la como uma síntese que aboliria as tensões, as singularidades ou as incongruências originais? No fundo, é a teoria do conhecimento com a qual Simondon conclui seu estudo magistral sobre a individuação: o conhecimento não consiste na relação entre um sujeito constituído e um objeto dado (por exemplo, o sujeito Deleuze, leitor do objeto Nietzsche); o conhecimento seria menos ainda uma relação pensada como adequação, representação, reflexão *sobre*.[28] O conhecimento é ele mesmo uma individuação, irredutível portanto aos termos que ele envolve, enlaça e reconfigura. De modo que, quando Simondon declara que seu objetivo é *seguir o ser em sua gênese*, isso significa igualmente "realizar a gênese do pensamento ao mesmo tempo em que se realiza a gênese do objeto".[29] Talvez quem melhor formulou um tal movimento em Deleuze, apesar da compreensão particular que teve quanto à ideia de gênese, e mesmo com suas reticências, foi Jean-Luc Nancy, ao escrever que o pensamento de Deleuze não tem o "real" por objeto, ele não tem "objeto": ele é uma outra efetuação do "real" ou, em outros termos, "ele não julga nem transforma o mundo, ele o efetua diferentemente, como universo 'virtual' dos conceitos".[30] O terceiro ponto de Simondon é a relação entre o germe e a água-mãe no processo de cristalização tal como ele o descreve. Dado um líquido determinado em estado de superfusão (ou seja, em equilíbrio metaestável), em condições de temperatura e pressão, eis uma singularidade que lhe serve de ponto de partida para uma crista-

---

28. Cf. Ibid., p, 321: "Ora, nada prova que o conhecimento seja uma relação, e em particular uma relação na qual os termos preexistem como realidades individuadas."

29. Ibid., p. 34.

30. Jean-Luc Nancy, "Dobra deleuzeana do pensamento", trad. bras. de Maria Cristina Franco Ferraz, in Éric Alliez (org.), *Gilles Deleuze: uma vida filosófica*. São Paulo: Ed. 34, 2000, p. 114.

lização. "Tudo se passa como se o equilíbrio metaestável não pudesse ser rompido senão pelo aporte local de uma singularidade contida no germe cristalino e capaz de romper o equilíbrio metaestável; uma vez atraída, a transformação se propaga, pois a ação que se exerceu no início entre o germe cristalino e o corpo metaestável se exerce em seguida progressivamente entre as partes já transformadas e as partes ainda não transformadas."[31] E Simondon explica que os físicos empregam normalmente um termo emprestado ao vocabulário biológico para designar a ação de trazer um germe: eles dizem que se semeia a substância através de um germe cristalino. Não poderíamos utilizar essa imagem do germe para retomar a questão formulada no início? Um pensador não apenas "rouba" um autor no qual ele mergulha, mas também lhe aporta um "germe cristalino", uma singularidade a partir da qual se desencadeia, na matéria metaestável da obra estudada (por pouco que se a conceba nesse sentido), uma reordenação, *de proche en proche*, como gostam de dizer Simondon e Deleuze — Deleuze e seu germe Espinosa em Nietzsche, o germe Nietzsche na obra de Espinosa, Deleuze ele mesmo como uma singularidade. Será que o percurso de Deleuze, em sua relação com as obras que ele toca, não dramatiza à sua maneira essas operações diversas tão bem descritas por Simondon, a defasagem, a disparação, o germe cristalino? Se essas lógicas podem parecer inusitadas no domínio do pensamento, é porque desbordam o tempo histórico e seus marcadores possíveis, como já dissemos, a saber, as noções de causalidade, influência, mesmo retroatividade, operando uma reprodução transversal.

4. Da reprodução transversal
É que, como diz Deleuze: "O vampiro não filiaciona, ele contagia. A diferença é que o contágio, a epidemia, coloca em jogo termos inteiramente heterogêneos: por exemplo, um homem, um animal e uma bactéria, um vírus, um microorganismo. Ou, como para a trufa, uma árvore, uma mosca e um porco. Combinações que não são genéticas nem estruturais, inter-reinos, participações contra a natureza, mas a Natureza só procede assim, contra si mesma. Estamos longe da produção filiativa, da

---

31. G. Simondon, *L'individuation à la lumiére...*, op. cit., p. 78.

reprodução hereditária."[32] As implicações de uma tal teoria da transversalidade, sobretudo no contexto em que reina o determinismo genético, são consideráveis. Sabemos a que ponto, por exemplo, Deleuze e Guattari criticaram o dogma e a mitologia do DNA ao recusar compará-lo a uma linguagem, já que não há justamente tradução, mas antes sínteses sucessivas que reordenam: metabolismo, seleção natural, reprodução, transferência virótica. Como o mostrou Keith Ansell-Pearson, em Deleuze se encontra, ao invés de um evolucionismo cósmico, uma dança desterritorializada, relações rizomáticas.[33] A teoria da biologia da complexidade sustenta que os mecanismos moleculares seguem uma versatilidade, uma fluidez tal que o acento deveria ser colocado mais num campo de forças dinâmico do que numa essência física. "O DNA nu não se replica a si mesmo, ele requer um agenciamento complexo de enzimas proteicas." Assim, em vez de genealogias com um modelo de vida evolutivo, Pearson insiste em agenciamentos transversais, no qual genes cruzam fronteiras. Nessa direção, Deleuze e Guattari teriam feito uma leitura molecular do darwinismo, molecularização da população — capacidade de um código em propagar-se num meio dado para criar para si um novo meio em que cada modificação é tomada num processo de movimento populacional. A mudança concebida não mais como passagem de uma forma preestabelecida a outra, mas como processo de descodificação. Teoria moderna das mutações, segundo as quais um código goza de uma margem de descodificação que oferece suplementos capazes de variação. Mais-valia de código, comunicação lateral. Por que isso não seria igualmente pertinente para as migrações conceituais no campo do pensamento, para as *rupturas* de um código filosófico, assim como para sua disseminação sob um modo virótico ou epidêmico?

※※※

Não podemos aspirar a uma conclusão tendo em conta os dois vetores evocados aqui, a movência eólica e a polinização transversa. Em todo o caso, ousamos afirmar que é em *Mil platôs* que seu cruzamento se efetua

---

32. G. Deleuze e F. Guattari, *Mil platôs*, v. 4, op. cit., p. 23.
33. Keith Ansell Pearson, *Germinal Life*. Londres/Nova York: Routledge, 1999.

da maneira mais interessante, com a elaboração de conceitos tais como espaço liso, nomadologia, corpo-sem-órgãos, agenciamento, ritornelo, bem como com a cartografia dos devires, hecceidades, desterritorializações. Se o *vento*, as *rajadas* e o exercício livre da *polinização* em Deleuze puderam adquirir uma tal potência nesse livro, que ele confessou ser seu predileto, é porque ali os platôs de intensidade explicitaram um plano de imanência contemporâneo. Com isso, liberaram-se novas velocidades e variações, misturas, curtos-circuitos, novas forças e matérias, arrastando conjuntamente nossa vida e nosso pensamento. Ora, não é evidente para uma vida, por mais filosófica que ela se pretenda, sustentar uma tal aposta. Pois toda forma de vida, do ponto de vista da velocidade eólica, constitui uma espécie de parada, ou até mesmo de parada na imagem, como se diz no cinema. "Como turbilhões de poeira levantados pelo vento que passa, os viventes volteiam sobre si mesmos, pendentes do grande alento da vida. Eles são, pois, relativamente estáveis, e chegam a imitar tão bem a imobilidade...",[34] exclama Bergson, citado por Deleuze. É que o vivente não pode coincidir inteiramente com a velocidade daquilo que o impele, o desborda e lhe escapa: o grande sopro ou alento ou vento. Quer se o chame de virtual, de todo não dado, de plano de imanência, *apeiron* ou fora, é sempre a partir desse vento e das partículas ínfimas que carrega que se decide, nesse misto de acaso e necessidade, o turbilhão da volteante diferença.

---

34. Henri Bergson, *A evolução criadora* apud Gilles Deleuze, *Bergsonismo*, trad. bras. de Luiz B. L. Orlandi. São Paulo: Ed. 34, 1999, p. 84, nota 147.

APÊNDICE

POR UMA ARTE DE INSTAURAR MODOS DE EXISTÊNCIA

Em meio à falência do antropocentrismo a que assistimos nas últimas décadas, nos domínios vários, da filosofia à ecologia, seres que antes pareciam reclusos à esfera subjetiva ganharam um outro estatuto, uma nova vida. Entes invisíveis, impossíveis, virtuais, que pertenciam ao domínio dito da imaginação, do psiquismo, da representação ou da linguagem, atravessaram alegremente a fronteira entre sujeito e objeto e reaparecem numa outra chave ontológica. Já não somos os únicos actantes do cosmos, protosubjetividades pululam por toda parte, e mesmo aquilo que parecia mero objeto de manipulação tecnocientífica, como a natureza, salta para o proscênio, reivindicando meios de expressão próprios. Que nos baste a ponderação de Peter Sloterdijk nas conversas preparatórias para a *Ópera Amazônia*, na qual ele detecta uma "dor amazônica" diante da ameaça que pesa sobre a floresta e entende que o protagonista do experimento não poderia ser outro que não o "sujeito amazônico".[1] Por mais extravagante que pareça a noção de um sujeito não antropológico, sobretudo numa época que ainda se aferra à primazia do sujeito humano, é preciso reconhecer que o pensamento contemporâneo tende a admitir múltiplos feixes de experiência ou de sentires (*feelings*, diz Whitehead), bem como maneiras de ser diversas, segundo múltiplas perspectivas e uma pluralidade de mundos.[2] Na esteira desse perspectivismo, uma das questões cosmopolíticas de hoje não poderia

---

1. Laymert Garcia dos Santos, *Amazônia transcultural, xamanismo e tecnociência na Ópera*. São Paulo: n-1 edições, 2013, p. 27.
2. Para um panorama a respeito dessa linhagem de autores, entre os quais se encontram William James, Whitehead, Tarde, Simondon, Souriau, para não mencionar Leibniz ou Nietzsche, cf. Didier Debaise (org.), *Philosophie des possessions*. Paris: Les presses du réel, 2011.

ser: qual é a dor que cada actante, humano ou não humano, carrega? Qual é a ameaça que cada um deles, e nós com eles, enfrentamos? E quais dispositivos cabe ativar, seja para lhes dar voz, seja para dá-los a ver, seja para deixá-los se esquivarem ao nosso olhar voraz? Da Amazônia aos autistas, a questão é a mesma — a dos modos de existência.

À revelia das novas formas de gestão biopolítica da vida em escala planetária, que tendem galopantemente à homogeneização, vêm à tona por toda parte *modos de existência* singulares, humanos e não humanos. Que tipo de existência se lhes pode atribuir, a esses "seres" que povoam nosso cosmos, agentes, actantes, sujeitos larvares, entidades com suas maneiras próprias de se transformarem e de nos transformarem? Nem objetivos nem subjetivos, nem reais nem irreais, nem racionais nem irracionais, nem materiais nem simbólicos, seres um tanto virtuais, um tanto invisíveis, metamórficos, moventes, a que categoria pertencem? E em que medida existem por si mesmos? Quanto dependem de nós? Quanto estão em nós? Enfim, qual é exatamente o seu estatuto, se é que se deva de imediato reuni-los todos num único grupo, na contramão da pluralidade existencial que anunciam? E que efeitos têm sobre nossa existência e imaginação? Como diz Bruno Latour: "Alguns deles têm o duplo traço de *nos* transformarem em outra coisa, mas também de por sua vez *se transformarem* em outra coisa. Que faríamos nós sem eles? Seríamos sempre, eternamente os mesmos. Eles traçam, através do multiverso (para falar como James), caminhos de alteração ao mesmo tempo terroríficos (pois nos transformam), hesitantes (pois podemos enganá-los) e inventivos (pois podemos deixar-nos transformar por eles)."[3]

Num livro intitulado *Les différents modes d'existence,* Étienne Souriau deu forma, no final dos anos 1930 e numa linguagem por vezes empolada, a uma metafísica que visava a dar acolhida justamente a esses seres dos quais não se pode dizer com precisão se existem ou não, segundo os parâmetros e gabaritos de que dispomos.[4] Pois em princípio nenhum ser tem substância em si, e para subsistir ele deve ser *instaurado*. Assim,

[3]. Bruno Latour, *Enquête sur les modes d'existence — Une anthropologie des Modernes*. Paris: La Découverte, 2012, p. 208.
[4]. Étienne Souriau, *Les différents modes d'existence*. Paris: PUF, 2009.

antes mesmo de tentar um inventário dos seres segundo seus diferentes modos de existência, Souriau postula uma certa "arte de existir", de "instaurar a existência". Para que um ser, coisa, pessoa ou obra *conquiste* existência — e não *apenas* exista —, é preciso que ele seja *instaurado*. A instauração não é um ato solene, cerimonial, institucional, como quer a linguagem comum, mas um processo que "eleva" o existente a um patamar de realidade e esplendor próprios — *patuidade*, diziam os medievais. Instaurar significa menos criar pela primeira vez do que estabelecer "espiritualmente" uma coisa, garantir-lhe uma "realidade" em seu gênero próprio.

Ora, não há uma fonte única de instauração (a vontade, a consciência, o espírito, o corpo, o inconsciente etc.) — hoje diríamos que há múltiplos "dispositivos" de instauração. Assim, cada filosofia, mas também cada religião, ciência, arte instaura seus seres e com isso inaugura um mundo singular — nunca o mesmo: pluralismo ontológico e existencial, multiverso! As implicações de um procedimento tal não são pequenas. Como diz Latour: "Engaja a instauração nas ciências, mudarás toda a epistemologia; engaja a instauração na questão de Deus, mudarás toda a teologia. Engaja a instauração na arte, mudarás toda a estética. Engaja a instauração na questão da alma, mudarás toda a psicologia. O que cai por terra em todo caso é a ideia, no fundo bem ridícula, de um espírito que estaria na origem da ação e cuja consistência seria projetada em seguida por ricochete sobre uma matéria que não teria outro porte, outra dignidade ontológica senão a que se condescendesse em atribuir-lhe."[5]

A arte de existir

A arte e a filosofia teriam em comum precisamente o fato de que visam, ambas, a instaurar seres cuja existência se legitima por si mesma, "por uma espécie de demonstração radiante de um direito à existência, que se afirma e se confirma pelo brilho objetivo, pela extrema realidade de um ser instaurado".[6] Tudo indica que Souriau almeja algo como uma *Arte de instaurar*, ou *Arte de fazer existir* seres que ainda vagam na penumbra,

---

5. B. Latour e Isabelle Stengers, "Le sphynx de l'oeuvre" in É. Souriau, *Les différents modes d'existence*, op. cit., p. 11.
6. É. Souriau, *L'instauration philosophique*. Paris: Alcan, 1939, p. 68.

ficcional, virtual, longínqua e enigmática. Portanto, todo seu pensamento poderia ser colocado sob o signo desse chamado por uma "obra por fazer" — e por obra não se entende aqui necessariamente obra de arte; mesmo o homem é uma "obra por fazer", incompleta, aberta, inantecipável. Assim, em cada caso, não se trata de seguir um *projeto dado* que caberia realizar, mas abrir o campo para um *trajeto* a ser percorrido conforme as perguntas, os problemas e os desafios imprevistos aos quais é preciso responder a cada vez, singularmente. O desafio vital que se coloca a cada um de nós, pois, não é "emergir" do nada, numa criação *ex nihilo*, mas atravessar uma espécie de caos original e "escolher, através de mil e um encontros, proposições do ser, o que assimilamos e o que rejeitamos."[7] Nada está dado, nada está garantido, tudo pode colapsar, a obra, o criador, a instauração, mas essa hesitação é própria ao processo, não insuficiência ontológica nem falha constitutiva. É que o trajeto vital é feito de exploração, descobertas, encontros, cisões, aceitações dolorosas. Contra o voluntarismo idealista do criador que parte do nada, a solicitude em relação à "matéria" que o chama: "o ser em eclosão reclama sua própria existência. Em tudo isso, o agente tem de inclinar-se diante da vontade própria da obra, adivinhar essa vontade, abnegar-se em favor desse ser autônomo que ele busca promover segundo seu direito próprio à existência." Trata-se, pois, de defender esse direito, tornar-se o advogado do ser por vir, a testemunha de tal ou qual modo de existência, sem a qual essa existência talvez não vingasse.

Mas como imaginar que o pensamento, a matéria, Hamlet, Peer Gynt, a raiz quadrada dos números negativos, a rosa branca existiriam da mesma maneira?, pergunta o autor. Claro que não compartilham o mesmo modo de existência. Já a *instauração* de cada um deles implica sempre inúmeras experimentações singulares (a "liberdade"), sucessivas determinações (a "eficácia") e uma profusão de equívocos (a "errabilidade"). O criador se vê sempre diante de uma *situação questionante*, como se ele ouvisse a voz de uma esfinge irônica perguntando-lhe: e agora? A obra o questiona, o chama, o parasita, o explora, o escraviza, o anula — ela é um monstro! — mas ao mesmo tempo demanda seu testemunho, sua solicitude, inclusive para encontrar o acabamento que

---

7. É. Souriau, *La couronne d'herbes*. Paris: UGE, 1975, p. 53.

se insinua, e que exige sempre discernir em meio ao caos do mundo o que é "factível". Nenhuma intencionalidade, nenhum antropocentrismo, nenhuma mistificação da obra impossível — mas a instauração, o trajeto, a "alma" equivalente a uma perspectiva.

Penso numa criancinha que tinha disposto cuidadosamente, por muito tempo, diversos objetos, grandes e pequenos, de uma maneira que lhe parecia graciosa e ornamental, sobre a mesa da sua mãe, para lhe dar "muito prazer". A mãe vem. Tranquila, distraída, ela toma um desses objetos de que ela precisa, coloca um outro no seu lugar, desfaz tudo. E quando as explicações que se seguem aos soluços reprimidos da criança lhe revelam a extensão de seu equívoco, ela exclama desolada: ah! meu pobrezinho, eu não tinha visto que era alguma coisa.[8]

David Lapoujade assim comenta esse exemplo de Souriau: "Eu não tinha visto... O que foi que ela não viu? O que é 'essa coisa' que a mãe não vê? Pode-se dizer que é a alma da criança — transposta inteiramente para os objetos. Pode-se dizer que é a disposição cuidadosa dos objetos que testemunha da presença de um ponto de vista preciso da criança. Em ambos os casos, se terá razão: ela vê os objetos pois ela os arruma, o que ela não vê é o modo de existência deles sob o ponto de vista da criança. *O que ela não vê é o ponto de vista da criança;* ela não vê que ali há um ponto de vista — que existe. É óbvio que tal cegueira vale para todos os modos de existência dos quais fala Souriau."[9] É o pragmatismo da percepção que, ao privilegiar as realidades sólidas e manifestas, desqualifica a pluralidade das perspectivas, dos planos de existência.

Ao invés de sacrificar a positividade existencial de "populações inteiras de seres" no altar de uma Verdade, seria o caso de multiplicar o mundo a fim de as acolher — donde o esforço em mobilizar conceitos diversos para garantir a pluralidade e distinção entre os modos de existência, sem deles fazer etapas de um único processo evolutivo, universal. Ademais, em vez de perguntar, "isso existe? e de que modo?", caberia

---

8. É. Souriau, *Avoir une âme: essai sur les existences virtuelles.* Paris: Belles Lettres, 1938, p. 17.
9. David Lapoujade, "Souriau: une philosophie des existences moindres" in D. Debaise, *Philosophie des possessions,* op. cit.

saber se se pode existir "um pouco, muito, passionalmente, de modo algum", em gradações diversas. Por exemplo, existir como possível, em-potência, ou prestes a emergir *ao lado* do atual, ou existir balbuciantemente abaixo de um limiar de integridade — quantas maneiras distintas de existir... Entre o ser e o não ser, tantas gradações! Antes mesmo de comparar os modos de existência entre si, não seria possível pensar "a oscilação de um ser entre seu máximo e seu mínimo"? Como se cada existência pudesse ser avaliada nela mesma, segundo sua intensidade — modos intensivos de existência.

Fantasmas e acontecimentos

Souriau utiliza imagens inabituais para borrar nossas categorias. Um homem volta para rever sua amada e vingar sua morte. Vagas lembranças, ele não tem certeza: onde estou? Como eu sou? Qual minha missão? Sou um Enviado para alguma coisa — para quê? E se defronta com um mundo povoado de indícios... Souriau quer dizer que somos todos como fantasmas. Não sabemos se podemos responder sozinhos por nossa existência, não sabemos quanta força ou fraqueza temos para tanto, quão incompletos ou inacabados somos — é preciso "instaurar" a própria existência. Mas também uma escultura em curso, um livro em andamento, um pensamento sobrevindo — eles todos demandam uma *instauração*. São, pois, existências *inventadas* no trajeto mesmo de sua instauração, percurso permeado de "variações intensivas existenciais".[10] Se para alguns modos de ser existir depende de sua própria força (Se queres ter o ser, diz Mefistófeles ao homúnculo, existe por tuas próprias forças), para outros depende precisamente da força de outros, de sua solicitude — são *seres solicitudinários*. Um poema não têm acesso à existência sem o testemunho, a devoção, a solicitude de outros, poeta e leitores. Há seres imaginários que dependem de nosso desejo, cuidado, temor, esperança, fantasia, entretenimento, e por conseguinte estão subordinados a eles. Nem por isso são menos eficazes do que estes de quem dependem. Em contrapartida, é justamente através dessa solicitude ofertada que aqueles que contribuem para a criação ou duração do poema conquistam eles mesmos sua própria existência, num outro patamar.

10. É. Souriau, *Les différents modes d'existence*, op. cit., p. 109.

Como Nietzsche, que dizia ter nascido de sua obra. Quem criou quem? Mais do que criadores, somos fruto e efeito daquilo que através de nós foi criado, somos suas testemunhas.

Mais do que a classificação dos modos de existência de que Souriau faz um inventário e uma análise minuciosa (fenomênico, solicitudinário, virtual, superexistente etc.), interessa a passagem entre eles, que o autor chama de *sináptica*: as transições, as reviravoltas, os saltos, as transformações, esses movimentos em que os seres são acessórios implícitos ou catapultas de imensos dramas, como os personagens que uma criança usa numa brincadeira servem para revelar os verdadeiros acontecimentos. Num mundo assim concebido, importam precisamente os *acontecimentos*, o advir, através do qual se passa a um plano de existência diverso em função de uma mudança de perspectiva. Pois o acontecimento consiste precisamente nisto: uma mudança de perspectiva, de plano de existência. "Há pouco havia um copo inteiro; agora há estes pedaços. Entre os dois, há o irreparável. Irreparável, insuprimível, inescamoteável mesmo pelos mais sutis recursos do espírito, que pode dele se desviar mas não contradizê-lo. Patuidade desse irredutível. Tal é a existência do fato."[11] Eis como David Lapoujade apreende esse exemplo: "Pode-se duvidar da realidade de certas existências, mas não dos fatos, pois eles têm uma eficácia, eles mudam algo no modo de existência dos seres. A eficácia aqui não é o fato de que o copo tenha se quebrado, é que ele muda de estatuto. Não é mais um copo, porém lascas cortantes. Conforme o perspectivismo de Souriau, o acontecimento consiste numa *reviravolta de ponto de vista*: algo aconteceu que já não se pode considerar um copo como um copo." E quantos acontecimentos, precisamente por consistirem numa reviravolta do ponto de vista, *fazem ver* e mesmo *criam* uma nova alma no psiquismo de quem os atravessa! O autor conclui: "Há alma desde que se perceba num modo de existência algo de inacabado, ou de inconcluso, por conseguinte, exige um 'principio de amplificação', em suma, o esboço de algo maior ou melhor. Ainda uma vez, através de todas essas existências inacabadas, o clamor de suas reivindicações, como se elas reclamassem ser amplificadas, aumentadas, em suma, tornadas mais reais. Ouvir tais reivindicações, ver nessas existências tudo

---

11. Ibid., p. 192.

o que elas têm de inacabado, é *tomar partido* por elas. É isto entrar no ponto de vista de uma existência, não para ver por onde ela vê, mas para fazê-la existir mais, para fazê-la passar a uma existência maior ou para fazê-la existir 'verdadeiramente'."[12] Afinal, não há modos de existir mais ardentes, fervilhantes, jorrantes? Existir perdidamente, saltativamente, diferentemente...

Se há existências em estado de "ínfimo esboço e de instauração precária que escapam à consciência".[13] Souriau parece querer devolver o direito a essas existências liminares que negligenciamos, evanescentes, precárias, frágeis, mesmo que essa consistência que lhes ofereçamos seja "incorporal" ou "espiritual", e que seja preciso emprestar-lhes uma "alma". É assim que nos tornamos suas testemunhas, seus advogados, seus "porta-existência", diz Lapoujade: carregamos sua existência assim como eles carregam a nossa, na medida em que, sob certo ponto de vista, só existimos quando fazemos existir outros, ou que ampliamos outras existências, ou quando vemos "alma" ou "força" ali onde outros nada viam ou sentiam, e assim fazemos com eles causa comum.

A vida esquiva

É de Fernand Deligny que nos vem o mais belo e encarnado exemplo de tudo o que precede. Na sua convivência de anos com crianças autistas, que na França, montou um dispositivo coletivo apto a acolher um modo de existência anônimo, assubjetivo, refratário a toda domesticação simbólica. Eis um mundo livre não só de linguagem, mas daquilo que ela implica: a vontade e o objetivo, o rendimento e o sentido.[14] É o indivíduo em ruptura de sujeito, detectando por vezes aquilo que de Nós escapa, aquilo justamente que não *vemos* porque *falamos*, e que eles *enxergam* porque *não falam*...

Daí o raro estatuto da imagem em Deligny. A linguagem jamais conseguirá dizer o que é a imagem, insiste ele, pois a recobre com suas injunções, finalidades, comandos, encadeamentos, sentidos. Por mais

---

12. D. Lapoujade, "Souriau: une philosophie des existences moindres", op. cit.
13. É. Souriau, *Les différents modes d'existence*, op. cit., p. 106.
14. Fernand Deligny, *O aracniano e outros textos*, trad. bras. de Lara de Malimpensa. São Paulo: n-1 edições, 2015, p. 15.

que sejamos invadidos de imagens por toda parte, atualmente, trata-se de imagens domesticadas à linguagem, imagens subordinadas à comunicação, imagens tomadas num sistema de troca ou da mercadoria — imagens-mercadoria, fetichismo da mercadoria! À imagem repleta de intenções, de cultura, que justamente *abole a imagem*, seria preciso opor o que Deligny designa por "a imagem que nos falta", na sua nudez, pobreza, no seu caráter desprovido de intenção, a imagem que paradoxalmente não é feita para ser vista, que no limite não se vê, que revela o que escapa, o que nos escapa, o que foge. O estatuto dessas imagens é oposto a toda representação, a toda intencionalidade, na verdade, a todo idealismo. Não se trata da imagem *de* um sujeito, *para* um sujeito, *diante de* um sujeito — não existe sujeito, justamente.

Deligny pode então postular, não apenas que a imagem é autista, pois, como o autista, ela não diz nada nem quer dizer nada, mas que o autista pensa por imagens. A imagem sequer é propriamente uma coisa que existe em si — ela chega, passa, atravessa, e só nos atinge graças à persistência retiniana, defeito de nosso aparelho de visão... Na verdade, a imagem é como os gansos selvagens, que vivem em bandos ou em constelação e levantam voo alinhados em v quando respondem a alguma ameaça.[15] Interessa a Deligny que as imagens levantem voo, não que permaneçam!

Estamos às portas do cinema de Deligny. Pois o cinema poderia dar suporte a tudo isso se ele não estivesse completamente submetido à linguagem, à narratividade, à obrigação de contar uma história, de ter um sentido, de emitir uma moral, de ter um alcance edificante ou pedagógico. Se o cinema não visasse ao filme, ele poderia atingir as imagens — mas para isso seria preciso que ele deixasse de "fazer obra", de querer um produto. Talvez só então o cinema fosse capaz de atingir as "coisas" como processo, acontecimento. Seria preciso até mesmo mudar o verbo "filmar" — afinal, por que chamar uma atividade pelo seu produto final — não se diz "livrar" quando se escreve um livro, mas quando se usa o martelo dizemos martelar — seria preciso então dizer "camerar". No artigo que escreveu com esse título, Deligny defende que se respeite "o que não quer dizer nada, não diz nada, não se dirige — dito de

---

15. F. Deligny, "Acheminement vers l'image" in *Oeuvres*, op. cit., p. 1670.

outro modo, escapa à domesticação simbólica sem a qual história não haveria".[16] Seria preciso "camerar" o que nos escapa, o que não se vê, as imagens perdidas, as que caem de uma câmara vesga, imagens que não se dirigem a ninguém, em vias de desaparecer... Imagens involuntárias, como a revolução. "Quer se trate de revolução ou de *imagem*, aquilo de que é preciso afastar-se, antes de tudo, é do *querer-fazê-los*".[17]

Assim como a arte é para nada, e a política faz projeto, aqui estaríamos diante da arte de se colocar no nível do "para nada", do acontecimento ínfimo (para nós). O crítico Jean-François Chévrier talvez tenha razão ao considerar que há nisso tudo um aspecto arcaico... Uma espécie de animismo, ou o sonho de uma "imagem encarnada que seria o traço vivo de uma existência nua".[18] Mas tal arcaísmo é mesmo um problema? Seremos tão modernos ou pós-modernos quanto nos imaginamos? Ou a cada dia parece mais interessante ressaltar esses contragolpes de um tempo imemorial que nos chegam por pressão de uma ameaça futura, como enuncia Davi Kopenawa, num outro contexto?[19]

Ora, não cabe "aplicar" a Deligny conceitos de Souriau, já que Deligny forjou os seus de acordo com a "matéria" que era a sua. Mas não podemos deixar de ver convergências que nos intrigam. Pois, afinal, Deligny montou um dispositivo complexo, sutilíssimo, feito de silêncio, de mapas, de trajetos, de contiguidade, todo um agenciamento espácio-temporal onde essas "existências mínimas" pudessem conquistar sua "patuidade" sem trair em nada justamente o que lhes é peculiar, seu modo de existência feito de esquiva, de linhas de errância, de teias invisíveis (sua "alma"), no

---

16. F. Deligny, "Camérer", Campera/Stylo, nº 4, septembre 1983 in *Oeuvres*, op. cit., p. 1744.
17. F. Deligny, *Oeuvres*, op. cit., p. 1734.
18. Ibid., p. 1780.
19. Davi Kopenawa e Bruce Albert, *La chute du ciel — Paroles d'un chaman yanomami*. Paris: Plon, 2010, p. 51 [Ed. bras.: *A queda do céu — palavras de um xamã yanomami*, trad. de Beatriz Perrone-Moisés. São Paulo: Cia. das Letras, 2015.]: "Eu não aprendi a pensar as coisas da floresta fixando meus olhos sobre peles de papel, eu as vi de verdade ao inalar o sopro de vida de meus ancestrais, com o pó de *yakoaña* que eles me deram. É dessa maneira que eles me transmitiram igualmente o sopro dos espíritos que multiplicam agora minhas palavras e estendem meu pensamento por toda parte [...] Contudo, para que minhas palavras sejam ouvidas longe da floresta, eu as fiz desenhar na língua dos brancos. Talvez assim eles afinal as compreendam, e depois deles, seus filhos e, mais tarde ainda, os filhos de seus filhos. Desse modo seus pensamentos em relação a nós deixarão de ser tão sombrios e torcidos e talvez eles até acabem perdendo a vontade de nos destruir. Se for assim, os nossos cessarão de morrer em silêncio, ignorados por todos, como tartarugas escondidas sob o solo da floresta."

limiar da invisibilidade social e de todos os cânones que determinam o que "merece viver" ou "ser visto", talvez porque, como o sugeriu Deligny com humor, se entendiam com a "novela" de nossas vidas, preferindo mil vezes a emoção da água escorrendo a esse aborrecido espetáculo.

Tal como há um modo autista, haveria um modo esquizofrênico, um modo índio, um modo oriental, um modo negro, um modo artista? Ou, ao contrário, é justamente para arrebentar tais clichês e a tipologia caricata e identitária que os sustenta que seria preciso insistir no "entre"? Pois trata-se de se instalar nos entremodos, nos entremundos, nas passagens, transições, viradas, deslizamentos, cruzamentos e reviravoltas de perspectiva, até mesmo nas "negociações" entre modos e mundos. Para tomar um exemplo banal, até mais próximo do que o dos xamãs — Tobie Nathan, etnopsiquiatra residente na França e que atende sobretudo famílias de imigrantes africanos, quando os chama a entrar em seu consultório, convida igualmente todas as "entidades" que as acompanham e com as quais deverá ser feita uma árdua negociação para redesenhar as relações, liberar os "encostos", gerir os conflitos. É no entrecruzamento com tais modos de existência diversos, nos entremundos, que algo pode ser gestado ou cuidado.

As possibilidades de vida

Já podemos ampliar o espectro desses comentários. Deleuze não cansou de repetir, ao longo de sua obra, que ao pensamento cabe inventar novas possibilidades de vida, novos modos de existência. "Pensar significaria *descobrir, inventar novas possibilidades de vida*", escreve ele, para em seguida citar Nietzsche: "Existem vidas nas quais as dificuldades atingem ao prodígio; são as vidas dos pensadores. E é preciso prestar atenção ao que nos é narrado a seu respeito, pois aí descobrimos possibilidades de vida e sua simples narrativa dá-nos alegria e força e derrama uma luz sobre a vida de seus sucessores. Há aí tanta invenção, reflexão, audácia, desespero e esperança quanto nas viagens dos grandes navegadores; e, na verdade, são também viagens de exploração nos domínios mais longínquos e perigosos da vida."[20]

---

20. Gilles Deleuze, *Nietzsche e a filosofia*, trad. bras. de Edmundo Fernandes Dias e Ruth Joffily Dias. Rio de Janeiro: Ed. Rio, 1976, p. 83 / São Paulo: n-1 edições, no prelo.

Mas quem avalia os modos de existência, como julgar se um é preferível a outro, qual critério valeria? Eis a primeira resposta que dá Deleuze, quando critica, junto com Nietzsche e Artaud, a mania dos pensadores de se arvorarem como juízes supremos, de montar um tribunal da vida: "O julgamento impede a chegada de qualquer novo modo de existência. Pois este se cria por suas próprias forças, isto é, pelas forças que sabe captar, e vale por si-mesmo, na medida em que faz existir a nova combinação. Talvez aí esteja o segredo: fazer existir, não julgar. Se julgar é tão repugnante, não é porque tudo se equivale, mas ao contrário porque tudo que vale só pode fazer-se e distinguir-se desafiando o julgamento. Qual julgamento de perito, em arte, poderia incidir sobre a obra futura? Não temos por que julgar os demais existentes, mas sentir se eles nos convêm ou desconvêm, isto é, se nos trazem forças ou então nos remetem às misérias da guerra, às pobrezas do sonho, aos rigores da organização."[21] E em outra ocasião, acrescenta: "Não temos a menor razão para pensar que os modos de existência tenham necessidade de valores transcendentes que os comparariam, os selecionariam e decidiriam que um é 'melhor' que o outro. Ao contrário, não há critérios senão imanentes, e uma possibilidade de vida se avalia nela mesma, pelos movimentos que ela traça e pelas intensidades que ela cria, sobre um plano de imanência; é rejeitado o que não traça nem cria. Um modo de existência é bom ou mau, nobre ou vulgar, cheio ou vazio, independente do Bem e do Mal, e de todo valor transcendente: não há nunca outro critério senão o teor da existência, a intensificação da vida."[22] Quando comenta a crença em Deus, comparando a aposta de Pascal e a de Kierkegaard, o único critério é vital — a questão não é se Deus existe ou não, quanto se ganha ou se perde apostando certo, mas qual modo de existência implica a crença para aquele que crê, em que medida ainda estão num mesmo plano aquele que crê e aquele que não crê, e o que ocorre quando muda o plano de imanência que caracteriza uma época, tal como a nossa: "sobre o novo plano, poderia acontecer que o problema dissesse respeito,

---

21. G. Deleuze, *Crítica e clínica*, trad. bras. de Peter Pál Pelbart. São Paulo: Ed. 34, 1997, p. 153 [tradução modificada].
22. G. Deleuze e Félix Guattari, *O que é a filosofia?*, trad. bras. de Bento Prado Jr. e Alberto Alonso Muñoz. São Paulo: Ed. 34, 1992, p. 98.

agora, à existência daquele que crê no mundo, não propriamente na existência do mundo, mas em suas possibilidades, em movimentos e em intensidades, para fazer nascer ainda novos modos de existência, mais próximos dos animais e dos rochedos. Pode ocorrer que acreditar neste mundo, nesta vida, se tenha tornado nossa tarefa mais difícil, ou a tarefa de um modo de existência por descobrir, hoje, sobre nosso plano de imanência."[23] É todo o desafio que Deleuze expõe aqui — o de um modo de existência *por descobrir*, consentâneo a este plano de imanência, o nosso, de onde toda transcendência foi esconjurada, e o qual já não pode repousar sobre um fundamento último. Um mundo grávido de possibilidades, eis o que cotidianamente nos parece confiscado dada a predominância de um modo de existência universal que tende a abortar justamente a emergência de outros modos.

Pois é fácil constatar o predomínio do modelo da classe média, propagado como um imperativo político, econômico, cultural, subjetivo, e a miséria gritante que o caracteriza, misto de gregariedade, blindagem sensorial, rebaixamento intensivo, depauperação vital. O alastramento de uma tal forma de vida genérica, baseada no padrão majoritário branco-macho-racional-europeu-consumidor, bem como o modo de valorização que está na sua base — por exemplo, a teologia da prosperidade que se infiltra por toda parte, ou o capitalismo como religião, como dizia Benjamin — pede instrumentos de análise e revide inusitados. Como escovar essa hegemonia a contrapelo, revelando as múltiplas formas que resistem, se reinventam ou mesmo se vão forjando à revelia e à contracorrente da hegemonia de um sistema de mercado, por mais democrático que pareça? Como o escreveu Deleuze e Guattari: "Os direitos do homem não dizem nada sobre os modos de existência imanentes do homem provido de direitos. E a vergonha de ser um homem, nós não a experimentamos somente nas situações extremas descritas por Primo Levi, mas nas condições insignificantes, ante a baixeza e a vulgaridade da existência que impregnam as democracias, ante a propagação desses modos de existência e de pensamento-para-o-mercado, ante os valores, os ideais e as opiniões de nossa época. A ignomínia das possibilidades de vida que nos são oferecidas aparecem de dentro. Não nos

---

23. Ibid., pp. 98-99.

sentimos fora de nossa época, ao contrário, não cessamos de estabelecer com ela compromissos vergonhosos. Este sentimento de vergonha é um dos mais poderosos motivos da filosofia."[24]

É em torno desta patologia que gira nossa época: modos de existência para-o-mercado. Parte do esforço contemporâneo consiste em diagnosticar essa enfermidade, retraçar sua gênese, ramificações e efeitos. Entre eles, claro, o de dizimar cotidianamente modos de vida "menores", minoritários, não apenas mais frágeis, precários, vulneráveis (pobres, loucos, autistas), mas também mais hesitantes, dissidentes, ora tradicionais (povos da floresta) ora, ao contrário, ainda nascentes, tateantes, ou mesmo experimentais (por vir, por descobrir, por inventar). De fato, há hoje, uma guerra entre distintos modos de vida, ou formas de vida, e essa guerra, embora indissociável do modo de produção hegemônico e seus conflitos inerentes, não é exclusivamente redutível a ele. Não será isso que levou alguns pensadores a se debruçaram recentemente sobre modos de existência tão contrastantes quanto inusitados, mesmo que remotos na linha do tempo?

Forma-de-vida, estilística da existência
Giorgio Agamben, por exemplo, analisou recentemente o culto da altíssima pobreza entre os franciscanos. Primeiramente, o autor mostra como em um contexto de reclusão religiosa e coletiva a *vida* e as *regras* tornaram-se a tal ponto indissociáveis que se fundiram numa espécie de *arte de viver*. Na tradição monástica não se tratava mais de *obedecer* normas dadas, mas de *vivê-las*. Assim, o acento se desloca da prática ou da ação para uma *maneira de viver integral*.[25] O cenobitismo, essa modalidade de recolhimento monástico coletivo, não foi tanto, pois, uma vida *segundo* regras, mas, numa curiosa inversão, uma *forma-de-vida* que engendrava suas próprias regras.[26] Mas é só com a novidade franciscana, e com o culto da altíssima pobreza [*altissima paupertas*], que

---

24. Ibid., p. 140.
25. Giorgio Agamben, *De la très haute pauvreté: règles et forme de vie*, Homo sacer IV, 1. Paris: Rivages, 2013, p. 81 [Ed. bras.: *Altíssima pobreza*, trad. de Selvino Assmann. São Paulo: Boitempo, 2014].
26. Agamben encontra a expressão "forma de vida" já em Cícero, Sêneca e Quintiliano, nos quais "forma" tem o sentido de *exemplo, modelo*. É quando o modo de vida adere a tal ponto a uma forma ou modelo que já é impossível separá-los, servindo assim de exemplo.

a indistinção entre vida e regra atinge seu apogeu. A pobreza como modo de vida significa que se abre mão do *domínio* do mundo, e que se pode *fazer uso* das coisas sem deter sobre elas qualquer direito de *propriedade*. É quando a vida se subtrai ao direito e o mundo se torna inapropriável.[27] Eis uma ética e uma ontologia que, em nosso contexto, soam praticamente impensáveis — ou, segundo Agamben, justamente aquilo que deveria ser pensado. Como o nota um comentador, a noção de *forma-de-vida*, tal como apresentada pelo filósofo no caso dos franciscanos, situa-a nas antípodas da noção de *vida nua*. Se, ao longo dos primeiros livros da série *Homo sacer*, a questão era examinar como um dispositivo jurídico próprio ao regime de soberania produzia uma *vida nua* por um jogo de exclusão/inclusão — revelando a relação de domínio entre o direito e a vida — aqui a questão é inversa: como a *forma-de-vida* se subtrai ao dispositivo de captura jurídico ao renunciar a todo direito. A conclusão é categórica: "para além da experiência franciscana, pensar uma vida inseparável de sua forma, uma forma-de-vida, segue sendo a tarefa indiferível do pensamento que vem."[28] O sentido desse desafio só se esclarece à luz da cisão operada pelos gregos entre a vida e sua forma, operação pela qual foi isolada a *vida nua* (zoé) de uma forma de *vida qualificada* (biós). Em contrapartida, no polo oposto que o autor defende, por *forma-de-vida* deve-se entender "uma vida que jamais pode ser separada de sua forma, uma vida na qual jamais seja possível isolar algo como uma vida nua",[29] uma vida "que não se decompõe em fatos, mas que é sempre e sobretudo possibilidade e potência".[30] Eis quando o estatuto do pensamento se vê esclarecido: "O pensamento é forma-de-vida, vida inseparável de sua forma, e aí onde se mostra a intimidade dessa vida inseparável, na materialidade dos processos corpóreos não menos que na teoria, aí e só aí há pensamento".[31] Apesar da concepção particu-

---

27. Não é diferente daquilo que a profanação evoca ao restituir ao uso comum o que tinha sido separado na esfera do sagrado. Cf. G. Agamben, *Profanations*. Paris: Rivages, 2006 [Ed. bras.: *Profanações*, trad. de Selvino Assmann. São Paulo: Boitempo, 2007].
28. Edgard Castro, *Introdução a Giorgio Agamben: uma arqueologia da potência*. Belo Horizonte: Autêntica, 2012, pp. 195 e 213.
29. G. Agamben, *Moyens sans fin*. Paris: Rivages, 1995, p. 14.
30. E. Castro, *Introdução a Giorgio Agamben: uma arqueologia da potência*, op. cit., p. 171.
31. G. Agamben, *Moyens sans fin*, op. cit., p. 22 e 20.

lar de potência presente em Agamben (a potência-de-não) — através da qual, aliás, ele se distingue de filósofos contemporâneos que o inspiraram —, resta o fato de que o tema de uma "filosofia que vem", segundo ele, deve ser "a vida, sua forma e seus usos".[32]

Seria preciso comparar o exemplo franciscano e o caso dos cínicos estudado por Foucault no último seminário que proferiu, em 1983, intitulado *A coragem da verdade*.[33] Inclusive porque Agamben parece retomar o problema de uma vida ascética a partir do ponto em que Foucault o deixara, a saber, no limiar do cristianismo. Em todo caso, Foucault entende a experiência da filosofia cínica como a elaboração de uma *modalidade de vida*, em que a *própria vida torna-se matéria ética,* na qual o que está em jogo é a *forma que se dá a vida*.[34] A emergência da vida como objeto prioritário significa que é preciso exercer certas operações sobre ela, colocá-la à prova, submetê-la a uma triagem, a uma transformação etc. É a filosofia como *estilística da existência*, a figura visível que os humanos devem dar à sua vida. Não se busca, aí, o *ser da alma* como na filosofia de linhagem platônica, porém um *estilo de existência*. Foucault insiste em como, ao longo de sua história, a filosofia privilegiou a tradição platônica, a *metafísica da alma*, deixando na margem a via do *cuidado de si* que tem por objeto a bela vida, através de um falar-franco, de um dizer-a-verdade (*parresía*).

O cinismo filosófico é, contudo, o contraexemplo histórico dessa tendência. Nele, para se tornar a verdadeira vida segundo os preceitos que os cínicos professam, numa espécie de jocosa transvaloração de todos os valores, a vida deve ser uma *vida outra, radicalmente* outra, em ruptura total com todos os códigos, leis, instituições, hábitos, inclusive dos próprios filósofos. Eis uma definição canônica desse *bíos kynikós*: "Primeiro, a vida *kynikós* é uma vida de cão na medida em que não tem pudor, não tem vergonha, não tem respeito humano. É uma vida que faz em público e aos olhos de todos o que somente os cães e os animais ousam fazer, enquanto os homens geralmente escondem. A vida de cínico é uma vida

---

32. G. Agamben, *La potenza del pensiero*. Vicenza: Neri Pozza, 2005, p. 402.
33. Michel Foucault, *A coragem da verdade*, trad. bras. de Eduardo Brandão. São Paulo: Martins Fontes, 2012; e o lúcido comentário de Fréderic Gros ao final do volume intitulado "Situação do curso".
34. Ibid., p. 112

de cão como vida impudica. Segundo, a vida cínica é uma vida de cão porque, como a dos cães, é indiferente. Indiferente a tudo o que pode acontecer, não se prende a nada, contenta-se com o que tem, não tem outras necessidades além das que pode satisfazer imediatamente. Terceiro, a vida dos cínicos é uma vida de cão, ela recebeu esse epíteto de *kynikós* porque é, de certo modo, uma vida que late, uma vida diacrítica [*diakritikós*], isto é, uma vida capaz de brigar, de latir contra os inimigos, que sabe distinguir os bons dos maus, os verdadeiros dos falsos, os amos dos inimigos. É nesse sentido que é uma vida *diakritikós*: vida de discernimento que sabe pôr-se à prova, que sabe testar e que sabe distinguir. Enfim, quarto, a vida cínica é *philaktikós*. É uma vida de cão de guarda, uma vida que sabe se dedicar para salvar os outros e proteger a vida dos amos."[35] A vida de verdade que os cínicos pregam, pois, é uma vida *outra*, e deve também, na sua manifestação pública, agressiva, escandalosa até, transformar o mundo, chamar por um *mundo outro*. Não é, por conseguinte, a questão de um *outro mundo* segundo o modelo socrático, mas do *mundo outro*. Há, pois, uma inversão cuja lógica Foucault vai esmiuçar de maneira exaustiva, mostrando a que ponto, no seio dessa suposta vida verdadeiramente filosófica, se insinua uma alteridade que a relança em direção ao próprio mundo, com todo o despojamento, animalidade, miséria, culto da sujeira e da feiura que isso implica, aliada aos traços de autossuficiência, auto-humilhação escandalosa e teatralização que esses "performers" *avant la lettre* exercem em praça pública.

Claro, há um traço aí presente que não é estranho ao cristianismo que se impõe ulteriormente — a saber, a humildade, a ascese, a renúncia. Mas, para o cristianismo, o culto de tais virtudes visará a um *outro mundo*, e não a um *mundo outro* — de modo que qualquer transformação neste mundo terá por objetivo final dar acesso ao outro mundo. Ademais, se o falar-francamente era fundamental no cinismo, no cristianismo ele é abolido em favor da própria verdade, tal como as estruturas de autoridade a entendem e caucionam. Foucault encerra seu último curso, pouco antes de sua morte, com a seguinte frase: "Verdade da vida antes da verdadeira vida: foi nessa inversão que o ascetismo cristão modificou fundamentalmente um ascetismo antigo, que sempre aspirava a levar ao mesmo

---

35. Ibid., p. 213.

tempo a verdadeira vida e a vida de verdade e que, pelo menos no cinismo, afirmava a possibilidade de levar essa verdadeira vida de verdade."[36]

Talvez o sentido da análise dos cínicos empreendida pelo autor se ilumine à luz do projeto cuja possibilidade ele mesmo evoca, nesse seminário — qual seja, o de uma "história da filosofia, da moral e do pensamento que assumiria como fio condutor as formas de vida, as artes de existência, as maneiras de se conduzir e de se portar e as maneiras de ser".[37] É o fio foucaultiano que Agamben prolonga a seu modo; é também o fio nietzschiano que está presente em Deleuze, que atravessa Foucault e que chega aos nossos dias das mais diversas maneiras.

A vida capaz de condutas

Quando analisa as razões pelas quais a pesquisa de Foucault sobre o biopoder cruzou a análise das técnicas de si, Muriel Combes contesta a ideia de que se trataria de uma nova fase no pensamento do autor, como se ele saltasse do problema do poder, no período genealógico, para o da subjetividade, na sua pesquisa ética. Ela insiste em ver nas *técnicas de si*, da *relação a si*, uma interface subjetiva necessária para pensar a mediação entre o poder e a vida no contexto biopolítico, quando a relação entre os dispositivos de poder e o corpo já não podia mais ser efetuada *diretamente*, como nas sociedades disciplinares — foi preciso inventar essa *dobra*, a subjetividade. Mas se isso é verossímil, também o é porque a vida sobre a qual as técnicas de si incidem é compreendida sobretudo como uma *vida capaz de condutas*, uma *vida suscetível de adotar diversas direções diferentes*.[38] Assim, se a subjetivação é uma modalidade de exercício do poder sobre a vida, é na medida em que convoca

---

36. Ibid., p. 297.
37. Ibid., p. 251. É no mínimo curioso que no prefácio à edição americana de *O Anti-Édipo* Foucault o tenha comparado à *Introdução à vida devota*, de São Francisco de Sales, considerando-o um livro de ética, "o primeiro livro de ética que se escreveu na França desde muito tempo". E acrescenta: "ser anti-Édipo se tornou um estilo de vida, um modo de pensamento e de vida. Como fazer para não se tornar fascista mesmo quando (sobretudo quando) acredita-se ser um militante revolucionário? Como livrar nosso discurso e nossos atos, nossos corações e nossos prazeres do fascismo? Como desalojar o fascismo que se incrustou em nosso comportamento? Os moralistas cristãos buscavam os traços da carne [chair] que se tinham alojado nas dobras da alma. Deleuze e Guattari, por sua vez, perscrutam os traços mais ínfimos do fascismo no corpo." em Michel Foucault, *Dits et Ecrits*, v. III. Paris: Gallimard, 1994, pp. 134-135.
38. Muriel Combes, *La vie inseparée: vie et sujet au temps de la biopolitique*. Paris: Dittmar, 2011, p. 52.

um trabalho sobre si, entendido esse si não propriamente como uma instância substantiva, personológica ou universal, suporte substantivo existente por trás do sujeito, mas como uma *potencialidade relacional*, uma zona de constituição da subjetividade. Sendo o governo um poder que se exerce sobre "sujeitos individuais ou coletivos que têm diante de si um campo de possibilidade em que várias condutas, várias reações e diversos modos de comportamento podem suceder", como o diz Combes, a zona de consistência do poder deve ser concebida mais do lado do sujeito considerado como campo de possibilidade, campo de ação para uma multidão de condutas a inventar, muito mais do que do lado da "vida nua". Se Agamben teve o mérito de trazer à tona a diferença entre vida nua e forma-de-vida, a vida nua deve ser concebida como um limite, um ponto crítico para um poder que se exerce como ação sobre ação, "pois a vida sobre a qual um biopoder incide é uma vida sempre informada, uma vida capaz de diversas condutas e, por essa razão, sempre suscetível de insubmissão".

Disso poderíamos extrair diversas consequências. Se não partimos da vida nua para pensar o biopoder, mas da vida capaz de condutas, é outro horizonte que se insinua. Mesmo no campo de concentração, mas também nos contextos brutais de nossa contemporaneidade, não se trata da vida biológica nua e crua, ou da vida vegetativa, mas dos gestos, maneiras, modos, variações, resistências, por minúsculas e inaparentes que pareçam — eis o que compõe *uma vida*, eis o que caberia "dar a ver", "dar a ouvir", "dar a pensar", descobrir, inventar. A especulação filosófica não é, pois, inofensiva quando parte de certa noção de vida e não de outra. Como o escreve Isabelle Stengers, "cabe ao pensamento especulativo lutar contra o empobrecimento da experiência, contra o confisco daquilo que faz sentir e pensar".[39] Mas não é apenas no campo do pensamento que esse desafio se coloca.

No âmbito da precarização do trabalho e da vida a partir dos anos 1990, por exemplo, se de um lado fica claro a que ponto essas condições resultam das injunções perversas do neoliberalismo, com a vulnerabilidade daí decorrente, de outro, ao mesmo tempo, foram-se criando formas de sociabilidade e de cuidado coletivo, de ativismo e de amizade

---

39. Isabelle Stengers, *Penser avec Whitehead*. Paris: Seuil, 2002, p. 34.

que redesenharam os modos de vida em comum propostos por jovens precarizados em várias partes do globo.[40] O problema surge quando uma teorização diabolizada do contemporâneo parece trancá-lo numa totalização que se estaria justamente em vias de contestar. Georges Didi-Huberman, inquieto com a predominância de um tom apocalíptico que impede enxergar aqueles que sobrevivem — um estranho paradoxo no qual o discurso de denúncia, por mais lúcido e "luminoso", ajuda a ofuscar justamente as existências que se reinventam, com sua discreta luminosidade —, insiste: "Para saber dos vaga-lumes, é preciso vê-los no presente de sua sobrevivência: é preciso vê-los dançar vivos no coração da noite, ainda que essa noite fosse varrida por alguns projetores ferozes."[41] O desafio consistiria em sustentar uma penumbra em que eles pudessem aparecer com sua luz própria, ao invés de projetar sobre eles os holofotes da razão ou do espetáculo, que os ofuscam — assim, tal como Deleuze que, diante do bombardeamento de palavras de que somos vítimas, defendia "vacúolos de silêncio" a fim de que tivéssemos por fim algo a dizer,[42] ou Deligny, que precisou retirar-se das instituições existentes e do burburinho dos anos 1960 a fim de montar sua "tentativa", sua "jangada", ou, também ele, que diante da saturação de imagens que o rodeava precisou desertar o "filmar" para dar a ver uma *imagem nua*. Não será tal penumbra, silêncio, enxugamento, subtração, desaceleração, no contexto contemporâneo, a condição de possibilidade para a "instauração" de modos de existência "mínimos"? Não seria isso necessário para preservar a própria possibilidade?

Vida e capital

Um leitor de hoje poderia se perguntar se não fomos atingidos no cerne da própria *possibilidade*, num momento em que os poderes investem a

---

40. Manuela Zechner pesquisou o tema em coletivos europeus, cf. *The world we desire is one we can create and care for together — On collectivity, organisation, governance and commoning in times of crisis and precarity: a reading through the prisms of care and creativity*, a sair pela n-1 edições.
41. Georges Didi-Huberman, *Sobrevivência dos vaga-lumes*, trad. bras. de Vera Casa Nova e Márcia Arbex. Belo Horizonte: UFMG, 2011.
42. Michael Hardt e Antonio Negri têm razão ao notar que o paradoxo de que o silêncio é necessário para que haja pensamento é apenas aparente, já que "para Deleuze, o objetivo não é que haja silêncio, mas ter algo a dizer", cf. *Declaração — isto não é um manifesto*. São Paulo: n-1 edições, 2016, p. 27.

virtualidade enquanto tal *no âmbito da própria vida*. Como diz Brian Massumi: "O capitalismo é a captura do futuro para a produção de mais--valia quantificável. O capitalismo consiste no processo de converter a mais-valia qualitativa da vida em mais-valia quantificável."[43] Décadas atrás, esse mesmo autor já alertava sobre a comercialização de formas de vida no ponto de sua emergência, ainda em sua modalidade virtual.[44] A colonização da dimensão virtual da vida tornou-se, desde então, um fato banal. Veja-se o exemplo evocado por Laymert Garcia dos Santos sobre o esforço empreendido pelos países ricos diante da crise ambiental: "temendo o desaparecimento dos recursos genéticos tão preciosos para o desenvolvimento de sua nascente indústria biotecnológica, apressaram--se em constituir bancos *ex situ* que pudessem assegurar-lhes acesso à biodiversidade do planeta", incluindo "fragmentos do patrimônio genético de todos os povos indígenas e tradicionais do mundo em vias de desaparecimento, para futuras aplicações. Ainda não se sabia, e muitas vezes ainda não se sabe, o que fazer com os recursos coletados — o que importava, e importa, é a sua apropriação antecipada. A lógica de tais operações parece ser: os seres biológicos — vegetais, animais e humanos — não têm valor em si, como existentes; o que conta é o seu potencial. Pois se os seres contassem, a iniciativa consistiria em salvá-los da extinção, em preservá-los em sua integridade, em protegê-los e ao seu habitat. Mas não é essa a ideia: o foco não estava nos corpos, nos organismos, nos indivíduos, nos seres vivos, e sim nos seus componentes, nas suas virtualidades. A tecnociência e o capital global não estão interessados nos recursos biopolíticos — plantas, animais e humanos. O que conta é o seu potencial para reconstruir o mundo, porque potencial significa potência no processo de reprogramação e recombinação. [...] A única 'coisa' que conta é a informação."[45] Um ser vivo é reduzido a um pacote de informações, e o privilégio do virtual visa a "preparar o futuro para que ele já chegue apropriado, trata-se de um saque no futuro e do futuro". A própria vida torna-se patenteável com a colonização do virtual e a capitalização da informação genética. A resistên-

---

43. Brian Massumi, *O poder para além da economia*. São Paulo: n-1 edições, no prelo.
44. B. Massumi, *A user's guide to capitalism and schizophrenia*. Cambridge: MIT Press, 2002.
45. L. Garcia dos Santos, *Politizar as novas tecnologias*. São Paulo: Ed. 34, 2003, p. 84.

cia, pois, que também passa pela defesa dos povos vivos, nota o autor, visa a "possibilidade de outros devires, diferentes daquele concebido pela tecnociência e o capital global. Vale dizer: luta pela existência... e pela continuidade da existência".[46]

Esgotamento e vidência

Não há novo modo de existência que não seja fruto de uma mutação subjetiva, de uma ruptura com as significações dominantes. O possível deixa de ficar confinado ao domínio da imaginação, ou do sonho, ou da idealidade, e se alarga em direção a um campo — o campo de possíveis. Mas, "como *abrir* um campo de possíveis?", pergunta François Zourabichvili ao se debruçar sobre os textos de Deleuze.[47] Não serão os momentos de insurreição ou de revolução precisamente aqueles que deixam entrever a fulguração de um campo de possíveis? "O acontecimento cria uma nova existência, produz uma nova subjetividade (novas relações com o corpo, o tempo, a sexualidade, o meio, a cultura, o trabalho...)."[48] Tais momentos, sejam individuais ou coletivos (como Maio de 68), correspondem a uma mutação subjetiva e coletiva, em que aquilo que antes era vivido como inevitável aparece subitamente como intolerável, e o que antes nem sequer era imaginável, torna-se pensável, desejável. Trata-se de uma redistribuição dos afetos que redesenha a fronteira entre o que se deseja e o que não se tolera mais. Ora, não se poderia usar esse critério igualmente para diferenciar as formas de vida? Uma vida não poderia ser definida também pelo que deseja e pelo que recusa, pelo que a atrai e o que lhe repugna? Por exemplo, o que no capitalismo se deseja, o que nele se abomina? É o mesmo do que na tradição monástica, numa cultura indígena, no movimento hippie, no leninismo, entre os skinheads? E será o mesmo entre idosos, poetas, transexuais? De propósito multiplicamos aqui os planos, as esferas, os âmbitos. Pois também deveríamos perguntar, no rastro das últimas décadas, o que se deseja e o que já não se tolera em relação ao corpo, à sexualidade, à ve-

---

46. Ibid., p. 92.
47. François Zourabichvili, "Deleuze e o possível (sobre o involuntarismo na política)" in Éric Alliez (org.), *Gilles Deleuze: uma vida filosófica*. São Paulo: Ed. 34, 2000.
48. G. Deleuze e F. Guattari, "Mai 68 n'a pas eu lieu" in D. Lapoujade (org.), *Deux régimes de fous*. Paris: Minuit, 1968 [Ed. bras.: *Dois regimes de loucos,* trad. de Guilherme Ivo. São Paulo: Ed. 34, 2016].

lhice, à morte, à alteridade, à miséria etc. Não se poderia dizer que é isso tudo que define uma sensibilidade social? E não é essa sensibilidade social que vem sofrendo mudanças paulatinas ou bruscas, por vezes numa aceleração inesperada, sobretudo em momentos de crise ou ruptura?

Sim, algo parece ter se esgotado nas formas de vida que pareciam inevitáveis. O esgotamento pode ser uma categoria política, biopolítica, micropolítica até, desde que se compreenda que não equivale a um mero cansaço, nem a uma renúncia do corpo e da mente, porém, mais radicalmente, é fruto de uma descrença, operação de desgarramento, consiste num descolamento, numa deposição — em relação às alternativas que nos rodeiam, às possibilidades que nos são apresentadas, aos possíveis que ainda subsistem, aos clichês que os mediam e amortecem nossa relação com o mundo e o torna tolerável porém irreal e, por isso mesmo, intolerável e já não digno de crédito. O esgotamento desata aquilo que nos "liga" ao mundo, que nos "prende" a ele e aos outros, que nos "agarra" às suas palavras e imagens, que nos "conforta" no interior da ilusão de inteireza (do eu, do nós, do sentido, da liberdade, do futuro) da qual já desacreditamos há tempos, mesmo quando continuamos a eles apegados. Há, nessa atitude de descolamento, certa crueldade, sem dúvida, mas tal crueldade carrega uma piedade outra — a que desata os liames.[49] Apenas através de uma desaderência, despregamento, esvaziamento, bem como da impossibilidade que assim se instaura, advém a necessidade de outra coisa que, ainda pomposamente demais, chamamos de "criação de possível". Não deveríamos abandonar essa fórmula aos publicitários, mas tampouco sobrecarregá-la de uma incumbência demasiadamente imperativa ou voluntariosa, repleta de vontade. Talvez caiba preservar, de Beckett, a dimensão trêmula que em meio à mais calculada precisão, nos seus poemas visuais, aponta para o "estado indefinido" a que são alçados os seres, e cujo correlato, mesmo nos contextos mais concretos, é a indefinição dos devires, ali onde eles atingem seu máximo efeito de desterritorialização — e as pessoas se perguntam então: o que é mesmo que está acontecendo? Para onde vai isso tudo? O que querem os insurgentes?

---

49. G. Deleuze e F. Guattari, "Tratado de nomadologia: a máquina de guerra", trad. bras. de Peter Pál Pelbart in *Mil platôs*, v. 5. São Paulo: Ed. 34, 1997, p. 13.

É aí que se poderia invocar a figura do vidente, à qual Deleuze retorna sobretudo em seus livros sobre cinema. O vidente enxerga, em uma determinada situação, algo que a excede, que a transborda, e que nada tem a ver com uma fantasia. A vidência tem por objeto a própria realidade em uma dimensão que extrapola seu contorno empírico para nela apreender suas virtualidades, inteiramente reais porém ainda não desdobradas. O que o vidente vê, como no caso do insone de Beckett — mas a vidência pode ser coletiva, evidentemente —, é a imagem pura, seu fulgor e seu apagamento, sua ascensão e sua queda, a consumação. Ele enxerga a intensidade, a potência, a virtualidade. Não é o futuro, nem o sonho, nem o ideal, nem o projeto perfeito, porém as forças em vias de redesenharem o real. O vidente pode ser o artista, o pensador, a singularidade qualquer, o anônimo, o pobre, o autista, o louco — em todo caso, aquele que, à sua maneira, chama por um modo de existência *por vir*. Apesar da diferença de tom, não estamos longe dos modos de existência que pedem uma instauração e aos quais *nos* cabe (mas quem é este nós?), eventualmente, "responder". É toda a Arte da instauração que nos é aí requerida.

Modos de existência humanos-inumanos
Não queremos escamotear as dificuldades que se acumularam — para ficar no exemplo mais simples, a flutuação de sentido no sintagma "modo de existência". De fato, essa expressão parece se referir ora a uma *maneira de viver* dos ditos humanos (por exemplo, modo ativo ou reativo, nobre ou vulgar, afirmativo ou negativo, cheio ou vazio, majoritário ou minoritário), ora aos *modos de existir* dos seres com os quais esses mesmos humanos têm um comércio íntimo (seres fenomênicos, solicitudinários, virtuais, invisíveis, possíveis, ou, para usar uma outra série, espíritos, deuses, animais, plantas, forças etc.). Se tal ambiguidade é inevitável é porque não há como separá-los: as *maneiras de viver* dos humanos são indissociáveis dos *planos de existência* com os quais convivem (e ambos podem ser chamados de *modos de existência*), assim como a *vida* é inseparável da *forma-de-vida* e *uma vida* é inseparável de suas *variações*. É possível que o capitalismo, ou o biopoder, ou o eurocentrismo, ou nossa ontologia caduca apostem precisamente numa cisão entre eles, interferindo assim na *possibilidade mesma* de outras maneiras de viver, assim como investem na maquinação, monitoramento e rentabilização

de certos *planos de existência* (para ficar num exemplo "infantil", a produção crescente de jogos eletrônicos e sua onipresença na vida infantil e adulta). Na contramão dessa tendência, seria preciso fazer-se o advogado dos modos de existência que "não existem" (aos nossos olhos).

Eduardo Viveiros de Castro, que entende uma ou duas coisas sobre os modos de existência no âmbito da antropologia americanista, resumiu o desafio de sua disciplina como sendo o de levar a sério o pensamento indígena, e de verificar que efeitos tem ele sobre o nosso modo de pensar.[50] Tome-se o exemplo do conhecimento. Para nós, conhecer pressupõe neutralizar o objeto de conhecimento de toda intencionalidade, dessubjetivá-lo por inteiro: "Nosso jogo epistemológico se chama objetivação; o que não foi objetivado permanece irreal e abstrato. A forma do Outro é a coisa. O xamanismo ameríndio é guiado pelo ideal inverso: conhecer é 'personificar', tomar o ponto de vista daquilo que deve ser conhecido. Ou antes, daquele; pois a questão é a de saber 'o quem das coisas' (Guimarães Rosa). [...] A forma do Outro é a pessoa." Assim, a etnografia da América indígena está povoada de referências a uma "teoria cosmopolítica que imagina um universo povoado por diferentes tipos de agências ou agentes subjetivos, humanos como não-humanos — os deuses, os animais, os mortos, as plantas, os fenômenos meteorológicos, muitas vezes também os objetos e os artefatos —, todos providos de um mesmo conjunto básico de disposições perceptivas, apetitivas e cognitivas, ou, em poucas palavras, de uma 'alma' semelhante."[51] Um tal mundo é composto de uma multiplicidade de pontos de vista, cada ponto de vista está ancorado num corpo, cada corpo equivale a um feixe de afetos e capacidades, e é ali que vem se alojar aquele que tem "alma", um sujeito. A alteridade ganha assim contornos cósmicos e proteiformes, e sua virtualidade se alastra por toda parte, sem se deixar subsumir a uma unidade transcendente.

O contraste com nossa submissão ao Estado é gritante. Num comentário ao livro de Pierre Clastres intitulado *A sociedade contra o Estado*, Viveiros de Castro afirma: "Pois existe, sim, um 'modo de ser' muito característico do que ele [Clastres] chamou sociedade primitiva, e que nenhum etnógrafo que tenha convivido com uma cultura amazônica,

---

50. Eduardo Viveiros de Castro, *Metafísicas canibais*. São Paulo: n-1 edições / Cosac Naify, 2015, p. 227.
51. Ibid., pp. 50 e 43.

mesmo uma daquelas que mostra elementos importantes de hierarquia e de centralização, pode ter deixado de experimentar em toda sua evidência, tão inconfundível como elusiva. Esse modo de ser é 'essencialmente' uma *política da multiplicidade* [...] a política da multiplicidade é antes um modo de devir do que um modo de ser [...] em suma, é um conceito que designa um modo intensivo de existência ou um funcionamento virtual onipresente."[52] A definição do modo intensivo de existência, obviamente, não poderia deixar-nos indiferentes, já que colocam em xeque, juntamente com os conceitos e embates evocados, os modos de existência predominantes entre nós — mas tampouco deveria ser reificado.

Lembremos, a propósito, o que diz Deleuze: outrem expressa um mundo possível. Outrem não coincide com um Outro que o encarnaria. Quando isso acontece, como, em Proust, com Albertine e seu rosto, que acaba exprimindo o "amálgama da praia e das ondas", o mundo dito "possível" que antes estava ali apenas implicado, envolvido, complicado, passa a ser explicado, distendido, concretizado. Ora, o filósofo vê aí um risco, donde sua advertência: "não se explicar demais [...] não se explicar demais com outrem, não explicar outrem demais, manter seus valores implícitos, multiplicar nosso mundo, povoando-o com todos esses expressos que não existem fora de suas expressões."[53]

O que Viveiros de Castro pede à antropologia, na esteira dessa advertência, é que ela recuse "atualizar os possíveis expressos pelo pensamento indígena" — seja os "desrealizando-os como fantasias dos outros", seja os "fantasiando-os como atuais para nós".[54] Talvez isso signifique preservar tais possíveis enquanto tais — ou preservar tais virtualidades *enquanto* virtualidades, inclusive virtualidades do *nosso* pensamento. Como ele o explicita: "Se há alguma coisa que cabe de direito à antropologia, não é a tarefa de explicar o mundo de outrem, mas aquela de multiplicar nosso mundo, 'povoando-o com todos esses expressos que não existem fora de suas expressões'." Eis uma maneira singular, entre muitas outras, de "respeitar" um modo de existência — não efetuá-lo,

---

52. E. Viveiros de Castro, "Posfácio" in *A arqueologia da violência*. São Paulo: Cosac Naify, 2004, p. 343.
53. G. Deleuze, *Diferença e repetição*, trad. bras. de Luiz B. L. Orlandi e Roberto Machado. Rio de Janeiro: Graal, 2006, p. 364.
54. E. Viveiros de Castro, *Metafísicas canibais*, op. cit., p. 231.

não explicá-lo, não concretizá-lo, não desenvolvê-lo — mas deixar que ele percuta, deixar-se variar.

Para retomar a questão indicada acima, que relação haveria, no contexto em que se move o antropólogo, entre os seres, as maneiras de viver e os planos de existência? São absolutamente indissociáveis. "A diversidade dos modos de vida humanos é uma diversidade dos modos de nos relacionarmos com a vida em geral, e com as inumeráveis formas singulares de vida que ocupam (informam) todos os nichos possíveis do mundo que conhecemos."[55]

Talvez seja nessa linha que se poderia repensar a ética, tal como faz um intérprete de Simondon e estudioso de Deleuze, mas também conhecido do antropólogo, ao definir o gesto ético como o que "toma em conta o conjunto das vidas", fazendo-as ressoarem[56] — "um humanismo depois da morte do homem", diria Combes, um humanismo sem homem, que se edifica sobre as ruínas da antropologia.[57]

Modos de existência, modos de desistência, modos de resistência

Felizmente, nesse debate, ninguém pode ter a palavra final — nem o antropólogo, nem o filósofo, nem o artista, nem o clínico, nem o cientista. Como não reconhecer o direito de cada um formulá-lo à sua maneira, segundo sua inflexão própria, sendo o equívoco a condição de possibilidade dessa polifonia? Quer se chame de modo de existência, possibilidade de vida, estética da existência, forma-de-vida, existência nua, o que está em jogo, sempre, é um pluralismo existencial em que diferentes seres, cada qual com sua maneira de existir, em diferente grau e intensidade de existência, podem ser instaurados mas também desinstalados, de modo tal que entre eles se deem passagens, transições, saltos, e também desfalecimentos, evaporações, esgotamentos. Existências possíveis, estados virtuais, planos invisíveis, aparições fugazes, realidades esboçadas, domínios transicionais, inter-mundos, entre-mundos — é toda uma outra gramática da existência que aí se pode conjugar. A cada vez que nos

---

55. E. Viveiros de Castro, *Encontros*, Renato Sztutman (org.). Rio de Janeiro: Azougue Editorial, 2008, p. 256.
56. Pierre Montebello, "Gilbert Simondon, une metaphysique de la participation" in *Philosophie des possessions*, op. cit., p. 138.
57. M. Combes, *Simondon. Individu et collectivité*. Paris: PUF, 1999, p. 85.

entregamos a um ser, a uma obra, a uma teoria, a uma aposta política, ou científica, ou clínica, ou estética, "instauramos" um modo de existência e assim, num efeito bumerangue, experimentamos distintos modos de existência para nós, bem como suas derivas. Instaurar não é algo vago ou nebuloso. Latour mostra como no caso da ciência a instauração requer dispositivos experimentais, a preparação ativa da observação, a produção de fatos dotados de um poder de mostrar se a forma realizada pelo dispositivo é ou não apta a apreendê-los.[58] O mesmo se poderia dizer de um dispositivo clínico, ou no limite do estético que lida com "existências mínimas" — não por acaso o filme de Deligny chama-se *Le moindre geste* [o mínimo gesto], e um delicado documentário rodado na clínica psiquiátrica de La Borde intitula-se *La moindre des choses* [Mínimas coisas] — como se a intensidade e a molecularidade praticamente invisíveis dessas existências frágeis e vulneráveis precisassem de um plano sutil, de consistência, de composição, de sustentação, em que a movência e a metamorfose não representassem um risco, mas o tablado para uma trajetória, uma experimentação. Daí os dispositivos específicos: linhas de errância, rede, contiguidade, em Deligny; o canto do xamã concebido como tecnologia apta a reverter a perspectiva cosmológica, como na experiência transcultural da *Ópera Amazônia* etc.

Sempre a pergunta: quais seres tomar a cargo? De quais se incumbir? Como ouvir seus sussurros? Como dar-lhes voz? Como deixar-se "percutir"? Como instaurá-los preservando a singularidade de seu modo de existência? Como abri-los às passagens e metamorfoses? Não se trata apenas de frágeis minorias constituídas, e sua enumeração seria quase infinita, ou de entes planetários ameaçados de extinção, também em número crescente, nem dos planos de existência descartados diariamente (solicitudinários, virtuais), mas também das populações — visuais, sonoras, literárias, libidinais, capazes de povoar diferentemente a terra, diria Lapoujade[59] — ou ainda dos devires minoritários de todos e de cada um, dos seres gaguejantes, dos apenas esboçados, dos que desistiram, dos seres por vir ou daqueles que jamais virão à existência, dos que a história dizimou, dos futuros soterrados no passado, ou daquele povo de zumbis

---

58. B. Latour, "Le sphinx de l'oeuvre" in *Les différents modes d'existence*, op. cit., p. 15.
59. D. Lapoujade, *Deleuze, os movimentos aberrantes*. São Paulo: n-1 edições, 2015.

que antes era apenas um "fundo" e que, por vezes, como no cinema (ou na História?), por fim invade a cena como protagonista multitudinário.[60] Portanto, trata-se de nossa própria existência, incompleta sempre, em estado de esboço, de obra por fazer, que cabe "prolongar" como se prolonga o arco virtual de uma ponte quebrada ou em construção.

---

60. Olivier Schefer, "Multidões e fantasmas" in *Cadernos de Subjetividade*, nº 16. São Paulo: São Paulo: Núcleo de Estudos e Pesquisas da Subjetividade do Programa de Estudos Pós-Graduados em Psicologia Clínica da PUC-SP, 2014.

REFERÊNCIAS DOS TEXTOS

INTRODUÇÃO

REFERÊNCIAS BIBLIOGRÁFICAS

BLANCHOT, Maurice. *L'entretien infini*. Paris: Gallimard, 1969 [Ed. bras.: *A conversa infinita 2: a experiência limite*, trad. de João Moura Jr. São Paulo: Escuta, 2007].

DELEUZE, Gilles. *A ilha deserta*, LAPOUJADE, David (org.), trad. bras. de Hélio Rebello Cardoso Júnior. São Paulo: Iluminuras, 2006.

DIDI-HUBERMAN, Georges. *Sobrevivência dos vaga-lumes*, trad. bras. de Vera Casa Nova e Márcia Arbex. Belo Horizonte: UFMG, 2011.

LAPOUJADE, David. "Deleuze: política e informação" in *Cadernos de subjetividade*, nº 10. São Paulo: Núcleo de Estudos e Pesquisas da Subjetividade do Programa de Estudos Pós-Graduados em Psicologia Clínica da PUC-SP, 2010.

SOURIAU, Etienne. *Les différents modes d'existence*. Paris: PUF, 2009.

VOLPI, Franco. *O niilismo*. São Paulo: Loyola, 1999.

VIDA BESTA, VIDA NUA, UMA VIDA

Palestra proferida no evento "Um mergulho — pensamento, poesia e corpo em acção", organizado por Vera Mantero no Teatro São Luiz, em Lisboa, no marco do Alkantara Festival, em junho de 2006. O texto foi publicado posteriormente na revista digital *Trópico*, e em versões modificadas em algumas publicações, entre elas: "A vida desnudada" in Christine Greiner e Cláudia Amorim (orgs.), *Leituras da Morte*. São Paulo: Annablume, 2007; e "La vie à nu" in Camille Dumoulié e Michel Riaudel (orgs.) *Le corps et ses traductions*. Paris: Desjonquères, 2008.

REFERÊNCIAS BIBLIOGRÁFICAS

AGAMBEN, Giorgio. *Ce qui reste d'Auschwitz*. Paris: Payot & Rivages, 1999 [Ed. bras.: *O que resta de Auschwitz*, trad. de Selvino Assmann. São Paulo: Boitempo Editorial, 2008].

AMÉRY, Jean. *Par delà le crime et le chatiment*. Arles: Actes Sud, 1995.

ARTAUD, Antonin. *Oeuvres complètes*. Paris: Minuit, 1991.

BADIOU, Alain. "De la Vie comme nom de l'Être" in *Rue Descartes*, nº 20. Paris: PUF, 1998.

CITTON, Yves. "Une réaction symptomatique" in *Multitudes*, nº 35. Paris: Assoc. Multitudes, janeiro de 2009.

DELEUZE, Gilles. "L'épuisé" in S. Beckett, *Quad*. Paris: Minuit, 1992 [Ed. bras.: "O esgotado", trad. de Ovídio de Abreu e Roberto Machado in MACHADO, R. (org.), *Sobre o teatro*. Rio de Janeiro: Jorge Zahar, 2010].

ELIAS, Norbert. *O processo civilizador*, trad. bras. de Ruy Jungmann. Rio de Janeiro: Jorge Zahar, 1994.

FOUCAULT, Michel. *Histoire de la sexualité 1: La volonté de savoir*. Paris: Gallimard, 1976 [Ed. bras.: *História da sexualidade 1: A vontade de saber*, trad. de Maria T. da C. Albuquerque e J. A. Guilhon Albuquerque. Rio de Janeiro: Graal, 1988].

FREIRE COSTA, Jurandir. *O vestígio e a aura: corpo e consumismo na moral do espetáculo*. Rio de Janeiro: Garamond, 2004.

GIL, José. *Movimento total: o corpo e a dança*, trad. bras. de Miguel Serras Pereira. São Paulo: Iluminuras, 2005.

GOMBROWICZ, Witold. *Contre les poètes*, trad. fr. de Allan Kosko. Paris: Complexe, 1988.

KUNIICHI, Uno. "As pantufas de Artaud segundo Hijikata" in GREINER e AMORIM, (orgs.). *Leituras da morte*. São Paulo: Annablume, 2007.

LAPOUJADE, David. "O corpo que não aguenta mais" in LINS, Daniel (org.). *Nietzsche e Deleuze — Que pode o corpo*. Rio de Janeiro: Relume-Dumará, 2002.

LEVI, Primo. *É isto um homem?*, trad. bras. de Luigi Del Re. Rio de Janeiro: Rocco, 1988.

ORTEGA, Francisco. "Da ascese à bioascese" in RAGO, VEIGA NETO e ORLANDI (orgs.), *Imagens de Foucault e Deleuze*. Rio de Janeiro: DP&A, 2002.

PESSANHA, Juliano Garcia. *Certeza do Agora*. São Paulo: Ateliê Editorial, 2002.

SIBILIA, Paula. *O homem pós-orgânico*. Rio de Janeiro: Relume-Dumará, 2002.

STIEGLER, Barbara. *Nietzsche et la biologie*. Paris: PUF, 2001.

TIQQUN. *Théorie du Bloom*. Paris: La Fabrique, 2000.
ŽIŽEK, Slavoj. *Bem-vindo ao deserto do real*, trad. bras. de Paulo C. Castanheira. São Paulo: Boitempo, 2003.

ESGOTAMENTO E CRIAÇÃO

Palestra proferida no evento "L'expression du désastre: entre épuisement et création", organizado pelo Laboratoire d'Anthropologie Sociale do Collège de France, por Barbara Glowczewski, em setembro de 2008, no Musée Quai de Branly, em Paris. Publicado posteriormente como "Ambiguités de la folie" in Barbara Glowczewski e Alexandre Soucaille (orgs.), *Cahiers d'Anthropologie Sociale*, nº 7. Paris: l'Herne, 2011.

REFERÊNCIAS BIBLIOGRÁFICAS

ADORNO, Theodor W. "Intento de entender *Fin de partida*" in *Notas sobre Literatura: Obra completa*, v. 11. Madri: Akal, 2003.
_____. *Teoria Estética*. São Paulo: Martins Fontes, 1988.
BLANCHOT, Maurice. *Le livre à venir*. Paris: Gallimard, 1959 [Ed. bras.: *O livro por vir*, trad. de Leyla Perrone-Moisés. São Paulo: WMF Martins Fontes, 2013].
DELEUZE, Gilles. *Crítica e clínica*, trad. bras. de Peter P. Pelbart. São Paulo: Ed. 34, 1997.
_____. *Diferença e repetição*, trad. bras. de Luiz B. L. Orlandi e Roberto Machado. Rio de Janeiro: Graal, 2006.
_____. "L'épuisé" in S. Beckett, *Quad*. Paris: Minuit, 1992 [Ed. bras.: "O esgotado", trad. de Ovídio de Abreu e Roberto Machado in MACHADO, R. (org.), *Sobre o teatro*. Rio de Janeiro: Jorge Zahar, 2010].
_____. *Lógica do sentido*, trad. bras. de Luiz Salinas Fortes. São Paulo: Perspectiva, 1974.
DELEUZE, Gilles e GUATTARI, Félix. *O anti-Édipo*, trad. bras. de Luiz B. L. Orlandi. São Paulo: Ed. 34, 2010.
_____. *Deux régimes de fous*. Paris: Minuit, 1968 [Ed. bras.: *Dois regimes de loucos*, trad. de Guilherme Ivo. São Paulo: Ed. 34, 2016].
_____. "Tratado de nomadologia: a máquina de guerra", trad. bras. de Peter P. Pelbart in *Mil platôs*, v. 5. São Paulo: Ed. 34, 1997.

FREUD, Sigmund. "Remarques psychanalytiques sur l'autobiographie d'un cas de paranoïa (Le Président Schreber)" in *Cinq essais de psychanalyse*. Paris: PUF, 1973 [Ed. bras.: "Observações psicanalíticas sobre um caso de paranoia relatado em autobiografia ('o caso Schreber')", trad. de Paulo César de Souza in *Sigmund Freud: Obras Completas*, v. 10. São Paulo: Cia. das Letras, 2010].

LAPOUJADE, David. "Deleuze: política e informação" in *Cadernos de subjetividade*, nº 10. São Paulo: Núcleo de Estudos e Pesquisas da Subjetividade do Programa de Estudos Pós-Graduados em Psicologia Clínica da PUC-SP, 2010.

MENGUE, Philippe. *Faire l'idiot: la politique de Deleuze*. Paris: Germina, 2013.

SCHOTTE, Jacques. *Une pensée du clinique. L'oeuvre de Viktor von Weizsäcker*. Louvain: Université Catholique de Louvain, Faculté de Psychologie et des Sciences de l'Éducation, maio 1985.

TOSQUELLES, François. *Le vécu de la fin du monde dans la folie*. Toulouse: Éd. de L'Arefppi, 1986.

WEIZSÄCKER, Viktor von. *Pathosophie*, trad. fr. de Joris de Bisschop, Marc Ledoux et alii. Grenoble: Millon, 2011.

ZOURABICHVILI, François. "Deleuze e o possível (sobre o involuntarismo na política)" in ALLIEZ, Éric (org.), *Gilles Deleuze: uma vida filosófica*. São Paulo: Ed. 34, 2000.

A CATÁSTROFE DA LIBERAÇÃO

Palestra proferida por ocasião do seminário "Informação, Tecnicidade, Individuação, a urgência do pensamento de Gilbert Simondon", em abril de 2012, na Unicamp, organizado pelo IFCH, PPG em Sociologia, entre outros.

REFERÊNCIAS BIBLIOGRÁFICAS

COLSON, Daniel. "Crise collective et dessaisissement subjectif" in ROUX, J. (org.), *Gilbert Simondon, une pensée opérative*, op. cit. [Ed. bras.: "Crise coletiva e desenraizamento subjetivo" in *Cadernos de Subjetividade*, nº 15. São Paulo: Núcleo de Estudos e Pesquisas da Subjetividade do Programa de Estudos Pós-Graduados em Psicologia Clínica da PUC-SP, 2013].

COMBES, Muriel. *Simondon. Individu et collectivité*. Paris: PUF, 1999.

KLOSSOWSKI, Pierre. *Nietzsche e o círculo vicioso*, trad. bras. de Hortencia Lencastre. Rio de Janeiro: Pazulin, 2000.

DELEUZE, Gilles. *Foucault*, trad. bras. de Cláudia Sant'Anna Martins. São Paulo: Brasiliense, 1998.

MARTY, Emilia. "Celui-autre-qu'individu", in ROUX, Jacques (org.), *Gilbert Simondon, une pensée opérative*. Saint-Étienne: Université de Saint-Etienne, 2002.

_____. "Simondon, un espace à venir" in *Multitudes*, nº 18. Paris: Assoc. Multitudes, 2005.

SIMONDON, Gilbert. *L'individu et sa génèse physico-biologique*. Paris: Presses Universitaires de France, 1964.

_____. *L'individuation psychique et collective à la lumière des notions de Forme, Information, Potentiel et Métastabilité*. Paris: Aubier, 1989.

ROUX, Jacques. "Penser le politique avec Simondon" in *Multitudes*, nº 47. Paris: 2005.

TOSCANO, Alberto. "La disparation. Politique et sujet chez Simondon" in *Multitudes*, nº 18. Paris: Assoc. Multitudes, 2004.

O INCONSCIENTE DESTERRITORIALIZADO

Palestra proferida por ocasião do seminário internacional "The Guattari Effect", na Middlesex University, Londres, em abril de 2008, organizado por Éric Alliez. Foi publicado posteriormente em francês na revista *Multitudes*, nº 34. Paris: Assoc. Multitudes, 2008; e in Éric Alliez e Andrew Goffey (orgs.), *The Guattari Effect*. Londres/Nova York: Continuum, 2011.

REFERÊNCIAS BIBLIOGRÁFICAS

BECKETT, Samuel. "La lettre allemande" in ALPHANT, Marianne e LÉGER, Nathalie (orgs.), *Objet Beckett, Catalogue*. Paris: Centre Pompidou/Imec, 2007.

_____. "Dante... Bruno. Vico... Joyce" in *Our Exagmination Round His Factification For Incamination of Work in Progress*. Paris: Shakespeare & Co., 1929.

DAVID-MÉNARD, Monique. *Rue Descartes*, nº 59, Collège International de Philosophie. Paris: PUF, 2008.

_____. *Deleuze et la psychanalyse*. Paris: PUF, 2005 [Ed. bras.: *Deleuze e a Psicanálise*, trad. de Marcelo de Morais. São Paulo: Civilização Brasileira, 2014]

DELEUZE, Gilles. *Deux Régimes de Fous*. Paris: Minuit, 1968 [Ed. bras.: *Dois regimes de loucos*, trad. de Guilherme Ivo. São Paulo: Ed. 34, 2016].

DOSSE, François Dosse, *Gilles Deleuze et Félix Guattari. Biographie Croisé*. Paris: La Découverte, 2007 [Ed. bras.: *Gilles Deleuze e Félix Guattari — Biografia Cruzada*, trad. de Fátima Murad. Porto Alegre: Artmed, 2010].

GUATTARI, Félix. *Caosmose*, trad. bras. de Ana Lúcia de Oliveira e Lúcia Cláudia Leão. São Paulo: Ed. 34, 1992.

_____. *Cartographies schizoanalytiques*. Paris: Galilée, 1989.

_____. Écrits pour L'*Anti-Œdipe* in NADAUD, Stéphane (org.). Paris: Lignes & Manifestes, 2004.

_____. *O Inconsciente maquínico*. Campinas: Papirus, 1988.

_____. *Psicoanalisis y transversalidad*. Buenos Aires: Siglo XXI, 1976 [Ed. bras.: *Psicanálise e transversalidade*, trad. de Adail Ubirajara Sobral e Maria Stela Gonçalves. São Paulo: Ideias e Letras, 2004].

LACAN, Jacques. "Le Sinthome" in *Le Séminaire*, Livre XXIII. Paris: Éd. du Seuil, 2005 [Ed. bras.: "O Sinthoma" in *O Seminário*, Livro XXIII, trad. de Sergio Laia. Rio de Janeiro: Zahar, 2007].

SCHOTTE, Jacques. *Une pensée du clinique. L'oeuvre de Viktor von Weizsäcker*. Louvain: Université Catholique de Louvain, Faculté de Psychologie et des Sciences de l'Éducation, maio 1985.

TARDE, Gabriel. *Monadologia e Sociologia* in VIANA VARGAS, Eduardo (org.), trad. bras. de Paulo Neves. São Paulo: Cosac Naify, 2007.

WAHL, Jean. *Les Philosophies pluralistes d'Angleterre et d'Amérique*. Paris: Les empêcheurs de penser en rond, 2005.

ZOURABICHVILI, François. *Le vocabulaire Deleuze*. Paris: Ellipses, 2003 [Ed. bras.: *O vocabulário de Deleuze*, trad. de André Telles. Rio de Janeiro: Relume Dumará, 2004].

TRAVESSIAS DO NIILISMO

Palestra proferida sob o título de "Biopolítica e Contraniilismo" no I Colloque International de Philosophie, promovido pelo Centro de Filosofia das Ciências da Universidade de Lisboa e pelo Institut Franco-Portugais de Lisboa, em novembro de 2005. A seguir, no V Simpósio Internacional "Assim Falou Nietzsche", na Unirio, em 2004, e publicado in Charles Feitosa, Miguel Angel de Barrenechea e Paulo Pinheiro (orgs.), *Nietzsche e os gregos*. Rio de Janeiro: DP&A, 2006.

REFERÊNCIAS BIBLIOGRÁFICAS
ARALDI, Clademir Luís. *Niilismo, Criação e Aniquilamento*. São Paulo/Ijuí: Discurso Editorial/Ed. Unijuí, 2004.

BOURGET, Paul. *Essais de Psychologie Contemporaine*. Paris: Gallimard, 1993.
DELEUZE, Gilles. *Nietzsche e a filosofia*, trad. bras. de Ruth Joffily Dias e Edmundo Fernandes. Rio de Janeiro: Ed. Rio, 1976/ São Paulo: n-1 edições, no prelo.
FAYE, Jean-Pierre. *Le vrai Nietzsche*. Paris: Hermann, 1998.
_____. "Le transformat, le littoral" in *Concepts*, nº 7. Mons: Ed. Sils Maria, 2004.
GIACÓIA JR., Oswaldo. *Os Labirintos da Alma*. Campinas: Ed. Unicamp, 1997.
HABERMAS, Jürgen. *O Discurso Filosófico da Modernidade*, trad. bras. de Luiz Sérgio Repa e Rodnei Nascimento. São Paulo: Martins Fontes, 2000.
HEIDEGGER, Martin. *Nietzsche II*. Paris: Gallimard, 1971.
JASPERS, Karl. *Nietzsche*, trad. fr. de Henri Niel. Paris: Gallimard, 1950.
KOSSOVITCH, Leon. *Signos e Poderes em Nietzsche*. São Paulo: Ática, 2004.
MACHADO, Roberto. *Zaratustra, tragédia nietzschiana*. Rio de Janeiro: Jorge Zahar, 1997.
MÜLLER-LAUTER, Wolfgang. "*Décadence* artística enquanto *décadence* fisiológica" in *Cadernos Nietzsche*, nº 6. São Paulo: Grupo de Estudos Nietzsche, 1999.
NIETZSCHE, Friedrich. *A gaia ciência*, trad. bras. de Paulo César de Souza. São Paulo: Cia. das Letras, 2001.
_____. *Assim falou Zaratustra*, trad. bras. de Paulo César de Souza. São Paulo: Cia. das Letras, 2011.
_____. *Crepúsculo dos ídolos*, trad. bras. de Marco Antonio Casa Nova. Rio de Janeiro: Relume Dumará, 2000.
_____. *Ecce homo*, trad. bras. de Paulo César de Souza. São Paulo: Cia. das Letras, 1995.
_____. *Extemporâneas II*, trad. bras. de Rubens Rodrigues Torres Filhos. Coleção Os Pensadores. São Paulo: Nova Cultural, 1983.
_____. *Nietzsche contra Wagner*, trad. bras. de Paulo César de Souza. São Paulo: Cia. das Letras, 1999.
_____. *O anticristo*, trad. bras. de Paulo César de Souza. São Paulo: Cia. das Letras, 2007.
_____. *O caso Wagner*, trad. bras. de Paulo César de Souza. São Paulo: Cia. das Letras, 1999.
_____. *Para a genealogia da moral*, trad. bras. de Rubens Rodrigues Torres Filhos. Coleção Os Pensadores. São Paulo: Nova Cultural, 1983.
_____. *Sämtliche Werke*, Giorgio Colli e Mazzino Montinari (KSA-orgs). Berlim/Nova York/Munique: Walter de Gruyter/Deutscher Taschenbuch Verlag, 1988 ["Fragments posthumes" in *Oeuvres philosophiques complètes*, trad. fr. de Anne-Sophie Astrup e Marc de Launay. Paris: Gallimard, 1976-8].

O BACILO DA VINGANÇA

REFERÊNCIA BIBLIOGRÁFICA

DELEUZE, Gilles. *Nietzsche e a filosofia*, trad. bras. de Ruth Joffily Dias e Edmundo Fernandes. Rio de Janeiro: Ed. Rio, 1976 / São Paulo: n-1 edições, no prelo.

CAPITALISMO E NIILISMO

REFERÊNCIAS BIBLIOGRÁFICAS

AKSELI, Virtanen. *Crítica da economia biopolítica*. São Paulo: n-1 edições, no prelo.
BERARDI, Franco. *Neuromagma: Lavoro cognitivo e infoproduzione*. Roma: Castelvecchi, 1995.
DELEUZE, Gilles e GUATTARI, Félix. *O anti-Édipo*, trad. bras. de Luiz B. L. Orlandi. São Paulo: Ed. 34, 2010.
FERREYRA, Julian. *Ontologie du capitalisme chez Gilles Deleuze*. Paris: L'Harmattan, 2010.
LAZZARATO, Maurizio. *La fabrique de l'homme endetté: essai sur la condition néoliberale*. Paris: Ed. Amsterdam, 2011. A sair pela n-1 edições.
_____. *Signos, máquinas, subjetividades*, trad. bras. de Paulo Domenech Oneto. São Paulo: n-1 edições/Edições Sesc, 2014.
LYOTARD, Jean-François. "Capitalismo Energúmeno" in CARRILHO, Manuel Maria (org.), *Capitalismo e Esquizofrenia: Dossier Anti-Édipo*, trad. port. de José Afonso Furtado. Lisboa: Assírio & Alvim, 1976.
MARAZZI, Christian. *O lugar das meias*, trad. bras. de Paulo Domenec Oneto. Rio de Janeiro: Civilização Brasileira, 2009.
PRECIADO, Paul B. *Testo yonqui*. Madri: Espasa, 2008 [Ed. bras.: *Testojunkie: sexo, drogas e biopolítica na era farmacopornográfica*, trad. de Maria Paula Gurgel Ribeiro. São Paulo: n-1 edições, no prelo].
SIBERTIN-BLANC, Guillaume. *Politique et État chez Deleuze et Guattari: Essai sur le matérialisme historico-machinique*. Paris: PUF, 2013.
STENGERS, Isabelle e PIGNARRE, Philippe. *La sorcellerie capitaliste*. Paris: La Découverte, 2005-7.

IMPOTÊNCIA DO MUNDO

REFERÊNCIAS BIBLIOGRÁFICAS

BLANCHOT, Maurice. *L'entretien infini*. Paris: Gallimard, 1969 [Ed. bras.: *A conversa infinita 2: a experiência limite*, trad. de João Moura Jr. São Paulo: Escuta, 2007].

CLOOTS, Anacharsis. *Écrits révolutionnaires 1790-1794*. Paris: Champ Libre, 1979.

DELEUZE, Gilles e GUATTARI, Félix. "Tratado de nomadologia: a máquina de guerra", trad. bras. de Peter Pál Pelbart in *Mil platôs*, v. 5. São Paulo: Ed. 34.

FAYE, Jean-Pierre e COHEN-HALIMI, Michèle. *L'histoire cachée du nihilisme*. Paris: La Fabrique, 2008.

GIACOIA JR, Oswaldo. *Heidegger urgente: um novo pensar*. São Paulo: Três estrelas, 2013.

HEIDEGGER, Martin. *Questions I*, trad. fr. de Alphonse de Walhens et alii. Paris: Gallimard, 1968.

JACOBI, Friedrich Heinrich. "Allwills Briefsammlung" in *Werke*. Leipzig: Fleischer, 1812.

_____. *Oeuvres philosophiques de Jacobi*, trad. fr. de J.-J. Anstett. Paris: Aubier, 1946.

_____. *Lettre sur le nihilisme et autres textes*. Paris: Flammarion, 2009.

JÜNGER, Ernst. *L'état universel, suivi de La mobilisation totale*. Paris: Gallimard, 1990.

_____. *Passage de la ligne*, trad. fr. de Henri Plard. Paris: Christian Bourgois, 1997.

_____. *Traité du Rebelle*, trad. fr. de Henri Plard. Paris: Christian Bourgois, 1980.

SLOTERDIJK, Peter. *La mobilisation infinie. Vers une critique de la cinétique politique*, trad. fr. de Hans Hildenbrant. Paris: Christian Bourgois, 1989.

STRAUSS, Leo. *Nihilisme et politique*, trad. fr. de Olivier Sedeyn. Paris: Payot & Rivages, 2004.

_____. "German Nihilism" in *Interpretation*, v. 26, nº 3. Nova York: Queen's College, 1999.

A POTÊNCIA DE NEGAÇÃO

REFERÊNCIAS BIBLIOGRÁFICAS

BAUDRILLARD, Jean. *Power Inferno*, trad. bras. de Juremir Machado da Silva. Porto Alegre: Sulina, 2003.

BERDIAEFF, Nicolas. "Psychologie du nihilisme et de l'atheisme russes" in *Problèmes du communisme*. Paris: Desclée de Brouwer, 1933.

BLANCHOT, Maurice. *O espaço literário*, trad. bras. de Álvaro Cabral. Rio de Janeiro: Rocco, 1987.

CHESTOV, Léon. *La philosophie de la tragédie. Dostoïevskiy et Nietzsche*, trad. fr. de Boris de Schloezer. Paris: Flammarion, 1966.

CHOMSKY, Noam. *11 de setembro*, trad. bras. de Luiz Antonio Aguiar. Rio de Janeiro: Bertrand Brasil, 2003.

COQUART, Armand. *Dmitri Pisarev et l'ideologie du nihilisme russe*. Paris: Institut d'Études Slaves de l'Université de Paris, 1946.

DELEUZE, Gilles. *Crítica e clínica*, trad. bras. de Peter Pál Pelbart. São Paulo: Ed. 34, 1997.

DELEUZE, Gilles e GUATTARI, Félix. *Mil platôs*, v. 5, trad. bras. de Peter Pál Pelbart e Janice Caiafa. São Paulo: Ed. 34, 1997.

DERRIDA, Jacques. "Auto-imunidade: suicídios reais e simbólicos" in BORRADORI, Giovanna (org.), *Filosofia em tempo de terror. Diálogos com Jürgen Habermas e Jacques Derrida*, trad. bras. de Roberto Muggiati. Rio de Janeiro: Jorge Zahar, 2004.

DOSTOIÉVSKI, Fiódor. *Os demônios*, trad. bras. de Paulo Bezerra. São Paulo: Ed. 34, 2004.

FEUERBACH, Ludwig. *A essência do cristianismo*, trad. bras. e notas de José da Silva Brandão. Campinas: Papirus, 1988.

GLUCKSMANN, André. *Dostoïevski à Manhattan*. Paris: Robert Laffont, 2002.

GOURFINKEL, Nina. *Dostoïevski notre contemporain*. Paris: Calmann-Lévy, 1961.

HARDT, Martin e NEGRI, Antonio. *Multitude. Guerre et démocratie à l'âge de l'Empire*. Paris: La Découverte, 2004 [Ed. bras.: *Multidão*, trad. de Clóvis Marques. Rio de Janeiro: Record, 2005].

HERZEN, Aleksandr. *Obras filosóficas escogidas*. Moscou: Ed. en lenguas extranjeras, 1956.

KROPOTKINE, Pierre apud KOVALEVSKAÏA, Sophie. *Une nihiliste*, trad. fr. de Michel Niqueux. Paris: Phoebus, 2004.

NIETZSCHE, Friedrich. *A gaia ciência*, trad. bras. de Paulo César de Souza. São Paulo: Cia. das Letras, 2001.

_____. *Sämtliche Werke*, Giorgio Colli e Mazzino Montinari (KSA-orgs). Berlim/Nova York/Munique: Walter de Gruyter/Deutscher Taschenbuch Verlag, 1988 ["Fragments posthumes" in *Oeuvres philosophiques complètes*, trad. fr. de Anne-Sophie Astrup e Marc de Launay. Paris: Gallimard, 1976-8].

PASCAL, Pierre. *Dostoïevski, l'Homme et l'Oeuvre*. Paris: L'Age de l'Homme, 1970.

SCHLOEZER, Boris de. "Nietzsche et Dostoïevski" in *Cahiers de Royaumont, Nietzsche*. Paris: Minuit, 1967.

TURGUÊNIEV, Ivan. *Pais e filhos*. São Paulo: Cosac & Naify, 2004.

VENTURI, Franco. *El populismo ruso*, v. II. Madri: Biblioteca de la Revista de Occidente, 1975.

VIRILIO, Paul. *L'insécurité du territoire*. Paris: Stock, 1976.

ŽIŽEK, Slavoj. *Bem-vindo ao deserto do real*, trad. bras. de Paulo Cesar Castanheira. São Paulo: Boitempo, 2003.

O ARQUEIRO ZEN

Palestra proferida por ocasião do VII Simpósio Internacional de Filosofia "Nietzsche-Deleuze", em Fortaleza, em 2006, e publicado como "O jogo do mundo" in Daniel Lins e José Gil (orgs.), *Nietzsche-Deleuze: Jogo e Música*. Rio de Janeiro: Forense Universitária, 2008.

REFERÊNCIAS BIBLIOGRÁFICAS

AXELOS, Kostas. *Horizontes do mundo*, trad. bras. de Ligia Maria Pondé Vassallo. Rio de Janeiro: Tempo Brasileiro, 1983.

_____. *Introdução ao pensamento futuro*, trad. bras. de Emmanuel Carneiro Leão. Rio de Janeiro: Tempo Brasileiro, 1969.

_____. *Le jeu du monde*. Paris: Minuit, 1969.

_____. *La Pensée Planetaire*. Paris: Minuit, 1964.

DELEUZE, Gilles. *Île Déserte et autres textes*, LAPOUJADE, David (org). Paris: Minuit, 2002 [Ed. bras.: *A ilha deserta e outros textos*, trad. coord. por Luiz B. L. Orlandi. São Paulo: Iluminuras, 2006].

RIMBAUD, Arthur. *Une saison en enfer, Illuminations*. Paris: Gallimard, 1973.

A HIPÓTESE DE JÓ

Palestra proferida por ocasião do 3º Seminário Internacional Capitalismo Cognitivo, "Revolução 2.0: Da crise do capitalismo global à constituição do comum", promovido pela Rede Universidade Nômade e a UFRJ em agosto de 2011.

REFERÊNCIAS BIBLIOGRÁFICAS

BERADT, Charlotte. *Rêver sous le IIIe Reich*. Paris: Payot & Rivages, 2004.
DELEUZE, Gilles. "A gargalhada de Nietzsche", trad. bras. de Peter Pál Pelbart in LAPOUJADE, David (org.), *A ilha deserta e outros textos*, trad. coord. por Luiz B. L. Orlandi. São Paulo: Iluminuras, 2006.
DIDI-HUBERMAN, Georges. *Atlas. ¿Cómo llevar el mundo a cuestas?* Madri: Museo Nacional Centro de Arte Reina Sofia, 2011.
FOUCAULT, Michel. "Inutile de se soulever?" in *Dits et Écrits* III, Paris: Gallimard, 1994 [Ed. bras.: "É inútil revoltar-se?" in *Ditos e escritos* V, Manoel B. da Motta (org.), trad. de Elisa Monteiro e Inês A. D. Barbosa. Rio de Janeiro: Forense Universitária, 2004].
_____. "Le chef mythique de la révolte de l'Iran" in *Dits et Écrits* III. Paris: Gallimard, 1994.
_____. "Qu'est-ce que Les Lumières" in *Dits et Ecrits* IV, Paris: Gallimard, 1984 [Ed. bras.: "O que são as Luzes?" in *Ditos e Escritos* II, Manoel B. da Motta (org.), trad. de Elisa Monteiro. Rio de Janeiro: Forense Universitária, 2005].
GARCIA DOS SANTOS, Laymert. *Amazônia transcultural – xamanismo e tecnociência na ópera*. São Paulo: n-1 edições, 2013.
JANOUCH, Gustav. *Conversas com Kafka*, trad. bras. de Celina Luz. Rio de Janeiro: Nova Fronteira, 1983.
KATZENELSON, Yitzhak. *Il canto del popolo ebraico massacrato* in SEGRÉ, Beltrami e NOVITICH, Miriam (orgs.), trad. it. por Sigrid Sohn e Daniel Vogelmann. Torino/Milão: Beit Lohamei Hagetaot/Cedec, 1966/1977.
NEGRI, Antonio. *Jó, a força do escravo*, trad. bras. de Eliana Aguiar. Rio de Janeiro: Record, 2007.
_____. *Exílio*, trad. bras. de Renata Cordeiro. São Paulo: Iluminuras, 2001.

BRASIL MAIOR OU MENOR?

Parte desse texto foi lida no evento "Brasil Vivo, Brasil Menor", na Casa Rui Barbosa, no Rio de Janeiro, em 15 de junho de 2012, do qual participaram a Rede Universidade Nômade, o Núcleo de Antropologia Simétrica, a #ATOA, e a Linha Filosofia e Questão Ambiental da PUC-Rio.

REFERÊNCIAS BIBLIOGRÁFICAS

FOUCAULT, Michel. "Qu'est-ce que Les Lumières" in *Dits et Ecrits* IV, Paris: Gallimard, 1984 [Ed. bras.: "O que são as Luzes?" in *Ditos e Escritos* II, trad. de Elisa Monteiro. Rio de Janeiro: Forense Universitária, 2005].

GUATTARI, Félix. *As três ecologias*, trad. bras. de Maria Cristina F. Bittencourt. Campinas: Papirus, 1990.

KANT, Immanuel. "Resposta à pergunta: Que é o Esclarecimento?" in *Textos Seletos*, trad. bras. de Floriano de Sousa Fernandes. Petrópolis: Vozes, 2005.

SARDINHA, Diogo. "L'émancipation, de Kant à Deleuze: devenir majeur, devenir mineur" in *Temps modernes*, nº 665. Paris: Gallimard, 2011.

_____. *L'émancipation de Kant à Deleuze*. Paris: Hermann Ed., 2013.

EXPERIÊNCIA E ABANDONO DE SI

Palestra proferida por ocasião do VII Colóquio Internacional Michel Foucault, "O Mesmo e o Outro. 50 anos de *História da Loucura* (1961-1950)", promovido pelo Programa de Estudos Pós-Graduados em Filosofia da PUC-SP, em outubro de 2011, e organizado por Salma Tannus Muchail e Márcio Alves da Fonseca.

REFERÊNCIAS BIBLIOGRÁFICAS

CHAVES, Ernani. *Michel Foucault e a verdade cínica*. Campinas: Ed. Phi, 2013.

FOUCAULT, Michel. *A coragem da verdade*, trad. bras. de Eduardo Brandão. São Paulo: Martins Fontes, 2012.

_____. "À propos de la généalogie de l'éthique: un aperçu du travail en cours" in *Dits et écrits* IV. Paris: Gallimard, 1984 [Ed. bras.: "Sobre a genealogia da ética. Uma revisão do trabalho" in RABINOW, Paul e DREYFUS, Hubert (orgs.), *Michel Foucault, uma trajetória filosófica*, trad. de Vera Portocarrero. Rio de Janeiro: Forense Universitária, 1995].

_____. "Entretien avec Michel Foucault" in *Dits et Écrits* IV, op. cit. [Ed. bras.: "Conversa com Michel Foucault" in *Ditos e Escritos* VI, Manoel B. da Motta (org.), trad. de Ana Lúcia P. Pessoa. Rio de Janeiro: Forense Universitária, 2010].

_____. "Entretien avec Michel Foucault" in *Dits et Écrits* III, DEFERT, Daniel, EWALD, François e LAGRANGE, Jacques (orgs.). Paris: Gallimard, 1994 [Ed. bras.: "Verdade e poder" in *Microfísica do poder*, trad. de Roberto Machado. Rio de Janeiro: Graal, 1979].

_____. "Foucault" in *Dits et écrits* IV, op. cit. [Ed. bras.: "Foucault" in *Ditos e Escritos V*, Manoel B. da Motta (org.), trad. de Elisa Monteiro e Inês A. D. Barbosa. Rio de Janeiro: Forense Universitária, 2004].

_____. "Introduction à l'Anthropologie" in Immanuel Kant, *Anthropologie du point de vue pragmatique*. Paris: Vrin, 2009 [Ed. bras.: Immanuel Kant, *Antropologia de um ponto de vista pragmático*, trad. de Clélia Martins. São Paulo: Iluminuras, 2006].

_____. "L'homme est-il mort?" in *Dits et Écrits* I. Paris: Gallimard, 1994 [Ed. bras.: "O homem está morto?" in *Ditos e Escritos* VII, trad. de Vera Lucia A. Ribeiro. Rio de Janeiro: Forense Universitária, 2011].

_____. "Pouvoirs et stratégies" in *Dits et Écrits* III, op. cit. [Ed. port.: "Poderes e estratégias" in CARRILHO, Manuel Maria (org.), *Dissidência e nova filosofia*. Lisboa: Assírio & Alvim, 1979].

_____. "Préface à l'Histoire de la sexualité" in *Dits et écrits* IV, op. cit.

_____. "Verité, pouvoir et soi" in *Dits et écrits* IV, op. cit. [Ed. bras.: "Verdade, poder e si mesmo" in *Ditos e Escritos* V, op. cit.].

POL-DROIT, Roger. *Michel Foucault. Entrevistas* in MACHADO, Roberto (org.), trad. bras. de Vera Portocarrero e Gilda G. Carneiro. São Paulo: Graal, 2006.

SUBJETIVAÇÃO E DESSUBJETIVAÇÃO

Palestra parcialmente proferida no workshop "Exhausted subject, impossible community", promovido pelo Mollecular.org e Future Art Base, em Helsinque, na Finlândia, em abril de 2011, e organizado por Virtanen Akseli. Em versão modificada, por ocasião do Colóquio "Transformações da biopolítica", promovido pelo Projeto Ecopolítica, do Nu-Sol, no PEPG em Ciências Sociais da PUC-SP, sob a coordenação de Edson Passetti, em outubro de 2012.

REFERÊNCIAS BIBLIOGRÁFICAS
AGAMBEN, Giorgio. "Une biopolitique mineure" in *Vacarme*, nº 10. Paris: Vacarme, 2000.
COMBES, Muriel. *La vie inseparée: vie et sujet au temps de la biopolitique*. Paris: Dittmar, 2011.
DELEUZE, Gilles. *Diferença e repetição*, trad. bras. de Luiz B. L. Orlandi e Roberto Machado. Rio de Janeiro: Graal, 2006.
DERRIDA, Jacques. *D'un ton apocalyptique adopté naguère en philosophie*. Paris: Galilée, 1983.
DIDI-HUBERMAN, Georges. *Sobrevivência dos vaga-lumes*, trad. bras. de Vera Casa Nova e Márcia Arbex. Belo Horizonte: UFMG, 2011.
FOUCAULT, Michel. "O sujeito e o poder" in RABINOW, Paul e DREYFUS, Hubert (orgs.), *Michel Foucault: uma trajetória filosófica para além do estruturalismo e da hermenêutica*, trad. bras. de Vera Porto Carrero. Rio de Janeiro: Forense Universitária, 1995.
_____. "Les techniques de soi" in *Dits et Écrits* IV, DEFERT, Daniel, EWALD, François e LAGRANGE, Jacques (orgs.). Paris: Gallimard, 1984.

THE SPLENDOUR OF THE SEAS

REFERÊNCIAS BIBLIOGRÁFICAS
AKSELI, Virtanen e ETTINGER, Bracha "Art, Memory, Resistance" in *Framework*, v. 4. Helsinque: The Finnish Art Review, dezembro de 2005.
AKSELI, Virtanen e VÄHÄMÄKI, Jussi. "Structure of Change" in *Framework*, v. 4. Helsinque: The Finnish Art Review, dezembro de 2005.
COHEN, Renato. *Performance como linguagem*. São Paulo: Perspectiva, 2002.
_____. "Teatro do Inconsciente: Processos criativos da Cia. Ueinzz", *release* de Gotham-SP, 2003.
_____. *Work in Progress na cena contemporânea*. São Paulo: Perspectiva, 1998.
COLECTIVO SITUACIONES, *Conversaciones en el impasse: dilemas políticos del presente*. Buenos Aires: Tinta Limón, 2009.
DELEUZE, Gilles. *Conversações*, trad. bras. de Peter Pál Pelbart. São Paulo: Ed. 34, 1992.
DELEUZE, Gilles e GUATTARI, Félix. *O anti-Édipo*, trad. bras. de Luiz B. L. Orlandi. São Paulo: Ed. 34, 2010.

DIDI-HUBERMAN, Georges. *Sobrevivência dos vaga-lumes*, trad. bras. de Vera Casa Nova e Márcia Arbex. Belo Horizonte: UFMG, 2011.

FOUCAULT, Michel. *Le corps utopique — Les Héterotopies*. Paris: Lignes, 2009 [Ed. bras.: *O corpo utópico, As heterotopias*, trad. de Salma Tannus Muchail. São Paulo: n-1 edições, 2013].

GOLDENSTEIN, Ana. *Persona Performática*. São Paulo: Perspectiva, 2012.

GUATTARI, Félix. *Psicoanalisis y transversalidad*. Buenos Aires: Siglo XXI, 1976 [Ed. bras.: *Psicanálise e transversalidade*, trad. de Adail Ubirajara Sobral e Maria Stela Gonçalves. São Paulo: Ideias e Letras, 2004].

_____. *Les 65 rêves de Franz Kafka*, Stéphane Nadaud (org.). Paris: Nouvelles Editions Lignes, 2006 [Ed. bras.: *Máquina Kafka/Kafkamachine*, trad. de Peter Pál Pelbart. São Paulo: n-1 edições, 2011].

GUINSBURG, Jacó. *Da cena em cena*. São Paulo: Perspectiva, 1986.

_____. *Os processos criativos de Bob Wilson*. São Paulo: Perspectiva, 1996.

INFORSATO, Erika Alvarez. *Desobramento: constelações clínicas e políticas do comum*. São Paulo: n-1 edições, no prelo.

LAZZARATO, Maurizio. *Experimentations politiques*. Paris: Amsterdam, 2009.

MARANGE, Valérie. *Éthique et violence*. Paris: L'Harmattan, 2001.

OURY, Jean e SIVADON, Danielle. "Constelações" in *Cadernos de Subjetividade*, nº 14. São Paulo: Núcleo de Estudos e Pesquisas da Subjetividade do Programa de Estudos Pós-Graduados em Psicologia Clínica da PUC-SP, 2012.

RANCIÈRE, Jacques. *Le spectateur émancipé*. Paris: La fabrique, 2008 [Ed. bras.: *O espectador emancipado*, trad. de Ivone C. Benedetti. São Paulo: WMF Martins Fontes, 2012].

REHM, Jean.-Pierre. "Enquête sur le/notre dehors - d'Alejandra Riera à la Documenta XII" in *Vacarme*, nº 41. Paris: Vacarme, 2007.

RIERA, Alejandra. *Maquetas-sin-cualidad*, Produccion autonoma. Barcelona: Fundació Antoni Tàpies, 2005.

_____. "Images en chantiers" in *Vacarme*, nº 32. Paris: Vacarme, 2005.

_____. *Echange autour de <...—histoire(s) du présent—...> [...—2007-2011—...]*, documentation d'une expérience d'Alejandra Riera avec Ueinzz. Inédito, 2013.

LINHAS ERRÁTICAS

REFERÊNCIAS BIBLIOGRÁFICAS
DELEUZE, Gilles. *Lógica do sentido*, trad. bras. de Luiz Salinas Fortes. São Paulo: Perspectiva, 1974.
DELEUZE, Gilles e GUATTARI, Félix. "Três novelas ou 'O que se passou?'", trad. bras. de Ana Lúcia de Oliveira e Lúcia Cláudia Leão in *Mil platôs*, v. 3. São Paulo: Ed. 34, 1996.
DELEUZE, Gilles e PARNET, Claire. *Diálogos*, trad. bras. de Eloisa A. Ribeiro. São Paulo: Escuta, 1998.
DELIGNY, Fernand. *Cartes et lignes d'erre/Maps and wander lines, Traces du réseau de Fernand Deligny, 1969-1979*, TOLEDO, Sandra Alvarez de (org.). Paris: L'Arachnéen, 2013.
_____. *Journal de Janmari*, TOLEDO, Sandra Alvarez de (org.). Paris: L'Arachnéen, 2013.
_____. *O aracniano e outros textos*, trad. bras. de Lara de Malimpensa. São Paulo: n-1 edições, 2015.
_____. *Oeuvres*, TOLEDO, Sandra Alvarez de (org.). Paris: L'Arachnéen, 2007.
_____. "Tisser un réseau" in *Chimères*, nº 27. Paris: Ères, 1991.
_____. "Voix et voir" in *Cahiers de l'immuable/1*, nº 18. Paris: Recherches, 1975.
GUATTARI, Félix. *La revolution moléculaire*. Paris: Recherches, 1977.
SÉVÉRAC, Pascal. "Fernand Deligny: l'agir au lieu de l'esprit" in *Intellectica*, nº 57. Paris: Institut des Sciences de la Communication CNRS, 2012.
MANNING, Erin. *Always More Than One*. Durham/Londres: Duke University Press, 2013.
PETRESCU, Doina. "The Indeterminate Mapping of the Common", in *Field: a free Journal for architecture*, v. 1, nº 1. Sheffield: Sheffield School of Architecture, 2007.
_____. "Tracer là ce qui nous échappe" in *Multitudes*, nº 24. Paris: Assoc. Multitudes, 2006.
QUERRIEN, Anne. "Un radeau laisse passer l'eau" in DELIGNY, Fernand, *Oeuvres*, op. cit.

O ATO DE CRIAÇÃO

REFERÊNCIAS BIBLIOGRÁFICAS
AGAMBEN, Giorgio. *Bartleby, ou l'acte de création*. Paris: Circe, 1995.
_____. *Image et mémoire*. Paris: Hoëbeke, 1998.
_____. *Ce qui reste d'Auschwitz*. Paris: Payot, 1999 [Ed. bras.: *O que resta de Auschwitz*, trad. de Selvino Assmann. São Paulo: Boitempo Editorial, 2008].
DELEUZE, Gilles. "Un manifeste de moins" in *Superpositions*. Paris: Minuit, 1979 [Ed. bras.: *Sobre o teatro*, MACHADO, Roberto (org.), trad. de Fátima Saadi, Ovídio de Abreu e Roberto Machado. Rio de Janeiro: Jorge Zahar, 2010].
FAVARETTO, Celso. "Para além da arte" in *Cadernos de Subjetividade*. São Paulo: Núcleo de Estudos e Pesquisas da Subjetividade do Programa de Estudos Pós-Graduados em Psicologia Clínica da PUC-SP, 2010.
_____. "Viver a arte, inventar a vida", 27ª Bienal de São Paulo, Seminários. Rio de Janeiro: Cobogó, 2008.
RANCIÈRE, Jacques. "Existe uma estética deleuzeana?", trad. bras. de Ana Lúcia de Oliveira, in ALLIEZ, Éric (org.), *Gilles Deleuze: uma vida filosófica*. São Paulo: Ed. 34, 2000.
_____. "Será que a arte resiste a alguma coisa?" in LINS, Daniel (org.), *Nietzsche e Deleuze. Arte e resistência*, Simpósio Internacional de Filosofia. Rio de Janeiro: Forense, 2005.
ZOURABICHVILI, François. "Deleuze e a questão da literalidade" in *Educação & Sociedade*, v. 26, nº 93. Campinas: Centro de Estudos Educação e Sociedade, 2005.
_____. *Le vocabulaire de Deleuze*. Paris: Elipses, 2003 [Ed. bras.: *O vocabulário de Deleuze*, trad. de André Telles. Rio de Janeiro: Relume Dumará, 2004].
_____. *La littéralité et autres essais sur l'art*. Paris: PUF, 2011.

ACREDITAR NO MUNDO

REFERÊNCIAS BIBLIOGRÁFICAS
DELEUZE, Gilles. *A imagem-movimento, Cinema 1*, trad. bras. de Stella Senra. São Paulo: Brasiliense, 1985.
_____. *A imagem-tempo, Cinema 2*, trad. bras. de Eloisa de Araújo Ribeiro. São Paulo: Brasiliense, 1990.

_____. *Conversações*, trad. bras. de Peter Pál Pelbart. São Paulo: Ed. 34, 1992.
_____. *Crítica e clínica*, trad. bras. de Peter Pál Pelbart. São Paulo: Ed. 34, 1997.
JAMES, William. *A Pluralistic Universe*. Massachusetts: The University Press, 1925.
_____. *La Volonté de Croire*. Paris: Les empêcheurs de penser en rond/Seuil, 2005.
LAPOUJADE, David. *William James, Empirisme et Pragmatisme*. Paris: Les empêcheurs de penser en rond, 2007 [Ed. bras: *William James, empirismo e pragmatismo*, trad. de Hortência Lencastre. São Paulo: n-1 edições, 2016].
NIETZSCHE, Friedrich. "A Gaia Ciência" in *Obras Incompletas*, trad. bras. e notas de Rubens R. Torres Filho, Coleção Os Pensadores. São Paulo: Abril, 1974.
WAHL, Jean. *Les Philosophies pragmatistes d'Angleterre et d'Amérique*. Paris: Seuil/Les empêcheurs de penser en rond, 2005.

DA POLINIZAÇÃO EM FILOSOFIA

Texto publicado na revista *Europe, revue littéraire mensuelle* e no dossiê "Gilles Deleuze", organizado por Evelyne Grossman e Pierre Zaoui. Paris: 2012.

REFERÊNCIAS BIBLIOGRÁFICAS

DELEUZE, Gilles. *A imagem-movimento, Cinema 1*, trad. bras. de Stella Senra. São Paulo: Brasiliense, 1985.
_____. *Conversações*, trad. bras. de Peter Pál Pelbart. São Paulo: Ed. 34, 1992.
_____. Curso em Vincennes, 25/11/1980. Disponível em: <webdeleuze.com>.
_____. "De las velocidades del pensamento", 2/12/1980. Disponível em: <webdeleuze.com>.
_____. *Espinosa. Filosofia Prática*, trad. bras. de Daniel Lins e Fabien Pascal Lins. São Paulo: Escuta, 2002.
_____. *Lógica do Sentido*, trad. bras. de Luiz Roberto S. Fortes. São Paulo: Perspectiva, 1982.
DELEUZE, Gilles e GUATTARI, Félix. *Mil platôs*, v. 4, trad. bras. de Suely Rolnik. São Paulo: Ed. 34, 1997.
_____. *O anti-Édipo*, trad. bras. de Luiz B. L. Orlandi. São Paulo: Ed. 34, 2010.
_____. *O que é a filosofia?*, trad. bras. de Bento Prado Jr. e Alberto A. Muñoz. São Paulo: Ed. 34, 1992.
DELEUZE, Gilles e PARNET, Claire. *Diálogos*, trad. bras. de Eloisa A. Ribeiro. São Paulo: Escuta, 1998.

FOUCAULT, Michel. "Prefácio à reedição de 1972" in *História da loucura*, trad. bras. de José T. Coelho. São Paulo: Perspectiva, 1978.

GUATTARI, Félix. *Caosmose*, trad. bras. de Ana L. de Oliveira e Lúcia C. Leão. São Paulo: Ed. 34, 1992.

GROSSMAN, Évelyne. *L'angoisse de penser*. Paris: Minuit, 2008.

LAZZARATO, Maurizio. *As revoluções do capitalismo*. Rio de Janeiro: Civilização Brasileira, 2006.

_____. "Gabriel Tarde, un vitalisme politique" in TARDE, Gabriel. *Monadologie et sociologie*, v. I. Paris: Institut Synthélabo, 1999.

_____. *Lavoro immateriale. Forme di vita e produzione di soggettività*. Verona: Ombre Corte, 1998.

_____. *Puissances de l'invention*. Paris: Les empêcheurs de penser en rond, 2002.

MOULIER-BOUTANG, Yann. *L'abeille et l'économiste*. Paris: Carnets Nord, 2010.

_____. *Le bassin de travail immatériel (BTI) dans la métropole parisienne: mutation du rapport salarial dans les villes du travail immatériel*. Paris: L'Harmattan, 1996.

_____. *Le Capitalisme Cognitif. La nouvelle grande transformation*. Paris: Amsterdam, 2007.

NANCY, Jean-Luc, "Dobra deleuzeana do pensamento" in ALLIEZ, Éric (org.), *Gilles Deleuze: uma vida filosófica*. São Paulo: Ed. 34, 2000.

PEARSON, Keith Ansell. *Germinal Life*. Londres/Nova York: Routledge, 1999.

SIMONDON, Gilbert. *L'individuation à la lumiére des notions de forme et d'information*. Grenoble: Millon, 2005.

VILLANI, Arnaud. *La guêpe et l'orchidée*. Paris: Belin, 1999.

POR UMA ARTE DE INSTAURAR MODOS DE EXISTÊNCIA

Texto encomendado para o catálogo da 31ª Bienal de São Paulo, *Como (...) coisas que não existem*. São Paulo: Fundação Biena;, 2014.

REFERÊNCIAS BIBLIOGRÁFICAS

AGAMBEN, Giorgio. *De la très haute pauvreté: règles et forme de vie*, Homo sacer IV, 1. Paris: Rivages, 2013 [Ed. bras.: *Altíssima pobreza*, trad. de Selvino Assmann. São Paulo: Boitempo, 2014].

_____. *La potenza del pensiero*. Vicenza: Neri Pozza, 2005.

_____. *Moyens sans fin*. Paris: Rivages, 1995.

_____. *Profanations*. Paris: Rivages, 2006 [Ed. bras.: *Profanações*, trad. de Selvino Assmann. São Paulo: Boitempo, 2007].
CASTRO, Edgard. *Introdução a Giorgio Agamben: uma arqueologia da potência*. Belo Horizonte: Autêntica, 2012.
COMBES, Muriel. *La vie inseparée: vie et sujet au temps de la biopolitique*. Paris: Dittmar, 2011.
_____. *Simondon. Individu et collectivité*. Paris: PUF, 1999.
DEBAISE, Didier (org.). *Philosophie des possessions*. Paris: Les presses du réel, 2011.
DELEUZE, Gilles. *Nietzsche e a filosofia*, trad. bras. de Edmundo Fernandes Dias e Ruth Joffily Dias. Rio de Janeiro: Ed. Rio, 1976/São Paulo: n-1 edições, no prelo.
_____. *Diferença e repetição*, trad. bras. de Luiz B. L. Orlandi e Roberto Machado. Rio de Janeiro: Graal, 2006.
DELEUZE, Gilles e GUATTARI, Félix. "Mai 68 n'a pas eu lieu" in LAPOUJADE, David (org.), *Deux régimes de fous*. Paris: Minuit, 1968 [Ed. bras.: *Dois regimes de loucos*, trad. de Guilherme Ivo. São Paulo: Ed. 34, 2016].
_____. *O que é a filosofia?*, trad. bras. de Bento Prado Jr. e Alberto Alonso Muñoz. São Paulo: Ed. 34, 1992.
_____. "Tratado de nomadologia: a máquina de guerra", trad. bras. de Peter Pál Pelbart in *Mil platôs*, v. 5. São Paulo: Ed. 34, 1997.
DELIGNY, Fernand. *O aracniano e outros textos*, trad. bras. de Lara de Malimpensa. São Paulo: n-1 edições, 2015.
_____. *Oeuvres*, TOLEDO, Sandra Alvarez de (org.). Paris: L'Arachnéen, 2008.
FOUCAULT, Michel. *A coragem da verdade*, trad. bras. de Eduardo Brandão. São Paulo: Martins Fontes, 2012.
_____. *Dits et Ecrits*, v. III. Paris: Gallimard, 1994.
HARDT, Michael e NEGRI, Antonio. *Declaração – isto não é um manifesto*. São Paulo: n-1 edições, 2016.
KOPENAWA, Davi e ALBERT, Bruce. *La chute du ciel — Paroles d'un chaman yanomami*. Paris: Plon, 2010 [Ed. bras.: *A queda do céu — palavras de um xamã yanomami*, trad. de Beatriz Perrone-Moisés. São Paulo: Cia. das Letras, 2015].
LAPOUJADE, David, "Souriau: une philosophie des existences moindres" in DEBAISE, Didier (org.), *Philosophie des possessions*, op. cit.
_____. *Deleuze, os movimentos aberrantes*. São Paulo: n-1 edições, 2015.
LATOUR, Bruno. *Enquête sur les modes d'existence – Une anthropologie des Modernes*. Paris: La Découverte, 2012.

LATOUR, Bruno e STENGERS, Isabelle. "Le sphynx de l'oeuvre" in SOURIAU, Étienne, *Les différents modes d'existence*, Paris: PUF, 2009.
MASSUMI, Brian. *A user's guide to capitalism and schizophrenia*. Cambridge: MIT Press, 2002.
_____. *O poder para além da economia*. São Paulo: n-1 edições, no prelo.
MONTEBELLO, Pierre. "Gilbert Simondon, une metaphysique de la participation" in *Philosophie des possessions*, op. cit.
SANTOS, Laymert Garcia dos. *Amazônia transcultural – xamanismo e tecnociência na ópera*. São Paulo: n-1 edições, 2013.
_____. *Politizar as novas tecnologias*. São Paulo: Ed. 34, 2003.
SCHEFER, Olivier. "Multidões e fantasmas" in *Cadernos de Subjetividade*, nº 16. São Paulo: Núcleo de Estudos e Pesquisas da Subjetividade do Programa de Estudos Pós-Graduados em Psicologia Clínica da PUC-SP, 2014.
SOURIAU, Étienne. *Avoir une âme: essai sur les existences virtuelles*. Paris: Belles Lettres, 1938.
_____. *La couronne d'herbes*. Paris: UGE, 1975.
_____. *Les différents modes d'existence*. Paris: PUF, 2009.
_____. *L'instauration philosophique*. Paris: Alcan, 1939.
STENGERS, Isabelle. *Penser avec Whitehead*. Paris: Seuil, 2002.
VIVEIROS DE CASTRO, Eduardo. *Encontros,* SZTUTMAN, Renato (org.). Rio de Janeiro: Azougue Editorial, 2008.
_____. *Metafísicas canibais*. São Paulo: n-1 edições/Cosac Naify, 2015.
_____. "Posfácio" in *A arqueologia da violência*. São Paulo: Cosac Naify, 2004.
ZECHNER, Manuela. *The world we desire is one we can create and care for together*. Tese de doutorado. Londres: Queen Mary University, 2014.
ZOURABICHVILI, François. "Deleuze e o possível (sobre o involuntarismo na política)", in ALLIEZ, Éric (org.), *Gilles Deleuze: uma vida filosófica*. São Paulo: Ed. 34, 2000.

Foto: Yuri Pollak Pelbart

SOBRE O AUTOR

Peter Pál Pelbart nasceu em Budapeste, na Hungria, em 1956. Graduou-se em Filosofia pela Universidade Paris IV (Sorbonne) e doutorou-se pela Universidade de São Paulo (USP) com tese sob orientação de Bento Prado Jr. Vive em São Paulo, onde atualmente é professor titular na Pontifícia Universidade Católica (PUC-SP), no Departamento de Filosofia e no Programa de Pós-Graduação em Psicologia Clínica (Núcleo de Estudos da Subjetividade).

Estudioso de Gilles Deleuze, traduziu para o português *Conversações*, *Crítica e clínica* e parte de *Mil platôs*, todos publicados pela Editora 34.

Escreve principalmente sobre loucura, tempo, subjetividade e biopolítica. Entre seus livros estão *Da clausura do fora ao fora da clausura: loucura e desrazão* [Brasiliense, 1989/ Iluminuras, 2015]; *A nau do tempo-rei: sete ensaios sobre o tempo da loucura* [Imago, 1993]; *O tempo não-reconciliado: imagens de tempo em Deleuze* [Perspectiva, 1998]; *A vertigem por um fio: políticas da subjetividade contemporânea* [Iluminuras, 2000] e *Vida capital: ensaios de biopolítica* [Iluminuras, 2003]. Recentemente publicou o cordel *Carta aberta aos secundaristas* [n-1 edições, 2016].

Há vinte anos faz parte da Cia. Teatral Ueinzz, laboratório esquizocênico e biopolítico. Ali aprendeu a rir de si mesmo, a suspeitar dos louros e das glórias vãs, e a desfrutar da liberdade de ir e devir.

É coeditor da n-1 edições.

"Yoshiko-espelho-lixa" — Pedro França

n-1

O livro como imagem do mundo é de toda maneira uma ideia insípida. Na verdade não basta dizer Viva o múltiplo, grito de resto difícil de emitir. Nenhuma habilidade tipográfica, lexical ou mesmo sintática será suficiente para fazê-lo ouvir. É preciso fazer o múltiplo, não acrescentando sempre uma dimensão superior, mas, ao contrário, da maneira mais simples, com força de sobriedade, no nível das dimensões de que se dispõe, sempre n-1 (é somente assim que o uno faz parte do múltiplo, estando sempre subtraído dele). Subtrair o único da multiplicidade a ser constituída; escrever a n-1.

Gilles Deleuze e Félix Guattari